별별 학부모 대응 레시피

박미향 · 이정희 · 김민정 · 한영진 공저

학지사

머리말

교육은 참 행복한 일입니다. 소중한 우리 아이들을 기르는 일이기 때문입니다. 아이의 올바른 성장이라는 같은 목적을 위해 노력한다는 면에서 교사와 학부모는 동반자입니다.

하지만 대다수의 교사는 경력의 고저를 막론하고 학부모를 대하는 것을 부담스럽게 느끼곤 합니다. 학부모 앞에서 행여 실수라도 하면 흠이 잡혀 입방아에 오르내리지 않을까 걱정합니다. 교권침해 사례가 뉴스에 나오면 남의 일 같지 않습니다. 아이들을 가르치는 것도 쉽지 않은데 학부모까지 상대하는 것이 때로는 버겁게 느껴집니다.

학부모에게도 내 아이를 가르치는 교사는 여전히 어려운 존재입니다. 뉴스에 이상한 교사에 대한 이야기가 나오거나 어딘가에서 그런 이야기를 들으면 '우리 애 담임으로 그런 교사를 만나면 어쩌나…….' 하는 걱정이 앞섭니다. 학부모가 학생일 때 만난 교사에 대한 기억이 나쁘면 현재 내 아이의 선생님도 그럴까 염려스럽습니다.

교사와 학부모는 아이를 위해 한 팀이 되어야 하고 서로 협력하여 좋은 관계를 맺어야 합니다. 하지만 현실은 안타깝게도 서로를 부담스러워하고 때로는 불신하며 갈등이 날로 심화되어 가고 있습니다. 이 책은 이런 안타까운 현실에서 교사와 학부모가 어떻게 하면 원래의 동반자 관계를 회복할 수 있을지 고민하는 과정에 탄생하게 되었습니다.

학부모들은 살아온 배경이 다르기에 성격, 교육관 등 그 특성이 서로 다릅니다. 그들의 아이들 역시 제각기 다른 모습으로 학교에 옵니다. 서로 다른 사람들이 만나는 학교에서 학부모와 아이들은 자신이 원하는 것을 말할 권리가 있습니다. 교사 입장에서는 학부모와 아이의 이러한 권리에 대해 머리로는 이해하지만 막상 이것이 현실로 나타나면 왠지 씁쓸합니다. 과거 학교 교육에서 절대적인 권한을 가졌던 교사이기에 이것을 내려놓고 학부모를 동반자로 인정하는 것이 쉽지만은 않습니다. 하지만 교육을 둘러싼 구성원으로서 정당한 요청이고 그에 알맞은 태도로 자신의 의견을 제시했다면 '민원'이라는 이름으로 터부시하기보다 귀 기울이는 것이 당연합니다. 문제는 학부모가 교사에 대한 존중 없이 자신의 입장만을 내세우며 무례하게 행동하거나 아이가 올바르게 성장하는 것을 가로막는 양육 태도를 보이는 경우입니다. 이럴 때 교사는 좌절하고 고민하게 됩니다. 학부모와 아이들의 모습이 당황스럽고, 때때로 자신을 무시한다는 느낌이 들어 속상합니다.

이 책은 교사를 위한 책입니다. 다양한 특성을 가진 학부모들의 사례와 그에 따른 알맞은 대응 방법을 구체적으로 제시합니다. 학부모와 신뢰를 형성하는 방법, 상담에서 학부모가 조언을 구하는 부분에 대해 교사로서의 전문성을 발휘할 수 있는 방법도 상세히 다룹니다. 더불어 학부모 정책을 안내하며 아이를 위한 동반자로서의 학부모의 위치와 역할을 인정할 수 있도록 돕습니다.

이 책은 학부모를 위한 책입니다. 현실감 넘치는 사례를 통하여 학교 현장의 복잡성에 대한 학부모의 이해를 돕습니다. 다양한 욕구를 가진 자녀를 인정하고 자녀를 돕기 위해 교사와 협력할 수 있는 방법에 대한 팁을 제공합니다.

학교만큼 다양한 구성원이 모여 있는 곳이 없고, 그러다 보면 크고 작은 갈등들이 생기는 것은 당연합니다. 그래도 학교만큼은 갈등 없이 늘 평화롭기를 바라는 것이 교사와 학부모의 마음입니다. 학교는 교사와 학부모 모두가 사랑하는 아이들이 있는 곳이기에 더욱더 그러합니다. 이 책이 교사와 학부모가 서로를 더 깊이 있게 이해하고 존중하며, 이를 바탕으로 아이들을 더욱더 귀하게 여기는 생명력 있는 학교를 만드는 데 도움이 되길 진심으로 바랍니다.

앞서 집필한 『교사를 당황하게 하는 아이들』이 한 사람 한 사람의 아이를 바라보는 책이라면, 이 책은 교사와 학부모가 서로를 바라볼 수 있도록 돕는다는 면에서 저자인 저희에게도 의미가 있습니다. 책을 집필하는 2년여의 시간 동안 기꺼이 도움을 준 사랑하는 가족에게 마음 깊이 고마움과 사랑을 전합니다. 원고가 책으로 다듬어져 나오는 데 도움을 주신 학지사의 김진환 사장님을 비롯한 편집부 직원들께도 감사드립니다.

2017년 1월

저자 일동

차 례

1 가깝고도 먼 당신

교사 속사정 톡(talk)

(동 학년 모임을 위해 협의실에 모인 교사들이 주고받는 오늘 이야기의 주제는 학부모 스트레스다.)

김 교사: 부장님, 올해는 학부모총회를 언제 하나요?

최 부장: 교실 환경 정리가 어느 정도 마무리되는 3월 셋째 주에 계획되어 있을 걸요?

이 교사: 전, 학부모 이야기만 나오면 급 긴장이 돼요. 작년은 제 교직 생활 중 최악의 해였어요. 까칠한 학부모가 사사건건 물고 늘어지며 따지는데 정말 제 소신껏 교육을 하려고 해도 그분이 신경이 쓰여서 못 한 것도 많았어요. 아이들만 손해를 본 셈이니 안됐죠. 뭐.

박 교사: 맞아요. 그 학부모가 교무실에 와서 소란을 피울 때는 저도 '도대체 교사는 언제까지 약자로 서야 하지?' 하는 비관적인 생각까지 들더라고요.

최 부장: 그래서 요즘 학부모는 갑이고 선생은 을이라는 말까지 생겼잖아요.

김 교사: 올해는 우리 반에 무난한 학부모들이 있으면 좋겠는데, 저도 걱정이에요.

박 교사: 저도 작년에 어이없는 일을 당했잖아요. 교장으로 퇴임했다는 한 할아버지가 복도에서 늘 손자를 지켜보고 있는데 제가 마음이 편했겠어요? 늘 장학받는 기분이고 시집살이하는 느낌이었어요. 어떤 땐 교실 안을 들여다보는 그분을 보고 깜짝 놀란 적도 있어요. 그런 날은 밤에 잠도 잘 오지 않았어요.

이 교사: 정말, 그분의 손자가 올해는 누구네 반으로 갔을까? 올해도 그렇게 할는지? 교장선생님이나 교감선생님이 그렇게 하지 않도록 학부모 지도 좀 잘 해 줬으면 좋겠어요. 저는 나이가 어려서 먹히지도 않더라고요.

김 교사: 오죽하면 학부모 문제로 정신과 진료를 받다가 휴직까지 하는 교사가 있었겠어요? 아이들을 지도하는 것은 얼마든지 괜찮은데 학부모를 상대하는 일이 만만치 않아요. 부장님은 그런 일이 없으시지요?

최 부장: 나라고 왜 없겠어요? 어떤 아이들, 어떤 학부모가 우리 반에 올지는 아무도 모르는 일이지요. 그래서 나도 늘 민원거리를 만들지 않으려고 조심하고 있어요.

김 교사: 부장님 정도 돼도 그렇게 신경을 써야 해요?

최 부장: 그럼요, 요즘 학부모들에게는 양보나 이해라는 것을 기대하기가 어려워요. 아무리 교육적으로 좋은 활동이라고 해도 자기 자녀에게 불이익이 된다고 생각하면 금방 불만을 토하고 비협조적이 되지요.

김 교사: 도대체 왜 그렇게 짧은 생각으로 학교를 바라보는지 이해가 안 가요. 발령받기 전에는 현장에 나와서 학부모에게 이렇게 스트레스를 받을지 전혀 생각해 보지 않았어요.

최 부장: 하지만 대부분의 학부모는 학교의 교육 계획을 잘 이해하고 협조하기도 하지요. 그런 분들을 생각하며 소신껏 하도록 올해도 노력해 봅시다.

이 교사: 그런 분들만 있다면 얼마나 좋겠어요?

모 두: 누가 아니래요? 이기적인 학부모들의 생각을 어떻게 바꿀지 걱정이에요.

학부모 이해를 위한 준비

학부모와 교사의 관계는 떼려야 뗄 수 없는 관계다. 요즘 학부모 중에는 경력의 많고 적음을 막론하고 교사에게 스트레스 요인으로 작용하고 있는 분들도 많다. 정도가 심한 경우에는 학부모 스트레스를 견디다 못해 정신과 진료를 받거나 휴직까지 하는 교사도 있을 정도다.

어디 학부모뿐이겠는가? 아이들의 언행도 매우 거칠고 무례해져서 생활지도를 아무리 해도 교사 지도의 한계를 넘어 결국엔 부모 상담까지 해야 하는 경우도 늘고 있다. 이래저래 교사는 학부모를 만나 대화하거나 상담을 해야 하는 부담을 피할 수 없는 것이 현실이다.

학부모들의 양상은 다양하다. 교육에 대한 이해가 깊어서 교육활동에 매사 협조적인 학부모가 있는가 하면 까칠한 태도로 늘 시비 걸듯이 따지는 학부모도 있다. 또한 간섭하면서 교사에게 부담을 주는 학부모가 있는가 하면, 자기 기분이 나쁘다고 아무 때나 교무실에 와서 언성을 높이는 학부모도 있다. 오죽하면 동반자 관계여야 할 학부모와 교사 사이를 갑을의 관계로까지 말하게 되었겠는가?

학부모로 인해서 맥이 빠지기도 하고 보람과 긍지를 갖기도 한다. 그래서 학부모들에게는 불가근불가원(不可近不可遠)의 원칙을 갖고 대하라는 말도 생겨났다. 학부모를 믿고 기대했다가 전혀 생각지 못한 반응으로 당황하고 상처받은 경험에서 나온 말이겠다.

가깝고도 먼 당신, 그대 이름은 학부모! 그 학부모들을 생각하며 교사들의 속사정을 풀어놓아 보자.

준비 1. 학부모 이미지 살펴보기

준비 2. 학부모 심리 들여다보기

교사가 되기 위해서는 오랫동안 교육을 받고 실습도 받지만, '학부모 이해'와 관련된 교과목은 대학의 교사 교육과정에서 그 비중이 미미하다. 그래서 현장에 발령을 받으면 첫해부터 피할 수 없는 존재인 학부모는 신규 교사에게는 부담의 대상이 될 수밖에 없다. 신규 교사뿐 아니라 저경력 교사에게도 마찬가지다. 부모가 학부모가 되면 도대체 어떤 심리적 특성이 나타나기에 부담의 대상이 되는지 알아보자.

1. 뿌듯함 vs 불안함

뿌듯함은 자녀가 입학하여 여러 학생과 어울려 학교생활을 즐겁게 하는 모습을 볼 때 느끼는 감정이다. 반면, 불안함은 혹시나 자녀가 적응을 잘하지 못하면 어떻게 하나, 또는 자신이 학부모 역할을 잘할 수 있을지, 어떤 담임을 만날지에 대한 불안함이다.

2. 감사함 vs 원망함

자녀가 잘 적응할 때는 교사와 학교에 대해 감사하나, 그렇지 못하고 자녀가 소외되거나 피해를 당한다고 생각하는 순간 모든 것을 교사와 학교 탓으로 돌리고 원망할 수 있다.

3. 기대감 vs 실망감

자녀에 대한 기대가 충족될 때 학부모는 점점 기대감이 커진다. 하지만 학부모의 기대를 자녀가 충족시키지 못할 때는 실망감으로 가득 차기도 한다. 자녀는 존재 자체로 감사해야 하는 대상이지만 부모의 기대가 욕심으로 변하면 자녀는 힘들어진다. 이것은 앞으로 부모-자녀 관계의 질을 결정하는 요인이 되기도 한다.

4. 덕분에 vs 때문에

기분이 좋으면 '선생님 덕분에' 또는 '선생님을 잘 만나서'라고 했다가, 기분이 나쁘면 '선생님 때문에' 또는 '선생님을 잘못 만나서'라고 한다.

5. 이해할까 vs 따져 볼까

자녀나 다른 사람들에게서 학교나 교사의 처신에 대해 이해가 안 가는 말을 들었을 때 입장을 바꿔 생각해 보면서 객관적으로 이해하려는 학부모가 있는 반면, 작은 오해가 쌓이고 엉뚱한 갈등으로 뭉쳐져 결국 도저히 이해할 수 없다며 따지는 학부모도 있다.

6. 그럴 수도 있지 vs 두고 보자

자녀를 여럿 키운 경험이 있거나 인생 경험이 좀 있는 학부모는 많은 학생을 가르치는 교사의 입장을 이해하려 애쓴다. 자녀에게서 속상한 말을 들었을 때 역지사지로 생각하여 '그럴 수도 있지.' 하며 굳이 문제 삼지 않는다. 하지만 어떤 학부모는 겉으로는 문제 삼지 않더라도 꽁하게 마음에 담아 두고서 '두고 보자.'라며 벼르기도 한다.

7. 존경과 사랑이 vs 네가 선생이야

자녀를 가르치는 교사이기에 교사를 진심으로 존경하고 사랑하는 학부모도 있다. 반면, 어떤 학부모는 조금만 불만스러워도 발끈해서 "네가 선생이냐?" "그러고도 월급 받냐?" 하는 식으로 무례한 태도를 보이는 학부모도 있다.

준비 3. 학부모와의 만남이 부담스러운 이유 생각해 보기

1. 학부모 변인

1) 학교와 교사에 대해 부정적인 시각을 갖고 있음

일부 학부모는 학교와 교사를 부정적으로 바라본다. 이들은 학교의 교육계획이나 행사 등에 대해 긍정적인 점을 찾지 않고 늘 부정적인 점만 찾아 비판한다.

2) 교사의 전문성을 인정하지 않음

지역에 따라 학부모의 학력이 상당히 높아져서 교사보다 고학력인 전문직 학부모가 늘어나고 있다. 이들은 교사의 전문성을 인정하지 않고 무시하는 경향이 있다.

3) 교사의 권면을 받아들이지 않음

학부모 개인의 인성 또는 습관으로 교사가 자기 아이를 알면 얼마나 잘 알겠느냐는 생각으로 교사의 권면을 순수하게 수용하려 하지 않는 학부모가 있다.

4) 일관성이 없어서 기분 좋은 말만 수용하려 함

교사의 권면 중에서 자기 입맛에 맞는 내용만 수용하고 그렇지 않은 내용은 수용하지 않으면서 변덕스러운 양상을 보이기도 한다.

5) 의사소통이 잘 안 됨(다문화가정 부모)

늘어나는 다문화가정의 학부모는 의사소통에 어려움을 겪기도 한다. 또한 인지적인 영역의 이해 수준이 낮거나 문화 차이로 원만한 대화에 어려움을 겪기도 한다.

6) 개인의 스트레스 상황을 투사함

학부모 개인의 원만치 못한 성격으로 벌어진 일들을 장황하게 이야기하거나 가정의 악화된 경제 사정 또는 가정 내 갈등요인을 학교나 담임에게 투사할 수도 있다.

2. 교사 변인

1) 상담 자체가 부담스러움

상담에 대한 경험 부족과 전문성 부족으로 답변을 잘 못하면 어떡하나 걱정하며 상담 활동 자체에 부담스러움을 느낀다.

2) 시간이 부족함

상담은 여유 있게 진행해야 하는데 쏟아지는 각종 업무로 시간에 쫓겨 마음이 바쁘니 학부모를 만나는 것을 피하고 싶어진다.

3) 나이 어린 교사라고 무시당하는 듯함

신규 교사나 저경력 교사인 경우 자신보다 인생 경험이나 나이가 많은 학부모에게서 반말을 듣거나 나이가 어리다고 무시당하는 듯한 느낌을 자주 받는다.

4) 학부모의 의도 파악이 어려워 답변하기가 어려움

자신의 의도를 정확하게 표현하지 않고 돌려서 말하는 습관이 있는 학부모도 있다. 일종의 이중적인 메시지를 사용하는 것이다. 예를 들어, 학부모가 "비가 오면 현장학습은 안 가겠죠?"라고 묻는 말에 "그렇죠." 하고 단순하게 대답했는데 학부모가 "그럼 기상 상황도 예상하지 않고 계획을 세웠군요."라며 책임을 추궁하는 식의 말을 하는 경우 등을 말한다.

5) 문제 해결의 아이디어를 제공해 주기가 망설여짐

자녀의 문제를 의논할 때 교사가 전적으로 책임을 지기를 바라는 학부모도 있다. 그래서 면담 또는 상담을 할 때 문제 해결에 대한 아이디어를 제공하기가 부담스럽다. "선생님이 이렇게 해 보라고 해서 그렇게 했더니 더 악화되었어요."라며 교사를 원망하거나 책임을 묻는다.

6) 문제행동 상담 시의 수위 조절이 부담됨

어떤 학부모는 아이의 문제행동 상담으로 시작해서 개인사나 가정의 복잡한 문제들까지 풀어내면서 시간을 끌기도 하는데, 이 경우 적당한 시점에서 끊기가 어렵다. 이러한 상황을 예방하기 위해서는 상담을 시작하기 전에 "어머니와 제게 허락된 시간이 30분입니다. 그 시간 안에 상담하고 싶은 주제를 한 가지만 이야기 나누도록 하지요." 하고 먼저 안내한다. 그래도 시간이 지체되면 “이제 남은 시간이 5분입니다. 지금 서로 나눈 이야기를 정리해 볼까요?” 하고 부드럽게 마무리하도록 한다.

준비 4. 교사 – 학부모의 이상적인 관계 알아보기

1. 동반자 관계

교사와 학부모는 양자가 균형을 이루며 동등한 입장에서 아동의 바른 성장을 위해 함께 관심을 갖고 노력하는 동반자(partner) 관계다.

2. 아동의 성장 · 성숙을 위한 조력 관계

학부모와 교사는 아동의 잠재 능력을 발견해서 최대화하도록 바람직하게 의사소통하며 서로 돕는 관계다.

3. 상호 존중과 격려의 관계

학부모는 자녀 양육의 전문가로, 교사는 교육 전문가로 서로 인정하며 상호 존중과 격려의 관계를 유지하면서 용기와 힘을 북돋우는 관계다.

4. 감사와 사랑의 관계

학부모에게는 세상에 둘도 없이 귀한 자녀를 가르쳐 주는 교사에게 감사하는 마음이! 교사에게는 그렇게 귀한 학생들 한 명 한 명을 잘 보살피고 돌보는 학부모에게 감사하는 마음이! 이렇게 아이들이 행복하게 성장하길 기대하는 상호 감사와 사랑의 관계다.

5. 미래 세대를 함께 가꾸는 관계

기성세대인 교사와 학부모가 미래를 이끌어 갈 아동을 사랑과 정성으로 잘 돌보면 다음 세대가 든든할 것이라는 희망과 기대를 갖는 관계다.

그 말을 듣던 다른 사람이 대화에 끼어들었다.

C: 아이고, 속 모르는 소리들 하고 계시네. 방학 때 집에서 애들 끼고 있으면 다들 힘들어서 절절 매시면서. 우리야 집에서 애 한둘인데, 그런 애들 학교에 한데 모아 봐요. 그게 편하겠는지….

D: 하긴, 요즘 애들 보도되는 것 보면 만만찮더라. 매스컴 볼 것 뭐 있냐? 우리 집도 애들 엄마가 절절 매는데.

E: 야, 그래도 우리 땐 선생 말이라면 정말 잘 들었어. 생각나니?

어느새 화제가 김 선생님을 둘러싸고 교직에 대한 얘기로 가득 찼다. 모두 한두 마디씩 자신이 느끼는 것들, 학교에 대한 불만들을 여과 없이 이야기하기 시작했다. 교직의 어려움을 이해하는 목소리도 있었지만, 대부분 부정적인 시각과 질시라고 느껴지는 시각이었다. 평소 만나던 학부모들과의 관계에서는 전혀 들을 수 없던 이야기였다.

'얘네가 자기 자식 담임 앞에서도 이런 소리를 할 수 있을까?'

항상 교직에 자부심을 갖고 있던 김 선생님은 혼란스러웠다.

돌아오는 길에 김 선생님은 기분이 씁쓸했다. 학교에서 대부분의 시간을 보내다 오랜만에 만난 친구들 사이에서 교사의 위치가 너무 하찮게 느껴졌기 때문이다. 그리고 뭔가 인정받지 못하고 오해받는다는 느낌이 들어 억울했다. 교실의 사랑스러운 아이들과, 친구들이 여과 없이 쏟아붓던 말들이 오버랩되었다. 그동안 최선을 다해 아이들을 가르치며 교사임을 자랑스러워했는데, 사람들 사이에서 인정받지 못한다는 생각에 속상했다.

하지만 김 선생님은 머리를 흔들며 생각을 고쳐 먹었다. 오늘은 친구 모임이지만, 사실 모두 학부모인 셈이다. 학부모의 입장에서 학교를 바라보면 얼마든지 다르게 볼 수 있는 것이다. 교사가 학부모와 관계를 잘 맺기 위해서는 그 점을 인정할 필요가 있다. 학부모들이 학교를 보는 여러 관점을 교사가 이해한다면, 오히려 학부모와 잘 협력하여 아이들을 훨씬 효과적으로 교육할 수 있을 것이다.

김 선생님은 역지사지의 입장에 서 보기로 했다.

준비 1. 학부모가 살아가는 세계 이해하기

1. 외환위기 후 사회 변화

대한민국 건국 이래 우리 민족에게 생긴 가장 큰 트라우마를 들자면, 아마도 6 · 25 그리고 IMF로 불리는 외환위기일 것이다. IMF를 지나며 우리 사회에는 이전의 낭만적 분위기를 풍기던 '프리랜서'라는 말 대신 생존의 위협을 느끼는 '비정규직'이라는 단어가 등장했다. 비정규직으로 대변되는 고용 불안은 정규직에게도 마찬가지로 생존의 불안을 불러일으키고, 결과적으로 우리 사회 전반에 다양한 형태의 불안을 야기했다. 고용주는 고용주대로 기업의 생존을 위해 이익을 분배하기보다는 비축하려는 현상이 두드러졌으며, 노동자는 노동자대로 제한된 일자리 파이 내에서 자신의 자리를 확보하려고 갖은 애를 쓰는 한편, 일자리를 미끼로 강요되는 여러 불합리함을 견디어 낼 수밖에 없게 되었다. 일부에서는 고용주를 제쳐 두고 정규직과 비정규직이 대립하는 현상이 나타나기도 했다. 사회적으로는 빈익빈 부익부가 훨씬 심화되었다. 모두 자신의 생존을 위해 급급한 나머지 타인을 돌아볼 마음의 여유를 잃게 되었고, 같은 팀 내에서는 성과를 위해 협력이 일어나지만 조직 밖, 나와 상관없는 타인에 대해서는 오직 경쟁하는 것만이 살아남는 구조가 되었다.

이 현상은 사회를 구성하는 가정에 적지 않은 스트레스와 부담을 주었고, 그런 삶의 과제를 떠안은 대다수의 사람이 곧 학부모가 되었다. 학부모들은 자녀를 양육하는 과정에서 생존의 절박함을 은연중에 드러내며 양육 과정에 영향을 미쳤고, 그 특성들은 고스란히 학교와 교실에서 드러나게 되었다. 결국 우리가 매일 만나는 아이들은 사회 현상과 분리되어 우리에게 오는 것이 아니다.

2. 부모의 불안감

사람은 불안하면 사고와 행동이 위축된다. 고용 현장에서 안정을 느끼지 못하는 부모의 불안감은 자녀를 양육하는 시각에도 그대로 투영되어, 그러한 부모는 자녀의 인생 전체를 두고 부모 역할을 하기보다는 제한된 시기만 바라보며 집중된 양육 형태를 추구하게 되었다. 삶에서 여유와 가치를 추구하기보다는 대학 입시와 취업 중심의 생존에 유리한 요소들만 보게 되고, 그것을 위해 학력만 강조하는 경향이 강해졌다. 더군다나 수많은 사교육 업체의 공포 마케팅은 그러한 부모의 불안을 더욱 부채질하는 결과를 가져왔다. 또한 많은 부모가 자신의 삶의 경험에 비추어, 본인의 고용 상태와는 상관없이 고용 시장의 파이가 점점 줄어들면서 자신의 자녀 세대는 쉽게 정규직이 되지 못하리라는 두려움에 사로잡혀 있다. 자녀의 미래가 자신의 현재보다 풍요롭지 못할 수 있겠다는 염려가 있는 것이다. 이러한 두려움의 출구로서 자녀의 학벌을 우선으로 두고, 부모가 부모로서의 역할을 하기보다는 오히려 가정에서 교사의 역할을 하는 것으로 부모 노릇을 하고 있다고 생각하게 되었다. 당연히 학교의 교사와 '교사 노릇을 함께하고 있다'는 점에서 충돌이 발생하는 일이 잦아졌다. 이렇게 가르쳐야 하는데 왜 그렇게 가르치고 있냐는 식으로 학교교육과정과 담임의 학급경영에 관여하는 경우가 많아진 것이다.

그러다 보니 상대적으로 인성교육은 뒷전으로 밀려났다. 물론 대다수의 가정이 절대적으로 그렇다는 것은 아니다. 여전히 자녀 양육에 대한 올바른 방향을 가지고 열과 성의를 다해 자녀를 '양육'하는 부모가 다수다. 그러나 교사가 교육활동을 할 때 힘들게 하는 아이들은 사회현상의 변화를 고스란히 겪는 가정에서 자란 경우가 많고, 전체적인 교실 분위기는 이런 사회적 흐름의 영향 아래 있다.

3. 학교와 가정의 역할이 합의되지 않은 사회

우리나라는 학교와 지역사회, 가정의 역할에 대한 사회적 합의가 없는 사회다. 특히 학교는 무엇을 해야 하는지에 대해 사회적 역할분담과 가치가 모호한 상태다. 그저 아이들이 있는 곳이니 성장기의 아동과 관련한 제반 일들을 기대하고 맡기는 곳으로서 학교를 바라보는 시각만 우세할 뿐이다. 가정은 학교를 향해 인성과 학력을 소리 높여 외치고, 학교 또한 가정을 향해 이 두 가지를 모두 요구한다. 지역사회는 학교를 지역센터와 복지 서비스의 거점으로 바라보기도 한다.

학교의 역할에 대한 이러한 합의 도출의 실패는 실제로 현장에서 수많은 혼란과 충돌을 초래한다. 일례로, 맞벌이 가정은 학교에 양육을 요구하며 기대한다. 반면, 학교는 사회적 압력에 따라 학교의 양육 서비스(예: 돌봄교실, 방과후 학교 등)를 받아들이면서도 여전히 그것은 학교 본연의 임무에서 벗어난 일이라고 보는 모호한 피해의식을 지니고 있다. 이렇게 합의되지 않은 상태에서는 학부모와 학교가 서로를 향해 기대하는 바가 다르고, 이는 종종 서로에 대한 실망과 반목으로 이어지기도 한다. 특히 소통과 조정 능력이 아직은 부족한 우리 사회는 갈등 상황에서 참으면 손해만 본다는 생각이 만연하여 일단 목소리를 높이고 보자는 식의 행동이 많이 나타난다. '인성은 가정에서, 방과후는 지역사회에서, 학력은 학교에서'라는 암묵적인 사회적 합의가 지배하는 핀란드와 비교하면 이는 사회 전체적으로 엄청난 에너지 소모이자 손실이다.

4. 학부모 커뮤니티의 부상

대가족의 인적 지원을 받지 못하는 소가족 중심의 현대사회에서 육아를 위한 사회적 네트워크의 확보는 어떤 면에서 필수적이다. 그래서 우리는 주변에서 쉽게 '○○맘' 형태의 학부모 커뮤니티를 볼 수 있으며, 온라인에서 형성된 커뮤니티는 쉽게 오프라인 모임으로 그 경계를 넘나든다. 육아 중심의 이 커뮤니티에서 학교는 빼놓을 수 없는 주요 주제가 되며, 교사의 일거수일투족이 감시의 대상이 되기도 한다. 이 같은 커뮤니티의 발달은 때로 정보를 과장 또는 왜곡하거나, 커뮤니티 구성원을 일부 제외하거나 따돌리는 등의 부작용이 있어 교사가 생각하기에 부담스러울 수 있지만, 인적 네트워크의 결합과 정보 확보 면에서는 매우 긍정적이고 바람직할 수 있다. 어쨌든 현실적으로 커뮤니티는 존재하고, 이 현상은 시간이 감에 따라 강화되지 쉽게 사그라들지는 않을 것이다.

준비 2. 학교와 교사를 바라보는 학부모의 삐딱 관점 이해하기

1. 고용의 측면에서 바라본 교직

우리나라의 고용 주기를 보면, 대략 27세에 입직을 하게 되고 54세 즈음에 1차 퇴직을 하게 된다. 1차 입직 기간은 상대적으로 사회적 지위도 좋고 보수도 높은 편이다. 그러나 2차 입직 기간이 되면 이 현상은 달라진다. 1차 입직 기간에 준비가 된 극소수를 제외하고 대개 2차 입직 기간에는 상대적으로 사회적 지위나 보수가 떨어지는 위치에 가게 된다. 그러다 68세를 전후로(2011년 기준) 영구 퇴직을 하게 된다. 이를 그림으로 살펴보면 다음과 같다.

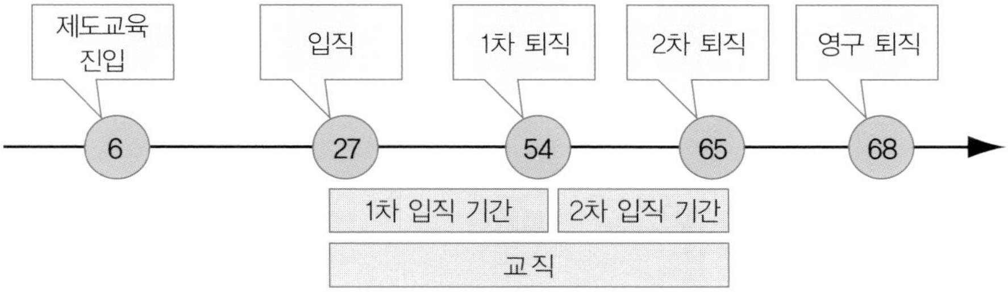

〈생애 고용 주기〉

교직을 살펴보자. 교직은 2차 입직 때 지위나 보수가 떨어지는 일반적인 사회 모습과 달리 1차 입직의 혜택이 사회의 2차 퇴직 시기까지 유지되는 거의 유일한 집단이다. 당연히 사회에서 바라볼 때 교직은 부럽기도 하고 질시하기도 쉬운 직종이다.

특히 일을 그만두지 않으면 육아를 병행하기 힘든 기업 구조와, 육아로 인한 여성의 경력 단절이 다시 취업으로 연결되기 어려운 우리나라 상황에서는 여교사가 많은 교육계는 외부에서 바라볼 때 부러울 수밖에 없다.

2. 누구나 다녀 본 학교

자신이 경험하지 못하고 알지 못하는 세계에 대해서는 누구든 쉽사리 논의하기 어렵지만, 그 반대의 경우는 다르다. 학교는 누구나 일정 기간 이상 경험해 본 세계이기에 누구든 쉽게 그에 대해 논평할 수 있다.

모든 사람은 자신의 경험에서 우러난 자신만의 학교 이미지와 교사 이미지를 지니고 있다. 그래서 어떤 문제가 발생했을 때 학교와 학부모의 입장은 상반되기 쉽다. 교사는 문제 그 자체만을 가지고 접근하기 쉽지만, 학부모의 경우 그 문제 외에도 자신의 이미지와 경험이 고스란히 문제 해결 과정에 반영되기 때문이다. 예를 들어 보자. 교사는 순수하게 아이 문제를 의논하기 위해 학부모에게 면담을 요청하지만, 학부모는 자신의 좋지 않았던 학창시절 기억과 결합해 교사에게 다른 의도가 있는지 의심하는 것이다. 또는 작년 담임에 대한 불만을 현재 담임에게 쏟아낼 수도 있다. 현재 담임교사 입장에서는 억울할 수도, 당황스러울 수도 있다. 그러나 학부모가 교사에게 자신의 경험이 섞인 문제 해결법을 시도하기 쉽다는 것을 교사가 이해하고 있으면 좀 더 여유 있게 대처할 수 있을 것이다.

3. 인정할 수 없는 권위

시대에 따라 교사의 모습은 달라진다. 한때 교사는 지식 전달자였고, 공동체 내에서 누구도 넘볼 수 없는 고학력자였다. 그러나 지금은 교사의 학력을 뛰어넘는 고학력 학부모가 부지기수다. 대한민국 사회처럼 학력이 우선되는 사회에서는 은연중에 학력에 따라 사람을 서열화하는 경향이 있기에 학부모의 입장에서는 자신보다 학력이 낮은 교사를 별로 인정하고 싶지 않다.

게다가 연일 터지는 교사 관련 비리에 대한 보도는 그나마 학교에 대해 기대하며 교사의 권위를 인정하던 학부모의 인식을 바꿔 놓는다. 소수의 비리지만 받아들이는 입장에서는 대표성을 띠고 다가오는 것이다. 성 관련 문제, 입시 비리, 상식 이하의 체벌과 생활지도, 금품 수수 등과 같은 학교 관련 비리가 많아지고, 이 사실들이 보도되면 될수록 학교의 교육효과는 떨어지게 마련이며 교사 집단은 정말 하찮게 여겨지게 된다. 비록 교사 개개인은 그 비리에 참여하지 않더라도 교사로 대변되는 집단의 말과 행동은 더 이상 권위를 얻기 어려워진다.

4. 불친절한 학교

우리나라는 자본주의 사회다. 자본주의 사회에서는 지불하는 돈에 따라 일정한 서비스를 기대한다. 학교는 분명히 자신들의 세금으로 운영되는 장소임에도 제공받는 서비스는 상급학교로 올라갈수록 점점 줄어드는 느낌이다. 최초로 보내는 어린이집이나 유치원에서 초등학교, 중학교 등 상급학교로 갈수록 학부모가 느끼는 친절도는 낮아진다. 구체적인 안내도 점차 줄어든다.

반면, 부모가 체감하기에 사교육 업체들은 매우 친절하며 안내도 자세하다. 교사는 공적 교육 체계 내에만 머물러 있지만, 학부모의 세계에는 이미 공교육과 사교육이라는 두 가지 체계가 공존하고 있다. 당연히 불친절한 학교에 대해 불만이 생길 수밖에 없다. 이 불만은 더 나아가 '학교는 성과를 내고 있는가?'라는 관점으로까지 연결된다. 결과 위주로 모든 것을 평가받는 자본주의 사회에서 살아가는 학부모의 입장에서는 이런 시선이 때로는 당연하다. 이렇듯 불친절한 학교에 대해 감정적인 불만이 생기면 그것은 학교의 교육활동에 대한 감정 섞인 참견이 되기 쉽다.

5. 일제식 제도교육의 한계

현재 진행되는 학교 시스템은 구조상 개인 한 명 한 명에 대한 맞춤식 교육을 하기에 한계가 있다. 자녀의 미래에 대한 부모의 불안한 시선은 대학 입시 제도에 많이 머물고 있다. 그런데 우리나라는 입시 제도가 자주 변한다. 게다가 온갖 변수가 작용하는 대학 입시에 학교는 기민하게 대처하지 못한다는 느낌을 학부모에게 준다. 불안한 학부모는 자연히 자신만의 로드맵을 짜고 싶다. 그런데 공교육을 이용해 내 자녀만을 위한 로드맵을 짜는 것은 불가능하다. 학교는 아이 한 명 한 명에 대해 교육 서비스를 제공하는 구조가 아니기 때문이다. 예를 들면, 수학을 잘하는 아이도 못하는 아이도 일제히 같은 교과서를 가지고 그 학년의 진도를 나간다. 그래서 학부모는 자녀를 위한 자신만의 로

드맵을 짜려고 할 때 공교육이 방해자로 느껴진다.

6. 시간빈곤층의 증가에 대한 이해

우리나라는 노동 시간의 양이 많기로 유명한 나라다(2013년 기준 OECD 내 2위). 전체 임금 노동자의 46%가 7시 이전에 퇴근을 못 하고, 9시 넘어서 퇴근하는 사람도 15%에 이른다는 통계도 있다(한겨레, 2015. 7. 29.). 이런 사회 분위기 속에서 시간 권리는 사람이 마땅히 누려야 할 권리임에도 교직 집단만 특별히 누리고 있는 것처럼 받아들여지고 있다. 특히 방학의 존재는 학부모의 생업 현장과 비교하면 엄청난 특권처럼 간주된다.

준비 3. 교사는 어떻게 할 것인가?

1. 다양한 사람이 학부모로 다가옴을 인식하고 동반자 의식 갖기

학부모는 그 사회 구성원의 범주를 모두 포함한다. 하루하루 생계가 불안한 학부모도 있으며, 가난의 대물림으로 사회에 대해 깊은 좌절감을 지닌 학부모도 있다. 인격의 미성숙함으로 자기 자신의 우월한 사회적 · 경제적 지위를 이용하여 학교에서 자신의 인정 욕구를 채우려는 학부모도 있다. 선량한 학부모도 있고, 학교를 이용해 잘못된 이득을 취하려는 학부모도 있다. 학교에 호의적인 학부모도 있으며, 적개심을 가진 학부모도 있다. 사회 구성원의 범주가 다양한 만큼 교사가 관계를 맺어야 하는 학부모의 범주 또한 다양하다. 교사 입장에서는 이러한 다양성이 부담스러울 수 있다.

그러나 기본적으로 교사는 아이를 매개로 학부모와 관계를 맺을 수밖에 없으며, 싫거나 부담스럽다고 해서 없어질 관계가 아니다. 교사와 학부모는 교육이라는 대의를 위해 함께 동맹하며 협력해 나가야 할 두 주체이기 때문이다. 그래서 교사가 학부모는 이러이러해야 한다는 정형화된 관계 이미지를 가지고 그에 부합하지 않는 학부모를 비난하는 것은 바람직하지 않다. 다양한 범주의 학부모와 관계를 맺어야 하는 것에 대해 교사가 부담감을 가질 수는 있으나, 열린 자세로 동반자 의식을 가질 때 공감과 수용을

통한 새로운 협력 관계가 형성될 것이다.

2. 전문성과 윤리성의 확보에 대한 노력

단지 전문직이라는 이유만으로 권위가 주어지지는 않는다. 교직 또한 마찬가지다. 학부모의 평가는 냉정하다. 교사와 학교에 대한 평가는 교사 개개인의 특성이 아니라, 그 교사의 교육을 받는 내 자녀의 변화를 통해서 이루어진다. 교사는 열심히 가르쳤는데 자녀가 못 따라온다고 아이 탓을 하는 것은 부모 입장에서는 교사가 책임을 회피하는 것으로 느껴질 수 있다.

그래서 평소에 학교는 학부모에게서 신뢰를 얻을 수 있어야 한다. 비록 교사를 힘들게 하는 외부적 요인들은 있지만, 그러한 요인에 집중하는 것은 교직의 전문성 확보에 도움이 되지 않는다. 교직의 전문성 확보를 위해 가장 중요한 것은 교직 집단의 노력을 학부모에게 전달하고, 학교 활동에 대해 신뢰를 얻는 것이다. 이것은 공평한 교사, 가르침에 전력하는 교사의 열정, 교육활동으로 드러나는 전문성, 그 전문성들이 모인 집단의 실력 그리고 나태함이나 비리와 연결되지 않는 높은 윤리성을 통해서만 얻어질 수 있을 것이다.

공깃밥 추가 〈학부모가 원하는 교사는…〉

학부모들이 원하는 교사의 모습은 다양하다. 아이들을 잘 가르치는 선생님, 아이들의 이야기를 귀담아 듣고 아이들과 잘 통하는 선생님, 생활지도를 잘하는 선생님, 꼼꼼해서 아이들을 잘 챙기는 선생님 등이 있을 것이다.

학부모들이 원하는 교사상에는 학부모의 성격, 자녀의 유형, 자신이 받아 온 교육적 배경 등이 반영된다. 그렇기에 어떠한 교사도 사실은 모든 학부모를 동시에 만족시킬 수 없다.

그렇다면 학부모와의 갈등을 최소화할 수 있는 교사의 모습은 어떠한 모습일까?

부모가 원하는 다양한 교사의 모습 중에서 학부모가 가장 민감하게 반응하는 두 가지 유형을 살펴보도록 하자.

1. 공정한 선생님

학부모들은 선생님들이 특정한 아이를 편애하거나 미워하지 않고 모든 아이에게 공정하기를 바란다. 아이들도 이 부분에 대해서는 민감한 감이 있는 것 같다. 선생님이 공정한지 아닌지 직감적으로 안다. 그래서 아이들은 자신에게 주어진 벌이 모두에게 적용되는 것이라면, 싫더라도 그렇게 큰 불만을 품지는 않는다. 하지만 그렇지 못할 때는 교사에게 반감을 갖고 교사를 신뢰하지 않게 된다.

학부모들도 자신의 자녀가 부당한 대우를 받았거나 처우가 공정하지 못하다고 느꼈을 때 항의를 하거나 민원을 제기하는 경우가 많다. 그렇기에 교사는 먼저 공정한 선생님이 되어야 한다.

하지만 예외는 있다. 학급의 아이 중에 신체적으로 불편한 아이, 지적 능력이 떨어지는 아이, 사회 적응력이 떨어지는 아이 등 정말 특별한 관심과 도움이 필요한 아이가 있을 수 있다. 공정함을 앞세운다고 해서 이런 아이들에게 특별한 관심과 도움을 주는 것을 외면하는 실수를 해서는 안 될 것이다. 오히려 더 많은 도움이 필요한 아이에게 적절한 도움을 주는 것이 공정한 일일 것이다.

2. 우리 아이를 특별히 대해 주는 선생님

학부모들은 선생님이 공정하기를 바라지만, 다른 한편으로는 내 아이가 교실 안의 20~40명 중의 한 아이가 아니라 선생님에게 주목받는 '특별한 아이'가 되길 바란다. 공정한 선생님을 원하기는 하지만 우리 아이에게도 그렇게 대해 줄 때는 한편으로 서운함을 느끼게 되는 이중적인 마음이 아마 부모의 마음일 것이다. 학부모와 좋은 관계를 맺는 교사나 학생의 기억에 남는 교사는 대개 자신의 자녀에게 특별한 애정을 쏟는 교사, 혹은 자신에게 잘해 준 교사일 경우가 많다.

그렇다면 공정함을 유지하며 특별함을 어떻게 표현할 것인가?

편애나 공정하지 못한 관심이 아니라 아이들을 관찰하여 각자에게 알맞은 피드백을 주는 것, 학부모에게 자녀가 성취한 것에 대하여 자세히 알려 주는 것, 시간을 내어 학생과 이야기를 나누는 것 등이 교사가 학생에게 나타낼 수 있는 특별함일 것이다.

출처: 한영진, 박미향, 이정희, 김민정(2014), pp. 316-317.

셰프에게 물어봐

〈특정 학부모의 자녀가 내 반 아이가 되었을 때〉

3월 첫 주예요. 옆 반 선생님께서 저희 반 특정 아이를 콕 집어 그 아이의 어머니를 조심해야 한다고 말씀하셨어요. 사소한 일로 학교에 시비를 많이 걸고, 툭하면 찾아와서 항의를 한다고 예전부터 유명하다고 하셨어요. 아직은 학년 초라 저를 찾아온 적은 없는데, 올 한 해 신경이 많이 쓰일 것 같고 솔직히 부담스러워요. 제가 어떻게 하면 될까요?

옆 반 선생님께 그런 얘기를 들으셨다면 선생님의 마음이 편치 않을 것 같습니다. 하지만 부담감에 사로잡히기 전에 교사가 할 수 있는 최고의 방어는 교사가 해야 할 활동의 본질에 집중하는 것임을 기억해 주세요.

먼저 그 아이랑 어떻게 하면 잘 지낼 수 있을까를 한번 살펴보세요. 부모님이 유독 그러시는 것은 그 아이의 어떤 특성 때문일 수 있어요. 아이를 좀 더 주의 깊고 관심 있게 살펴보세요. 도움이 필요한 아이라면 도와주고, 지도가 필요한 특성이 있으면 잘 지도하시는 것이 필요해요.

또한 학급 전체를 잘 지도하는 것도 매우 중요해요. 우선 선생님께서는 매사에 공정하셔야 합니다. 그러기 위해서는 선생님만의 독단적인 학급 경영보다는 아이들과 합의할 수 있는 학급 규칙, 모두가 동의하여 공유할 수 있는 학급 가치가 우선이 되어야겠지요.

그리고 아이들을 대할 때 조그마한 오해라도 불러일으킬 단어는 선택하지 않는 지혜가 필요합니다. 시비거리가 될 소지는 사전에 차단하는 것이 좋겠지요. 특히 어투는 필요할 때는 단호해야겠지만, 되도록 항상 부드럽게 하실 필요가 있습니다.

학급 아이들을 항상 존중해 주고, 아이들의 칭찬할 만한 행동을 찾아내어 자주 칭찬해 주세요. 칭찬하실 때는 "어떻게 이런 생각을 다 했을까?" "우리 ○○이 대단한걸!" 등과 같이 아이의 내적인 힘과 능력을 부각시켜 칭찬해 주세요. 학급에서 발생하는 문제라는 것은 학급 분위기에 많이 좌우되기 때문에, 전체 학급 분위기가 명랑하고 행복하면 학급 내의 사소한 갈등은 확대되지 않고 초기에 사그라지는 경향이 있습니다.

사실 학부모님이 시비를 건다면, 그 시비의 정보 출처는 자녀나 같은 학급의 다른 아이, 혹은 같은 반 아이의 학부모님일 때가 많습니다. 학급이 화목하고 학습 과정이 즐거우면 어느 자녀가 부모에게 부정적으로 전달하겠으며, 어느 부모가 사소한 시비거리를 표현하러 학교에 오겠어요? 너무 부담스러워 마시고, 선생님께서는 안심하시고 교사의 본질에 충실하시길 기대합니다.

참고문헌

김희삼(2010). 교육너머 노동시장. 사교육걱정없는세상 행복한 진로학교 자료집. 미간행 자료.

매일경제지식부(2000). **학습혁명보고서**. 서울: 매일경제신문사.

박미향(2013). 상담으로 풀어가는 초등교실 이야기. 강원도교육연수원 학생유형별상담기법 직무연수 자료집. 미간행 자료.

좋은교사운동(2012). **북유럽교육탐방집**. 서울: 좋은교사. 미간행 자료.

한영진, 박미향, 이정희, 김민정(2014). **매직워드77: 콕! 집은 선생님의 한마디 교실을 바꾼다**. 서울: 학지사.

Magyar-Moe, J. L. (2012). **긍정심리치료 치료자 가이드**[*Therapist's guide to positive psychological interventions*]. 이훈진, 최현정 역. 서울: 시그마프레스. (원저는 2009년에 출판).

경향신문(2015. 7. 12.). 시간빈곤층 930만 '쉬고 싶은 한국'.

한겨레(2015. 7. 29.). '격렬하게 아무것도 안 하기'의 씁쓸함.

3 선생님은 그때 뭐 하셨어요?

학교에서 상해 사고 시 학부모 대응 방법

뒤죽박죽. 레시피가 필요해!

점심시간이다. 급식 후 많은 아이가 운동장에 나가 놀고, 몇몇 아이만 교실에 남아 책을 보거나 이야기를 나누고 있었다. 그때 두 아이가 허겁지겁 교실로 뛰어 왔다.

"선생님! 빨리 보건실에 가세요. 지영이가 앞이 안 보인대요."

느닷없이 앞뒤 잘라먹고 하는 얘기에 놀라 김 선생님이 보건실에 갔더니, 지영이의 눈 주위를 살피는 보건 선생님의 모습이 먼저 눈에 들어왔다. 그리고 옆에서 안절부절못하는 우리 반 남자아이 둘의 모습도 같이 눈에 띄었다.

어떻게 된 일인지 물어보니, 남자아이 둘이 운동장에서 탱탱볼을 주고받으며 놀았는데, 그만 한 녀석이 던진 볼이 빗나가 그 옆 스탠드에 앉아 있던 지영이의 눈을 정통으로 맞혔다는 것이다.

지영이는 현재 공 맞은 눈이 뿌옇게 잘 보이지 않는다고 했다. 보건 선생님은 병원에 가야 할 상황인데, 지금 병원에 가면 아직은 점심시간이라 바로 진료를 받기는 어려울 것 같다고 하신다.

김 선생님은 일단 지영이 어머니에게 전화해서 자초지종을 설명했다. 그리고 우선 지영이와 함께 병원에 가겠다는 얘기를 전했다. 바쁜 업무 중에 전화를 받는다는 지영이 어머니는 한동안 말이 없었다. 그러더니 꾹꾹 누르는 듯한 어투로 말했다.

지영 어머니: 예, 선생님. 제가 지금 도저히 직장에서 빠져나갈 상황이 못 되니, 우선 선생님께서 병원에 데려가 주시고, 상황을 알려 주시면 감사하겠습니다. (잠시 침묵 후) 그런데

선생님, 점심시간인데 애들 노는 것 좀 살피시지 뭐하셨어요?

김 선생님은 미안함과 당황함에 순간 할 말이 없었다.

이처럼 학교에서는 생각하지 못한 사고들이 자주 발생한다. 학교에서 사고가 발생하거나 체험학습 등 교외에서 학생들과 교육활동을 하던 중에 사고가 발생하면 학부모의 당혹스러움은 이루 말할 수 없고, 교사 또한 당황스럽기 그지없다. 가장 좋은 것은 어떤 형태로든 사고가 일어나지 않는 것이다. 그러나 교육활동 중에 그런 행운만을 기대하는 것은 사실 비현실적이다.

교육활동 중 또는 학교에서 자녀가 사고를 당했을 때 부모가 나타낼 수 있는 반응을 이해하며 교사가 할 수 있는 일을 살펴보자.

레시피 1. 학부모의 감정 상태 이해하기

1. 이성적이 되기 힘들다

학부모의 입장에서는 학교에서 자녀가 어떤 형태로든 상해를 입었다는 이야기를 들었을 때 이성적이 되기 힘들다. 반면, 교사는 이 상황에서 당황스럽기는 하지만 내심 학부모가 이 상황에 이성적으로 대처해 주기를 기대한다. 그리고 학부모가 비이성적인 반응을 보이면 서운해하기도 한다. 그러나 학부모가 이성적이기를 바라는 것은 단지 교사의 희망 사항일 뿐이다. 학부모가 입을 꾹 다물고 있거나, 노골적으로 공격하거나 비난을 드러내지 않는 것만 해도 학부모 입장에서는 나름대로 대단히 참고 있는 상황이라는 것을 교사는 인지해야 한다.

2. 서운한 학교

학부모가 한껏 이성적이 되려고 해도 머릿속 생각과 마음속에서 실제 스멀스멀 일어나는 감정은 다르다. 학부모는 학교에 서운하다. 학교에 보낸다는 것은 내 자녀를 위탁하는 것이고, 그래서 학교는 내 자녀에 대해 보호자 노릇을 해야 하는데, 내 자녀에게 어떤 형태로든 상해가 발생했다는 것은 학교가 내 자녀에 대한 보호책임을 다하지 못한 것이라 생각된다. '조금만 더 학교가(교사가) ~했더라면….' '우리 아이에게 조금만 더 신경을 썼더라면….' 등의 아쉬움을 지울 수 없다. 서운함이 올라오면 생각은 점점 이성적이 되기 힘들다. 그렇다 보니 이 건과 상관없는, 평소에 자녀가 한 온갖 말이 다 생각난다. 담임교사가 평소 어떠하다던데, 그 교과목 교사가 어떠하다던데 등 평소 학교에 대한 부정적인 선입견이 있다면 서운함은 더 증폭된다. 그래서 때로는 상해 건과 전혀 상관없는 꼬투리로 학교에 서운함을 표출하는 학부모도 생긴다.

레시피 2. 일의 진행 경과 이해하기

1. 시간이 가면서 사건에 대한 생각이 바뀔 수 있다

상황 발생은 순간적이지만, 일의 영향은 지속적이다. 사건 발생 당일에는 이해한다고 넘어간 학부모도 시간의 경과에 따라 자녀의 피해를 지속적으로 돌보게 되면서부터는 마음이 바뀔 수 있다. 예를 들어, 맞벌이 부모의 경우 자녀를 간호하기 위해 부모 중 한 사람이 회사에 휴가를 요구하는 과정에서 감정이 심하게 상할 수 있다. 또는 '괜찮겠지.'라고 비교적 쉽게 생각했는데, 의외로 자녀가 밤새 아파해 부모가 함께 꼬박 밤을 지새울 수도 있다. 속이 상한 부부가 서로에게 양육의 책임을 묻다 보면, 부부관계가 어그러질 수 있다. 그러다 보면 부모는 최초의 태도와 다른 생각을 하게 된다.

시간이 가면 사건의 영향력은 일정 시간 동안은 커졌다가 점차 사그라든다. 그래서 증폭 시기에 학부모의 태도는 충분히 바뀔 가능성이 있다. 교사는 이 점을 이해하고, 학부모를 대할 때 태도가 변덕스럽다고 서운함을 표현하거나 비난하는 태도는 삼가야 한다. 오히려 부모의 그러한 변화에 대해 이해하고 수용하는 자세를 갖는 것이 필요하다.

2. 가해 성격의 행동을 한 아이의 부모는 방어적이 되기 쉽다

흔히 가해자와 피해자로 부른다. 그러나 정확하게 따지면 그 말은 옳지 않다. 학교에서 일어나는 상해는 심심찮게 장난치는 과정에서 또는 부주의해서 일어나는 것으로,

고의적이지 않은 경우가 많다. 그럴 때 가해자라는 명명은 가해 성격의 행동을 한 아이에게 상처가 된다. 그래서 '가해 성격의 행동을 한 아이'라고 명명하는 것이 낫다.

학부모 입장에서는 자신의 아이가 다른 아이에게 피해를 주었다는 것을 알게 되면, 가장 먼저 방어적인 생각이 든다. 물론 이성적으로는 상대 아이에 대해 관심을 가져야 한다는 것을 안다. 그러나 머릿속에는 온갖 경우의 수가 떠오르고 최악의 경우를 염두에 두기도 하여 방어적이 되기 쉽다. 그리고 상황이 어떻게 진행될지 몰라 두려워서 방어적이 되기도 한다.

그래서 일단 내 아이의 행동에 정당성을 부여하고, 피해를 당한 아이의 잘못도 찾으려 한다. 또 학교에 책임을 물음으로써 부담을 줄이거나 부담에서 벗어나려 한다. 따라서 학교 입장에서는 자칫하면 피해를 당한 아이도 챙겨야 하고, 가해 행동을 한 아이의 학부모도 상대해야 하는 경우가 생긴다.

3. 피해를 당한 아이의 주변에는 꼭 부추기는 사람이 있게 마련이다

모든 인간이 선한 것은 아니다. 타인의 불행을 핑계로 관계에서 자신의 영향력을 확대하거나 경제적 이득을 취하려는 사람이 있다. 피해를 당한 아이의 가정에서는 당황스럽기도 하고, 학교에 연락하기에는 감정적으로 아직 서운하고, 그래서 일을 어떻게 처리해야 할지 몰라 친척이나 주변 지인을 통해 해결책을 모색하려는 경우가 있다. 그러다 보면 때로는 정체 모를 '삼촌'이 학교에 등장하기도 한다. 이렇게 일의 해결 과정에 여러 사람이 관여하게 되고, 해결 방법은 중구난방이 되어 버리며, 그 과정에서 피해를 당한 아이의 상처나 문제를 해결하기보다는 여러 사람의 감정만 상하게 되어 새로운 이차 문제가 발생하기도 한다.

이를 예방하기 위해서는 모든 해결 과정의 초점이 피해 아이의 회복이라는 본질에서 벗어나지 않아야 한다. 애초에 피해가 생겨 문제가 발생했기 때문에, 피해의 회복이라는 초점만 흐리지 않으면 주변의 많은 이야기를 차단할 수 있다.

평소에 학교나 교사가 학부모에게 신뢰를 얻고 있다면 문제 해결이 수월할 수 있다. 상황이 발생했을 때 부랴부랴 새롭게 관계를 형성해 나간다는 것은 여간 어려운 일이 아니기 때문이다. 기존에 신뢰가 있으면 주변 사람이 끼어들 여지가 상대적으로 적어진다.

4. 뭐든 응징하고 싶어 한다. 그래야 공평하다는 느낌이 든다

피해를 당한 아이의 가정에서는 피해와 상응하는 그 무엇을 찾으려는 경향이 나타난다. 이것은 꼭 경제적 보상만을 의미하는 것은 아니다. 제도적 처벌 등 무엇이든 간에 피해에 상응하는 벌을 원하는 심리가 있다. 그래야 공평하다는 느낌이 드는 것이다. 그래서 학교폭력대책자치위원회의 개최를 요구하는 부모가 늘고 있다.

이때 담임교사는 학교폭력대책자치위원회 개최와 같은 공식적인 절차 외에는 피해 학부모의 요구를 받아들이는 것에 신중을 기해야 한다. 교사 혼자 판단하기보다는 교감, 교장 등 학교의 책임 있는 관리자와 상의하는 것이 필요하다. 예를 들어, 학급 내에서의 공개 사과와 같은 일방적인 요구는 가해 행동을 한 아이와 그 부모의 입장에서는 수치심과 반발심을 불러일으켜 새로운 문제를 만들 수 있다. 학교 측이 할 수 있는 최선의 방법은 피해자의 부모가 요구하는 내용을 가해 행동을 한 아이의 부모가 정말 동의할 수 있겠는지 잘 조율하는 것이다. 선선히 동의하지 않는 내용을 무리하게 진행하면 절대 안 된다.

레시피 3. 문제 해결 과정에서 알고 있으면 좋은 점

1. 상해 발생 시 '병원은 쉽게 접수해 주지 않을 수 있다'

아이가 다쳐서 교사가 아이를 데리고 병원에 가면, 접수할 때 병원에서는 교사에게 아이와의 관계, 다친 사유 등을 묻게 된다. 이때 "저희 반 아이가 다른 아이에게 공을 던졌는데 실수로 맞게 되었습니다."라고 답하는 과정에서 어떤 식이든 가해 행동을 한 아이가 있다는 것이 드러나면 병원은 (피해자의) 의료보험으로 진료를 진행하려 하지 않고 일반 진료로 처리하려는 경우도 있다. 정말 다쳤는지 확인 차 검사해 보려고 하는 매우 경미한 상황일지라도 마찬가지다. 이는 상해일 경우 일반의료보험으로 처리하지 않기 때문이다. 참고로, 학교안전공제회 또한 가해 행동을 한 아이가 분명히 있을 경우 보상하지 않는다.

학부모에게 연락해 상황을 설명하면, 학부모 입장에서는 자녀의 상태를 확인하지 못한 상황에서 선불리 의료보험 처리를 허락했다가 추후 예상치 못한 문제라도 발생해 손해가 되지 않을까 싶어 주저하게 된다.

이럴 때는 일단 일반 진료로 수납 처리하고, 추후 피해 학부모가 병원으로 와서 의료보험 청구를 하며 차액을 환불받는 방법도 있다. 그러나 피해를 당한 아이의 학부모 입장에서는 자녀가 다친 것도 속상한데 추후에 또 병원에 가서 일처리를 하느라 오가며 시간을 내어야 한다는 사실에 불편해할 수도 있다. 교사는 그런 부모의 감정을 이해하며, 부모의 애씀에 대해 미안함과 감사함을 표현할 수 있어야 한다.

2. 가해 행동을 한 아이의 부모가 피해를 당한 아이의 부모에게 연락하는 것은 피해 학부모의 반응을 보아 결정한다

자신의 자녀로 인해 다른 아이가 상해를 입었다고 하면, 가해 행동을 한 아이의 부모는 방어적인 모습을 보일지라도 피해 학부모에게 연락하고 싶어 한다. 교사는 이때 두 가지를 고려해야 한다. 첫째, 피해 학부모가 연락을 받고 싶어 하는지 의사를 확인해야 하며, 둘째, 가해 행동을 한 아이의 부모가 경우에 따라 피해 아이의 부모에게 언짢은 말을 들을 수도 있음을 미리 알려 주는 것이다. 그러고 나서 언짢을 수밖에 없는 피해 학부모의 마음을 헤아려 달라고 부탁하는 것이 필요하다.

한편, 자녀가 다친 모습에 속상한 피해 학부모는 상해 발생 초기에는 가해 행동을 한 아이의 부모를 보고 싶어 하지 않을 수 있다. 이때 교사는 피해 학부모의 마음을 잘 헤아려 상황을 잘 판단하여 적절하게 중재해야 한다. 일률적인 원칙을 적용하기는 어렵겠지만, 만나고 싶어 하지 않는데 억지로 만나게 하는 것은 적절하지 않다. 가해 행동을 한 아이의 학부모 입장에서는 찾아가거나 연락하는 것이 부담을 더는 행동이 될 수 있겠지만, 피해 학부모 입장에서는 아직 어떻게 될지도 모르는데 상대에게 면죄부를 주는 듯해서 거절할 수도 있다. 기본적으로 피해 학부모의 입장을 존중하되, 가능한 한 이틀 안에는 연락할 수 있게 독려한다. 이것은 피해 학부모가 피해 당일에는 당황하고 경황이 없으며 감정이 혼란스럽지만, 조금 상황에 익숙해지면 연락조차 없는 가해 행동을 한 아이의 학부모에게 서운해질 수 있기 때문이다.

3. 교사는 때로는 학부모의 감정 분출을 감당해야 한다

자녀에게 피해가 일어나면 가장 당황스러운 사람은 부모다. 하지만 담임이나 해당 시간 교사, 학교 관리자 또한 당황스럽기는 마찬가지다. 그래서 교사도 방어적이 될 수 있다. 특히 학부모가 거세게 학교를 비난하면 교사의 방어적인 태도는 더 강화되며, 이것은 다시 학부모의 반발로 이어지는 악순환을 가져오게 된다.

모든 사건에는 패턴이 있다. 발생 당시보다 시간이 경과할수록 긴장과 갈등이 증폭되다가, 더 시간이 경과하면 사그라든다. 단, 사그라들기 위해서는 충분한 공감과 수용이 전제되어야 한다. 그래서 교사는 때로는 학부모의 감정 분출을 감당하는 역할을 해야 한다는 것을 기억해야 한다.

4. 어떤 경우에도 사무적인 입장에서만 학부모를 대해서는 안 된다

학부모의 감정 분출이 계속되고, 상해가 생각 외로 크거나 장기적인 영향을 미칠 경우 교사는 시간이 갈수록 지치게 된다. 그럼 자칫 교사의 어투가 딱딱하게 되며, 아이의 피해 회복에 초점을 두기보다는 그저 학교에서 발생한 하나의 일로만 사무적으로 처리하려는 현상이 나타난다. 이는 문제를 해결하는 것이 아니라 더 증폭시킬 수 있는 행동이므로 상당히 경계해야 할 요소다.

5. 학부모의 입장이 통일되어 학교에 전달되도록 요구해야 한다

학교는 피해 학부모라고 뭉뚱그려 생각할 수 있으나, 피해 아이의 가정은 여러 구성원으로 이루어진 가족 집단이다. 대개 어머니가 학교와의 소통 창구를 맡는 경우가 많아, 학교에서 해결을 본 듯하다가도 가정으로 돌아가면 다시 다른 의견을 갖게 되어 재차 학교를 방문하는 경우가 있다. 이는 어머니가 피해 학부모로서 소통에 임하지만, 실질적으로 가족 내의 의사결정권자가 따로 있다는 뜻이다. 그래서 부모가 어떤 요구를 가지고 학교에 왔을 때 "아버님도(○○도) 그 결정에 동의하실까요?" 등의 질문을 활용하여 부모의 입장이 통일되어 전달되는 것인지 확인하는 과정이 필요하다. 그리고 일을 해결하기 위해서는 부모의 입장이 통일되어 전달되어야 한다는 것을 정중하게 요구해야 한다. 그러면 학부모 입장에서도 의견을 통일하는 과정에서 상황을 좀 더 객관적으로 볼 수 있게 된다.

6. 최대한 재빠르게 성의껏 움직여야 한다

학교는 학생의 문제에 대해 어떤 식으로든 방기했다는 느낌을 주어서는 안 된다. 사고가 발생하면 최대한 빠르게 학생을 병원으로 이송해야 한다. 그리고 학부모에게 자세하게 상황을 설명해 주어야 한다. 병원에 입원하게 되면 꾸준히 병문안을 가는 등 지속적인 성의를 표현하는 것이 필요하다. 때로는 학부모가 학교 측을 피하더라도 교사는 꾸준히 피해의 회복을 위해 다각도로 노력해야 한다. 특히 학생 간에 발생한 상해가 아니라 수업 등 교사의 책임 아래 있는 시간에 상해가 발생했을 때는 더 노력해야 한다. 출석에 공백이 생길 경우 가정에서 학습할 수 있게 학습 자료를 제공하거나, 수업 내용을 재구성하여 제시하는 것도 필요하다. 그리고 제도 범위에서 학교가 제공할 수 있는 편의는 모두 안내하며, 절차를 진행하는 데 학교의 도움이 필요할 때는 적극적으로 먼저 나서야 한다.

레시피 4. 예방 방법: 학생 있는 곳에 교사 있기

학교에서 상해가 발생할 수 있는 모든 경우의 수를 대비하는 것은 불가능하다. 그렇지만 평소 할 수 있는 범위에서는 최대한 안전 관리와 교육에 힘써야 한다. 학교 관리자는 시설 정비에 힘쓰고, 교사는 안전 교육을 성실하게 실행해야 한다. 알림장으로, 영상으로, 또 기회가 될 때마다 실시하는 안전 교육은 학교에서나 교육 활동 중에 발생하는 상해 발생 빈도를 훨씬 낮출 수 있다.

가장 중요한 원칙은 학생이 있는 곳에 교사가 있는 것이다. 수업 시간뿐 아니라 쉬는 시간, 점심시간, 방과후 시간 등 모든 경우에 해당한다. 교사의 시선은 항상 아이들이 있는 곳을 향하여야 하며, 이는 감시가 아니라 안전과 보호를 위한 것이다. 이럴 때 안전사고뿐 아니라 학교폭력 또한 방지하는 효과도 덤으로 얻을 수 있다.

공깃밥 추가 〈학교 안전사고 발생 시 대처 요령〉

1. 안전사고 발생 시 응급처치와 함께 필요한 경우 신속하게 병원으로 이송하거나 119에 신고한다(응급처치는 가급적 보건교사, 응급처치 자격증 소지자로 하여금 처리하게 한다).
2. 학교장에게 보고하고, 학부모에게 통보한다(학교, 교사, 학생, 학부모 비상연락망을 통하여 응급 상황 발생 시 및 필요시에 즉시 SNS를 이용하여 연락한다). 학교에서는 사안 발생 즉시 교육지원청과 시교육청으로 전언 보고 후 서면으로 보고한다.
3. 사고 경위를 파악하고 증빙 자료를 확보한다.
   ① 목격자 증언 청취 및 증거 자료(사고 현장 사진, 주위에 함께 있던 학생 등)를 확보한다. 이러한 증거 자료 확보를 위한 현장 보존과 보안에 주의한다.
   ② 사고 경위 조사 시 학생들의 인권 존중 및 심리적 · 정서적 안정에 유의한다.
   ③ 사회적으로 물의를 야기할 우려가 있을 경우 개인적인 견해 표명은 자제한다. 교감, 학생부장, 설득력 있는 교사 등으로 대책위원회를 구성하여 상황 대처 및 발언 창구를 단일화한다.
4. 피해 학생이 있을 경우 어느 한쪽으로 치우치는 인상을 주지 않도록 유의한다.
   ① 피해 학생은 별도로 상담한다.
   ② 학부모 상담을 통해 학생지도에 상호 협조한다.
5. 피해 학생에 대한 위문, 위로 등 성의 있는 자세로 신뢰를 구축한다.
   ① 안전공제회의 보상 제도를 안내한다.
   ② 피해자의 입장에서 문제(성적, 출석 처리 등)를 생각하여 처리한다.

6. 사고 발생 시부터 진행 과정을 일기 형태로 사고 종결 시까지 자세히 기록한다.
7. 사건의 결과를 예단하거나 말을 함부로 하지 말고, 불필요한 논쟁으로 사건의 본질을 제쳐 두고 감정을 상하게 하여 문제를 악화시키지 않도록 한다.
8. 사고 처리 과정에서는 사건에 대하여 의사결정 능력이 있는 당사자(어머니 또는 아버지)와 협의하도록 한다.
9. 되도록 치료비와 위자료 등은 사건이 해결되었을 때 지급하도록 노력한다.
10. 잘못된 사실관계가 언론 등에 공표되지 않도록 보안에 주의한다.
11. 학교와 학생의 조속한 안정화 조치 및 안전사고 재발 방지를 위한 추수지도를 한다.
12. 학교안전공제회와 학교책임배상보험의 보상 제도를 이용한다. 현장체험학습이나 학교 교육활동에서의 각종 안전사고의 사안 보고서를 작성하여 교육청에 제출한다.

출처: 대구광역시교육연수원(2015).

셰프에게 물어봐
〈우리 반 아이가 다치면 누가 병원에 데리고 가야 하나?〉

우리 반 아이가 다쳤어요. 누가 그 아이를 병원에 데리고 가야 할까요?

이 문제에 대한 답변은 사실 쉽지 않습니다. 다친 아이의 상태도 다르고, 학교마다 정해진 상황도 다르기 때문입니다.

대개 보건교사가 동행하는 경우가 가장 많습니다. 다친 정도가 미약하면 가정으로 연락해 부모가 와서 아이를 병원에 데리고 가는 경우도 있긴 합니다. 일괄적인 답변보다는 아이 상태의 경중에 따라 결정되어야 하겠습니다. 그러나 꼭 기억하실 것은 교사 관점보다는 '학부모 입장'에서 상해의 정도를 판단해야 한다는 것입니다. 특히나 상해의 정도가 크다고 판단되면 학부모 편에서 생각하기에 '책임 있는 교직 구성원'이 꼭 함께 움직이는 것이 필요합니다. 보건 선생님보다는 때로는 담임선생님이 될 수 있겠고, 경우에 따라 관리자인 교감 및 교장 선생님이 될 수도 있습니다. 교사 혼자 동행하기보다는 여럿이 동행해야 할 경우도 있습니다.

일반적으로 학교에서는 나머지 학생에 대한 수업 또는 관리 문제가 있기 때문에 담임을 보내는 것을 선호하지 않습니다. 그러나 사고를 당한 학부모 입장에서는 평소 소통하며 익숙해진 담임선생님을 선호하는 경향이 있습니다. 그렇기에 교과 시간을 변경하거나, 현재 수업이 비어 있는 다른 선생님 등 우리 학급의 일을 대신 맡아 처리해 줄 다른 선생님들의 도움을 받는 것도 때로는 필요합니다. 이때도 판단의 기준은 다친 아이로, 이를 중심에 두고 학교 관리자와 의논할 사항입니다.

참고문헌

대구광역시교육연수원(2015). [초중등] NEW 학교 안전사고 예방교육 연수자료집. 미간행 자료.

4 친구들 앞에서는 혼내지 말아 주세요

학교를 불신하는 학부모 대응 방법

뒤죽박죽. 레시피가 필요해!

점심시간에 동현이가 실수로 찬규를 쳤는데 이에 찬규가 동현이를 때리면서 싸움이 벌어졌다. 그래서 김 선생님은 둘을 불러 이야기했고, 서로 자신의 잘못을 인정하기에 화해하게 해서 돌려보냈다. 그래서 이후 그 일에 대해서는 전혀 생각지 않고 있었는데 찬규 어머니에게서 전화가 왔다.

김 교사: 찬규 어머니, 안녕하세요? 어쩐 일이세요?

찬규 어머니: 선생님, 오늘 찬규를 아이들 앞에서 혼내셨다면서요?

김 교사: 오늘 찬규가 동현이랑 싸워서 아이들을 지도했습니다.

찬규 어머니: 아이들이 싸울 수도 있어요. 하지만 그렇다고 아이들 앞에서 혼내면 찬규가 어떻겠어요? 찬규가 친구들 앞에서 얼마나 창피했겠어요.

김 선생님은 찬규 어머니의 말에 당황스러웠다. 찬규와 동현이가 화해를 잘했기에 자신의 지도력에 내심 뿌듯해했는데, 친구들 앞에서 혼냈다고 전화를 하시다니….

레시피 1. 학교를 불신하는 학부모에 대한 대응 방법 알아보기

1. 전문가로서 다양한 학부모가 있음을 인지하기

교사의 정당한 교육적 행위에 불만이나 항의를 표하는 학부모를 만나면 교사 입장에서는 황당하기도 하고 화가 날 수 있다. 하지만 교사는 전문가다운 태도로 침착함을 유지해야 한다. 이럴 때 도움이 되는 생각은 '교실에 다양한 학생이 있는 것처럼 다양한 학부모가 항상 존재한다.'는 것이다.

2. 문제 명확히 하기

침착하게 대응했다면 다음으로 교사가 해야 할 일은 학부모의 말을 명확히 하는 것이다.

교사가 한 행동에 대하여 문제를 삼는다면 언제, 어디서, 무슨 일에 대하여 말하는 것인지를 파악한다. 예를 들어, "선생님이 아이들 앞에서 혼내셨다면서요?"라고 하면 그 말이 뜻하는 상황이나 의미는 무엇인지 명확히 하는 작업이 필요하다.

예
- 어머님 말씀에 몹시 당황스럽네요. 제가 정확히 상황을 알아야 어머니를 도울 수 있을 것 같습니다. 찬규가 다른 아이들 앞에서 혼난 것에 대해서 어떻게 말했는지 제가 자세히 들을 수 있을까요?
- 아이들 앞이라고 찬규에게 들으신 것 같은데 아이들 앞이 어디라고 생각하세요?
- 무엇 때문에 혼이 났다고 말하던가요?

이렇게 사건을 명확히 하는 과정에서 오해가 풀리거나 문제가 해결되는 경우도 종종 있다. 예를 들면, 부모 입장에서는 '아이들 앞'이라고 아이가 말하면 모든 아이가 자녀를 쳐다보는 상황에서 교사가 큰 소리로 혼내는 장면을 상상할 수 있다. 하지만 많은 경우 교사는 아이들을 따로 불러 이야기하는 경우가 많다. 즉, 아이가 말하는 '아이들 앞'과 부모가 생각하는 '아이들 앞'이 다른 의미일 때가 있다.

교사는 학부모에게서 불평이나 비난을 받게 되면 당황스럽기도 하고 기분이 좋지 않을 수도 있다. 그러나 마음을 가라앉히고 문제를 명확히 하는 데 초점을 맞추도록 한다.

3. 학부모 이해하기

1) 학교에 대한 부모의 불신이 자녀에게까지 이어지는 경우

내가 만나는 모든 학부모는 학생이던 때가 있었다. 그리고 학교에 다니며 다양한 교사를 만나고 다양한 학교의 모습을 경험하였다. 교사인 우리가 학창시절에 다닌 학교나 만나 본 교사에 대한 다양한 이미지를 가지고 있는 것처럼, 부모도 학교나 교사에 대한 다양한 생각과 이미지를 가지고 있을 것이다. 우리가 교사가 되길 선택한 것은 아마도 학교에 대한 생각이나 이미지가 나쁘지 않았기 때문에, 또 부정적인 측면보다는 긍정적인 측면이 더 많았기 때문일지도 모른다. 하지만 학부모 중에는 학교나 교사에 대한 이미지가 좋지 않은 사람이 상당수 있다. 이런 학부모의 경우에는 자녀의 학교나 교사에 대한 시선이 그리 곱지만은 않다. 그러므로 현재 교사의 행동을 자신의 경험에 비추어 볼 수 있다는 것을 염두에 두어야 할 것이다.

찬규 어머니는 자신이 학창시절 친구들 앞에서 혼나 창피함을 느낀 기억이 찬규의 이야기를 들으며 떠올랐을지도 모른다.

2) 자녀가 친구들 앞에서 혼나는 것에 민감한 이유 알기

찬규 어머니와 같이 친구들 앞에서 자녀가 어떤 모습으로 비칠지를 몹시 걱정하는 부모일 경우 거기에 특별한 이유가 있을 수 있다. 예를 들면, 아이가 예전에 친구들 앞에서 혼난 경험으로 큰 상처가 된 사건이 있을 수 있고, 다른 아이들보다 자신감이 부족하여 부모가 더욱 신경을 쓰는 경우도 있을 수 있다. 그러므로 부모에게 이러한 이유를 물어보는 것은 부모를 이해하고 아이를 지도하는 데 도움이 될 수 있다.

예 • 혹시 찬규가 아이들 앞에서 혼나는 것에 대한 특별한 상처가 있나요?

- 부모님께서 찬규가 다른 아이들 앞에서 어떤 모습으로 비칠지를 걱정하시게 된 일이 있나요?

4. 문제 해결하기

1) 학부모의 의견 물어보기

아이의 잘못이 있을 때 교육적 차원에서 훈육을 해야 할 필요가 있다. 그런데 이러한 상황에서 아이들 앞에서 혼내지 말아 달라는 학부모의 말에 당황스러울 것이다. 그리고 한편으로는 마음속으로 '그럼 도대체 어떻게 하라는 말씀이십니까?'라고 되묻고 싶을 것이다.

이럴 때는 지혜를 발휘하여 학부모에게 그 해결책을 물어보도록 하자.

예
- 어머니라면 이런 상황에서 어떻게 하시겠습니까?
- 어머니라면 두 아이가 다툴 경우 어떻게 하시겠습니까?
- 어머니는 아이가 숙제를 안 해 왔을 때 제가 어떻게 해 주길 바라십니까?

이렇게 물어보면 학부모가 정말 무엇을 원하는지 알 수 있고, 좋은 해결책을 찾을 수도 있다. 때로는 '아이들 앞에서 혼내지 말아 달라는 것' 외에 학부모가 진짜 원하는 것이 있을 수 있다.

2) 학부모의 의견 중 받아들일 수 있는 것과 없는 것을 명확히 하기

학부모의 의견 중에는 교사가 받아들일 수 있는 것도 있고 없는 것도 있다. 그 의견이 단지 자기 아이만을 위한 학부모의 이기적인 마음에서 나온 것이라면 교사는 자신의 교육철학을 확고히 전달할 필요가 있다.

예 저는 민철이의 담임이자 우리 반 학생 모두의 담임입니다. 어머니의 말씀은 염두에 두겠지만 민철이만 특별하게 대할 수는 없습니다. 민철이만 특별하게 대하다 보면 우리 반의 질서가 무너지게 되고, 이것이 다른 아이들에게 피해를 줄 수 있으리라 생각합니다.

3) 학부모의 교육철학 경청하기

때로는 자신의 교육철학, 자녀교육 방법을 자랑하고 싶어 하는 부모도 있다. 어느 분야에서는 부모의 앎이 교사의 앎을 뛰어넘는 경우도 있다. 이럴 경우에는 교사가 부모의 교육철학을 경청하고 그 교육철학에 맞장구칠 때 의외로 문제가 쉽게 풀린다.

예 학부모: 선생님, 저는 이제까지 아이의 자존심을 생각해서 한 번도 공개적인 곳에서 아이를 혼낸 적이 없습니다. 항상 다른 사람들이 보지 않는 곳에 데려가 혼냈습니다. 아이가 창피를 느끼지 않게 하기 위해서지요.

교사: 그러기가 쉽지 않으실 텐데 정말 대단하시네요.

레시피 2. 학교를 불신하는 학부모에 대한 예방 방법 알아보기

1. 교사를 객관적으로 봐 줄 것을 요청하기

학교나 교사에 대한 학부모의 과거 경험이 현재 자녀의 학교생활에 부정적인 요인이 되지 않도록 학부모들에게 당부한다.

예 부모님 중에 학교를 다니지 않은 분은 없으실 테고, 학생이 아니었던 분은 없으실 것입니다. 그렇기에 학교에 대하여, 또 선생님에 대하여 스스로 누구보다 잘 안다고 생각하십니다. 그리고 부모님 중에는 학교에 대한 좋은 기억을 갖고 계신 분도 계시지만 그렇지 않고 학교나 선생님에 대한 상처를 갖고 계신 분도 분명히 있으실 것입니다. 간혹 이런 부모님의 경우 학교가 많이 변했음에도 부모님이 다닌 학교나 선생님에 대한 이미지로 학교를 바라보시다 보니 자녀의 학교생활에 대하여 신뢰하지 못하는 경우도 있습니다. 부모님이 학교나 교사에 대하여 긍정적인 생각을 가지실 때 자녀가 더 많이 배우고 학교를 즐거운 곳으로 생각할 수 있습니다. 그러므로 자녀를 위해서 부모님의 과거 경험에 비추어서만 보지 마시고 객관적으로 학교나 저의 모습을 봐 주시고 지지해 주시기를 부탁드립니다.

2. 학급 규칙에 학부모 의견 반영하기

학급에는 학급 나름대로 학급 규칙이 있다. 공동체 생활을 하면서 꼭 필요한 것, 담임으로서 아이들이 지녔으면 하는 덕목이나 교육철학을 반영하여 학급 규칙을 만들고, 그 학급 규칙에 따라 아이들의 상벌이 정해지는 경우가 많다. 하지만 학급 규칙을 교사가 일방적으로 정하는 경우에 문제가 생길 수 있다.

학급 규칙은 가능한 한 아이들과 함께 정하도록 한다. 그리고 정해진 학급 규칙을 학부모에게 알리는 것도 중요하다. 학부모에게 알릴 때는 일방적으로 통보하지 않고, 학급 규칙에 학부모의 의견도 받아들이도록 한다.

예 우리 반 학급 규칙이 학급회의를 통하여 다음과 같이 정해졌습니다. 학급 규칙에 대한 부모님의 다른 의견이나 보충할 의견이 있다면 알려 주시기 바랍니다. 의견을 제출하실 때 부모님의 의견을 자세히 적어 주시면 아이들과 토의할 때 많은 도움이 되리라 생각합니다. 부모님의 소중한 의견을 기다리겠습니다.

이렇게 부모의 의견을 수용하여 학생, 학부모, 교사가 모두 동의할 수 있는 학급 규칙이 되도록 해야 할 것이다. 학부모의 의견 수렴을 거친 후 다시 한 번 학급회의를 하여 최종 결정하도록 한다.

3. 학급 규칙을 학부모에게 명확히 알리기

최종 결정된 학급 규칙은 다시 가정으로 보내 학부모에게 확인 및 사인을 받아 가져오도록 한다. 이렇게 학급 규칙이 학부모에게도 명확히 전달되면 학부모가 오해하는 일이 줄어들 것이다.

4. 공정한 선생님 되기

학부모들은 아이가 학교에서 공정하게 대우받기를 원한다. 이를 알기에 교사들도 이 부분에 신경을 써서 지도한다. 하지만 교사가 아무리 공정하게 대했다 하더라도 아이가 어떻게 느끼는가가 학부모에게 그대로 전달되어 평가되는 경우도 종종 있다. 특히 지나치게 장난이 심하고 산만한 아이, 욕심이 많아 항상 친구들보다 더 많은 기회와 칭찬을 받고 싶어 하는 아이, 혹은 자녀의 능력을 과대평가하여 자녀가 정당한 대우를 받지 못하고 있다고 생각하는 부모의 경우, 교사의 공정함에 의문을 품는다.

그러므로 교사는 아이나 학부모에게 학급에서 이루어지는 역할 및 활동에 대한 교사의 기준을 안내한다. 특히 저학년의 경우에는 심부름, 발표, 모둠역할 등의 원칙을 사전에 안내할 필요가 있다. 또한 지나친 장난이나 싸움 등에 대한 제재는 아이의 안전을 위해, 또 공동체 안에서 다른 사람에게 주는 피해를 최소화하기 위해 꼭 필요한 조치이며, 안전한 교실을 만드는 것은 교사의 중요한 책무임을 반드시 알려 줄 필요가 있다.

아이의 잘못을 지적할 경우에는 그 이유를 명확히 설명하여 오해하는 일이 없도록 한다. 아이가 잘못했을 경우 스스로 자신의 행동에 대해 어떤 책임 행동을 할 것인지 아이가 스스로 선택하게 하는 것도 하나의 방법이 될 수 있다.

양념 추가 〈공정하다고 느낄 수 있는 활동의 예〉

- 저학년의 경우: 심부름은 번호대로 시키기
  발표에 너무 많은 아이가 손을 들 때는 제비뽑기로 정하기
  모둠 활동을 할 때 돌아가면서 역할을 맡기기
- 고학년의 경우: 학생들에게 어떨 때 공정하다고 느끼는지 물어보기
  양성평등의 입장에서 공정하게 지도하기
  (더불어 남자와 여자의 다름을 인식시키기)

5. 아이가 집에 도착하기 전에 학부모에게 먼저 전화나 문자 보내기

아이가 학교에서 학급 규칙을 어겨서 벌을 받았거나 학부모에게 훈육을 요청해야 할 일이 있으면 아이가 집에 도착하기 전에 학부모에게 미리 알리는 것이 좋다.

아이가 먼저 학부모에게 말할 경우 아이는 혼나지 않기 위해 자기에게 유리하게 말할 수 있고, 교사의 말과 행동을 왜곡하여 전할 수 있다. 또한 사실을 그대로 말했더라도 자녀가 벌을 받았다는 말부터 들은 부모는 기분이 언짢거나 선입견을 가질 수 있다.

하지만 교사가 먼저 전화하여 이야기한다면 학부모는 선입견 없이 일어난 일을 그대로 전달받을 수 있고, 교사도 실제 무슨 일이 있었는지 학부모에게 정확하게 전달할 수 있다. 또한 학부모 입장에서는 교사가 자녀를 걱정하고 염려하는 것이 보여 교사에 대한 신뢰가 쌓일 수 있다.

예 어머니, 오늘 학교에서 이런 일이 있었어요. 1교시가 끝나고 쉬는 시간에 찬규와 동혁이가 싸우는 일이 있었습니다.

이처럼 학교에서 어떠한 일이 있어 아이에게 벌을 주거나 학부모에게 훈육을 요청할 경우에는 교사가 머뭇거리지 말고 아이가 집에 도착하여 먼저 말하기 전에 부모에게 전화하거나 문자를 보내 사실을 전하는 것이 중요하다.

양념 추가 〈교사가 꼭 연락해야 하는 경우〉

- 아이에게 상처가 난 경우
- 아이가 다쳤다가 괜찮아진 경우(예: "체육 시간에 친구가 던진 공을 맞고 눈이 충혈되었다가 지금은 괜찮아졌습니다. 그래도 다시 한 번 살펴봐 주시길 부탁드립니다.")
- 혼난 사실에 대하여 아이가 감정이 풀리지 않은 채 집에 간 경우

6. 객관적인 자료 보내기

교사는 학생에 대한 객관적인 자료를 가지고 있어야 하고 학부모에게도 객관적으로 이야기를 해야 한다. 예를 들어, "철이가 숙제를 자주 해 오지 않아요." 대신 "철이가 이번 주에 학습일기를 5번 써 와야 하는데 화요일에 한 번 써 왔습니다."라고 말한다. 그리고 다툼이 있었을 경우에는 자녀의 입장에서만 혹은 상대방의 입장에서만 서술한 것이 아닌 당사자 둘 다가 작성한 '싸움 일지'를 복사하여 양쪽 부모에게 보낸다(〈참고자료 4-1〉 참조). 이렇게 하면 학부모는 자신의 자녀 입장에서만 보게 되지 않고 학교에서 일어난 일을 객관적으로 볼 수 있게 된다.

7. 아이들의 강점을 찾아 주는 다양한 활동을 하고 학부모에게 알리기

많은 교사가 아이들의 강점이 드러날 수 있는 활동을 교실에서 운영하고 있다. 칭찬 릴레이, 칭찬 세례, 나의 자랑대회 등이 그 예다. 평소에 아이들 간에 칭찬을 주고받는 활동으로 서로의 좋은 점이나 잘하는 점을 잘 알게 하고, 친구들이 말한 내용을 적어 아이에게 선물로 주면 아이뿐만 아니라 그것을 보는 학부모 입장에서도 뿌듯함을 느낄 것이다.

양념 추가 〈아이들의 강점을 찾아 주는 활동〉

- 칭찬 릴레이
  칭찬을 받으면 칭찬해 준 친구에게 감사를 표하고 다른 친구를 칭찬한다.
  학급 전체 구성원이 모두 칭찬받을 수 있도록 하며, 처음에 교사가 시작을 해도 좋다.

- 칭찬 세례(칭찬 샤워)
  하루에 한 명 칭찬의 주인공을 정하고 모두 그 친구에게 칭찬을 하나씩 해 준다.

- 나의 자랑대회

  하루에 한 명씩 돌아가며 자신이 잘하는 것을 친구들 앞에서 발표한다. 예체능에 국한하지 말고 자신이 자랑하고 싶은 것이나 물건 등을 가지고 와서 보여 주도록 할 수도 있다(예: 읽은 책 목록, 악기 연주, 암산을 잘하는 친구는 암산 시범을 보이기, 과거에 받은 상장 등).

셰프에게 물어봐
〈작년 담임에 대하여 험담하는 학부모〉

학부모 중에 학교에 대한 불신을 표시하시면서 작년 선생님에 대하여 험담을 하거나 저와 같은 학교에 근무하는 선생님에 대하여 좋지 않은 이야기를 하시는 학부모가 있습니다. 어떤 때는 저를 칭찬하면서 전 담임교사에 대하여 좋지 않은 이야기를 하시는데 듣고 있기에 너무나 부담스럽습니다. 이럴 때 제가 어떻게 하면 될까요?

학부모에게서 그런 이야기를 듣고 있으면 부담스러울 것입니다. 만약 상담 분위기에 휩싸여 학부모의 말에 동조하거나 어떠한 정보를 제공하게 된다면 학부모에게 선생님에 대한 험담거리를 제공하는 셈이 될 수도 있습니다.

학부모가 동료 교사에 대하여 험담할 경우,

"이 자리에 안 계신 전 담임선생님에 대하여 말씀하시니 제가 좀 불편합니다."

"제가 알기에는 그 선생님은 ~한 좋은 점이 있는 것으로 알고 있습니다."

이러한 말로 다른 선생님에 대하여 언급하는 것을 피하거나 선생님이 알고 있는 긍정적인 점에 대하여 말씀하세요. 이렇게 함으로써 학부모에게 이번 선생님은 동료 교사에 대하여 어떠한 비판이나 언급도 허용하지 않는다는 강한 인상을 줄 수 있습니다. 또한 이러한 태도는 학부모가 선생님에 대한 보다 전문적이고 신뢰할 수 있는 인상을 갖도록 하는 계기가 될 수도 있습니다.

출처: 한영진, 박미향, 이정희, 김민정(2014), pp. 319-320를 재구성.

참고문헌

EBS 제작팀(2009). 아이의 사생활. 서울: 지식채널.
김혜숙, 최동욱(2015). 교사를 위한 학부모 상담 길잡이. 서울: 학지사.
이영애(2012). 아이의 사회성. 서울: 지식채널.
한영진, 박미향, 이정희, 김민정(2014). 매직워드77: 콕! 집은 선생님의 한마디 교실을 바꾼다. 서울: 학지사.

〈참고 자료 4-1〉 싸움 일지

〈싸움 일지〉

학년: 반: 이름:

1. 누구와 무슨 일이 있었는지 쓰세요.

2. 내가 했던 행동은 무엇인가요? (내가 한 행동을 순서대로 쓰세요.)

3. 지금 생각해도 꼭 그렇게 했어야 했나요?
(아니라면 아닌 이유를, 만약 그렇다고 생각한다면 그 이유를 함께 자세히 기록하세요.)

4. 내가 친구에게 정말 원했던 것은 무엇이었나요?

5. 다음에 이런 경우가 생긴다면 나는 어떻게 행동할 것인지 쓰세요.

6. 지금 그 친구에게 하고 싶은 이야기가 있다면 아래 칸에 쓰세요.

7. 나의 행동을 어떻게 책임질지 생각하고 써 보세요.

선생님 확인_______ 부모님 확인_______

5 우리 애가 그러는데요
아이 말만 듣고 항의하는 학부모 대응 방법

뒤죽박죽. 레시피가 필요해!

수현이는 화가 나면 참지 못하고 주먹을 휘둘러 친구들과의 충돌이 잦다. 체육 시간에는 피구공으로 자기를 맞혔다고 진우에게 돌을 던져 하마터면 진우가 크게 다칠 뻔했다. 현지와 시비가 붙었을 때는 수현이가 현지의 갈비뼈 아래쪽을 때려 그나마 다행이었지 갈비뼈를 때렸으면 분명히 금이 갔을 것이라는 보건 선생님의 말에 가슴을 쓸어내렸다. 화가 나면 별것 아닌 것으로 보이는 일에도 친구들에게 소리를 지르고, 생각이 자기중심적이라 어떤 상황에서든 자기 좋은 대로 하려는 모습도 보인다. 급식을 먹을 때는 보는 사람이 불편할 정도로 며칠 굶은 것처럼 허겁지겁 밥을 먹고, 먹는 양도 어른보다 훨씬 많다. 그래서 그런지 또래에 비해 훨씬 뚱뚱하다. 친구들은 이런 수현이에게 그다지 호의적이지 않다. 하지만 수현이가 덩치도 크고 호락호락하지 않아서인지 따돌리거나 하지는 않는다. 그래도 친구들과 워낙 다툼이 잦기 때문에 김 선생님은 수현이에게 평소에 신경을 많이 썼다. 수현 어머니에게 아이 문제를 놓고 상담을 할까 생각도 했지만, 수현이와 여러 번 상담을 해 보니 아버지와 어머니가 집에서 종종 다투고 수현이를 세심하게 돌보는 것 같지 않아 이야기를 해도 소용이 없겠다 싶어서 웬만하면 학교에서 문제를 해결하고 넘어가려고 노력했다. 그러던 어느 날 수현 어머니가 갑작스럽게 학교로 상담을 하러 왔다.

수현 어머니: 선생님, 안녕하세요.

김 교사: 수현 어머님, 무슨 일로 오셨어요?

수현 어머니: 수현이가 왕따를 당하고 있어요.

김 교사: 네?

수현 어머니: 친구들이 자기를 싫어한다고 해서 전학을 간다고 말했는데 오히려 친구들이 그 말을 듣고 더 좋아했다면서 속이 많이 상한대요. 자기를 '돼지'라고 놀리고 괴롭힌다네요. 그래서 너무 힘들다고 자기는 전학을 가고 싶다고 해서요. 이렇게까지 애들이 수현이를 괴롭히는데 선생님께서는 어떻게 모르고 계실 수가 있으세요? 수현이가 몸집은 커도 여리고 순해서 걱정이었는데 정말 속상해요.

김 교사: (당황한 얼굴) ….

수현 어머니는 반 친구들이 자신을 괴롭힌다는 수현이의 말만 듣고 화가 나서 김 선생님을 찾아온 것 같았다. 김 선생님은 어떻게 하면 수현 어머니의 오해를 풀어 드리고 수현이가 학교에서 어떻게 지내는지, 학부모의 어떤 도움이 필요한지 등을 잘 전달할 수 있을지 생각하게 되었다.

레시피 1. 침착하게 대처하기

아이의 말만 듣고 교사에게 연락을 하거나 찾아오는 대부분의 학부모는 흥분 상태다. 자녀가 불합리한 일을 당하거나 일방적으로 상대방에게 피해를 당했다고 생각하여 들이닥치기 때문이다. 또한 그런 학부모는 성격이 조급한 경우가 많다. 이전보다 교사를 만만하게 여기는 학부모가 늘었다고는 하지만 많은 학부모에게 자녀의 담임교사는 여전히 어려운 상대다. 그럼에도 자녀의 말만 듣고 교사에게 사실 확인도 하지 않고서 따지면서 이야기한다는 것은 그만큼 학부모의 성격이 조급하거나 자녀 문제로 예민한 상태라는 것이다. 내 자식의 문제여서인지 평소에 조급해하지 않는 사람도 필요 이상으로 민감하게 반응할 수 있다. 그러므로 이런 상황에서 교사가 같이 흥분하거나 언성을 높이면 양측 다 감정이 상하여 이후의 대화를 풀어 나가는 데에도 어려움을 겪게 된다. 교사와 학부모가 만나는 가장 주된 목적은 아이의 건강한 성장을 위해 함께 머리를 맞대어 해결점을 찾아 보는 것임을 기억하고 같이 흥분하지 않도록 노력해야 한다.

레시피 2. 학부모의 흥분 가라앉히기

학부모가 흥분한 상태에서는 교사가 아무리 적합한 이야기를 해도 그것이 학부모에게 제대로 전달되지 않는다. 교사의 말을 곡해하여 자신의 의도대로 생각해 버릴 수도 있다. "부모님이 자녀에게서 어떤 이야기를 들었는지 알아야 도와드릴 수 있습니다."라고 말하며 자리에 앉기를 권하거나 차를 권하며, "속이 많이 상해서 오신 것 같은데 차분히 다시 이야기해 주세요."라는 등의 말로 학부모에게 흥분을 가라앉힐 시간을 준다.

예 수현이한테서 친구들이 괴롭힌다고 이야기를 들으셨으니 걱정도 되고 많이 속상하시겠어요. 제가 어머님 얘기를 들어 보아야 도와드릴 수가 있으니 일단 자리에 앉아서 계속 이야기해 주시겠어요?

레시피 3. 학부모의 이야기 경청하기

학부모의 이야기를 들으며 학부모가 가장 염려하는 부분이 무엇인지 파악한다. 자녀에게서 들은 내용이 무엇인지 물어보고 적절히 피드백을 하며 학부모의 의도를 생각해 본다. 교사가 알고 있는 내용과 다른 내용이 있다면 기억을 하며 들었다가 학부모의 말이 끝난 후에 이야기한다.

예
- 네~ 그런 일이 있었군요.
- 수현이가 전학을 가고 싶어 할 정도로 힘들다고 했군요. 어머님도 걱정이 크셨겠어요.

수현이의 사례와 같이 자녀의 교우관계가 걱정이 되어 찾아오는 학부모는 대부분 아이가 친구들에게 일방적으로 괴롭힘을 당하거나 왕따를 당하지 않는지를 걱정하며 교사를 찾아온다. 그래서 친구들과 트러블은 있었어도 따돌림을 당한 것은 아니라는 사실을 확인하는 것 자체로도 염려의 정도는 훨씬 줄어든다. 학부모의 이야기를 들으며 학부모가 가장 불안해하는 것이 무엇인지를 파악하고, 이후 상담을 전개할 때 그것을 가지고 먼저 이야기하면 상담이 효과적으로 진행된다.

레시피 4. 교사가 알고 있는 내용 이야기하기

1. 내용의 차이점 이해하기

학부모가 말한 것과 관련되어 교사가 알고 있는 내용이 있다면 그에 대해 이야기한다. 보통 이런 경우 두 내용 사이에는 어느 정도 다른 점이 있게 마련이다. 학부모는 아이의 이야기만 듣고 왔기 때문에 아이의 시각에서 본 것만을 알고 있을 수밖에 없다. 반면, 교사는 문제 상황이 생겼을 때 직접 보았거나, 혹여 보지 못했다면 여러 아이의 이야기를 바탕으로 내용을 재구성하여 알고 있기 때문에 아무래도 아이와는 다소 다르게 상황을 파악하고 있을 수 있다. 내용이 다르다고 해서 아이가 거짓말을 했다고 말하기보다는 충분히 일어날 수 있는 일임을 이야기하고, 이후 교사가 파악한 것을 이야기하면 된다.

예 네, 어머님 말씀 잘 들었습니다. 얼마나 걱정되시면 학교까지 이렇게 오셨겠어요. 어머님이 말씀하신 부분에 대해서 제가 알고 있는 내용을 말씀드릴 텐데, 수현이가 어머님께 말을 한 내용과 조금 다른 부분이 있습니다. 수현이가 거짓말을 했다는 이야기가 아니고요, 아무래도 아이들은 부모님이나 선생님에게 이야기를 할 때 자기에게 유리한 쪽으로 이야기하는 경향이 있거든요. 또 같은 일을 경험해도 그것을 보는 시각도 사람마다 다르고, 심지어 기억이 다른 경우도 흔합니다. 그래서 제 이야기를 들으시면서 상황을 같이 파악하고, 그에 따라 수현이를 도와줄 방법을 함께 생각해 보는 것이 좋을 것 같습니다.

양념 추가 〈다르게 말하는 아이의 심리 이해하기〉

1. 순간적인 둘러대기

아이들은 순간적으로 둘러대며 사실과 다른 이야기를 하기도 한다. 실제로 사실과 자신의 상상을 구분하지 못하고 상상을 사실로 알고 말할 수도 있고, 자신이 잘못했다고 생각할 때 혼이 날까 봐 둘러댈 수도 있다. 전자의 경우는 정상적인 발달 과정에서 나타났다가 사라지는 것이지만 후자의 경우는 고의적이다.

2. 욕구 충족의 기회로 삼음

부모의 관심을 끌고 싶거나 원하는 것을 사고 싶은 것과 같이 욕구 충족을 위해 내용을 바꾸어 전달할 수 있다. 고학년 학생의 경우 담임을 골탕 먹이기 위해 일부러 이런 행동을 하기도 한다.

예 • 수행평가 100점을 맞았다고 하며 점수를 올린 대가로 부모님에게 원하는 선물을 받음

예 • '불우이웃돕기 성금: 희망자만'이라는 알림장 내용을 '불우이웃돕기 성금: 5,000원'으로 고쳐 집에서 돈을 받고 자신이 원하는 것을 구입함

3. 선택적 기억

사람은 누구나 자기에게 유리한 쪽으로 생각하거나 인상적인 것만 선택하여 기억하는 경향이 있다. 고의로 그랬다기보다는 기억하고 싶은 부분만을 확대해서 말했다고 이해하면 된다. 간혹 학부모 중에는 이런 이해가 부족하여 아이의 선택적 기억을 전체로 확대해석해 필요 이상으로 흥분한 채 학교로 달려오기도 한다.

4. 맥락을 고려하지 않고 말함

초등학교 저학년의 경우 아이이기 때문에 일이 일어나게 된 맥락에 대한 고려 없이 자기 이야기만 늘어 놓거나 강조하기도 한다. 친구의 입장이나 감정, 자신의 말이 어떤 피해를 줄지 등을 고려하지 않고 자기 입장대로 말한다.

출처: 한영진, 박미향, 이정희, 김민정(2013), pp. 369–370을 재구성.

2. 교사가 알고 있는 내용 이야기하기

교사가 알고 있는 내용을 학부모와 이야기하면서 함께 아이의 문제를 해결할 방법을 찾아본다. 아이가 말하는 것과 교사가 알고 있는 것이 달라도 일일이 사실관계를 확인하여 취조를 하듯이 이야기하는 것보다는 함께 아이의 문제를 해결한다는 마음으로 이야기하는 것이 좀 더 수월하게 아이를 위한 협력적 대화를 나눌 수 있게 한다. 평소 교사가 아이들의 일을 기록해 놓은 자료가 있다면 그것을 함께 제시해도 좋다. 다만 그 내용이 계속적으로 아이의 잘못만을 기록해 놓은 것일 경우 학부모 입장에서는 교사가 아이의 잘못만 찾아 기록한 것으로 오해하고 교사의 선의를 다르게 볼 수 있으므로 자료 활용에 주의를 기울여야 한다.

예
- 어머님은 우리 반 친구들이 수현이를 왕따시키고 놀리고 괴롭히는 것이 걱정되어서 상담을 오셨다 생각이 됩니다. 수현이가 몸집은 커도 여리고 순해서 걱정이었는데 아이가 상처를 받은 모습을 보고 더 마음이 쓰이셨겠어요. 수현이가 친구들 때문에 속상해하는 건 저도 알고 있었습니다. 그래서 더 수현이에게 신경을 많이 썼는데 일이 이렇게 되어 저도 마음이 아픕니다.
- 평소에 수현이가 학교에서 있었던 일을 어머님께 잘 이야기하는 편인지요?
- 수현이가 친구들과의 사이에서 속상했던 일을 이야기한 것 중 또 기억에 남는 일이 있는지요?
- 수현이와 친구들 사이의 관계를 보면 일방적으로 친구들이 수현이를 괴롭히는 것이 아니라 수현이가 친구들을 때리는 일도 종종 있습니다. 어머님도 아시겠지만(실제로는 모르더라도 이렇게 말을 시작하면 이야기하기가 좀 더 수월하다), 지난번에 수현이가 진우에게 돌을 던진 적이 있잖아요.

3. 오해가 있다면 해명하기

만약 학부모가 교사의 행동을 오해했다면 그것에 대해 충분히 해명한 후 교사가 아이에게 충분히 관심과 긍정적 지지를 보내고 있음을 표현하는 것도 좋다.

예 내 자녀에게만 발표를 안 시켜 준다고 오해한 학부모에게:

민지가 자기만 발표를 시키지 않는다고 해서 속이 상하셨나 봅니다. 저희 반은 발표 사다리가 있어서 끝까지 다 올라가면 아직 못 올라온 아이 위주로 발표를 시킵니다. 모두가 일정 수준으로 올라오면 발표 사다리를 처음부터 다시 시작하지요. 발표를 하고 싶어 하는 아이는 하루에 몇 번이고 하는데 그렇지 않은 아이는 하루에 한 번도 안 할 때가 많아서 모두 고르게 발표를 하도록 하려고 사용하는 방법입니다. 민지가 워낙 수업에 적극적이고 열심히 하려다 보니 발표를 하고 싶은데 못 할 때 속이 상해서 어머님께 그렇게 말씀드렸나 봅니다. 민지는 누구보다 발표를 많이 해서 발표 사다리 꼭대기에 제일 빨리 올라가거든요. 그래서 나중에 발표하고 싶어도 못 할 때가 생기는 것이지요. 민지가 열심히 학습에 참여하는 것이 예뻐서 발표할 때마다 칭찬도 많이 해 주고 눈여겨보고 있습니다."

레시피 5. 문제 해결 과정을 통해 신뢰 관계 형성하기

학부모가 자녀의 이야기만 듣고 화가 나서 교사를 찾았다고 할지라도, 상담 과정에서 이전보다 더 교사와 신뢰를 쌓는다면 이는 아이의 발전을 위한 전화위복의 계기가 될 것이다. 상담 과정에서 새롭게 확인할 것이 있으면 가급적 빨리 처리하여 문제가 해결되도록 하는 것이 이후 신뢰 관계를 쌓는 데 도움이 된다. 특히 자녀가 다른 친구와 다투었거나 관계에 어려움을 겪어 학부모가 학교에 찾아왔다면 다른 아이나 또 다른 학부모도 그 문제에 포함되게 되므로 교사의 중재자로서의 역할이 매우 중요해진다. 단순히 교사의 행동에 대해 오해가 있었던 사항이라면 상담을 통해 충분히 오해를 풀고 더 발전적인 관계를 도모한다.

레시피 6. 아이의 말만 듣고 항의하는 학부모에 대한 예방 방법 알아보기

1. 학부모 총회에서 안내하기

학부모 총회에서 자녀의 말을 듣고 학교생활에 대해 미심쩍거나 궁금한 부분이 생긴다면 먼저 교사에게 연락할 것을 부탁한다. 사랑스러운 자녀의 말이니 부모로서는 믿는 것이 당연하지만 아이의 시각에서 보고 말한 것이 오해를 불러올 수 있음을 사례를 통해 이야기하고 협조를 당부한다.

예 예전에 제가 2학년 담임을 하던 때의 일입니다. 하교 지도를 마치고 돌아오니 A가 교실 바닥에 누워 울고 있고 다른 아이들이 어쩔 줄 몰라 하며 그 아이를 쳐다보고 있었습니다. A에게 어떻게 된 일이냐고 물어보니 친구들이 자신을 발로 차고 던졌다고 했습니다. 다른 아이들의 면면을 보아서는 상상할 수 없는 일이라 아까 있었던 일을 재연해 보라고 했습니다. A가 청소하기 싫다고 교실 바닥에 누워 뒹굴거리자 다른 친구들이 발로 살짝 건드리며 일어나라고 했고, 그래도 계속 누워 있자 여러 명이 A의 팔다리를 잡고 다른 곳으로 옮긴 것이었습니다. 이것을 A는 친구들이 자신을 발로 차고 던졌다고 표현한 것이었습니다. 아이들의 표현은 어른과는 달라서 자기중심적입니다. 그래서 아이의 말만 들으면 오해를 할 만한 일들도 충분히 있을 수 있습니다. 그러니 자녀의 학교생활에 대해 걱정되는 말을 들으시면 아이의 감정에는 공감해 주시되 자녀의 친구나 친구 어머니께 연락하기 전에 일단 저에게 먼저 전화를 주셔서 어떤 일인지를 확인해 주시면 좋겠습니다.

2. 오해 방지: 예방적 접근하기

수업 중에 교사의 휴대전화가 울리거나 교사가 휴대전화를 만지작거리면 아이들 입장에서는 '학생에게는 수업 시간에 휴대폰을 못 꺼내게 하면서 선생님은 그렇게 한다.' 고 불만을 가질 수 있다. 간혹 인터넷을 이용하여 수업 자료를 검색해도 선생님이 컴퓨터로 놀고 있다고 생각하는 아이들도 있다. "오얏나무 아래에서는 갓을 고쳐 쓰지 말고, 참외밭에서는 신발을 고쳐 신지 말라."라는 속담처럼 오해받을 만한 행동은 하지 않는 것이 좋다. 교육적으로 필요한데 혹시나 오해를 받을 만하다면 아이들에게 그 이유를 먼저 말하는 것도 지혜로운 방법이다.

예 진수가 아직 학교에 안 왔는데 진수 어머니도 진수도 전화를 안 받아서…. 혹시 선생님한테 문자로라도 연락을 할 수 있으니까 휴대폰을 꺼내 놓을게. 이해해 줘.

초등학교의 경우 일부 방과후학교 개설 강좌에 희망자가 몰려 추첨을 하거나, 교내상 수상자를 선발할 때 학부모들에게 괜한 오해를 받을 때가 있다. 아이들이다 보니 추첨 과정을 제대로 학부모에게 전달하지 못해 오해를 받을 때도 있고, ××보다 우리 애 그림이 더 나은데 ××는 어머니가 학교운영위원장이다 보니 상장을 받았다는 식으로 오해를 받을 때도 있다. 그래서 요즘 학년 단위로 주는 교내 상은 학년 교사들이 함께 모여 수상자를 결정하고 심사표를 근거 자료로 남기는 것이 일반적이다. 어린이날 즈음에 봉사상과 같이 아이들의 태도를 보고 주는 상의 경우 교사가 수상자를 선정할 수도 있지만 아이들이 투표를 하여 수상자를 결정할 수도 있다. 교사 입장에서는 괜한 오해에서 벗어날 수 있고, 아이들 입장에서는 친구들이 주는 상이기 때문에 더 값지고 의미 있게 느낄 수 있다. 추첨을 해서 참가자를 결정하는 것이 있다면 추첨 전에 ○○가 몇 장, ××가 몇 장인지를 모두에게 확인시키고 추첨을 하며, 추첨 결과를 학부모가 아이에게서 듣기 전에서 교사가 먼저 학부모에게 문자 메시지로 보내는 것도 오해를 방지하는 좋은 방법이다.

3. 학급일지 기록하기

"'적자생존'이라고 적는 사람이 살아남는다."라는 우스갯소리가 요즘 학교 현장에서 공공연히 나온다. 일어난 일을 기록하는 것의 중요성을 이야기하는 말이다. 학급일지를 기록하는 습관을 가지면 그날 학급 운영을 돌아볼 수 있고 앞으로의 학급 운영 계획을 체계적으로 세우는 데에도 도움이 된다. 더불어 학부모에게서 상담을 요청받았거나 학급에서 일어난 일로 교사의 책임 여부 등을 가릴 때에도 유용한 근거 자료로 활용할 수 있다. 학급일지에 정해진 틀은 없다. 교사가 생각하기에 필요한 내용을 기록하면 된다. 보통 아이들의 출결 상황, 수업한 내용, 숙제 및 준비물 확인, 알림장 및 그날 일어난 특별한 일 등을 기록하면 된다(〈참고 자료 5-1〉 참조). 혹시 청소나 개별 공부 등으로 하교 시간보다 늦게 집에 간 아이들이 있다면 교실에서 나간 시간을 적어 두는 것도 필요하다. 하루에 한 명씩 돌아가며 학급 아이들을 관찰하고 그 내용을 기록해 놓으면 아이를 깊이 있는 시선으로 바라보는 데 도움이 된다. 학급 아이들이 잘못한 것을 기록하는 용도보다는 (물론 기록을 안 할 수는 없다. 그러나 초점을 어디에 두느냐가 중요하다) 그들의 성실한 생활을 격려하고 따뜻하게 보듬어 주기 위한 도구로 학급일지를 사용한다면 교사로서 한 걸음 성장하는 계기가 될 수 있다.

초등 고학년 이상에서는 학급일지를 아이들이 쓰는 것도 좋다(〈참고 자료 5-2〉 참조). 아이들의 시각으로 일지를 쓰기 때문에 교사가 미처 보지 못한 아이들의 생활이 생생하게 쌓이는 학급의 역사책이 될 수 있다. 일지는 아이들끼리 돌아가며 기록하는데, 조선왕조의 역사를 기록한 '사관'의 예를 들며 누구의 눈치도 보지 말고 있는 그대로 쓰도록 하면 교사가 학급의 분위기를 파악하는 데도 도움이 된다.

4. 공정한 상벌점제 운영

중·고등학교에서 아이들의 생활교육 수단으로 종종 사용되는 것이 상벌점이다. 상벌점의 교육적 효과에 대해서는 다양한 의견이 있다. 상벌점이 행동에 대한 긍정적 혹은 부정적 보상일 뿐 긍정적 행동의 빈도를 늘리거나 부정적 행동을 반성하게 하고 재발을 방지하는 효과는 별로 없기 때문에 부정적으로 보는 시각도 있는 반면, 현실적으로 교사가 아이들을 통제하는 거의 유일한 수단이기 때문에 꼭 필요하다는 시각도 있다. 교사 개인의 시각이 어떠하든 간에 학교에서 상벌점 제도를 활용하고 있다면 그것을 공정하게 운영하는 것이 매우 중요하다. 특히 벌점을 줄 때 교사가 공정하지 않다고 아이들이 느끼게 되면 제도의 교육적 효과는 없어지고 교사에 대한 아이들의 반감만 커지는 결과를 낳게 된다. 교사도 사람이기 때문에 완전히 공정하기란 쉽지 않다. 예를 들면, 5반 아이들의 태도가 나빠서 다른 반보다 수업하기가 힘이 든다면 당연히 5반에 가서는 벌점 폭탄을 투하할 가능성이 크다. 옆 반인 4반 아이들은 수업 태도가 좋다. 4반 수업을 하고 있으면 왠지 교사의 마음도 부드러워진다. 그러다 보면 4반 아이와 5반 아이가 같은 잘못을 해도 5반 아이에게만 벌점을 줄 수도 있다는 것이 문제다. 또한 A 교사는 수업 중에 마음대로 짝을 바꾸면 벌점을 주는데, B 교사는 짝을 바꿔도 벌점을 주지 않는다면 아이들은 공정하지 않다고 느낀다. 그래서 학교에서 상벌점 제도를 운영한다면 아이들과 교사들 간의 논의를 거쳐(당사자인 아이들이 규칙을 정하는 데서 배제되면 규칙이 지켜지는 것은 더더욱 어렵다) 합의된 규칙을 세우고, 그에 따라 벌점을 부과하도록 하는 노력이 필요하다.

공깃밥 추가 〈집에 가서 말을 잘못 전하는 아이 지도하기〉

1. 아이의 전달자로서의 중요성 인지하기

아이는 교사와 학부모 사이를 잇는 중요한 통로다. 매일 교사와 학부모를 동시에 만나는 것은 아이뿐이기 때문이다. 그래서 아이가 말을 잘못 전달하면 교사와 학부모 사이에는 오해가 생길 수밖에 없다. 편지를 전해 주는 우체부가 편지를 자기 마음대로 다른 것으로 바꿔치기하거나, 택배 기사가 마음에 드는 물건이 나왔다고 자기 물건과 택배 물건을 바꾸는 행동은 있을 수 없는 일이다. 선생님이 써 준 알림장 문구를 자기 마음대로 바꾸거나 선생님이 한 말을 전혀 다르게 전하는 행동도 이와 다를 바 없다. 자기 잘못으로 선생님과 부모님이 싸움에 이를 수도 있기에 아이의 말 한마디가 매우 중요하다는 것을 학년 초에 분명히 지도한다.

2. 알림장을 정확히 썼는지 확인하기

초등의 경우 매일 알림장을 쓰는 것이 일반적이다. '불우이웃돕기 성금: 희망자만'이라고 적힌 알림장 내용을 '불우이웃돕기 성금: 5,000원'으로 쓸 수 있는 것이 아이들이다. 그래서 이런 일이 일어나지 않도록 미리 지도하고 검사도 철저히 하는 것이 중요하다.

3. 학부모에게 '사실 확인 후 지도' 안내하기

학부모에게 만일 알림장 내용이 다소 이상하다거나 자녀의 말이 의아하고 이해가 안 갈 경우 직접 교사에게 확인하거나, 혹은 이웃의 같은 반 아이를 통해서 확인하도록 안내한다. 이 과정에서 자녀가 사실대로 말하지 않은 것이 있다면 아이가 자신의 행동에 대해 반성하고 고칠 수 있도록 지도 및 격려를 해 주도록 한다.

비법 한 스푼 〈훌륭한 교사는 무엇이 다른가〉

학생이 잘못된 행동을 할 때, 훌륭한 교사는 그 행동이 되풀이되지 않도록 해야 한다는 목표를 갖는 반면, 무능한 교사는 처벌하겠다는 목표를 갖는다. 유능한 교사는 잘못된 행동을 예방하려 노력하지만 유능하지 못한 교사는 학생이 잘못을 한 후에야 뒤늦게 그 학생에게 벌을 주려 애쓴다. 예를 들어, 수업 시간에 필기구를 준비하지 못한 아이가 있다면, 그 아이가 스스로 잘못했다고 느끼고 그 결과 더 나은 행동을 하게 이끌어야 하는데 벌칙과 처벌로 지나간 잘못에 초점을 맞추는 것이다. 교육자는 자신이 영향을 끼칠 수 있는 일에 집중해야 한다. 이미 일어난 일을 바꿀 수는 없다. 그렇다면 과거를 회상하는 일에 에너지를 쏟아붓는 것이 무슨 의미가 있는가? 잘못된 행동이 다시 일어나지 않게 예방하는 것이 정답이다.

출처: Whitaker, T. (2009), pp. 47-48.

셰프에게 물어봐
〈아침부터 자녀 문제로 선생님을 기다리는 학부모〉

학교에 출근하니 한 어머니가 교실 앞에서 기다리고 있었습니다. 자신의 아이가 친구에게 괴롭힘을 당하는 것 같다며 걱정이 되어 밤새 한숨도 못 잤다고 합니다. 그래도 아이 말만 믿을 수가 없어서 선생님께 여쭤 보려고 학교에 왔다고 합니다. 제가 보기엔 둘이 서로 싸운 것인데 아이의 어머니는 아이가 남자인 데다가 반에서 키가 제일 작다 보니 일방적으로 괴롭힘을 당하는 것이 아닌지 걱정을 하는 것 같았습니다. 어떻게 상담을 하면 될까요?

아이의 말만 듣고 즉각 대응하지 않고 학교에 찾아온 어머님께 감사의 표현을 합니다. 요즘에는 이런 일이 있으면 다짜고짜 상대 아이의 집에 전화하여 따지는 학부모도 많거든요. 학부모가 교사를 믿고 온 것이 아니더라도 교사를 신뢰해 주어 고맙다고 말하는 것도 좋습니다. 교사의 말이 학부모의 생각을 긍정적으로 변화시킬 수 있기 때문입니다. 그리고 어머니의 걱정하는 마음에 공감해 주고, 가장 염려하는 부분에 대한 교사의 생각을 이야기합니다. 더불어 걱정을 하게 된 구체적인 사건에 대해 알고 있는 대로 이야기해 주면 학교에서 더 자세히 알아보겠다고 말합니다. 아침에 어머니의 방문을 받았다면 가급적 그날 해당 아이와 그날 일에 대해 자세히 파악하여 오후에는 어머니에게 다시 연락을 합니다. 어떤 일이 있었는지 정황을 구체적으로 기록하고 그것에 대해 어머니에게 전하며, 어머니가 잘못 알고 있는 부분은 바로잡아 주어 고민을 풀어 주면 됩니다.

예 ○○의 말을 듣고 속상하셨을 텐데 이렇게 저를 믿고 염려되는 부분을 말씀해 주셔서 감사드립니다. 어제 두 아이가 싸운 것은 사실이지만 어머님이 걱정하시는 것처럼 ○○가 키는 작아도 다른 친구들에게 괴롭힘을 당하거나 하지는 않습니다. ○○도 나름대로 하고 싶은 말은 다 하고 화가 나면 화도 내면서 자기 의사 표현을 확실히 하거든요. 어제 ××랑 싸웠고 둘이 자주 다투는 편이긴 하지만 사실 어머님도 아시다시피 둘이 자주 같이 놉니다. 제가 두 아이가 어제 싸운 것을 알고 있고 정황도 알지만 직접 본 것은 아니고 둘이 말이 달라서 사과를 하게 하고 화해시켜 보냈습니다. 어머님이 걱정하고 계시니 오늘 더 자세히 알아보고 이따 연락드리겠습니다. 화도 나고 걱정이 정말 크셨을 텐데 직접 ×× 어머니께 연락하지 않고 저를 찾아와 주셔서 감사합니다."

참고문헌

한영진, 박미향, 이정희, 김민정(2013). 교사를 당황하게 하는 아이들: 대인관계 · 태도 편. 서울: 학지사.

Whitaker, T. (2009). 훌륭한 교사는 무엇이 다른가[*What Great Teachers Do Differently*]. (송형호 역). 서울: 지식의 날개. (원저는 2004년에 출판).

〈참고 자료 5-1〉 학급일지

201___년 ________월 ________일 ________요일

	이름				결석○ 조퇴△ 지각V
1					
2					
3					
4					
5					
6					
7					
8					
9					
10					
11					
12					
13					
14					
15					
16					
51					
52					
53					
54					
55					
56					
57					
58					
59					
60					
61					
62					
63					
64					
65					

오늘의 주인공: (   )

오늘 해야 할 일 (☑ 완료 ⇥ 연기 ☒ 취소 ●진행 중 ☆중요)	
1	[A] □
2	[ ] □
3	[ ] □
4	[ ] □
5	[ ] □

학습 주제 및 내용

아침자습 :

1- :

2- :

3- :

4- :

5- :

6- :

학급에서 일어난 일

오늘의 알림사항

1.

2.

3.

4.

5.

6.

자료 제공: 서울○○초등학교 허승환 선생님.

〈참고 자료 5-2〉 아이들이 쓰는 학급일지

201___년 ______월 ______일 ______요일 기록자: ______

당번 역할	이름	확인
앞, 뒤		
1분단		
2분단		
3분단		

학습 주제 및 내용
아침자습 :
1- :
2- :
3- :
4- :
5- :
6- :

칭찬합니다!

• 이름: ( )

• 이유

SOS! 도움이 필요해요!

• 이름: ( )

• 이유

■ 학급에서 일어난 일

내용 추가요!

선생님께 쓰는 편지

6 평가 기준이 뭐예요?
생활기록부 평가 내용에 대해 항의하는 학부모 대응 방법

뒤죽박죽. 레시피가 필요해!

평가로 정신없던 학기 말이 지나고 방학이 되었다. 요즘은 이전보다 평가 결과를 놓고 항의를 하는 아이들이나 학부모들이 늘었다. 그래서 수행평가도 객관적인 기준을 세워 사전에 공지한 후 실시하였고, 시험 문제를 낼 때도 여러 번의 검토를 거쳐 최대한 시비가 없도록 노력했다. 그런데 통지표가 나가고 다음날 재민 어머니로부터 전화가 왔다.

재민 어머니: 선생님~ 저 재민 엄마인데요. 통지표 잘 받아 보았습니다.

김 교사: 네~ 어머님. 무슨 일로 전화하셨는지요?

재민 어머니: 재민이 행동 발달이요. 무슨 기준으로 그렇게 쓰셨어요?

김 교사: 네?

재민 어머니: '자기주장이 뚜렷하고 자신의 생각을 끝까지 관철하려 함'이라고 하시면 꼭 아이가 자기주장이 강하고 고집스러운 아이처럼 느껴지잖아요. 선생님도 아시다시피 저희 재민이 국제중학교 보내려고 하는데 이런 부분 때문에 떨어지면 선생님이 책임지실 거예요? 선생님께 전화를 드릴까 말까 고민했는데 아이의 인생이 달라질 수 있는 문제라고 생각되어서 전화드렸어요. 그리고 저희 재민이가 그렇게 고집이 센가요? 대체 무슨 기준으로 아이를 그렇게 판단하시는 거예요? 선생님이 저희 재민이를 그렇게 보셨다니 너무 속상하네요. 재민이는 그래도 선생님을 좋아하는 것 같았는데….

김 선생님은 재민 어머니가 흥분하는 것에 대해 이해는 할 수 있었다. 하지만 교사의 고유 권한인 평가에 대해 따지는 재민 어머니의 태도가 당황스러웠다. 어머니의 전화 한 통으로 평가 내용을 수정해 주다 보면 한도 끝도 없을 것 같지만 그대로 두자니 아이의 인생이 달렸다는 재민 어머니의 말이 마음에 걸린다. 어떻게 하면 좋을까?

레시피 1. 침착하게 대처하기

어떤 교사든지 평가를 수정해 달라는 요구를 접하면 일단 불쾌감을 느낀다. 평가는 교사의 고유 권한이므로 그것을 침범하는 것은 월권으로 느껴지기 때문이다. 하지만 불쾌감을 느꼈다고 해서 화부터 내 버리면 이후 학부모와의 관계는 악화일로로 치닫게 될 가능성이 크다. 화가 난 상태에서 말을 하다 보면 마음보다 더 강한 말이 나올 수도 있고, 그러다 보면 어느 순간 학부모와 말싸움을 하고 있는 자신의 모습을 발견하게 된다. 그리고 화가 나서 어느 쪽으로든 단정적인 대답을 해 버리면 이후 그것을 바꾸기는 쉽지 않다. 그러므로 침착하게 마음을 가다듬고, 즉시 문제를 해결하려 하기보다는 해결책을 찾을 시간을 마련하는 것이 도움이 된다.

단, 사례와는 달리 상 · 중 · 하를 평가하는 과정에서 오류가 생긴 것이 아니냐는 항의를 받았을 경우에는 보관하고 있는 수행평가기록부와 시험지 등의 평가 자료를 보고 되도록 빨리 학부모에게 평가 기준을 알려 주어 더 이상의 논란이 없도록 조치한다.

레시피 2. 공감과 학부모의 의도 파악하기

학부모가 자녀의 평가 결과 때문에 교사에게 연락을 하기까지는 나름대로의 고민이 있었을 것이다. 교사에게 무례한 행동을 아무렇지도 않게 하는 학부모의 이야기를 곳곳에서 들을 수 있지만, 그래도 아직 다수의 일반적인 학부모에게는 자녀를 맡고 있는 교사에게 연락을 하여 불만을 제기하는 것 자체가 쉬운 일이 아니다. 설령 뒤에서는 교사를 험담할지 몰라도 직접 이야기를 하는 것은 그만큼 어렵다는 것이다. 그래서 그럼에도 연락을 할 수밖에 없었던 나름대로의 사정을 알아 주는 것은 학부모의 마음을 다독이고 대화의 물꼬를 열어 준다.

예 재민 어머니, 종합 의견 내용 때문에 속이 상하셨나 봅니다. 말씀하신 것처럼 저에게 연락하기가 쉽지만은 않으셨을 텐데…. 아무래도 그만큼 걱정이 크셨으니 연락을 주신 거겠지요.

효과적인 공감은 교사가 학부모의 의도를 파악하는 데도 도움이 된다. 중간 중간 학부모의 말에 공감을 하면서 가장 걱정이 되는 것이 무엇인지 등을 묻는다. 이때의 공감은 학부모의 말을 반복하여 이야기하거나, 고개를 끄덕이며 '네~' 하고 대답하는 정도로도 충분하다. 잘못된 공감은 학부모의 행동에 정당성을 부여하고, 마치 교사가 자신의 잘못을 인정하는 것처럼 오해받을 소지가 있으므로 주의해야 한다.

예
- 네, 그러셨군요. (○)
- 어머니는 재민이의 국제중학교 입학에 불이익이 있을까 봐 염려가 크시군요. (○)
- 재민이를 고집이 센 아이처럼 평가해 놓은 것 같아 기분이 나쁘셨군요. (○)
- 제가 평가한 내용이 재민이를 부정적으로 본 것 같아 섭섭하셨군요. (○)
- 어머니가 화를 내시는 게 당연하지요. 화가 날 만도 합니다. (×)

학부모가 원하는 것이 무엇인지 의도를 파악했다면 그것에 초점을 맞추어 이후의 상담을 진행한다. 재민이의 예를 들면, 학부모가 가장 염려하는 부분은 국제중학교 입학에서의 불이익이다. 아이의 인생이 달라질 수 있는 문제라고 생각되어 전화를 했다는 말에서 미루어 짐작해 볼 수 있다. 그래서 다른 부분들의 오해도 풀어 주어야 하지만 국제중학교 입학에 불이익이 있을지에 대한 불안을 해소해 주는 것이 가장 중요하다.

예 어머님 말씀을 들어 보니 다른 무엇보다 재민이가 행동 특성 및 종합 의견의 내용 때문에 국제중학교 입학에서 불이익이 있을까 봐 걱정이 크신 것 같습니다.

레시피 3. 해결하기

1. 생활기록부 기재 내용은 교사가 마음대로 고칠 수 없는 것임을 알리기

학부모 입장에서는 마음에 들지 않는 생활기록부 기재 내용은 수정하고 싶을 것이다. 교사가 기록한 내용이니 교사의 마음만 움직이면 바꿀 수 있다고 생각할 수도 있다. 하지만 평가에 관한 것은 학교의 학업성적관리규정에 정해진 대로 이루어지는 것이고, 생활기록부에 등재된 내용은 이에 따라 학교장의 결재까지 받은 사항이므로 수정 역시 절차에 따라 학업성적관리위원회를 개최하고 그곳에서 심의하여 결정하게 된다. 그러므로 이와 같은 내용에 대한 안내가 필요하다.

예 재민 어머님, 생활기록부에 등재된 내용은 제가 그냥 바꿀 수 있는 것이 아니라 학업성적관리위원회를 개최하여 그곳에서 심의하여 결정하는 것입니다.

고등학교나 대학 진학 관련 사례의 경우 학부모의 항의를 받으면 교사 역시 학생의 미래를 생각하기 때문에 마음이 약해진다. 그래서 교사 입장에서 생활기록부의 평어를 수정하는 것이 필요하다고 판단하기도 한다. 이때도 교사 개인이 마음대로 내용을 수정할 수는 없지만(학업성적관리위원회에서 심의를 받아야 함) 관련 내용을 평가 업무 담당교사, 부장교사, 교감 등과 상의하는 것은 큰 도움이 된다. 한 학급에서 수정을 하면 다른 곳에서도 비슷한 요청이 들어올 수 있고, 그때마다 다른 기준을 가지고 대처할 수 없으므로 학교 차원에서의 일관성 있는 대처가 중요하다. 요즘은 과거에 비해 교사의 평가에 민감하게 반응하고 피드백을 하는 학생과 학부모가 많아졌기 때문에 학업성적관리규정에 의해 학교 차원의 원칙을 정하여 그에 따라 평가를 실시한다.

단, 1학기 말에 작성한 창의적 체험활동, 행동 특성 및 종합 의견 관련 평어는 2학기

에 내용을 보완하여 최종적으로 생활기록부에 기록되므로, 이에 대해 학부모의 문의가 들어온다면 절차 등의 내용을 안내한 후 교사의 긍정적 평가 의도를 전달한다.

* 생활기록부 관련 규정은 바뀔 수 있으므로 정확히 확인한 후 안내한다.

2. 교사의 실수가 있었을 경우 즉각적으로 사과하고 해결하기

생활기록부를 입력하다 보면 클릭을 잘못하여 '상'이 '하'로 들어가기도 하고, 의도치 않게 특정 내용이 누락되기도 한다. 이러한 실수를 줄이기 위해 학교에서는 수차례 교사들끼리 상호 검토를 한다. 하지만 꼼꼼히 점검을 했는데도 잘못 입력된 부분을 못 찾아 이것이 그대로 통지표에 나갈 때가 있다. 교사의 입장에서는 '실수'지만 학생과 학부모의 입장에서는 '청천벽력'일 수 있다. 교사의 실수가 있을 때에는 즉각적으로 사과하고 해당 내용을 수정해야 한다. 생활기록부 기재 내용은 교사가 마음대로 고칠 수 없다는 등의 말은 학부모에게는 무책임한 변명처럼 들릴 수 있으므로 주의한다.

3. 진학과 관련된 정확한 정보 제공하기

교사의 평가와 관련하여 진학에 대한 학부모의 불안이 있다면 그에 대한 정확한 정보를 제공해야 한다. 재민 어머니의 경우 종합 의견의 내용이 자녀의 국제중학교 입학에 불리하게 작용할 것이라는 불안감을 갖고 있다. 그럴 때는 다음과 같이 안내할 수 있다.

예 재민이의 국제중학교 입학에 불이익이 있을까 봐 걱정되시나 봅니다. 현재 국제중학교 입학은 추첨제로 이루어집니다. 제출 서류를 보시면 아시겠지만 생활기록부는 아예 없습니다. 그래서 그런 부분은 걱정하지 않으셔도 됩니다.

4. 교사의 의도 전달하기

교사들은 아이에 대한 평어를 쓸 때 아이의 발전에 자신의 평어가 도움이 되었으면 하는 바람을 담는다. 언뜻 보기에 부정적인 내용이 들어가 있어도 단순히 아이가 부족하기 때문에 평어를 그렇게 적는 것이 아니라, 이런 부분이 개선되면 아이가 한층 발전할 수 있을 것이라는 기대를 담아 평어를 기록하는 것이다. 그래서 교사의 평가 의도를 학부모에게 전달하여 오해를 풀고 아이의 발전을 학부모와 함께 도모하는 과정이 필요하다. 단, 이 과정에서 아이의 단점을 부각하면 안 그래도 평가 내용이 기대에 못 미쳐 속상한 학부모의 마음에 불을 지르는 결과를 낳을 수 있다. 그 순간 학부모는 귀와 마음을 닫아 버리고 아이의 발전을 도모한다는 소기의 목적은 물 건너가 버리기 때문에 먼저 자녀의 긍정적인 모습에 대해 이야기한 후 말미에 한두 마디 정도로 짧게 발전을 위해 필요한 점을 이야기하면 된다.

예 (긍정적인 면 먼저) 재민이는 적극적인 성격이라서 노는 데도 열심이고 공부에도 열심입니다. 친구들을 이끌고 나가려는 리더십도 있고 학업 성취도 우수하지요. (하고 싶은 말은 나중에) 어머님께서는 '자기주장이 뚜렷하고 자신의 생각을 끝까지 관철하려 함'이라는 평어를 보고 재민이가 고집스러운 아이로 여겨진 것 같아서 속상하셨나 봅니다. 요즘에는 친구들 시선에 신경을 쓰느라 자기 의견을 제대로 말하지 못하는 아이들이 많거든요. 그래서 재민이가 소신 있게 자기 생각을 밀고 나가는 면이 제 눈에는 멋있어 보였습니다. 그래서 행동 발달에도 기록을 한 것인데, 어머님 입장에서는 아이의 부정적인 면을 기록했다고 오해하실 수도 있었겠습니다. 재민이가 저를 좋아해 준다니 정말 고맙네요. 저 역시 재민이가 앞으로 많은 가능성을 가졌다는 점에서 기대를 하고 있습니다. 수업 시간에 적극적으로 참여해 줘서 개인적으로 고마울 때도 많습니다. 선생님이 재민이 칭찬을 많이 했다고 전해 주세요. 저한테 직접 듣는 것도 좋지만 어머님을 통해 듣는 것도 좋아할 거라고 생각합니다.

레시피 4. 적합한 평가 기준 및 방법 생각하기

1. 평가는 교사의 고유 권한

평가는 교사의 고유 권한이다. 교육과정을 진행한 후 그것에 대한 성취 정도를 알아보는 것을 평가라 한다면 교육과정을 지도하는 교사야말로 가장 분명한 평가의 적임자다. 과거에는 교사만이 평가의 주체였지만 지금은 학습자도 자기 평가나 상호 평가의 방법으로 평가에 참여한다. 학습자도 교육과정에 참여하는 배움의 주체이므로 평가의 한 부분을 담당할 수 있으나, 교육과정의 전문가는 교사이기 때문에 온전한 평가의 주체는 될 수가 없다. 학부모는 교육과정을 진행한 것도, 그에 참여한 것도 아니므로 학부모가 평가에 관여하는 것은 어불성설이다. 이런 의미에서 평가는 교사의 고유 권한이다.

평가를 통해 우리는 학습자가 학습 목표를 얼마나 달성했는지도 알 수 있고, 학습자에게 어떤 부분에서 도움을 주어야 하는지도 파악할 수 있다. 평가 결과는 아이들이 진로를 선택하는 데에도 영향을 미치고, 그들의 자존감과 그들이 속한 가족의 분위기까지도 좌지우지한다.

이렇듯 중요한 평가의 주체가 교사이고, 이는 다른 누군가가 대신해 줄 수 없는 것이기 때문에 평가는 더더욱 신중하게 이루어져야 한다. 학습 목표의 성취 정도를 제대로 평가하는 것인지, 평가가 학습자의 성취도 향상에 도움이 되는지 등 평가 본연의 취지를 생각하며 평가의 목표, 기준, 방법, 내용 등을 결정해야 한다.

교사도 사람이기 때문에 시험 문제를 출제하면서 오류를 미처 발견하지 못할 수도 있고, 맞춤법이 틀릴 수도 있다. 그래서 문제를 출제하거나 생활기록부의 내용을 입력할 때 교사들끼리 상호 검증을 통해 그런 부분을 꼼꼼히 점검할 수 있도록 최선의 노력을 기울여야 한다.

2. 수행평가

요즘은 수행평가의 내용과 시기 등을 나이스(www.neis.go.kr)에 올려 학부모도 미리 확인할 수 있다. 그래서 학기 초 교사들이 모여 평가 관련 회의를 통해 평가 내용 및 시기, 기준 등을 정한다. 수행평가는 성적과 밀접하게 연관이 되지만 지필평가와 같이 뚜렷한 시험 점수가 나오지 않는 특성이 있으므로 특히나 객관적인 기준을 세워 평가하는 것이 중요하다. 성과물을 만들어 내는 평가의 경우는 정해진 시간 안에 제시된 조건대로 성과를 내었는지가 객관적인 기준이 될 수 있다. 체크리스트를 작성하여 몇 가지 조건을 충족하였는지 확인하는 것도 한 방법이다. 태도를 평가할 때는 교사 자신의 평가를 우선으로 하되, 학습자 자기 평가 및 상호 평가(모둠 평가)의 내용을 참고하면 좀 더 객관적인 평가가 가능하다. 실기인 경우 동영상을 촬영해 놓으면 평가 결과를 조정할 때나 학생과 교사 간에 평가 결과를 놓고 이견이 있을 때 유용하게 활용할 수 있다.

초등에서는 평가 기준을 학생들에게 미리 안내하고 수행평가를 실시하기도 한다. 초등학교 수행평가의 궁극적 목적은 학생의 수행 정도를 상대적으로 평가하는 것이 아니라 학생들을 일정 성취 수준 이상으로 끌어올리는 것에 있으므로 이 또한 좋은 방법이 될 수 있다. 같은 이유로 일부 교사들은 1회 정도의 재시험을 허용하기도 한다.

수행평가가 끝난 후에는 학생들에게 평가 기준과 결과를 알려 준다. 학생 스스로가 평가 결과를 수용하는지 확인하고, 이의가 있을 경우에는 그것에 대해 명확하게 설명하여 이후의 논란을 예방한다. 평가 결과를 알려 줄 때에는 학생을 점수로 서열화하기보다는 평가 결과가 이후 학생의 발전에 도움이 되도록 피드백해 준다.

3. 지필평가

지필평가는 타당도를 확보하기 위해 대개 이원목적분류표를 체계적으로 작성하여 문항을 출제한다. 학습 목표를 얼마나 잘 달성했는지를 확인하기 위한 목적으로 평가 문항을 작성하는 것이 원칙이며, 이전 연도에 출제된 동일 범위의 본교 시험 문제나 문제집 등을 참고할 수는 있지만 동일한 문제를 내어서는 안 된다. 학원을 다니는 아이들은 학원에서 나눠 준 몇 년 치의 이전 문제지를 풀고 오는 경우가 많고, 해당 문제지를 운 좋게 풀어 시험 점수에 영향을 준다면 형평성에서 크게 문제가 되기 때문에 주의해야 한다.

4. 채점에서 평가의 객관성 확보하기

입시와 관련이 있는 중등학교 이상에서는 시험 점수에 대해 학생과 학부모 모두 민감하게 반응하기 마련이다. 따라서 정확한 채점을 통해 평가의 객관성을 확보하는 데 노력을 기울여야 한다. 특히 채점 결과에 대한 논란이 클 수밖에 없는 서술형 유사 정답 및 부분 점수 추가와 관련해서는 교과 교사가 모여 협의를 하고, 이를 바탕으로 학업성적관리위원회를 연다. 회의록을 기록한 후 상신하여 결재를 받아서 보관해야 함은 물론이다. 채점 기준표에 따라 채점을 마친 후에는 학생 본인이 제대로 채점이 되었는지를 확인하고 사인 등의 방법으로 자신이 직접 확인했음을 기록으로 남긴다. 수행평가 결과는 점수로 환산되어 성적에 반영되므로 정확하게 환산이 되었는지 등을 학생이 직접 확인하고 이 역시 사인 등의 방법으로 기록으로 남긴다. 결시자는 대개 학년 초 학업성적위원회에서 정한 규정에 따라 처리하게 되는데, 시험이 끝난 후 결시자 처리와 관련하여서도 학업성적위원회를 열고 회의록을 작성하여 이 또한 보관한다.

5. 긍정적 관점, 발전 가능성을 염두에 두고 평어 기록하기

교사가 생활기록부를 작성하면서 가장 고민하는 것이 '행동 발달 및 종합 의견'일 것이다. 사실 대부분의 교사는 긍정적인 관점으로 내용을 작성하려고 노력한다. 부정적 내용을 보았을 때 학부모가 느끼는 속상함과 아이가 갖게 되는 두려움 등을 알기 때문이다. 아이의 부족한 점이 보여도 그 부분은 아이 스스로도 알고 학부모도 알고 있으려니 하고 생각하여 쓰지 않거나, 한창 자라는 아이니까 어른이 되면서 나아질 수 있을 것이라는 믿음으로 긍정적인 내용 위주로 기록하려고 노력한다. 설사 부정적인 내용을 기술할 때도 혹시나 상처가 될까 하여 다음 예시와 같이 발전 지향적인 내용으로 쓰거나 에둘러서 표현한다. 과거처럼 '이기적이다'와 같은 평어를 거침없이 쓸 수 있는 교사는 현재 거의 없을 것이다.

예
- 집중력이 부족한 아이: '수업 시간에 집중력을 기른다면 더 큰 발전이 기대됨'
- 산만하고 에너지가 넘치는 아이: '에너지가 넘쳐 늘 활기차며 주변 친구와 사물에 관심이 매우 많음'

문제는 긍정적으로만 쓰기에는 뭔가 가슴이 답답해지는 그런 아이들이다. 장점이 없는 사람은 없지만 교실에서 단점이 장점보다 많이 부각되는 아이들은 얼마든지 있을 수 있다. 무작정 잘했다고만 쓰기에는 적절한 평가가 되지 않을 것 같고, 긍정적인 내용만을 쓰다 보면 평가의 신뢰도에도 문제가 생길 것 같아 고민이 된다. 입시와 생활기록부 내용이 밀접한 관련을 갖는 상급학교 교사의 고민은 아마도 더 클 것이다.

하지만 이럴수록 작은 장점이라도 찾아서 기술하는 것이 아이에게는 큰 도움이 된다. 교사가 생각하는 것보다 아이들은 자신의 단점을 잘 알고 있다. 알아도 못 고치기 때문에 모르는 척하거나 학년이 올라갈수록 포기하는 것이지 선생님도 친구들도 모두 아는 자신의 단점을 자기만 모르고 있지는 않다. 부모는 더 잘 알고 있다. 인정하기 싫거나 받아들일 준비가 되어 있지 않을 뿐 아이의 전 역사를 눈으로 목격한 부모가 모를 확률은 매우 적다. 이런 아이와 학부모에게 교사의 인정과 칭찬은 나이와 학년을 막론하고 큰 격려가 된다. 자신이 미처 발견하지 못한 것을 교사가 대신 찾아 준 것 같은 느낌이랄까? 없는 것을 있다고 쓸 수는 없지만, 평소에 아이에게 관심을 가지고 조금씩 긍정적인 면들을 찾아 제시한다면 힘든 가운데서도 교사로서의 보람을 발견할 수 있을 것이다.

양념 추가 〈우리가 직접 만든 통지표〉

'우리가 직접 만든 통지표'(〈참고 자료 6-1〉 참조)는 좋은 특성을 가진 친구를 칭찬하는 활동이다. 협동, 정직, 배려, 유머 등 교사가 중요시하는 품성으로 항목을 구성하여 해당하는 친구를 순서대로 5명 기록한다. 누구를 적을지 고민이 되면 모둠 친구들과 상의도 할 수 있다. 교사나 학급 임원이 학습지를 모아 1등은 5점, 2등은 4점… 이런 식으로 점수를 주고 집계한 후 결과지를 칠판에 붙인다. 개인은 자신의 '우리가 만든 통지표'를 들고 나가 결과지를 보고 자신의 등수를 적는다. 친구들에게 추천을 많이 받은 친구는 자존감이 높아질 수 있고, 추천이 적은 친구는 자신에게 부족한 점이 무엇인지 돌아볼 수 있다. 만약 추천이 적은 친구가 받을 상처가 염려된다면 부문별로 상위 5명 정도를 뽑아 친구들이 주는 작은 상장을 만들어 주는 것 정도로 활동을 마무리해도 된다. 이런 활동을 할 때는 분위기 조성이 가장 중요하다. 서로 1등이 되려고 경쟁하는 것이 아니라 친구를 칭찬하는 목적의 활동이고 누구나 완벽할 수는 없기 때문에 모든 부분에서 1등을 할 수 없다는 것을 주지시키면 활동의 부작용보다는 긍정적인 면이 더 드러나게 된다.

자료 제공: 서울○○초등학교 허승환 선생님.

공깃밥 추가 〈자기주장이 강하여 친구들과 다툼이 많은 아이 지도하기〉

1. 아이의 확고한 자기주장은 강점

자기주장의 사전적 의미는 자기의 의견이나 생각을 당당하고 자신 있게 주장하는 것이다. 언뜻 자기주장이 강하다고 하면 자기 생각만 옳다고 고집을 부리는 부정적인 모습을 떠올리지만, 자기주장을 잘하는 사람은 그렇지 않은 사람보다 정서적으로 더 건강하게 지낼 가능성이 크다. 자신의 생각과 감정을 명확히 표현해야 다른 사람도 내 의사를 알고 나를 존중해 줄 수 있기 때문이다. 자기주장을 잘 못하는 사람들은 자신의 욕구가 다른 사람들에 의해 좌절되는 경험을 그렇지 않은 사람보다 많이 하게 되고 때로는 자신에게 주어진 권리조차 지키지 못할 수도 있다. 이런 이유로 아이의 확고한 자기주장은 분명한 강점이다.

2. 문제는 자기주장이 아니라 표현 방법

자기주장은 분명히 강점인데 왜 사람들은 종종 자기주장이 강한 사람에게 반감을 가지게 될까? 그들의 자기주장이 잘못된 것이 아니라 표현을 하는 방법에 문제가 있기 때문이다. 다른 사람의 욕구를 무시하며 자기주장을 내세우거나 불쾌감을 주는 행동을 하면 그 사람의 말이 아무리 옳다 해도 다른 사람에게는 거부감을 일으키게 된다. 그래서 자기주장이 강한 아이에게는 다른 사람의 자존심이나 권리를 존중하는 범위에서 자신의 의견이나 생각을 표현하도록 지도하는 것이 필요하다. 자칫 자기주장 자체를 잘못된 것으로 여기게 되면 아이는 그것이 강점인 것을 모른 채 소극적이고 위축된 모습으로 자랄 수도 있다.

3. 자기주장이 강점임을 인식시키기

자기주장이 강한 것은 단점이 아니라 오히려 건강한 어른이 될 수 있는 좋은 품성임을 인식시키고 자신에 대해 자부심을 갖게 한다.

예 자기주장이 강한 건 정말 큰 강점이야. 어디에서나 당당하게 자신의 의견과 생각을 말할 수 있어야 이다음에 어른이 되어 사회생활을 할 때도 너의 권리를 지키고 당당하게 생활할 수 있거든. 그리고 네가 네 생각을 분명히 밝히면 다른 사람도 너의 생각을 알고 그걸 존중해 줄 수 있어. 너 나름의 의견이나 생각이 있어도 그것이 무엇인지 얘기를 하지 않으면 아무도 알 수도 없고, 모르기 때문에 그걸 존중해 줄 수도 없거든. 다만 네 생각이 중요한 만큼 다른 친구들의 생각도 중요하다는 걸 인정하고 조심스럽게 이야기를 해 주면 좋겠어.

4. 바른 표현 방법 지도하기

1) 귀담아 듣기

자기주장을 바르게 표현하지 않아 다른 사람들과 충돌이 생기는 사람의 가장 큰 특징은 다른 사람의 이야기를 귀담아 듣지 않는다는 것이다. 다른 사람의 말을 제대로 듣지 않으니 그 사람의 말이 어느 부분에서 일리가 있는지도 알 수 없고 절충점 자체를 찾을 수도 없다. 상대방의 입장에서도 내 말을 제대로 들어주지 않으니 무시당하는 느낌을 갖게 된다. 그래서 친구가 어떤 생각을 가졌는지 중간에 말을 자르지 않고 끝까지 잘 들어 주는 태도가 필요하다.

자기주장이 강하여 다른 친구와 다툼이 일어났을 경우 교사가 첫 번째로 확인할 것은 친구의 생각이 무엇인지 정확히 알고 있느냐(들었느냐)이고, 지도할 때도 친구의 이야기를 귀담아 듣는 것부터 먼저 지도해야 한다.

예
- 수연아, 지은이 생각은 어떤지 네가 들은 대로 이야기해 보렴.
- 지은이는 자기 생각은 ~라는데 네가 제대로 잘 이해했네. 친구 이야기를 잘 들어 준 건 칭찬할 만해.
- 수연아, 네 생각을 이야기하는 것도 중요하지만 친구의 얘기를 끝까지 들어 줘야 친구도 너의 얘기를 끝까지 들어 주는 거야.

2) 존중하며 말하기

자기주장을 바르게 표현하기 위해서는 다른 사람의 자존심을 상하지 않게 하면서 자신의 생각이나 의견을 말하는 연습이 필요하다. 바르게 표현하는 방법은 다음과 같다.

① 말투와 목소리 조절하기

상대와 이야기할 때 내용도 중요하지만 말투가 빠르거나 목소리가 크면 상대방에게 윽박지른다는 느낌을 주기 쉬우므로 우선 천천히 차분한 목소리로 말을 하는 연습을 한다.

② 자기 생각 말하기

자신의 생각을 말로 표현한다. 이때 내 생각만 맞다는 식으로 말을 하면 상대방은 귀를 닫아 버리게 되므로 표현에 주의한다.

③ 절충점 찾기

여러 명이 함께 모여 토의를 할 때는 절충점을 잘 찾는 것도 중요하다. 내 생각과 친구 생각의 비슷한 점을 찾고 다른 점은 조절하면서 이야기를 하다 보면 모두가 만족할 만한 결론을 낼 수 있다.

예 수연아, 나는 네가 가능성이 많은 아이라고 생각해. 네가 뭐든지 열심히 하려는 태도를 가지고 있기 때문이야. 그건 누구한테나 있는 모습은 아니거든. 노는 것도 열심히 하고 공부도 열심히 하잖아. 수업 시간에 가장 크게 선생님 질문에 대답해 주는 것도 너이고…. 선생님이 수업할 때 네 덕분에 얼마나 힘이 나는지 몰라. 늘 고맙게 생각하고 있어. 그래서 선생님은 네가 네 주장을 굽히지 않고 친구들이랑 다툼이 생기면 참 속상해. 네 말이 옳고 친구들이 너를 못 따라온다고 생각할 수도 있겠지만, 그 친구들도 나름대로의 생각이 있거든. 친구들과 사이좋게 지내려면 나와 다른 의견을 가진 사람과도 머리를 맞대고 조금씩 양보하는 걸 배워야 해. 너는 아직 어른이 아니니까 충분히 그런 실수를 할 수 있어. 누구나 처음부터 다른 사람과 의견을 맞추는 걸 잘할 수는 없어. 시행착오와 노력이 필요해. 생각이 다르면 양보를 못 하고 싸우는 어른들도 많아. 선생님은 자기만 똑똑하다고 생각하는 그런 어른들보다 네가 나중에 더 잘할 가능성이 크다고 생각해. 지금 네가 노력한다면 그런 부분은 충분히 변화될 수 있거든.

셰프에게 물어봐
〈수행평가 결과에 문제가 있다며 기준을 알려 달라는 학부모〉

수행평가 결과를 놓고 문제가 있다며 항의하는 학부모, 기준이 뭔지 알려 달라는데 어떻게 하면 좋을까요?

자녀가 공부를 잘하거나 부모가 자녀의 공부에 욕심이 많은데 자신이 생각한 것보다 자녀의 점수가 낮게 나오면 이런 반응을 보이는 학부모가 있습니다. 이럴 때는 "○○가 왜 이런 점수를 받았는지, 저도 아쉽네요. 기대를 많이 했는데요." 하며 자녀의 낮은 점수에 대해 공감을 표한 뒤에 수행평가 기준 및 자녀의 활동지 등 증거 자료들을 보여 주면 됩니다. 부모와 아이가 함께 있을 때 이러한 결과가 나온 이유를 설명해 주는 것도 좋습니다. 부모하고만 이야기를 하면 집에서 아이가 또 다른 말로 둘러대어 다른 오해가 생길 수 있기 때문입니다. 이유를 설명하고 나서는 아이의 학습 태도나 공부 방법을 긍정적인 측면에서 조언해 주면 오히려 신뢰 관계가 형성될 수 있습니다. 아이의 아쉬운 점에 대해서 지적을 하거나 아이에게 필요한 것은 성적이 아닌 다른 무엇이라고 조언하는 일은 신뢰 관계가 형성된 후에 하는 것이 좋습니다.

출처: 우리교육(2004), p. 222를 재구성.

참고문헌

우리교육(2004). 빛깔이 있는 학급운영 2. 서울: 우리교육.

〈참고 자료 6-1〉 우리가 직접 만든 통지표

〈우리가 직접 만든 통지표〉

(　　　　)초등학교 (　　)학년 (　　)반 이름 (　　　　　　　)

※ 국어, 수학, 사회, 과학보다 선생님이 더 만들고 싶은 교과서는 '협동' '존중' '책임' '정직' '성실' '용기' '절제' '예절' '배려' '사랑' '평화' '준법' 등의 가치가 담긴 교과서입니다.

일 년 동안 함께 지낸 친구들을 보며 여러분이 통지표에 성적을 매겨 봅시다. 문항마다 가장 그렇다고 생각되는 친구를 순서대로 5명 적어 주세요. 생각이 안 나면 생각나는 순위까지만 적으면 됩니다.

1. 가장 친구를 존중하고 배려하며 대해 주는 친구

(1) ________ (2) ________ (3) ________ (4) ________ (5) ________

2. 모둠 활동을 할 때 가장 협동하며 노력하는 친구

(1) ________ (2) ________ (3) ________ (4) ________ (5) ________

3. 숙제, 청소 등 자기가 맡은 일은 누구보다 책임감 있게 잘 해내는 친구

(1) ________ (2) ________ (3) ________ (4) ________ (5) ________

4. 솔직하고 정직한 친구

(1) ________ (2) ________ (3) ________ (4) ________ (5) ________

5. 만나면 먼저 인사를 잘하고, 예절 바른 친구

(1) ________ (2) ________ (3) ________ (4) ________ (5) ________

6. 유머가 넘치는 재미있는 친구

(1) ________ (2) ________ (3) ________ (4) ________ (5) ________

7. 창의력이 넘치는 친구

(1) ________ (2) ________ (3) ________ (4) ________ (5) ________

8. 인간관계가 좋아 우리 반에서 가장 인기 있는 친구

(1) ________ (2) ________ (3) ________ (4) ________ (5) ________

출처: 서울○○초등학교 허승환 선생님.

〈우리가 직접 만든 통지표〉

(　　　)초등학교 (　　)학년 (　　)반 이름 (　　　　　)

※ 국어, 수학, 사회, 과학도 중요하지만 우리 반에는 이런 교과서도 있었으면 합니다. '협동' '존중' '책임' '정직' '성실' '용기' '절제' '예절' '배려' '사랑' '평화' '준법' 등의 가치가 담긴 교과서입니다.

우리 반 친구들이 적은 순위별로 첫 번째에 적은 이름에는 +5점, 두 번째에 적은 이름에는 +4점, 세 번째에 적은 이름에는 +3점, 네 번째에 적은 이름에는 +2점, 마지막에 적은 이름에는 +1점을 주어서 우리 반 순위를 매긴 결과입니다.
(이 자료는 다른 사람과 비교를 하기 위함이 아닙니다. 자신이 잘한 것은 자신을 칭찬하며 더욱 발전시키고, 부족한 부분은 좀 더 멋진 자신이 되기 위해 노력할 수 있는 자료가 되길 바랍니다. 우리는 모두 소중한 존재입니다.)

1. 가장 친구를 존중하며 대해 주는 친구 (　　　　)등
2. 모둠 활동을 할 때 친구들과 가장 협동하며 노력하는 친구 (　　　　)등
3. 숙제, 청소 등 자기가 맡은 일은 누구보다 책임감 있게 잘 해내는 친구 (　　　　)등
4. 솔직하고 정직한 친구 (　　　　)등
5. 만나면 먼저 인사를 잘하고, 예절 바른 친구 (　　　　)등
6. 유머가 넘치는 재미있는 친구 (　　　　)등
7. 창의력이 넘치는 친구 (　　　　)등
8. 인간관계가 좋아 우리 반에서 가장 인기 있는 친구 (　　　　)등

※ 우리가 만든 교과서대로 나온 등수를 보고 느낀 점을 적어 봅시다.
내가 부족한 부분에서 더 좋은 결과를 얻으려면 어떻게 해야 할까요?

____

____

____

7 우리 아이한테 문제가 있지요. 그런데요…
자녀의 문제행동 지도는 회피하고 교사를 비난하는 학부모 대응방법

뒤죽박죽, 레시피가 필요해!

선우는 수업 시간에 매우 산만하다. 자리에 가만히 앉아 있기 힘들어 걸핏하면 핑계를 대고 자리에서 일어나 돌아다닌다. 자리에 앉아 있다 하더라도 물건을 꺼내 만지작거리며 수업에 집중하지 못한다. 친구들과의 사이도 원만하지 않은데, 대부분은 먼저 친구를 건드리고 나서 친구가 자신에게 화를 내면 되려 억울하다며 씩씩거린다. 선우가 자꾸 돌아다니니 다른 아이들도 덩달아 수업 중 분위기가 산만해진다. 선우를 혼내느라 수업이 끊기기도 여러 번이다. 아무래도 상담이 필요하다 싶어 선우 어머니에게 연락을 했다.

김 교사: 바쁘실 텐데 시간 내어 와 주셔서 감사드립니다.

선우 어머니: 우리 선우가 무슨 문제가 있나요?

김 교사: 그게 선우가 수업 시간에 가만히 앉아 있는 걸 힘들어합니다. 그래서 무슨 핑계를 대고서라도 일어나 돌아다닙니다. 자리에 앉아서도 수업과 상관없는 물건을 꺼내어 만지작거리느라 수업에 집중하지 못하고요. 친구를 툭툭 먼저 건드려 놓고 친구가 자신에게 화를 내면 억울하다며 화를 냅니다. 그리고….

선우 어머니: (김 선생님의 말을 끊으며) 우리 선우가 산만한 것 잘 알고 있습니다. 그래서 예전에 친구들한테 따돌림을 당했습니다. 그래도 작년 ○○○ 선생님이 선우를 잘 지도해 주셨어요. 선우도 선생님을 잘 따르고요. 그래서 작년에는 그래도 마음이 좀 놓였습니

다. 혹시 선우가 잘못하면 제가 집에서 잘 가르치도록 하겠습니다. 저는 우리 선우 믿어요.

김 교사: 그런 일이 있었군요. 그리고 다니면서 친구들을 툭툭 건드릴 때도 있는데….

선우 어머니: (김 선생님의 말을 끊으며) 우리 아이한테도 문제가 있지요. 저도 알고 있습니다. 그런데 사실 다른 친구들이 저희 아이를 괴롭혀서 저도 선우도 너무 힘이 듭니다. 선우가 상처가 많은 아이거든요. 선생님이 너무 혼을 많이 내시는 게 아닌가 싶어요. 선생님은 아이를 안 키워 보셔서 모르시겠지만….

김 선생님은 선우 어머니가 자녀의 문제행동을 인정하는 것 같으면서도 실제로는 지도를 회피하는 것처럼 느껴졌다. 그리고 오히려 자신을 비난하는 선우 어머니의 태도가 당황스러웠다.

레시피 1. 상담 목적 정하기

학부모에게 상담을 요청하기 전에 교사 나름대로 상담의 목적을 세워야 한다. 목적 없이 학부모와 대화를 하다 보면 본의 아니게 아이의 나쁜 점만 계속 얘기하거나 학부모의 넋두리만 들어 주다가 시간이 다 되어 결국 하고 싶은 얘기는 거의 해 보지도 못하고 상담을 마치게 될 수도 있다. 교사가 학부모를 만나는 이유는 하나다. 학부모와 힘을 합쳐 아이의 발전을 위해 노력하는 것이다. 아이가 문제행동을 한다면, 어떻게 하면 학부모와 협력하여 문제를 개선할 수 있을지 머리를 맞대고 의논하고 실천한다. 이 과정에서 아이의 강점을 살려 줄 수 있다면 더할 나위 없이 좋다. 학부모에게 아이의 문제행동을 알리는 것 자체만으로 문제행동 개선에 효과가 있을 수는 있지만 교사와 학부모가 같은 목적을 가지고 협력할 때 그 효과는 더 커진다. 사실 대부분의 학부모는 인정을 하느냐 못 하느냐의 차이일 뿐 자녀의 문제행동에 대해 이미 알고 있다. 그래서 상담은 문제행동에 대한 긴 언급보다는 어떻게 하면 아이를 지금보다 발전시킬 수 있느냐를 두고 이루어져야 한다. 상담의 목적을 확실히 하고 이후 학부모와 상담을 해야 상담의 방향이 목적을 향해 나아가게 된다. 그리고 목적이 분명하기 때문에 학부모와의 상담이 서로에게 불편한 것이 아닌 유익한 시간으로 흘러가게 된다.

레시피 2. 상담 전 연락하기

학급에서 문제행동을 하는 아이의 학부모와 따로 연락하여 상담하는 것이 쉬운 일은 아니다. 교사의 입장에서는 아이의 지도에 학부모의 도움이 필요하므로 연락을 하긴 하지만 아이의 문제에 대해 이야기하는 것 자체가 조심스럽고, 이에 대한 학부모의 반응이 어떨지도 염려스럽기 때문에 연락을 하기 전에도 여러 차례 상담을 할지에 대해 고민하게 된다. 학부모의 입장에서는 교사의 입으로 아이의 단점을 듣는 것에 대해 자기 단점을 듣는 것보다 더한 수치심을 느낄 수도 있다. 아이의 잘못이 내 탓처럼 느껴져 아이에 대한 미안함과 책임감, 부담감을 느낄 수도 있으며, 무엇보다 아이에 대한 걱정이 커져 심적으로 매우 불안한 상태로 교사의 연락을 받게 된다. 그러므로 상담 전에 학부모에게 상담을 위한 연락을 할 때부터 교사는 세심히 주의를 기울여야 한다. 이런 경우 보통 문자보다는 전화로 연락을 하게 되는데 이때 사용할 수 있는 표현은 다음과 같다.

- 안녕하세요. 선우 어머님, 저는 선우 담임교사입니다. 다름이 아니라 선우의 발전을 위해 어머님께 상의드릴 일이 있어서요. 한번 학교로 와 주셨으면 좋겠는데 언제가 괜찮으세요?
- 선우에 대해 가장 잘 알고 계신 분이 어머님이시잖아요. 선우에 대한 이야기를 들려 주시면 제가 선우를 지도하는 데 큰 도움이 되겠습니다.
- 선우가 좋은 점들이 분명히 있는데 산만한 행동 때문에 좋은 면들이 잘 드러나지가 않아요. 제 입장에서는 그것이 참 안타깝습니다.

아이의 잘못에 대해 교사가 화가 나서 연락을 하게 되면 목소리에 흥분이 묻어날 수 있으므로 마음을 가라앉히고 차분하게 연락한다. 아이 때문에 힘들고 지친다는 넋두리보다 객관적으로 아이를 보고 어떤 도움이 필요할지 학부모와 의논한다는 느낌으로 연락을 하면 학부모가 상담을 받아들이는 것도 좀 더 수월해진다.

양념 추가 〈자녀의 잘못은 나의 잘못?〉

한국 엄마 11명과 미국 엄마 11명을 대상으로 엄마들에게 성격과 감정에 대한 단어 50가지를 각각 제시하고 자기 자신, 타인, 자신의 자녀에 대한 생각과 일치하는 단어가 나오면 버튼을 누르도록 했다. 그 결과 엄마 자신에 대해 생각할 때는 뇌 속에 내측전전두엽이 활성화되었고, 타인을 판단할 때는 등측전전두엽이라는 전혀 다른 영역이 활성화되었다. 그러면 자녀를 판단할 때는 어느 부분이 활성화되었을까? 놀랍게도 자기 자신을 판단하는 영역인 내측전전두엽이 활성화되는 것으로 나타났다. 자녀를 타인이 아닌 자신과 동일시하여 생각하는 것은 한국 엄마, 미국 엄마 모두에게 동일하게 나타나는 현상이었다.

하지만 자신과 아이를 동일시하는 것은 아이와의 사이에서 문제를 낳기도 한다. 아이의 성취를 엄마의 성취로 여기고 자녀의 실패를 엄마의 실패로 여기다 보면 아이를 독립된 인격체로 보지 않고 지나치게 간섭하며 양육하게 된다. 아이의 성장에 맞추어 부모의 모성과 역할도 발달해야 한다. 아이가 0~3세 정도일 때는 자녀의 보호자나 양육자로서의 역할을 하다가 이후에는 차츰 훈육자, 격려자, 상담자, 동반자로 나아가야 하는데, 지나친 동일시는 엄마의 역할을 보호자에 머무르게 하여 자녀의 진정한 성장과 독립에 방해가 될 수 있다.

출처: EBS(2011. 5. 31.).

레시피 3. 상담 분위기 조성하기

교사에게 연락이 와서 개별적으로 학교에 상담을 하러 온 학부모는 마음이 매우 무겁다. 내 아이의 부족한 부분을 받아들일 준비도 되어 있어야 하고, 교사에게서 어떤 이야기를 들을지 걱정이 되기 때문이다. 교사가 학부모의 이런 어려운 마음을 알아주면 학부모가 이후 상담에서 교사에게 마음을 여는 것이 좀 더 수월해진다. 간단한 차나 음료를 권하는 것도 분위기를 부드럽게 하는 한 방법이다.

예 • 직장에 다니시는 걸로 아는데 시간 내기가 쉽지 않으셨겠습니다.
• 어제 제 연락을 받고 염려가 크셨으리라 생각됩니다.
• 학교에서 보자고 연락이 오면 부모 마음에는 걱정이 클 수밖에 없지요.
• 차 한 잔 드시면서 이야기 나누시지요. 어떤 차가 좋으세요?

레시피 4. 아이의 학교에서의 행동에 대해 말하기

1. 긍정적 행동 먼저

분명히 아이의 문제행동 때문에 학교에서 상담이 이루어지기는 하지만, 다짜고짜 본론에 들어가 문제행동에 대해 이야기하면 학부모는 방어적인 태도를 취하기가 쉽다. 자신에게는 나름대로 귀하고 예쁘고 부모를 도와주기까지 하는 기특한 아이인데 교사의 이야기에서는 세상에 둘도 없는 문제아처럼 느껴진다면 어느 부모가 순순히 그것을 인정하고 받아들일 수 있겠는가? 그래서 가급적 아이의 긍정적인 부분에 대해 먼저 이야기하고 이후에 하고 싶은 이야기를 이어 나가는 것이 좋다. 억지로 긍정적인 부분을 찾아서 기계적으로 이야기하는 것이 아닌 마음속에서 우러나는 이야기를 해야 한다. 아이의 긍정적인 부분을 찾는 것이 내키지 않더라도 이런 과정을 억지로라도 거치면 교사도 아이의 강점을 보는 눈이 계발된다. 다만, 칭찬이 너무 길어지면 학부모 입장에서는 자신을 부른 이유가 궁금해지는 것이 당연하므로, 아이에 대한 교사의 관심 정도를 보여 주는 정도면 충분하다.

예 선우가 체육을 참 좋아합니다. 늘 싱글벙글한 얼굴로 체육 수업에 참여하거든요.

활동도 열심히 하고요. 줄넘기를 잘하는데 지난번에 실시한 급수제에서도 1등급을 받았어요. 학년 초에는 1등급을 못 받았는데 나름대로 연습을 열심히 했나 봅니다.

2. 문제행동 말하기

이제 드디어 아이의 문제행동에 대해 이야기를 할 차례다. 문제행동을 교사가 말해 줄 수도 있고 아이의 학교생활에 대해 물으면서 이야기를 풀어 갈 수도 있다. 다음과 같은 질문은 이야기를 자연스럽게 풀어 가는 데 도움을 준다.

예
- 평소에 선우가 학교생활에 대해서 어떻게 이야기를 하는지요?
- 어머님이 보시기에 선우는 학교에서 어떻게 생활하는 것 같으세요?
- 학교생활에 대해 이야기할 때 선우의 기분이나 표정은 어떤지요?
- 선우가 학교생활을 힘들어하는 부분은 없는지요?

이미 전화로 간단하게 아이에 관한 이야기를 들은 학부모는 빨리 구체적인 이야기를 듣고 싶을지도 모른다. 문제행동이 계속 있었다 하더라도 교사 입장에서 상담이 필요하다고 생각한 계기가 있었을 것이다. 이것을 구체적으로 학부모에게 이야기해 준다. 이때 항상, 매번 그런다는 식으로 말을 하면 학부모 입장에서는 교사가 아이를 부정적으로만 보고 과장해서 이야기한다고 생각할 수 있다. 그래서 아이의 문제행동을 가급적 객관화하고 교사의 감정적 표현을 배제하며 말하는 것이 중요하다. 이때 그동안 기록한 자료들(예: 학급 일지)이 있다면 함께 제시할 수 있다.

예
- 선우가 너무 산만해서 자리에 한시도 못 앉아 있어요. 자꾸 돌아다니지요. 자리에 용케 앉아 있어서 웬일인가 하고 보면 연필을 꺼내 책상이랑 책에 온통 낙서를 하고 있거나 하면서 수업에는 통 집중을 못 해요. 친구들을 툭툭 잘 건드려요. 지나다니면서 애들을 치기도 하고 수업 시간에 쳐다보면서 말을 시키

기도 하고…. 그러면서 다른 친구들이 자기를 치면 아파 죽겠다면서 엄살을 떨어요. 자기가 먼저 건드려도 친구가 화를 내면 되려 왜 나한테 화를 내냐며 소리를 지를 때도 있어요. 선우가 자꾸 돌아다니니까 저한테 지적을 받게 되고, 그러면 선우 때문에 수업 흐름이 끊겨요. 다른 애들도 같이 산만해지고요.(×)

- 어제는 국어 시간이었는데 갑자기 바닥에 눕더니 헤엄치는 흉내를 내는 거예요. 다른 친구들이 자기를 보며 깔깔깔 웃는 게 재미가 있는지 제가 하지 말라고 해도 계속 했습니다. 세 번을 이야기했는데도 저의 말이 안 들리는 것처럼 하던 걸 계속 하더군요. 선우가 수업 시간에 종종 돌아다니거든요. 한 시간에 보통 두세 번 정도 일어나서 나가는데 주로 쓰레기를 버리거나 연필을 깎거나 책을 꺼내러 가지요. 이렇게 자리에서 일어나면 할 일만 하고 자리로 올 때도 있지만 다른 친구의 과제를 보거나 말을 걸거나 해서 친구들한테 핀잔을 들을 때가 있어요. 제 입장에서는 선우가 수업 시간에 돌아다니니까 마냥 모른 척할 수도 없고, 지적을 하자니 한 시간에 여러 번 같은 걸로 이야기를 하면 아이도 듣기 싫고 옆의 친구들도 선우를 문제가 있는 친구로 여길 것 같아 조심스럽습니다. (○)
- 어제는 식당으로 밥을 먹으러 가려고 복도에 줄을 섰는데 팔을 휘둘러서 옆에서 있던 은지를 쳤습니다. 은지가 안경을 끼는데 선우가 안경을 치는 바람에 눈 옆이 긁혔습니다. 다행히 깊은 상처는 아니었어요. 좀 더 세게 쳤으면 눈이 다쳤을 수도 있고 흉터가 남는 더 깊은 상처가 났을 수도 있을 것 같아 천만 다행이라 생각했습니다. 은지가 울고 있으니 여자아이들이 선우에게 뭐라고 했나 봅니다. 선우가 화가 나서 자기한테만 애들이 뭐라고 한다면서 저에게 이르러 왔더라고요. 그래서 아이들에게 자초지종을 들어 보니 선우가 먼저 은지를 건드려 다쳤는데도 사과를 하지 않아 다른 친구들이 뭐라고 한 것이었습니다. 쉬는 시간에 친구들을 치는 것도 이틀에 한 번 꼴입니다. 팔을 휘휘 저으면서 다니는데 아이들이 몰려 있는 곳을 지나갈 때도 팔을 휘저으니 몇 명은 맞게 됩니다. 그럼 어떤 아이들은 저한테 이르러 오거나 선우를 똑같이 때린다며 팔

을 휘젓지요. 그러다 보면 선우도 아이들한테 맞을 때가 있는데 그러면 친구들에게 맞았다면서 저한테 와서 그 친구들을 이릅니다. 그래서 그 아이들을 불러 이야기를 들어 보면 선우가 먼저 자기들을 때려서 자기네도 그랬다고 말을 하지요. 제 입장에서는 양쪽 아이들에게 모두 폭력은 나쁜 거라고 서로 사과하게 하지만, 이런 일이 여러 번 반복되다 보니 다른 친구들이 선우를 싫어할 것 같아서 걱정이 됩니다. (○)

• 어제 영어 듣기 수행평가를 하는데 선우가 다리를 떨고 볼펜을 똑딱 거렸습니다. 평상시 수업에서도 보이는 행동인데, 듣기 평가 시간이어서 모두 조용히 주의를 집중하던 터라 선우의 행동이 더 눈에 띄었습니다. 여러 명의 아이들이 문제 중간중간 큰 소리로 짜증을 내며 선우한테 조용히 하라고 했습니다. 선우 나름대로 조용히 하려고 하는 것 같았는데 다리를 떠는 건 참기가 힘들었나 봅니다. 계속 달달 떨더라고요. 긴장감 속에서 평가가 끝나자 짝인 진수가 선우 멱살을 잡더라고요. 너 때문에 시험 망쳤다면서…. 그런데 선우는 실력이 없으니까 그렇지 그게 왜 자기 탓이냐며 진수한테 화를 냈습니다. 제가 보고 바로 둘을 떼어 놓지 않았다면 크게 싸움이 날 뻔했어요. 선우 말이 아예 틀린 것은 아니지만, 선우의 행동 때문에 친구들이 예민한 반응을 보였는데 그것을 미안해하기보다 진수한테 화를 내니 다른 아이들도 선우를 보는 시선이 별로 곱지 않았습니다. 진수한테 어떤 이유에서건 폭력은 안 된다고 주의를 주고 다독이기는 했지만, 비슷한 일이 여러 번 반복되다 보니 다른 친구들이 선우를 싫어할 것 같아서 걱정이 됩니다. (○)

3. 상담 목적 말하기

아이의 문제행동을 말하면 교사도 학부모도 그다음에 어떻게 이야기를 할지 몰라 잠시 어색한 시간이 흐르기 마련이다. 이때 교사가 먼저 상담 목적을 말하며 이후 상담을 주도하면 된다.

예 제가 선우 어머님을 학교로 오시라고 한 것은 선우의 행동을 말씀드리려는 것보다는 어떻게 하면 선우가 좀 더 발전할 수 있을지 방안을 함께 논의하려고 연락을 드린 것입니다. 학부모 총회에서 말씀드렸다시피 저와 어머님은 아이를 위한 한 팀이니까요. 저는 선우가 수업 시간에 돌아다니는 행동과 친구들을 치는 행동을 개선하고 지금보다 재미있게 학교생활을 했으면 좋겠습니다.

레시피 5. 학부모의 생각 물어보기

교사의 이야기를 듣고 학부모의 생각은 어떠한지 물어본다. 이때 학부모가 상황을 모면하기 위해 "죄송합니다." "저희 아이가 문제가 있는 것 잘 알고 있습니다." "집에서 잘 지도하겠습니다."라고 말해도 그대로 대화를 끝내면 안 된다. 어떤 부분에서 그렇게 생각하는지, 집에서 어떻게 지도를 할 계획인지, 가정에서도 이런 면들이 있는지 등을 물으며 대화를 계속 진행한다.

학부모가 교사의 생각에 동의하고 이후 상담이 진행되는 것은 매우 다행스러운 일이다. 문제는 학부모가 동의하지 않을 때다. 사례의 선우 어머니도 말로는 아이의 문제행동에 대해 잘 알고 있다고 하지만, 작년 담임교사와 김 교사를 비교하며 선생님이 아이를 안 키워 봐서 모를 것이라는 식으로 선생님을 비난하고 있다. 김 선생님이 선우를 많이 혼내고 있으며 다른 친구들이 선우를 많이 괴롭힌다고 말하는 것은 결과적으로 아이의 문제를 받아들이고 있다기보다는 아이의 문제를 다른 사람의 탓으로 돌리는 것이다.

교사의 입장에서 학부모가 이런 태도를 보이면 기분이 나쁠 수밖에 없다. "제가 아이를 키워 보지 않아서 잘 모를 거라고 말씀하셨는데, 어머님은 한 명만 키워 봤지만 그렇게 따지면 저는 백 명은 넘게 키워 봤거든요."라며 말꼬리를 물고 늘어지고 싶은 유혹에 빠질 수 있다. '평생 끼고 살 사람은 저 엄마니까 그냥 내버려 둬야겠네.' 하며 더 이상 아무런 조치도 하고 싶지 않아지기도 한다. 하지만 해당 아이를 위해서도 그리고 다른 아이들을 위해서도 교사로서 할 수 있는 최선은 다 해야 한다. 더불어 학부모 입장에서도 나름대로 그렇게 생각하는 이유가 있을 것이다. 어떤 점에서 교사와 생각이 다른지, 그 이유가 무엇인지 등을 진지하게 경청하고 이해하려는 노력이 필요하다. 학부모에게 다가가려는 노력이 아이의 발전을 위해 내딛는 첫걸음이 될 수 있다.

학부모의 이야기를 들으며 과거의 일이라 안타깝지만 지금은 어찌 해 볼 수 없는 부분과 현재 노력하면 달라질 것이 무엇인지를 함께 생각해 보는 것도 도움이 된다. 사례의 선우 어머니는 선우가 '상처가 많은 아이'라고 표현하고 있는데, 이것에 대해 이야기를 나누다 보면 대개 과거의 힘들었던 이야기가 주를 이룬다. 학부모가 교사에게 아이에 관해 하소연을 할 때도 대부분의 내용은 '과거의 일' 때문이다. 지나간 일이 현재까지 감정적으로 혹은 다른 여러 면으로 해결이 안 된 것은 매우 안타까운 일이나, 학부모 상담은 학부모 개인에 대한 상담도 아니고 교사가 학부모의 정서적 문제까지 다 풀어 줄 수는 없다. 그래서 과거의 일을 공감하며 들어 줘야 하지만 지금 우리가 초점을 맞춰야 할 부분은 현재 아이를 위해 함께 할 수 있는 것을 찾아 나가는 것임을 일깨우는 것이 필요하다.

예
- 선우 어머님, 선우가 상처가 많은 아이라고 하셨는데 어떤 면에서 그렇게 생각하시는 건지요?
- 혹시 선우의 지도를 위해 제가 알아야 하는 부분인데 모르는 것이 있다면 알려 주시면 도움이 되겠습니다.
- 선우가 산만한 것에 대해 잘 알고 있다고 하셨는데 가정에서도 그런 부분이 보이시는지요?
- 작년 선생님이 어떻게 하셨기에 선우가 잘 따랐는지 궁금하네요. 어머님이 보시기에는 어떠셨는데요?
- 선우가 잘못하면 집에서 가르친다고 말씀하셨는데 어떻게 지도하실 생각이신지요?
- 친구들이 선우를 괴롭힌다고 말씀하셨는데 들은 것이 있으시면 말씀을 해 주세요. 그래야 저도 학교에서 다른 아이들을 지도할 수 있습니다.
- 어머님이 보시기에 제가 선우를 많이 혼낸다고 하셨는데 선우가 집에서 억울

함을 호소한 적이 있는지요? 그렇게 느끼신 상황이 기억나시면 말씀해 주세요. 지도에 참고하겠습니다.

- 선우가 산만한 행동을 했을 때 어떻게 지도하면 도움이 될 거라고 생각하세요?
- 제가 아이를 키워 보지 않아서 잘 모를 거라고 말씀하셨지만 저희 반 누구보다 선우에게 신경을 쓰고 있고 관심 있게 아이를 보고 있습니다. 어머님이 만족스럽지 않으셨다면 더 많은 노력을 기울여야 하겠네요.
- 따돌림을 당한 것이 선우에게도 어머님에게도 큰 상처가 되었네요. 속상하고 답답한 마음 너무 이해가 갑니다.
- 지나간 일에 대한 속상함과 원망이 많으시겠지만, 저희에게는 '현재' 와 '미래' 가 있습니다. 지금 어머님과 제가 함께 노력해서 선우가 조금이라도 더 발전하는 것이 저희가 선우를 위해 할 수 있는 최선이라 생각합니다.

양념 추가 〈자녀의 잘못을 인정하지 않고 교사가 아이를 미워한다고 여기는 학부모의 행동 특성〉

- 자녀의 잘못이나 문제를 인정하지 않는다.
- 교사가 아동의 문제행동에 대해서 이야기하면, 진지하게 그 문제에 대해서 의논하기보다는 빨리 이야기를 다른 주제로 옮기려고 한다.
- 아동의 문제행동에 대해서 "애들이 다 그렇지." "그럴 수도 있지."라는 투로 반응한다.
- 아동의 문제행동에 대해 교사가 지속적으로 얘기하고자 하면 짜증을 내거나 불쾌하다는 표현을 한다.
- "작년까지 선생님들은 아이에게 문제가 없다고 했다." "집에서는 착하고 바르게 행동한다."라는 식으로 문제를 부인한다.
- 교사에게 뭔가 다른 저의가 있는 것이 아닌가 의심한다.
- 교사의 경력이나 연령을 거론하며 교사의 말의 타당도를 문제 삼으려 한다.
- 학교에서 교사의 지도력이 부족하거나 자기 자녀에게 온당치 못한 대우를 해서 자

녀가 문제를 일으키는 것일 수도 있다는 암시를 한다.

출처: 김혜숙, 최동욱(2015), pp. 77-78.

레시피 6. 해결 방안 함께 찾기

상담의 목적은 교사와 학부모가 아이의 발전을 위해 함께 노력하는 것이다. 아이가 다방면으로 문제행동을 보일 때는 지금 개선이 시급한 두세 가지 문제를 선택하여 그것을 개선할 방법을 구체적으로 논의한다. 문제행동에 대한 해결책을 찾을 때 함께 논의할 내용은 다음과 같다.

- 변화시키길 원하는 행동은 무엇인가?
- 어떻게 변화되길 원하는가?
- 학교와 가정에서 변화를 위해 함께 노력할 것은 무엇인가?
- 학교에서의 행동과 집에서의 행동이 다르다면 그 이유는 무엇인가?
- 이전에는 별다른 문제행동을 하지 않았는데 요즘 새롭게 문제행동이 나타났다면 그 이유는 무엇인가? 혹시 가정에서 달라진 점은 없는가? 이유는 무엇인가?
- 가정에서 아이를 지도하는 데 쓰이는 유용한 방법은 무엇인가?
- 이전에 아이를 지도할 때 효과적이었던 방법에는 어떤 것이 있는가?
- 문제행동이 더 자주 나타나는 특정한 상황은 무엇인가?
- 아이의 강점은 무엇인가?
- 실천 방안은 가정과 학교에서 실천하기에 무리가 없는 것인가?

레시피 7. 해결 방안 함께 실천하기

해결 방안을 세우고 학교와 가정에서 함께 실천하는 것은 아이의 변화를 이끌어 내는 데 큰 도움이 된다. 하지만 실천이 그리 쉬운 것은 아니다. 해결 방법대로 실천을 해서 아이가 180도 바뀐다면 좋을 텐데 그러기가 쉽지는 않다. 실천 과정에서 미처 예상하지 못한 어려움이 생기거나 학부모가 직장 등을 핑계로 제대로 이행하지 않을 수도 있다. 처음에는 의욕적으로 실천하지만 난관에 봉착하면 포기하고 싶기도 하다. 나아지던 아이가 갑자기 이전의 문제행동을 다시 보이면 힘이 쭉 빠진다. 그래서 해결 방안을 세울 때 피드백에 대한 약속을 미리 해 놓는 것이 좋다. 교사와 학부모가 서로 격려하고 의지해야 어려움을 이겨 내고 꾸준히 노력할 수 있기 때문이다. 일주일 후 전화 통화로 서로 경과를 이야기해 보며 아이의 달라진 점, 해결 방안의 개선할 점 등을 함께 찾기로 한다. 이후 지속적으로 연락을 이어 나간다면 아이는 분명히 변화될 수 있다.

체크리스트를 활용하면 교사와 학부모 사이에 좀 더 아이의 체계적인 관리가 가능해진다. 하지만 학부모 중에는 체크리스트의 확인 내용을 아이가 아닌 자신에 대한 성적표로 생각하여 부담스러워하는 경우도 있으므로, 미리 학부모와 상의한 후 사용 여부를 결정한다. 체크리스트의 내용은 아이가 실천했으면 하는 바람직한 행동들로 적는 것이 좋으며, 너무 많으면 그것을 지키는 일이 아이에게는 버거워 아예 포기하게 될 수도 있으므로 꼭 필요한 최소한의 것(두세 가지 정도)을 적는다. 아이와 함께 내용을 구성하면 아이의 실천 의지를 다질 수 있어서 도움이 된다.

예 선우의 약속

약속 내용 \ 요일	월	화	수	목	금	피드백
수업시간에는 자리에 앉아 있기 (못 참겠으면 선생님께 손가락 표시)						
화가 나면 마음속으로 숫자 세기 (10까지는 센 후에 화 표현하기)						
부모님 확인						

아이가 긍정적으로 달라진 점이 있다면, 그것에 대해서 따로 학부모에게 알려 주는 것은 그동안의 노력에 대한 보상이자 격려가 되기 때문에 중요하다. 늘 잘못한 것에 대해서만 연락을 받던 학부모가 아이에 대한 칭찬을 듣는다면 무엇보다 아이 키우는 보람을 다시 한 번 느낄 수 있을 것이다.

양념 추가 〈선생님이 화가 날 때 도움이 되는 글〉

교사도 아이를 대할 때 감정이 올라온다. 문제행동이 반복적으로 계속되면 처음에는 침착하게 대응하더라도 어느 순간 자제력을 잃을 만큼 화가 나기도 한다. 그래서 자기 자신을 통제할 수 있는 문구를 교사의 자리나 교과서, 지도서 앞에 붙여 놓고 마음을 가라앉히는 데 도움을 받을 수 있다.

예 지금의 모습에 대한 사랑과 앞으로의 모습에 대한 존중: 아이의 현재 모습이 어떨지 몰라도 미래에 어떤 사람이 될지는 아무도 알 수 없는 일이다. 대통령이 될 수도 있고 유명한 과학자, 운동선수, 연예인 등이 될 수도 있다. 그래서 교사는 아이의 지금 모습을 사랑하고 미래 모습에 대해 존중하는 태도를 가져야 한다. 이 글을 교실 앞에 붙여 놓고 아이들에게도 의미를 말해 주며 서로 존경하는 태도로 생활하기를 당부할 수 있다.

출처: Korczak, J. (2011).

예 훌륭한 교사 VS. 평범한 교사

훌륭한 교사	평범한 교사
문제의 해법을 사람에게서 찾는다.	문제의 해법을 프로그램에서 찾는다.
희망에 초점을 맞춘다.	규칙에 초점을 맞춘다.
문제 발생 시 예방에 집중한다.	문제 발생 시 처벌에 집중한다.
학생에게 높은 기대치를, 자기 자신에게는 더 높은 기대치를 갖는다.	학생에게 높은 기대치를 갖지만 자기 자신에게는 별반 기대치를 갖지 않는다.

교실 안의 최대 변수는 교사임을 알고 있다.	학생, 학부모, 사회환경을 변수라고 생각한다.
모두를 존경으로 대한다.	특정 대상만을 존경으로 대한다.
긍정적인 태도를 공유하려 애쓴다.	불평과 불만을 생각 없이 퍼뜨린다.
관계 개선에 힘쓰며, 먼저 사과할 줄 안다.	날카로운 지적, 꼼짝 못 할 반박을 일삼는다.
사소한 소란은 무시할 줄 안다.	사소한 소란에 말려 전쟁을 선포한다.
매사에 계획과 목적을 갖고 행동한다.	주사위 구르는 대로 하루하루를 보낸다.
우수한 학생을 항상 염두에 둔다.	항상 중간층 아이 위주로 생각한다.
노력하는 사람을 불편하게 할 결정은 피한다.	노력하는 사람까지 불편하게 할 결정을 내린다.
학력평가를 총체적인 관점에서 바라본다.	학력평가 자체에 집착한다.
변화를 이루는 감정의 힘을 안다.	말만으로 동기를 유발하려 한다.

출처: Whitaker, T. (2009).

레시피 8. 예방 방법 알아보기

1. 학부모와 교사는 한 팀

학부모 총회에서 교사와 학부모는 아이를 사이에 두고 대척점에 서 있는 것이 아니라 함께 나아가는 동반자임을 강조한다. 교사는 교육의 전문가, 학부모는 자녀 양육의 전문가이기 때문에 아이를 위해 한 팀이 되어 힘을 합친다면 아이가 더 발전하는 데 큰 도움이 될 수 있다. 아이가 문제행동을 할 때 교사가 학부모에게 연락하는 것은 학부모나 아이를 비난하기 위해서가 아니라 협력하여 아이의 문제행동을 개선하기 위해서다. 그러므로 교사는 학부모가 교사의 연락에 대해 부담을 갖기보다는 어떻게 하면 내 아이의 발전을 위해 교사의 도움을 받을 수 있을지를 생각하도록 안내한다.

2. 동료 교사와 협력하기

초등학생의 경우 아이가 산만할 때는 학부모와 협력하면 되지만, 중등 이상의 경우에는 부모보다 그 학급에 들어가는 동료 교사와의 유기적인 협력이 중요하다. 이전보다 아이의 행동에 개선된 점이 보인다면 담임교사뿐 아니라 다른 교과 교사들도 아이를 격려해 주고 칭찬해 주면 아이에게는 큰 힘이 된다. 담임교사와 한 행동 약속이 있다면 그것도 공유한다. 그러면 다른 교과 시간에 아이가 산만한 행동을 하더라도 혼을 내기보다 "다리를 떨고 싶을 때는 어떻게 하라고 했지?"라며 약속을 상기시켜 줄 수 있고 아이의 긍정적 발달에 도움을 줄 수 있다.

예 음악 선생님: 너 수학 시간에 잘했다며? 수학 선생님이 칭찬하시더라.

셰프에게 물어봐
〈집중력이 부족한 아이, 어떻게 하면 좋을까요?〉

집중력이 부족한 아이의 학부모와 상담할 때 어떤 조언을 해 줄 수 있을까요?

집중력이 부족한 아이의 집중력을 길러 주는 것은 하루아침에 되는 일은 아닙니다. 아이가 집중력이 부족하다면 아이를 보는 시각부터 다음과 같이 바꿔 보는 것은 어떨까요?

이렇다고 생각하기보다는		이렇게 생각하라
지나치게 행동적이다. 충동적이다. 산만하다. 몽상가다. 부주의하다. 예측이 불가능하다. 논쟁적이다. 고집이 세다. 짜증을 잘 낸다. 공격적이다. 집중력이 부족하다.	➡	에너지가 넘친다. 자발적이다. 창의적이다. 상상력이 풍부하다. 다양한 각도로 총체적 사고를 한다. 융통성이 있다. 독립심이 강하다. 초지일관하는 성격이다. 예민하다. 자기주장이 강하다. 개성이 강하다.

출처: Freed, J., & Parson, L. (2004), p. 90 재인용.

아이를 긍정적으로 바라보다 보면 이전에는 보이지 않았던 아이의 강점을 찾아볼 수 있습니다. 문제행동을 고칠 때는 그것을 없애는 것 이상으로 강점을 활용하는 것이 매우 중요합니다. 아이의 행동에서 강점을 찾고 그것을 더 발전시키다 보면 어느새 문제행동의 강도나 빈도가 줄어든 것을 볼 수 있기 때문입니다. 아이를 문제아로 보면 아이는 문제아가 될 수밖에 없습니다. 아이의 집중력을 키우는 데 부모님이 도와주실 내용은 다음과 같습니다.

- 강요하지 않기: 적당한 압력은 자녀가 잠재력을 실현하는 데 도움이 되기도 한다. 그러나 집중력이 부족한 아이에게는 지나친 강요와 억압이 학습을 유보시키는 역효과를 낳을 수도 있다.
- 긍정적 보상과 칭찬하기: 실수는 눈감아 주고 잘한 것에 대해서만 긍정적으로 보상하고 칭찬한다.
- 때로는 목표를 높게 세우기: 때로는 높은 수준의 문제를 부담 없이 풀게 하는 것도 도움이 된다. 잘 풀면 좋은 것이고 못 풀어도 상관없기 때문이다. (예: "이 문제는 아주 어려워. 네 나이의 아이들이 이 문제를 풀기는 어려우니까 답이 틀리더라도 걱정 말고 한번 풀어 봐. 아무도 네가 한 번에 이 문제를 풀 거라고 생각하지 않아.")
- 자녀의 지도를 제1과업으로 여기기: 집중력이 부족한 아이들은 일관성을 배울 필요가 있으므로 매일 같은 시간에 해야 할 일을 하는 것이 좋으며, 이는 부모가 자녀와의 시간을 최우선순위에 두고 노력할 때 가능하다.
- 조용한 장소 선택하기
- 꼼짝 않고 앉아 있어야 한다고 강요하지 말기: 아이는 움직이면서 생각할 수 있다. 학교에서는 다른 친구들을 방해하기 때문에 자리에 앉아 있어야 하지만 집에서는 얼마든지 움직이면서 생활할 수 있다.
- 자녀에게 큰 그림을 주기: 모형 비행기를 만들고 있다면 조립 순서를 알려 주기 전에 먼저 완성품의 그림부터 보여 준다. 산만한 아이에게는 순서 이전에 큰 그림을 줘야 이해에 도움이 된다.
- 유머를 사용하기

• 유머를 사용하기

• 머릿속으로 그림 그리는 방법을 가르치기: 산만한 아이에게는 머릿속에 그림을 그리는 것처럼 시각화하여 기억하는 것이 훨씬 도움이 된다.

출처: Freed, J., & Parson, L. (2004), pp. 90-105 재구성.

참고문헌

김혜숙, 최동욱(2015). 교사를 위한 학부모 상담 길잡이. 서울: 학지사.

Freed, J., & Parson, L. (2004). 10분 투자로 우리 아이 집중력 키우기: 균형 있는 뇌발달 학습법[*Right-brained children in a left-brained world*]. 박경숙 역. 서울: 정인. (원저는 1997년에 출판).

Korczak, J. (2011). 어떻게 아이들을 사랑해야 하는가[*Jak kochać dziecko*]. 송순재, 안미현 역. 서울: 내일을여는책. (원전은 1920년에 출판).

Whitaker, T. (2009). 훌륭한 교사는 무엇이 다른가: 그들의 14가지 특성에 대한 탐구[*What great teachers do differently: Fourteen things that matter most*]. 송형호, 김재희, 김정숙, 서매순, 오윤정, 이정우, 정명옥, 조수정, 최성우, 황명운 역. 서울: 한국방송통신대학교출판부. (원저는 2003년에 출판).

EBS(2011. 5. 31.). 마더 쇼크 2부: 엄마 뇌 속에 아이가 있다.

8 이번엔 또 어떤 일로…
반복되는 자녀 문제로 지친 학부모 대응 방법

뒤죽박죽. 레시피가 필요해!

오늘 김 선생님은 민수 때문에 정신이 하나도 없었다. 체육 시간에 농구시합을 했는데 민수네 팀이 지고 있는 상황에서 정환이가 민수를 밀치며 반칙을 했다. 이에 화가 난 민수가 정환이를 밀어 정환이가 넘어지면서 무릎을 바닥에 부딪혀 상처가 났다. 정환이를 보건실에 데려다주고 정환이 부모님께 전화를 드렸다. 다행히 큰 상처는 아니었다. 그리고 민수 어머니께 전화를 드리려고 수화기를 들었다.

김 교사: 안녕하세요? 저 민수 담임이에요. 통화 가능하신가요?

민수 어머니: 네, 안녕하세요. 이번엔 어떤 일로….

김 교사: 다름이 아니라, 오늘 민수가 체육 시간에 농구 게임을 하다가 상대팀 정환이가 반칙을 하자 화가 나 정환이를 밀었는데, 정환이가 넘어지면서 무릎을 바닥에 부딪혀 상처가 났습니다.

민수 어머니: 또 그런 일이 있었나요? 이 녀석이 언제 철이 들지….

김 교사: 민수가 벌써 네 번째 친구들과 큰 다툼이 있네요. 민수가 학교생활을 잘 할 수 있도록 신경 써 주시길 부탁드립니다.

민수 어머니: 신경은 쓰겠지만 이젠 저도 모르겠어요. 저도 정말 지쳤어요. 제 말은 듣지도 않고, 도대체 제가 어떻게 해야 하는 건지. 제 자식이지만 정말 포기하고 싶을 때가 한두

번이 아니에요.

민수 어머니는 반복되는 민수 문제로 지쳤고, 자신도 모르게 선생님의 전화에 이와 같이 대답하고 말았다.

레시피 1. 반복되는 자녀 문제로 지친 학부모에 대한 대응 방법 알아보기

1. 교사의 마음 다스리기

1) 심호흡하고 마음 다스리는 시간 갖기

하루 종일 학생이 저지른 일 때문에 고군분투하다가 학부모에게 협조를 구하기 위하여 전화를 했는데 "이젠 저도 모르겠어요. 저도 지쳤어요. 제 말은 듣지도 않고, 저도 포기하고 싶을 때가 한두 번이 아니에요."라는 말을 듣는다면 교사의 마음은 어떨까?

'○○ 때문에 내가 오늘 하루 종일 정신이 없었는데….'라는 생각에 김빠지기도 하고, 자녀를 포기하고 싶다고 말하는 학부모의 말에 어이가 없다는 생각이 들 수도 있다. 하지만 교사가 자신의 마음을 그대로 표현하거나 불편한 마음으로 이야기를 이어가다 보면 실수를 할 수 있다.

이럴 경우에는 교사의 마음을 다스리는 것이 우선되어야 한다. 교사 자신이 방어적이 되거나 마음이 편치 않을 때는 좀 더 자신을 돌본 후에 부모와 대화를 나누거나 상담을 해야 한다.

자신을 편안한 상태가 되도록 하는 방법에는 멈추고 심호흡을 하거나 자기 자신에게 공감하는 것이 있다. 자기 자신에게 공감한다는 것은 부모의 이야기를 들었을 때 자신이 지금 어떤 느낌이 들고, 자신에게 무엇이 필요한지 자기 마음을 읽어 주는 것이다. 그리고 마음을 편안히 하는 데 약간의 시간이 필요하다면 "어머니, 저한테 이런 전화를 받으셔서 마음이 많이 불편하시죠? 어머니와 좀 더 길게 이야기 나누고 싶은데 급하게 회의가 있어서, 회의 끝나는 대로 다시 전화드려도 될까요?"라고 말한 후에, 흥분된 마음이 가라앉고 다른 사람의 이야기에 귀 기울일 수 있다고 생각되면 수화기를 든다. 그래도 마음이 편안해지지 않는다면 "어머니, 생각보다 회의가 길어져서 오늘은 전화 통화하기가 어려울 것 같습니다. 다음에 연락드리겠습니다. 죄송합니다."라고 문자를 보낸 후 학부모와의 대화를 다음 기회로 미루는 것이 좋다.

2) 가장 힘든 사람은 학부모임을 알기

교사의 입장에서 보면 문제 아이로 인하여 다른 학생들의 불만이 터져 나오고 여러 부모로부터 항의를 듣는 것은 정말 힘든 일이다.

'저 부모는 도대체 애를 어떻게 하는 거야?' '자기 자식도 중요하지만 그 애 때문에 피해를 입는 학급의 다른 아이들도 생각해야지.' 이런 생각을 하면 자식 문제를 포기한 듯 교사에게 말하는 학부모의 행동에 화가 나고 이해가 되지 않는다. 하지만 '나는 학교에서 잠깐 보는 것도 이렇게 힘든데, ○○를 매일 지켜봐야 하는 부모는 어떨까?' 라고 생각하면 부모의 마음을 헤아리는 데 도움이 된다.

2. 학부모의 마음 공감해 주기

1) 문제를 가진 자녀를 둔 학부모 이해하기

부모라면 누구나 자식이 잘 되길 바란다. 그렇지만 자식이 그렇게 자라지 않을 때 부모가 느끼는 실망감은 크다. 그리고 자녀의 일로 학교에서 전화가 오거나 다른 부모들에게서 부정적인 피드백을 받는다면 더욱 힘들다. 어느 부모가 자식이 잘못 되는 것을 바라겠는가? 문제가 있는 자녀를 둔 학부모를 대할 때 이런 부모의 마음을 생각해 보고 다음과 같은 말을 해 보자.

예
- 담임교사에게 이런 전화를 받으셔서 마음이 많이 불편하시죠?
- 얼마나 힘드세요.
- 어머니도 노력한다고 하셨는데 잘 안 돼서 속상하시죠?
- 그동안 얼마나 힘드셨어요.
- 속상하고 마음이 많이 아프시겠어요.

• 그동안 마음고생 많으셨죠?

2) 자신을 표현할 시간 충분히 주기

학부모의 심정을 공감해 주려고 마음먹었을 때는 해결 방안이나 부탁을 하는 쪽으로 관심을 돌리기 전에 학부모에게 자신의 이야기를 할 시간을 충분히 주는 것이 중요하다. 교사가 너무 빨리 해결책에 대한 이야기로 넘어가면 학부모는 교사가 자신과 아이의 심정에는 관심이 없고 단지 해결에만 급급해한다고 느낄 수 있다.

그러므로 "담임교사한테 이런 전화를 받으셔서 마음이 많이 불편하시죠?"라는 한 마디로 학부모에게 공감해 주는 것이 끝났다고 생각하지 말고, 학부모가 자신의 이야기를 충분히 할 수 있도록 하고 교사는 거기에 머물러 학부모의 이야기를 진심으로 들어 준다.

이때 가만히 듣고만 있지 말고, "아, 그런 일이 있었군요?" "참 많이 놀라셨겠어요." 등 이야기를 잘 듣고 있다는 표시를 하며 듣는다.

양념 추가 〈공감을 방해하는 대화〉

로젠버그(Rosenberg)는 『비폭력대화』(2011)에서 공감을 방해하는 우리의 대화에 대해 다음과 같이 언급하고 있다.

"우리는 공감하는 대신 상대방을 안심시키고 조언하고 싶은 강한 충동을 느끼거나, 우리의 견해 혹은 느낌을 설명하려는 경향이 있다. 이와 달리 공감은 상대방이 자신을 충분히 표현하고 이해받았다고 느낄 시간과 공간을 주는 것이다. 상대가 위로나 조언을 받고 싶어 할 것이라고 추측하면서 공감이 필요한 사람에게 '이렇게 해 봐.'라고 해결책을 말해 주는 것은 그 사람에게 좌절감을 안겨 줄 수 있다."

출처: Rosenberg, M. B. (2011).

3) 낙인에 대한 부모 상처 어루만지기

반복되는 자녀 문제를 가진 학부모를 보면 자녀의 문제로 주위의 다른 부모나 교사에게 상처를 받은 경우가 종종 있다.

아이가 어릴 때부터 문제가 있었다면 부모들 사이에서 "○○랑 놀지 말아라."라는 이야기도 들을 수 있고, 교사에게서도 "○○에게 ~문제가 있는 것 아세요?"라며 수차례 전화도 받고 상담도 했을 것이다.

자녀를 가장 잘 아는 사람은 부모다. 그렇기에 자녀의 좋은 점보다 문제점만 자꾸 부각되는 것에 대한 마음의 상처가 있을 것이다. 그리고 새 학년이 되었는데도 여전히 같은 피드백을 들었을 때 부모 마음은 어떠하겠는가?

교사는 학부모와 해결책을 논하기 전에 학부모의 이런 마음을 알고 어루만져 주는 것이 필요하다.

비법 한 스푼 〈공감할 때 다른 학생이나 부모 끌어들이지 않기〉

부모에게 공감해 주다가 범할 수 있는 실수가 있다. 부모에게 공감해 준다는 구실로 다른 학생이나 부모를 이야기에 끌어들이는 것이다.

예를 들면, "선생님, 2학년 때 정환이랑 민수가 문제가 있었는데 그때 민수 엄마가 다른 아이들에게 정환이랑 놀지 말라고 해서 힘들었어요." "아, 그런 일이 있었나요? **민수도 장난을 많이 치는 편인데**, 그래서 정환이랑 문제가 있었나 보네요."와 같이 상대 부모에게 공감해 준다고 맞장구치다가 학급의 다른 아이의 이야기를 하게 되는 것이다. 교사가 한 학생을 부정적으로 평가하는 말이 나갈 경우 다음에 또 다른 문제가 생길 수도 있다는 것을 주의해야 한다.

예를 들면, "선생님도 정환이가 장난을 많이 친다고 하더라."와 같은 말이 돌아다닐 수도 있고, 문제가 생겼을 때 선생님이 정환이가 문제가 있는 아이라고 했다고 하면서 자녀의 행동에 대하여 정당성을 주장할 수도 있다. 그리고 혹시 정환이 부모가 이 이야기를 듣게 된다면 선생님을 원망하고 더 이상 선생님을 신뢰하지 않게 될 것이다.
그러므로 당사자에게 그 내용을 객관적으로 전달하며, 상대 학생에 대한 평가적 언급을 삼간다. 그리고 해당 학생의 부모의 마음에만 집중해서 공감해 주도록 한다.

3. 해결 방법 함께 모색하기

1) 그동안 해 온 것을 점검하기

이렇게 문제가 반복되는 학생의 경우, 부모에게 요청해도 별다른 반응도 없고 오히려 포기하고 싶다고 말하면 부모가 별다른 시도도 하지 않는 것처럼 보인다. 하지만 대부분 부모는 아이의 문제를 해결하기 위해 무언가를 시도하고 노력한다. 교사는 학부모가 이제까지 해 온 노력들을 알아주고 함께 해결 방법을 모색하도록 한다.

예
- 그동안 이 문제를 해결하기 위해 어떤 노력을 해 오셨나요?
- ○○이의 문제가 좋아진 적은 없었나요? 그때 무엇 때문에 좋아졌다고 생각하시나요?
- ○○의 문제가 더 나빠진 적은 없었나요? 그때 무엇 때문에 더욱 나빠졌다고 생각하시나요?

전혀 새로운 방법을 찾는 것은 힘들기에 부모가 이제까지 해 온 것을 나눈다. 성공적이었을 때에는 무엇 때문에 성공했으며 그 이유는 무엇인지, 실패했다면 그 이유는 무엇인지를 함께 분석하다 보면 아이에게 맞는 해결의 실마리를 찾을 수 있을 것이다.

2) 부모의 변화가 아이의 변화를 이끈다

① 비합리적 신념 점검하기

부모로서 최선을 다했으면서도 자녀 문제로 힘들어하는 부모들을 보면 종종 그 원인이 부모의 비합리적 신념에 기인할 때도 있다. 이러한 부모일 경우에는 '당연히' '~해야 한다'는 생각이 많다는 것을 종종 본다.

예를 들면, '고등학생이라면 이제 정신 차리고 공부해야 하는 것 아닌가요?' '부모가 이렇게 말했으면 당연히 하는 척이라도 해야 하는 것 아닌가요?' '학교 다니는 아이가 밤에 일찍 자고 아침에 일찍 일어나서 학교에 가는 것이 당연한 것 아닌가요?' 모든 것이 당연하고 마땅히 해야 한다는 생각이 다른 부모에 비해 많다.

그리고 부모 자신의 행동에도 '~해야 한다'는 당위성을 부여한다. '성숙한 부모라면 자녀 앞에서 이성을 잃고 큰 소리를 지르면 안 되고 이성을 유지해야 한다.' '부모라면 자녀에게 올바른 길을 안내할 수 있어야 한다.' 라는 당위성을 가지고 있으면 부모는 스트레스를 받게 된다.

'당연히' '~해야 한다'는 생각이 많은 학부모에게 다음과 같은 말로 부모의 비합리적 신념이 자녀나 부모에게 도움이 되지 않고 있는 것을 설명해 줄 수 있다.

예 어머니가 '당연히 ~해야 한다'고 생각하시기 때문에 다른 분들에 비해 자녀의 행동에 대하여 스트레스를 많이 받으실 것입니다. 그리고 이런 생각들은 자녀를 이해하고 인정하기보다는 자꾸 강요를 하고 자녀의 잘못된 행동을 지적하게 합니다. 이런 일들이 반복되면서 자녀와의 관계는 더욱 나빠질 수 있고, 이로 인하여 부모님도 더 자주 좌절하고 상처받게 됩니다.

그러므로 자녀의 행동에 대해서 가지고 있는 비합리적인 생각들을 적어 보고 점검해 보도록 한다. 이는 혼자 할 수 없는 것이므로 전문가의 도움을 받거나 이미 자녀를 다 키운 부모의 도움을 받을 수 있다. 또한 자신의 '~해야 한다' 라는 신념을 '나는 ○○를 위해 ~하기를 선택한다'로 바꾸어 생각하면 훨씬 마음이 편해짐을 느낄 수 있을 것이다.

② 비난하거나 평가하지 않고 자녀의 행동 바라보기

반복적인 자녀 문제로 어려움을 겪는 경우 자녀의 문제가 지속적이다 보니 자녀의 행동을 있는 그대로 보지 못하는 경우가 많다. 자녀의 행동에 대해 이제까지의 경험이나 선입견이 가로막아 자녀를 평가하고 비난하게 되는 경우가 많다.

로젠버그(Rosenberg)는 『비폭력대화』(2011)에서 관찰 및 평가와 관련하여 다음과 같이 말하고 있다. '자녀의 행동에 대해 관찰과 평가를 섞어서 말하면 자녀는 이를 비판으로 듣고, 부모의 말에 거부감을 느끼게 된다. 그리고 자녀는 대개 자기 행동을 변명하면서 자신을 방어하려 하거나 아니면 부모를 공격할 준비를 하는 데 에너지를 쓰게 되어 대화가 더 이상 진전되지 못할 때가 많다. 또한 관찰이 아닌 평가의 언어는 듣는 사람뿐만 아니라 말하는 사람, 즉 부모에게도 부정적인 영향을 끼친다.'

관찰 방법은 '비디오카메라로 찍듯이' 각자의 판단, 추리, 의견, 생각, 추측, 선입관 등의 평가를 섞지 않고 보고 들은 그대로 사실을 진행형으로 표현하는 것으로 객관적이고 구체적으로 묘사하는 것을 말한다. 특히 강조를 나타내는 항상, 자주, 매일 등의 말은 상대방을 더욱 방어적으로 만들 수 있으므로 사용에 더욱 유의해야 한다.

"내가 __________을 보거나 들었을 때"

관찰과 평가 구분하기

① "민수는 **공격적**이다." (관찰, 평가)
② "우리 아들은 **착한** 아들이다." (관찰, 평가)
③ "넌 어제 새벽 2시에 잤구나." (관찰, 평가)
④ "너는 너무 **게을러**." (관찰, 평가)
⑤ "내가 '수학 문제 다 풀었니?' 라고 물었는데, 넌 대답하지 않고 TV를 보고 있구나." (관찰, 평가)
⑥ "넌 **자주** 숙제를 안 해 오는구나." (관찰, 평가)

⑦ "넌 **항상** 친구를 때리는구나." (관찰, 평가)

⑧ "너는 오늘 1시부터 3시 30분까지 컴퓨터 게임을 했구나." (관찰, 평가)

⑨ "넌 오늘 옷을 **지저분하게** 입었구나." (관찰, 평가)

⑩ "너는 오늘 어른들에게 **예의 바르게** 행동하지 않았어." (관찰, 평가)

해 설

① '공격적이다'라는 말은 평가다. 관찰에 의한 표현은 '민수는 화가 난다고 철수를 밀고 배를 2대 때렸다.' 와 같은 것이 될 것이다.

② '착한' 이라는 말은 평가다. 관찰에 의한 표현은 '우리 아들은 엄마와의 약속대로 오늘 9시에 집에 들어왔다.' 와 같은 것이 될 것이다.

③ 관찰이다.

④ '게을러' 라는 말은 평가다. 관찰에 의한 표현은 '너는 어제 오늘 12시 넘어 일어났다.' 와 같이 될 것이다.

⑤ 관찰이다.

⑥ '자주' 라는 말은 평가다. 관찰에 의한 표현은 '너는 이번 주에 2번 숙제를 해 오지 않았다.' 와 같이 될 것이다.

⑦ '항상' 이라는 말은 평가다. 관찰에 의한 표현은 '너는 이번 주에 3번 친구와 싸웠는데 3번 모두 먼저 친구를 때렸구나.' 와 같이 될 것이다.

⑧ 관찰이다.

⑨ '지저분하다' 라는 말은 평가다. 관찰에 의한 표현은 '너는 오늘 옷에 음식물을 묻혔구나.' 와 같이 될 것이다.

⑩ '예의 바르게' 라는 말은 평가다. 관찰에 의한 표현은 '너는 오늘 식사 시간에 어른들이 수저를 들기 전에 먼저 밥을 먹기 시작했다.' 와 같이 될 것이다.

부모가 자녀에게 평가의 언어가 아닌 관찰한 대로 보고 말하도록 하고, 그 차이점을 느껴 보도록 하자.

레시피 2. 반복되는 자녀 문제로 지친 학부모에 대한 지지 전략 알아보기

반복되는 자녀 문제를 가진 부모일 경우 대부분 자녀의 문제로 지친 경우가 많다. 그러므로 자녀의 작은 문제에도 쉽게 흥분하거나 그와 반대로 자녀의 문제에 무관심한 반응을 보인다. 하지만 자녀의 문제에 이렇게 접근하면 할수록 더욱 악화될 뿐 문제는 해결되지 않는다. 자녀를 도울 수 있는 사람은 부모다. 하지만 부모가 에너지가 없으면 결코 자녀를 도울 수 없다. 부모가 힘이 있어야 자녀의 문제를 바로 볼 수 있고 자녀를 도울 힘을 발휘할 수 있다.

그럼 교사로서 부모를 어떻게 지지해 줄 수 있을지 생각해 보자.

1. 스트레스 해소하기

반복되는 자녀의 문제로 지친 부모는 대부분 그 문제에 몰입된 나머지 다른 것에 눈을 돌리지 못하고 자녀의 문제에만 빠져 있을 때가 많다. 그러므로 스트레스는 점점 심해지고 이로 인해 자녀와의 관계는 더욱 악화된다. 이럴 경우에는 잠깐 자녀의 문제를 내려놓고 여행 등 개인 시간을 갖거나 산책, 운동, 자신이 좋아하는 활동을 해 보도록 권한다.

2. 비슷한 문제를 가진 학부모들과 만나기

반복되는 자녀의 문제로 지친 학부모는 자신이 겪고 있는 어려움이 자신만이 겪고 있는 것이라고 생각한다. 그리고 다른 집 아이들은 다 괜찮아 보이고, 다른 집은 모두 부모가 역할을 잘하는 것처럼 보인다. 하지만 다른 가정들도 자세히 들여다보면 정도만 다를 뿐 자녀 문제로 힘들어하는 집이 많다. 특히 남자아이들을 둔 부모, 사춘기 자녀를 둔 부모의 경우 공통된 고민과 문제를 많이 갖고 있다. 이렇듯 비슷한 문제를 겪는 부모들과 이야기하면 우리 집만의 문제가 아니고, 우리 아이만의 문제만이 아니라는 사실을 알게 되어 마음이 편해진다. 그리고 부모 역할을 제대로 하지 못했다는 자책감에서도 어느 정도 벗어날 수 있다. 또한 다른 부모들의 이야기를 들으면서 내가 무엇을 잘못했고, 어떻게 자녀를 대하고 문제를 해결할지 아이디어를 얻기도 한다. 그러므로 자녀 문제로 힘들어하는 학부모일수록 비슷한 문제를 가진 학부모들과 만나면서 이야기 나누기를 권한다.

3. 잘못을 들춰내지 않는 편안한 곳으로 만들기

가정은 자녀나 부모에게 편안한 곳이어야 한다. 하지만 자녀의 문제가 발생하면 가정은 결코 편안한 곳이 되지 못한다. 끊임없이 자녀의 잘못된 행동을 지적하고 부부 사이에서도 서로의 잘못을 들춰낼 때가 많다. 가정이 자녀나 부모에게 편안한 곳이 될 수 있도록 하기 위해서는 서로의 잘못을 들춰내기보다는 서로의 잘한 점, 칭찬할 점 등을 의도적으로 서로 이야기하는 것이 필요하다. 부모가 먼저 아주 작은 것이라도 놓치지 말고 칭찬하며 부부끼리 서로 칭찬하는 모습을 보이면 자녀 또한 서서히 닮게 된다. 때로 자녀에게 직접적으로 칭찬해 달라고 부탁할 수 있다. 이렇게 가정이 서로의 잘못을 들춰내지 않는 곳이 된다면 자녀도 부모도 좀 더 편안해질 것이다.

양념 추가 〈가정에서 칭찬하는 방법〉

- 가족 칭찬 시간 가지기: 일주일에 한 번 정도 서로 칭찬하는 시간을 갖는다.
- 가족 칭찬 게시판 만들기: 칭찬할 일이 있을 때마다 게시판에 적는다.
- '엄지칭찬' 하기: 말하기 쑥스럽다면 칭찬할 일이 있을 때 엄지손가락을 높이 쳐들어 서로에게 칭찬 사인을 보낸다.

4. 조금이라도 긍정적인 변화가 있으면 부모에게 알리기

이렇게 자녀 문제로 지친 학부모의 경우에는 자녀의 작은 긍정적인 변화라도 교사가 즉시 알려 주는 것이 좋다.

예 만약 매일 지각하는 학생이 어느 날 지각하지 않고 학교에 왔다면 다음과 같이 이야기할 수 있다.

(학생에게): • ○○야, ○○랑 아침에 이렇게 보니 선생님이 정말 기분이 좋다. 오늘 많이 노력했나 보구나.

(부모에게): • ○○ 부모님, 오늘 ○○가 학교에 늦지 않고 왔네요. 오늘 어머니가 ○○를 깨워서 보내느라 얼마나 애쓰셨어요. 고맙습니다.

• 오늘 ○○가 수업 시간에 집중을 잘했습니다.

매일 부정적인 피드백을 받던 학부모의 입장에서 아이의 긍정적인 변화를 듣게 되면 부모로서 많은 힘을 얻게 된다.

공깃밥 추가 〈분노 조절을 못하는 아이를 돕는 방법〉

1. 화를 가라앉히는 방법을 가르친다.

자신이 언제 주로 화가 나는지, 화가 날 때 주로 어떤 행동을 하는지, 그 행동이 어떤 결과를 가져오는지 등 자신의 화나는 상황과 대처 방법을 살펴보는 시간을 갖게 한다. 그런 후에 화가 날 때 효과적으로 자신을 다스리기 위해 어떻게 마음을 가라앉히고 대처할지 함께 생각해 본다. 아이가 화를 가라앉히는 방법을 제시하지 못할 경우 교사가 마음을 가라앉히는 방법을 적극적으로 가르칠 필요가 있다.

화를 가라앉히는 방법

- 심호흡하기: 숨을 천천히 들이쉬고 내쉬는 방법을 가르친다. 교사가 직접 시범을 보여서 알려 준다. 촛불이 앞에 있다고 생각하고 촛불이 꺼지지 않게 숨을 내쉬도록 한다.
- 마음속으로 숫자 세기: 마음속으로 숫자를 천천히 세도록 한다. 1, 2, 3, 4, …, 10까지 센 후 마음이 가라앉지 않으면 천천히 계속 반복한다.
- 눈 앞에 그리기: 마음속에 매우 편안한 장면을 상상하도록 한다. 예를 들어 햇볕이 비치는 한가로운 목장에서 소들이 풀을 뜯는 모습 등을 상상하고 여기에 더불어 심호흡을 한다. 평소에 화가 날 때 이러한 장면을 이야기하여 화가 났을 때 바로 떠올릴 수 있게 한다.

2. 도움이 되는 혼잣말을 가르친다.

화를 가라앉힐 때 도움이 되는 혼잣말을 스스로 할 수 있도록 가르친다. 그리고 자신만의 말을 만들 수도 있다.

심호흡을 하고 나서,
'난 할 수 있어.'
'괜찮아.'
'편하게 생각하자.'
'침착해지자.'
'나는 이런 일로 열받지 않을 거야. 내가 누군데.'

스스로에게 하는 말과 그 이유를 이해했다면, 역할 연기를 통해 실제 어떻게 사용하는지를 보여 준다. 화가 나는 상황에서 소리를 지르거나 친구를 때리는 상황을 보여 준 후, 똑같은 상황에서 스스로에게 말하는 방법을 사용하여 어떻게 대처하는지 시범을 보인다. 교사가 시범을 보인 후에는 아이가 직접 해 보도록 한다.

그러나 화가 너무 나서 분노가 가라앉지 않고 때리고 싶은 충동이 계속 들면 자리를 떠나도록 하며, 해소되지 않은 분노는 베개를 친다든지 샌드백 등을 치는 행동으로 대신하게 한다.

3 계속해서 연습하게 하고 확인한다.

연습을 한 후에는 화가 났을 때 어떻게 했는지에 대하여 지속적으로 함께 이야기 나누는 시간을 가져야 한다.

자신의 화나는 상황을 되돌아보고, 잘 안 된 부분은 다시 연습한다. 이렇게 반복하다 보면 화에 대처하는 과정을 조직화하는 데 도움이 된다.

아이가 화에 잘 대처했다면 놓치지 말고 그에 대한 칭찬이나 적절한 보상을 주는 것도 잊지 말아야 할 것이다.

출처: 한영진, 박미향, 이정희, 김민정(2013).

셰프에게 물어봐
〈피해 학생의 부모에게 전화하도록 권할 때〉

반복되는 자녀 문제로 지친 학부모에게 공감해 주긴 하여도 가해 행동을 한 학생의 부모에게는 피해를 입은 학생의 부모에게 전화를 하도록 권해야 하는데, 그럴 때는 어떻게 하면 될까요?

아이들 간의 다툼이라 할지라도 가해 행동을 한 학생이 있다면 상호 원만한 해결을 위하여 그 부모에게 상대 학생의 부모에게 전화를 하도록 권해야 할 때가 있습니다. 부모 입장에서는 자식이 잘못한 것도 속상한데 자녀의 일로 다른 사람에게 사과까지 해야 한다면 더 많이 속상할 것입니다. 이럴 때 교사는 가해 행동을 한 학생의 부모를 너무 몰아세우지 말고, 자녀를 키우는 입장에서 서로 속상한 마음을 알아주면 좋을 것이라며 전화 통화를 권합니다.

"○○ 부모님께 전화 부탁드릴게요. 전화하기가 쉬운 일이 아니겠지만, 같이 자식 키우는 입장에서 아이 얼굴에 상처가 났으니 그에 대해 전화를 해 주시면 어머니 마음도 편해지시고 ○○이 부모님도 마음이 조금 더 편해지실 것 같습니다."

가해 행동을 한 학생의 부모가 사과를 드리고 싶다고 한다면, 피해를 입은 학생의 부모에게 "가해 행동을 한 학생의 부모님이 사과를 하고 싶다고 하시는데 전화번호를 알려드려도 될까요?"라고 물어보고, 허락한다면 알려 줍니다. 피해 학생의 부모의 허락 없이 임의로 번호를 알려 주지 않도록 유의합니다.

그리고 무엇보다도 부모님들끼리 먼저 통화하여 일이 커지는 일이 없도록 교사가 중간에서 다리 역할을 잘 해 주어야 할 것입니다.

출처: 한영진, 박미향, 이정희, 김민정(2014), p. 389를 재구성.

참고문헌

신현균(2009). 아동 심리치료의 실제. 서울: 집문당.

한영진, 박미향, 이정희, 김민정(2013). 교사를 당황하게 하는 아이들: 대인관계 · 태도 편. 서울: 학지사.

한영진, 박미향, 이정희, 김민정(2014). 매직워드77: 콕! 집은 선생님의 한마디 교실을 바꾼다. 서울: 학지사.

Hart, S., & Hodson, V. K. (2010). 내 아이를 살리는 비폭력대화[*Respectful parents, respectful kids*]. 정채현 역. 고양: 아시아코치센터. (원저는 2006년에 출판).

Rosenberg, M. B. (2011). 비폭력대화: 일상에서 쓰는 평화의 언어, 삶의 언어[*Nonviolent communication: A language of life*]. 캐서린 한 역. 서울: 한국NVC센터. (원저는 2003년에 출판).

9 선생님, 신경 쓰고 계시죠?

감 놔라 배 놔라 참견하는 학부모 대응 방법

뒤죽박죽. 레시피가 필요해!

김 선생님은 요즘 준형이 어머니로 인해 신경이 예민해져 있다. 학부모 단체 활동도 열심히 하고 학교운영위원회 학부모위원으로도 2년째 활동하면서 학급 일에 적극적으로 관심을 보이는 것은 고맙게 생각하고 있다. 준형이 또한 워낙 성실하고 공부도 잘해서 학급 아이들에게서 신뢰를 얻고 있다. 또한 모둠 활동에서도 협조적이고 학급의 궂은일도 나서서 하니 인기도 짱이다. 그런데 준형이 어머니의 가끔 지나친 친절은 좀 부담스럽다.

현장학습을 가기 전날에는 "선생님, 내일 아이들 관리 잘하셔야 해요. 잠깐 방심하는 사이에 아이들이 한 명이라도 사고가 나면 큰일 나는 것 아시지요?", 어린이날 기념 소체육대회 전날에는 "선생님, 내일 부모들에게서 아무런 선물도 받으시면 안 돼요. 학교운영위원회에서 여러 번 말이 나왔어요. 아이들 먹는 것도 물론 안 되고요. 아셨죠?", 시험 보기 전날에는 "선생님, 내일 가림판 꼭 준비하도록 시켰나요? 혹시라도 감독 소홀로 아이들이 커닝했다는 둥 그런 말이 나오면 아주 골치 아파져요." 하고 말씀하신다.

이런 내용은 이미 교무회의나 동 학년 단위 회의에서 전달된 사항이고 기본 상식인데, 준형이 어머니는 담임이 못 미더워서인지, 본인이 꼭 챙겨야 할 일이라고 생각하는지 이젠 좀 성가실 정도다. 이런 상황을 옆 반 선생님에게 하소연했더니, "그 엄마는 왜 담임에게 감 놔라 배 놔라 하며 참견이야!"라며 "그런 건 기본으로 이미 알고 있으니 다음부터 간섭 마세요."라고 딱 잘라 말하라고 한다. 하지만 학교 일을 열심히 해 주고 있는 분에게 그렇게 말할 수는 없어서 고민 중이다.

교사에게 지나친 친절을 베푸는 것인지 못 미더워서 확인하는 것인지는 모르지만 일단 학부모에게서 이런 말을 듣는 것을 좋아할 교사는 거의 없다. 처음 한두 번은 모르지만 계속 이런 식으로 담임의 일에 참견할 때 그냥 견딜 수만은 없지 않은가?

이럴 때 교사의 불쾌한 기분을 효과적으로 전달하는 방법을 찾아보자.

레시피 1. 참견하는 학부모의 심리 이해하기

1. 친절을 베푸는 것을 유능하다고 생각함

사례에 나온 학부모는 미처 교사가 신경 쓰지 못하고 놓친 부분을 챙겨 주어 실수를 줄이도록 도와주는 자신을 매우 친절한 학부모라고 생각할 수 있다. 그뿐만 아니라 그러한 자신을 유능하다고 생각할 수도 있다.

사례에서 보았듯이 현장학습, 어린이날 기념 소체육대회, 시험 감독 등은 교사에게나 학생에게나 학부모 입장에서나 매우 중요한 행사다. 그렇기 때문에 이처럼 중요한 행사를 앞두고 담임교사가 혹시나 실수를 할까 봐 미리 알려 주는 것이다. 그런데 준형이 어머니는 교사의 기분은 생각하지 않고 자신의 이런 태도를 학급에 도움을 주는 친절한 행위라고 착각하는 것이 문제다.

"모든 사람에게 예절 바르고 친절한 사람은 아무에게도 적이 되지 않는다."라는 벤저민 프랭클린의 말처럼, 아무리 친절한 행위라도 상대가 누구냐를 의식하고 예절을 갖춰 말하면 좋으련만….

2. 학부모로서 당연한 관심을 표현한 것이라고 생각함

학부모의 관심은 언제나 '자기 자녀'다. 학교 일에 적극적으로 참여하여 활동하는 준형이 어머니로서는 자녀와 직결되는 학교 행사에 적어도 이 정도로 관심을 가져주는 것은 당연하다고 생각하고 있다.

3. 경험이 부족한 저경력 교사를 도와준다고 생각함

저경력 교사를 자녀의 담임으로 만나면 학부모는 일단 긴장을 덜하게 된다는 말이 있다. 다소 의아한 말이긴 하지만, 나이 어린 담임을 학부모가 자기 마음대로 주무를 수 있지 않을까 하는 착각이 담긴 말이다. 신규 교사나 저경력 교사는 경험이 부족하기 때문에 혹시나 실수를 할까 봐 기회가 있을 때마다 자기가 도와주어야만 한다고 생각하는 것이다.

4. 남을 믿지 못하는 심리가 있음

무슨 일이든 자기가 직접 확인을 하고 개입을 해야 직성이 풀리는 성격의 학부모일 수 있다. 담임이 알아서 잘 챙겼을 것이라고 믿으면 되지만, 그게 잘 안 되어 본인이 항상 챙겨야 직성이 풀리는 것이다.

5. 언젠가 정보 부족으로 피해를 당했을 수도 있음

학부모가 된 이후 언젠가 자녀의 담임교사가 그런 중요한 일을 놓쳐서 자녀가 피해를 당했거나 학급이 시끄러워진 경험을 했을지도 모른다. 그래서 그런 일이 다시 일어나지 않도록 사전에 교사에게 일일이 언질을 줌으로써 자녀에게 올지도 모르는 피해를 예방해야 한다고 생각하는 것이다.

레시피 2. 참견하는 학부모에게 침착하게 대응하기

1. 교사의 기분 공감하기

참견을 받을 때 기분이 좋을 교사는 아무도 없다. 주도적으로 일하기를 좋아하는 교사 집단의 특성상 이런 학부모를 만나면 누구나 스트레스를 받기 마련이다. 처음 한두 번은 고맙게 받아들일 수도 있지만, 반복되면 그 학부모가 무례하다고 생각되기도 하고 '혹시 저 학부모가 나를 못 미덥게 생각해서 저러나?' 하는 생각이 들기도 한다.

이런 일이 거듭되어 점점 화가 나면 순간적으로 실언을 할 수 있다. "그런 일은 제가 다 알아서 할 것이니 참견하지 마세요."라고. '앗차!' 홧김에 내뱉긴 했지만, 이렇게 되면 교사로서 정말 큰 실수를 한 셈이다. 여태까지 공들인 관계가 이 말 한마디로 와르르 무너지고 구설수에 오를 수 있다. 학부모 때문에 기분 나쁜 일이 생길 때 교사에게는 무엇보다 감정 조절이 중요하다. 결코 쉽지 않은 일이지만 꼭 해야만 한다.

속은 상하지만 감정 조절을 잘 한 후, 다음과 같이 교사의 마음을 전달해 보도록 한다.

2. 학부모에게 교사의 기분 '잘' 전달하기

1) 일단 고마움을 먼저 표현하기

학부모가 교사와 아이들에게 도움을 주려고 한 의도는 반드시 인정해 준다.

예
- ○○ 어머니, 평소 학교교육에 많은 이해를 갖고 열심히 참여해 주셔서 정말 감사드립니다.
- 혹시 제가 실수로 놓칠까 봐 염려되셔서 일일이 챙겨 주시니 감사합니다.
- ○○ 어머니 덕분에 우리 학급 아이들에게 도움이 되었습니다. 감사합니다.

2) 교사의 기분을 표현하기

기회를 잘 잡아서 교사의 기분을 표현해야 한다. 말하지 않으면 계속 그렇게 할 것이므로, 교사가 스트레스를 줄이기 위해서는 이런 학부모의 참견이 꼭 교사에게 도움이 되는 것만은 아니라는 점을 알려 줄 필요가 있다. 쉽지는 않은 일이지만 이렇게 해 보는 것은 어떨까?

예 ○○ 어머니가 평소에 많은 관심을 갖고 신경을 써 주셔서 참 든든하고 고맙습니다. 그런데 때로는 그 말씀이 마치 제가 제 역할을 잘 못해서 또는 제가 미덥지 않아서 노파심을 갖고 하시는 말씀이 아닌가 하는 생각이 들 때도 있군요. 제가 혹시 지나친 생각을 하는 것인가요?

이 정도로 표현하면 담임의 생각을 이해하게 된다. 학부모에게는 자신의 친절한 행동이 때로는 오해받을 수도 있구나 하고 자신을 돌아볼 기회를 주는 셈이고, 교사는 할 말을 하는 셈이다.

3) 도랑 치고 가재 잡고!

이런 학부모는 학교 측에는 매우 고마운 분들이다. 학교 임원 활동, 학교 교육활동 등에 적극적으로 협조하고 있으니 학교의 든든한 자원이다. 그러한 분들의 수고와 협조는 학교 운영에 반드시 필요하다. 더욱이 요즘은 교사와 부모의 동반자(partner) 의식이 중요한 시대다. 교사의 마음을 잘못 전달해서 학부모의 기분이 나빠지기라도 하면 자칫 교사가 구설수에 오를 수도 있고 학부모는 비협조적인 태도로 돌변할 수도 있다. 이렇게 되면 참으로 난감해진다. 그래서 차라도 한 잔 대접하면서 좋게 마무리하는 것이 좋다.

예 ○○ 어머니, 제 말을 혹시나 오해로 받아들이진 않으시면 좋겠습니다. 제가 ○○ 어머니께 고맙고 든든한 마음을 갖고 있는 것은 확실합니다. 덕분에 저도 실수를 예방할 수 있었거든요. 다만, 제 기분이 그랬다는 것만 조금 이해해 주시면 됩니다. 앞으로도 지금처럼 학교활동을 열심히 해 주실 거죠?

이렇게 마무리함으로써 도랑도 치고 가재도 잡는 기회로 활용해야 한다.

비법 한 스푼 〈저경력 교사를 위한 tip〉

학부모는 담임교사를 나이와 경력으로 평가하기도 한다. 나이가 몇인지, 경력이 얼마나 되었는지, 결혼은 했는지, 자녀는 있는지…. 이런 것에 관심을 두는 이유는 담임교사가 얼마나 내 자식을 잘 이해하고 지도해 줄 수 있는지를 가늠할 잣대로 삼을 수 있기 때문이다.

경력이 짧은 담임교사일 경우 사례의 준형이 어머니처럼 참견을 하는 학부모들이 더러 있다. 경력이 어리다고 학급 운영에 크게 서툴지는 않다. 학교는 동 학년 보조 체제가 잘 되어 있어서 선배 교사에게 물어보면서 보조를 맞추기 때문이다. 특히 유 · 초등학교의 경우 동 학년 간 보조가 더욱 잘 맞는다. 그럼에도 불구하고 학부모는 저경력 교사들에 대해 관심이 많다.

학부모에게 부정적인 관심을 받지 않기 위해 기본적으로 주의해야 할 일을 제시하자면 다음과 같다.

1. 옷차림 등 외모 관련

- 속이 비치는 옷 또는 슬리브리스나 미니스커트 피하기
- 슬리퍼를 신은 채 하교 지도를 하지 않기
- 유난히 튀는 색깔의 머리 염색 지양하기

2. 언어 사용 또는 말투 관련

- 동료 교사 간에 경어 사용하기
- 유아 말투 고치기: 학부모를 만나서도 무심결에 유아 어조 또는 아이를 상대하는 투의 말을 사용할 수 있음
- 학년의 발달 특성을 고려한 언어 사용하기

3. 행동 관련

- 미소 띠며 목례하기: 동료인지 학부모인지 모른다고 해서 인사를 먼저 안 하면 첫인상이 좋지 않음
- 출퇴근 시간 잘 지키기: 저학년일수록 학부모가 관심 갖고 지켜봄
- 특정 아이의 손을 잡고 하교 지도 하지 않기: 객관적인 이유가 없다면 공연한 오해를 사지 않도록 골고루 아이들의 손을 잡아 주기

4. 기타

- 교과 교사를 배려하기: 담임교사인 경우 교과 교사의 수업이 매끄럽게 진행되도록 아이들이 교과서와 준비물을 미리 꺼내 놓고 교과 교사를 기다리도록 지도하기
- 조직에서 맡은 역할에 최선을 다하기
  - "이걸 왜 내가 해요?" 식의 표현 자제하기 → "제가 하면 좋은 점을 먼저 설명해 주시겠어요?"
  - 민폐 끼치지 않기 → 모임에 늦거나 기한을 넘겨 제출하는 일 등은 남에게 피해를 줌
- 아이들을 정해진 틀에 맞추려는 시도 하지 말기: 아이들의 자율성을 최대한 존중하기

셰프에게 물어봐
〈통일된 알림장 사용을 반대하는 학부모〉

우리 반 학부모 중의 한 분이 알림장 공책을 바꾸자고 몇 번 제안을 했어요. 저는 해마다 공책을 가로로 반 잘라서 우리 반 모두에게 나눠 주고 알림장 공책으로 쓰고 있거든요. 일단 같은 사이즈의 알림장은 제가 검사하기도 좋고 또 일반 공책과 차별화할 수도 있지요. 지금은 우리 반 모든 아이가 잘 적응하고 있어서 아무런 문제가 없다고 생각하고 있지요. 그런데 그 학부모는 공책을 자르는 것이 마음에 들지 않는다며 그냥 일반 크기의 공책을 사용하자고 하는 거예요. '저 학부모는 참 이상하네. 뭐 그런 것까지 참견을 하고 그러나?' 하는 생각이 들어서 그냥 무시하고 싶은데 어떻게 하면 좋을까요?

네. 학부모가 그런 식으로 참견을 하는 것이 마치 '감 놔라 배 놔라.' 하고 간섭하는 것 같아 기분이 별로 좋지 않을 거예요. 그렇다고 또 그 학부모의 의견을 완전히 무시할 수도 없지요. 교사에게는

한 사람의 의견이라도 귀 기울여 들어주고 심사숙고해야 할 의무가 있으니까요.

그 학부모와 이렇게 대화해 보시면 어떨까요?

예
- 어머니, 저도 아이들도 아무 문제가 없다고 생각하는데 어머니는 왜 그렇게 생각하시는지 좀 자세히 말씀해 주시겠어요?
- 제가 사용하는 현재 방식의 좋은 점을 말씀드릴게요.
- 지금은 이미 아이들이 모두 적응이 되어서 사용하는 데 아무 문제가 없는데 아이들이나 다른 어머니들의 의견은 어떤지 제가 좀 더 알아볼게요. 좀 기다려 주시겠어요?
- 그럼에도 꼭 일반 공책을 쓰시고 싶다면 ○○이는 그렇게 하도록 하세요.

마지막 의견은 비록 단 한 사람의 의견일지라도 소중히 생각할 줄 아는 교사의 자세에서 나올 수 있는 말이다. 현장에는 이렇게 감 놔라 배 놔라 식으로 참견하는 학부모가 더러 있다. 숫자로는 적지만 교사가 하고자 하는 일에 늘 브레이크를 거는 듯한 분위기가 교사를 힘 빠지게 한다.

참고문헌

한영진, 박미향, 이정희, 김민정(2013). 교사를 당황하게 하는 아이들: 학습 · 생활 편. 서울: 학지사.

한영진, 박미향, 이정희, 김민정(2014). 매직워드77: 콕! 집은 선생님의 한마디 교실을 바꾼다. 서울: 학지사.

10 어떻게 모를 수가 있어요?
교사가 놓친 것을 문제 삼는 학부모 대응 방법

뒤죽박죽. 레시피가 필요해!

김 선생님이 일과를 마치고 퇴근 준비를 하는데 교실의 전화벨이 울렸다. 전화를 받자마자 수화기 너머에서 큰 목소리가 들려 왔다.

예지 어머니: 선생님, 저 예지 엄마인데요.

김 교사: 네, 안녕하세요. 예지 어머니, 어쩐 일이세요?

예지 어머니: 선생님, 오늘 혹시 미술 시간에 있었던 일 아세요?

김 교사: 무슨 말씀이신지?

예지 어머니: 선생님이 어떻게 다른 시간도 아닌 수업 시간에 있었던 일을 모르실 수가 있어요? 오늘, 아 글쎄, 기가 막혀서…. 오늘 미술 시간에 철민이가 예지한테 물감을 빌려 달라고 했나 봐요. 그런데 예지가 빌려 주기 싫다고 하니까 예지한테 욕을 했다는 거예요. 빌려 주기 싫으면 싫다고 할 수 있잖아요. 그렇다고 예지한테 욕하고, 같은 모둠 친구들한테 예지 험담을 했나 봐요. 예지가 얼마나 속상했는지 집에 오자마자 얘기를 하더라고요. 어쩜 그런 애가 다 있어요?

김 선생님은 오늘 미술 시간에 수채화를 그리기 위해 집에서 그림물감을 가져오라고 했다. 철민이가 안 가지고 와서 모둠에서 빌려 쓰라고 한 기억은 나는데 이런 일이 있었는지는 몰랐다. 철민이가 완성해서 냈기에 아무 일도 없는 줄 알았는데 이런 일이 있었나 보다.

예지 어머니의 이야기를 듣고 생각해 보니 학급에서 일어난 일인데 몰랐던 것에 당황스러웠고, 상황을 정확히 파악하는 것이 중요하다는 생각이 들었다.

레시피 1. 교사가 놓친 것을 문제 삼는 학부모에 대한 대응 방법 알아보기

1. 학부모의 이야기를 끝까지 들어 준다

학부모가 화가 나거나 흥분해서 이야기할 때는 중간에 말을 자르거나 끼어들지 않고 끝까지 들어 준다. 학부모의 말이 자신이 알고 있는 것과 다르다고 하여 변명이나 설명을 하려 하거나 궁금한 것에 대해 묻기 위해 자꾸 중간에 이야기를 끊으면, 학부모는 이미 화가 나 있는 데다가 자신이 하고 싶은 이야기도 속 시원히 하지 못하니 더 화가 날 수 있다. 그러므로 학부모가 불만이나 항의를 표시할 때는 일단 학부모의 이야기를 충분히 들어 주는 것이 중요하다.

2. 아이에게 이야기를 들었을 당시의 학부모의 마음에 공감해 준다

학부모가 이야기를 할 때는 이야기를 잘 듣고 있다는 표시로 '예' '그러셨군요.' '음'과 같은 말뿐만 아니라 학부모의 마음에 공감해 준다. 아이가 집에 와서 부모에게 말했을 때 어머니가 가졌을 마음을 읽어 주는 것이 필요하다.

예
- 아이 말을 듣고 얼마나 속상하셨어요?
- 아이 말을 듣고 얼마나 화나셨어요?
- 아이에게 그런 말을 들으시고 어머니 마음이 어떠셨을지 충분히 이해가 갑니다.

3. 파악하지 못한 것에 대해서는 즉시 사과한다

학부모의 이야기를 들었을 때 교사가 미처 파악하지 못한 사항이라면 그 점에 대해

선 즉시 사과하도록 한다.

예
- 그런 일이 있었는지 제가 미처 몰랐습니다. 교실에서 있었던 일인데 제가 모르고 있었다는 것에 사과드립니다.
- 제가 파악하고 있어야 했는데 미처 몰랐네요. 죄송합니다.

사과는 단순하지만 아주 강력하게 다른 사람을 진정시키기도 한다. 그리고 사과를 하는 것이 변명하는 것보다 문제를 해결하는 데 교사에게 도움이 되고, 사과를 해서 학부모와의 관계가 나빠지지 않을 가능성이 높아진다면 그리 나쁜 것만은 아니다.

하지만 이 사과는 어디까지나 한 학급을 책임지는 교사로서 미처 모르고 있었다는 것에 대한 사과이지, 학부모가 말한 내용에 대한 사과를 나타내는 것이 아님을 명심해야 한다.

학교생활을 들여다보면 교사가 같은 공간에 있어도 아이들의 모든 말과 행동을 다 알 수 있는 것은 아니다. 그렇다고 해서 부모에게 "제가 하루 종일 아이들 옆에 붙어 있을 수도 없고, 모든 것을 아는 것은 불가능합니다."라고 말하는 것은 책임을 회피한다는 느낌을 줄 수 있다. 그러면 부모 입장에서는 더욱 화가 날 수 있으므로 이러한 말은 삼가도록 한다.

4. 학부모가 알고 있는 것에 대해서 자세히 말해 줄 것을 요청한다

교사가 몰랐던 것에 대해서는 즉시 학부모에게 사과한 후, 알고 있는 것에 대해서 자세히 말해 달라고 요청한다.

이야기를 들을 때, 아이가 집에 가서 학부모에게 이야기할 때는 자신에게 유리하게 이야기하거나 앞뒤 상황을 자세히 설명하지 않은 채 자신에게 벌어진 사건에만 국한하여 말할 수 있다는 점을 생각하며 듣도록 한다. 하지만 해당 학부모와 사실 여부를 따지는 것은 또 다른 갈등을 일으킬 수 있으므로 학부모가 말한 내용을 명확히 파악하는 데 초점을 두고 대화를 나눈다.

'언제' '어디서' '누가 관련되어 있는지' '부모가 말하는 용어의 뜻이 무엇인지'를 정확히 파악하는 것이다.

예 • 철민이가 예지에게 어떤 욕을 했는지 알 수 있을까요?
• 철민이가 모둠 친구들에게 예지에 대한 어떤 험담을 했나요?
• 철민이가 한 말을 들은 학생은 누구, 누구인가요?

5. 사실이 명확하게 밝혀지지 않은 시점에서 사건을 무마하려 하지 않는다

교사라면 대부분 학부모가 불만을 얘기할 때 편하지 않을 것이다. 그리고 그것이 작은 일이라 할지라도 학급의 불미스러운 일이 커지는 것을 원치 않는다. 그렇기에 학부모의 마음을 달래기 위하여 다음과 같이 사과로 사건을 무마하려고 할 수 있다.

예 • 제가 철민이를 잘 지도하겠습니다. 죄송합니다.
• 제가 철민이를 내일 따끔하게 혼낼 테니 마음 푸시기 바랍니다. 죄송합니다.

그러나 자칫하면 교사의 사과가 새로운 문제를 야기하기도 한다. 사실이 명확히 밝혀지기 전까지는 사과나 그 외의 사건을 무마하기 위한 시도들을 일단 보류하는 것이 좋다. 다만, 교사의 실수가 명확한 부분에 대해서는 빨리 인정하고 사과하는 것이 필요하다.

6. 답변을 보류한다

자신에게 유리하게 상황을 파악하고 말하는 아이들의 특성상 학부모가 말한 내용을 전적으로 믿고 행동에 옮기는 것은 자칫 실수를 범할 수 있다. 학부모의 이야기를 듣고 난 후에는 사건에 대한 어떠한 판단이나 해결책을 제시하지 말고, "제가 한번 자세히 알아보고 연락드리겠습니다."라고 말한 후 이야기를 끝낸다. 선불리 해결책을 제시하지 말고, 명확하지 않은 상황에 대해서는 대답을 보류한다.

예 • 어머님, 얼마나 속상하셨어요. 제가 상황을 자세히 알아본 후에 연락드리겠습니다.

• 어머님 말씀이 충분히 이해가 됩니다. 하지만 제가 알지 못한 내용이라서, 관련 내용을 자세히 알아보도록 하겠습니다.

• 어머님께서 말씀하신 내용은 충분히 알겠습니다. 제가 이와 관련해서 아이들에게 자세히 알아보고 난 후에 말씀드리겠습니다.

• 저는 지금 처음 접한 내용이라 자세히 말씀드리기는 어려울 것 같습니다. 제가 한번 아이들에게 자세히 알아보고 난 후에 연락을 드리겠습니다.

7. 다음 날 즉시 사실을 알아본다

다음 날 학교에 가자마자 학부모가 말한 내용에 대해서 사실을 파악하도록 한다. 이때 주의할 점은 객관적인 관점에서 사건을 파악하도록 해야 한다는 것이다. 학부모의 말만 듣고 문제 학생으로 몰아가거나 피해 학생으로 보호하는 일이 없도록 해야 한다.

예 선생님은 어제 미술 시간에 있었던 일을 자세히 알고 싶어요. 자신이 직접 보거나 들은 것만 써 주세요. 여러분의 어떤 추측이나, 다른 친구에게서 전해 들은 것은 적지 않도록 합니다.

이와 같이 이야기하여 모든 아이에게 객관적인 사실만을 이야기해 줄 것을 요청한다.

8. 사실 확인 후에는 학부모에게 바로 알린다

사실 파악이 된 직후에는 해당 학부모에게 사실에 대해서 바로 알린다. 만약 학부모가 알고 있는 사실과 다르다면 신중하게 다른 면을 이야기해야 한다. 아이가 거짓말을 했다는 느낌은 전달되지 않도록 하며, 파악한 사실을 담은 내용을 객관적으로 전달한다.

예 예지가 오해가 있었나 봅니다. 사실은….

9. 담임에게 말해 준 것에 고마움을 표한다

부모에게 사실을 알리고 해결을 한 후에는 마지막으로 학부모에게 담임에게 말해 준 것에 대한 고마움을 표현한다.

교사 입장에서는 부모로 인하여 마음이 편치 않은 상황에서 그에 대해 고마움을 표현하는 것이 거북할 수 있지만, 고마움을 표현하는 것으로 마무리를 지으면 교사와 학부모의 관계를 회복하는 데 도움을 줄 수 있다. 학부모 입장에서는 이 일로 교사와의 관계에 대해 불편함을 걱정할 수 있는데, 이렇게 고마움을 표현하면 자신의 항의를 수용해 준 것에 대하여 교사에게 좋은 인상을 가질 수 있을 것이다. 또한 교사 입장에서도 마음이 다소 편해짐을 느낄 수 있을 것이다.

예 예지 어머니, 제가 모르고 넘어갔을 일을 이렇게 말해 주신 것에 감사합니다. 어머니 덕분에 아이들의 문제를 알게 되어 제가 적절히 조치할 수 있었어요. 앞으로도 이런 일이 있으면 언제든지 연락 부탁드리겠습니다.

레시피 2. 교사가 놓친 것을 문제 삼는 학부모에 대한 예방 방법 알아보기

1. 자녀의 학교생활 중 담임교사가 놓친 것에 대해 꼭 말해 줄 것을 미리 당부하기

학부모 총회나 학년 초 학부모 통신 등에 자녀의 학교생활에서 담임교사가 모르고 있는 것에 대해 꼭 말해 줄 것을 당부한다.

예 아이들을 잘 살피고, 우리 반 한 명 한 명에게 신경을 쓰겠습니다. 하지만 아이들이 30명에 달하다 보니 제가 놓치는 문제가 있을 수 있습니다. 그럴 때 부모님께서 주저하지 마시고 저에게 꼭 알려 주시기를 부탁드립니다.

이렇게 학부모에게 미리 당부를 해 놓으면 자녀에게 일어난 일을 담임교사가 모르는 것에 대하여 항의를 하기보다는 담임교사에게 알리는 것으로 전환될 수 있다.

2. 청소 시간이나 방과 후에 확인하기

교사와 아이들이 같은 공간에 있다 할지라도 교사가 아이들에게 일어난 모든 일을 알 수는 없다. 특히 중 · 고등학교의 경우에는 교사와 학생들의 공간이 분리되어 있기에 더욱 그러하다.

그러므로 교사는 파악하지 못한 문제가 없는지 수시로 아이들에게 확인할 필요가 있다. 너무 딱딱한 분위기에서 물어보면 아이들은 경직되어 대답하기 어려울 것이다. 그리고 왠지 큰 사건에 대해서만 말해야 할 것 같은 느낌이 든다.

청소 시간이나 방과 후에 아이들에게 다가가 자연스럽게 물어본다.

예
- 오늘 우리 반에 무슨 일은 없었니?
- 오늘 우리 반에서 있었던 일 중에서 선생님이 알아야 할 일은 없을까?

이렇게 매일 자연스럽게 아이들에게 물어보도록 한다.

3. 수호천사단 활동하기

학급의 아이들 4명 정도를 '수호천사단'이라는 이름으로 조직하여 아이들 사이에서 일어나는 불미스러운 일을 교사에게 알릴 뿐만 아니라 그런 일이 있을 때 직접 도움을 줄 있도록 한다. 수호천사단 활동은 몇 명에게 국한할 것이 아니라 3일이나 일주일 단위로 돌아가며 모든 아이가 수호천사단 경험을 할 수 있도록 한다.

수호천사단 활동을 하고 난 후에는 담임교사와 간단히 이야기를 나누거나 일지를 작성하게 하여 그날 있었던 일을 교사가 파악하고 아이들은 활동 소감을 나눌 기회로 삼는다.

4. 평소에 일이 생기면 선생님에게 꼭 말해 줄 것을 끊임없이 말하기

아이들에게 평소에 학급에 무슨 일이 있으면 선생님에게 꼭 얘기해 달라고 끊임없이 이야기한다. 초등학교의 경우에는 아이들이 담임교사와 많은 시간을 보내지만, 점심시간이나 쉬는 시간, 이동 시간 등 담임교사가 잠시 자리를 비운 사이에 그러한 일이 생길 수도 있다. 또한 중 · 고등학교의 경우 담임교사가 교실에 없기에 아이들 사이에 많은 일이 있을 수 있다. 그래서 아이들에게 선생님에게 꼭 얘기해 달라고 끊임없이 이야기할 필요가 있다. 그래야 선생님이 너희를 보호해 줄 수 있고 우리 반이 모두에게 안전한 곳이 될 수 있다고 말해 준다.

예 평소에 학급에 무슨 일이 있으면 선생님에게 꼭 얘기해 주면 좋겠구나. 그래야 선생님이 너희를 보호해 줄 수 있고 우리 교실이 모두에게 안전한 곳이 될 수 있단다.

5. 아이들과 소통하는 통로를 가지고 있기

아이들과 평소에 문자 메시지나 SNS를 통해 지속적인 연결 통로를 이용하고 있다면 이런 경우 아이들이 좀 더 쉽게 교사에게 말할 수 있을 것이다. 교사 입장에서는 다소 귀찮은 일이 될 수도 있다. 하지만 아이들과의 연결 통로를 가지고 있는 것은 굉장히 중요하다.

6. 학생이 믿고 말할 수 있는 교사가 되기

아이들은 선생님에게 말하기 전에 선생님에게 말하는 것이 나을지 비밀로 하는 게 나을지 저울질하기도 한다. 선생님에게 말하는 것이 자신을 보호하고 누군가에게 도움이 된다면 기꺼이 말할 것이다. 하지만 선생님에게 말하는 것이 안전하지 않거나 그로 인해 자신에게 곤혹스러운 일이 생긴다면 아무도 말하려 하지 않을 것이다.

그러므로 교사는 철저히 비밀을 보장해 아이를 보호해 주는 것은 물론 아이들에게 선생님에게 말하는 것은 안전하고 도움이 된다는 확신을 심어 줄 수 있도록 해야 한다.

공깃밥 추가 〈'신문고 공책' 활용하기〉

아이들 사이에는 끊임없이 작은 일들이 일어난다. 큰일인 경우에는 교사가 당연히 알겠지만 아이들 사이에 일어나는 작은 일들은 모르고 넘어갈 때가 많다. 하지만 아이가 집에 가서 그것을 이야기하면, 부모는 교사가 그것에 대해 어떠한 조치를 해 주지 않은 것에 속상해한다.

그러므로 학급에서 일어나는 작은 일들에 대하여 교사가 알 수 있도록 '신문고 공책'을 활용해 보도록 한다.

'신문고'란 조선시대 백성들이 절차를 거쳐서도 해결하지 못한 원통하고 억울한 일이 있으면 왕에게 직접 알릴 수 있도록 대궐에 설치한 북인데, 이를 교실 상황에 응용한 것이다.

'신문고 공책' 쓰는 방법

- 억울한 일을 **육하원칙(누가, 언제, 어디서, 무엇을, 왜, 어떻게)**에 맞춰 쓴다.
- 신문고에 내용을 적은 후 해당하는 친구에게 쓴 내용을 보여 준다.
- 신문고에 이름이 적힌 친구는 그 내용을 읽어 보고 자신이 왜 그 행동을 했는지 이유를 적고 잘못한 행동에 대해서는 사과의 글을 쓴다.
- 만약 당사자 간에 해결이 되지 않으면 담임선생님에게 공책을 가지고 가서 도움을 청한다.

… … … … … … …

〈예시〉

홍길동은 오늘 쉬는 시간에 김말똥이 밀어서 넘어졌는데 김말똥이 사과도 하지 않고 그냥 가 버려서 속상하다. 그래서 신문고 공책에 다음과 같이 썼다.

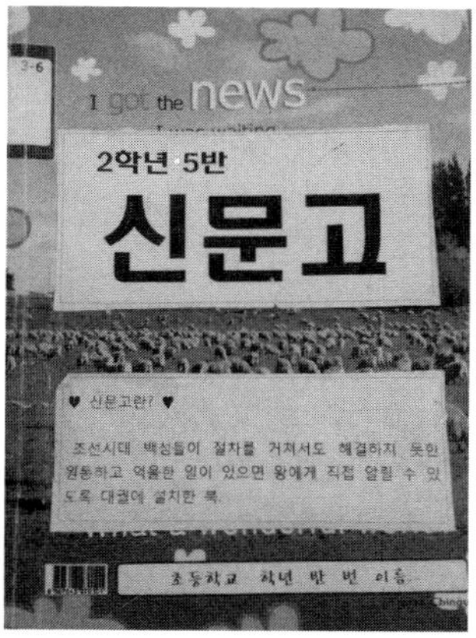

▶ 홍길동: 김말똥이 ◯월 ◯일 2교시 후 쉬는 시간에 복도에서 나를 밀고 지나가서 내가 넘어졌는데 사과 없이 그냥 가 버렸다.

홍길동은 신문고 공책을 가지고 가서 김말똥에게 보여 줬고, 김말똥은 홍길동이 쓴 내용을 읽은 후 신문고 공책에 다음과 같이 자신의 입장을 밝히고 사과하는 글을 썼다.

▶ 김말똥: 화장실이 너무 급해서 가는 길에 홍길동과 부딪혔는데 내가 사과를 못 하고 갔다. 그리고 나는 말똥이가 넘어진지 정말 몰랐다. 정말 미안하고, 앞으로 조심할게.

신문고 공책을 활용하면 교사는 아이들의 작은 일까지 파악할 수 있어서 좋고, 학생은 자신의 억울함을 호소할 수 있어서 좋다. 그뿐만 아니라 아이들은 선생님의 개입 없이 서로 문제를 해결하는 과정을 겪으면서 문제 해결력을 기를 수 있다.

또한 신문고 공책에는 학생들 사이에 일어난 일이 누적되어 기록되기 때문에 학생 지도뿐만 아니라 학부모에게도 좋은 상담 자료가 된다.

셰프에게 물어봐
〈학교에 사안의 진행 상황을 자꾸 물어보는 학부모〉

얼마 전 수업이 끝난 후 싸움이 있었고, 퇴근 후 학부모의 전화로 그 이야기를 알게 되었습니다. 다음 날 사안을 조사했고, 상대편 아이의 잘못이 커 곧 학교에서 이 학생을 어떻게 해야 할지 의논하는 과정에서 자꾸 학부모가 사안이 어떻게 진행되고 있는지 묻는 전화를 걸어 옵니다. 이럴 때 어떻게 하면 좋을까요?

학부모 입장에서는 자녀와 관련된 문제가 논의되는 것이기에 당연히 궁금해할 수 있습니다.

그럴 경우 담임교사나 담당교사에게 전화하여 '어떻게 진행되고 있는지' '어떻게 결론이 날 것 같은지'에 대하여 물어볼 수 있습니다. 이럴 때 학부모와 친밀한 관계를 맺고 있거나 친절해야 한다고 생각하는 교사 중 일부는 "제가 알기로는 이렇게 될 것 같습니다."라고 얘기해 줄 수 있습니다. 하지만 이는 매우 경솔한 행동입니다. 결과는 논의되는 과정에서 얼마든지 변경될 수 있습니다. 학부모가 교사의 말을 믿고 있다가 결과가 달라지면 그에 대해 항의를 할 수 있기 때문입니다. 또 이야기를 듣고 중간에 자신에게 유리하도록 개입하고 싶어 할지도 모릅니다.

그뿐만 아니라 이러한 것은 다른 학부모들에게 학교라는 공공기관 및 여러 학교 협의체에 대한 신뢰를 떨어뜨릴 수 있습니다. 그렇지만 "학교폭력자치위원회에서 협의 중입니다." "학생 징계위원회가 언제 열릴 예정입니다."와 같이 일정에 대해서 알려 줄 수는 있습니다.

출처: 한영진, 박미향, 이정의, 김민정(2014), pp. 370-371을 재구성.

참고문헌

한영진, 박미향, 이정희, 김민정(2014). 매직워드77: 콕! 집은 선생님의 한마디 교실을 바꾼다. 서울: 학지사.

Whitaker, T. (2011). 훌륭한 교사는 무엇이 다른가?[*What great teachers do differently: Seventeen things that matter most* (2nd ed.)]. 송형호, 김재희, 김정숙, 서매순, 오윤정, 이정우, 정명옥, 조수정, 최성우, 황명운 역. 서울: 한국방송통신대학출판부. (원저는 2011년에 출판).

11 시도 때도 없이 연락하는구나
아무 때나 전화하는 학부모 대응 방법

뒤죽박죽. 레시피가 필요해!

채 선생님은 경력 2년 차인 새내기 교사인데 6학년 담임이 되어 더욱 부담스러운 새 학기를 맞았다. 3월 개학 날 한쪽 발목을 다쳐 목발을 짚고 온 민숙이가 있었다. 4층까지 오르내리기 힘들지 않겠느냐고 물으니 민숙이는 전혀 힘들지 않고 오히려 재미있다고 말했다.

그날 오후, 민숙이 어머니가 교실로 전화를 하셨다. 용건은 민숙이가 다치게 된 연유와 잘 보살펴 달라고 부탁하는 내용이었다. 이후 몇 차례 더 전화가 왔는데 내용을 듣기가 점점 부담스러워졌다. 봄방학 중인 2월에 동네 놀이터에서 놀다가 다쳤는데 안전공제회에서 보상을 받을 수 없는지 문의하는 내용이었다. 바로 그것을 바라고 그렇게 자주 전화를 한 것이었다. 또한 더욱 어이가 없었던 것은 함께 놀았던 아이에게도 어느 정도 치료비 보상을 받을 수 있도록 새 담임이 그 중간 역할을 좀 해 주었으면 한다는 내용이었다.

이렇게 황당한 내용으로 여러 번 전화가 오니까 새내기 선생님은 전화를 받기가 점점 부담스러워졌다. 채 선생님은 처음에는 학부모를 존중하는 마음으로 잘 참고 들어 주었지만 퇴근 후 밤중에도 전화가 오는 것은 견디기가 힘들었다.

레시피 1. 아무 때나 전화하는 학부모의 심리 이해하기

1. 학부모 이해하기

1) 자녀가 1학년, 어머니도 1학년

유치원이나 어린이집은 아이가 따뜻한 가정을 벗어나서 처음으로 단체 생활을 하는 곳이다. 그러다 보니 아이에게도 학부모에게도 보모나 교사가 매우 친절하다. 그런데 학교 교사는 그만큼 친절하지 못하여 서운함을 가질 수도 있다. 자녀가 1학년이면 학부모도 똑같이 1학년 수준이라는 생각으로 이해할 필요가 있다.

2) 학교를 공적인 장소로 생각하지 않음

학교를 공적인 장소로 생각하지 않기 때문에 개인적으로 궁금한 것이 있으면 아무 때나 전화를 하거나 찾아와서 물어보는 행동을 한다. 그것이 교사의 업무나 수업 활동에 방해가 된다는 생각을 미처 하지 못한다.

3) 맞벌이로 교사의 근무시간 내에 전화가 불가능함

맞벌이 학부모는 직장의 사정으로 교사의 근무시간 내에 전화하기가 어려운 경우도 있다. 또한 자녀를 살뜰하게 챙기기 못한다는 미안한 마음에 담임에게 수시로 전화하여 정보를 확인하는 것으로 위안을 삼기도 한다.

4) 애매한 것을 견디지 못함

자녀의 알림장에 적힌 내용에 대해 해석이 잘 안 되거나 이해가 애매할 때 꼭 확인을 하고 싶어서 전화하는 경우도 있다. 예를 들어, 교사가 '이러이러한 내용을 조사해 오면 좋다.' 고 알림장에 적어 주었다면, 해 오면 좋고 안 해 와도 괜찮은데 꼭 전화를 해서 확인하는 학부모가 있다.

5) 다른 학부모와 교류가 없는 경우

애매하거나 좀 더 확실한 내용을 알고 싶으면 다른 부모들에게 먼저 알아봐도 되는데, 아무와도 연락을 하지 않고 지내는 경우 담임교사에게 직접 전화할 수밖에 없다.

6) 관계의 끈으로 삼고 싶음

SNS에 익숙한 요즘 세대의 학부모는 자녀를 매개로 누군가와 관계를 맺고 싶어 한다. 비록 문자나 댓글 형식은 아니지만 전화를 하는 것 또한 이러한 심리가 작용되었을 수 있다.

레시피 2. 아무 때나 전화하는 학부모 대응 방법

1. 전화 관련 예절 안내하기

사실, 이미 성인이 된 학부모에게 전화 관련 예절을 안내한다는 것이 어찌 보면 유치하기도 하고 너무 시시콜콜한 잔소리를 하는 것 같기도 하다. 하지만 자녀를 중심으로 한 교사-학부모 관계의 특성상 한 번쯤은 구체적으로 부탁할 필요가 있다. 다음과 같은 구체적인 상황에서 이런 내용으로 응답해 보면 어떨까?

1) 수업시간에 전화를 해 온 경우

예 어머니 안녕하세요? 웬일이신지 모르겠으나 지금 수업 중이라서 전화 받기가 곤란합니다. 급한 내용이 아니면 수업이 끝난 후 제가 전화를 드려도 되겠습니까?

2) 밤늦은 시각 또는 너무 이른 아침에 전화를 해 온 경우

예 어머니, 이런 시각에 전화를 하셔서 깜짝 놀랐습니다. 혹시 위기 상황이 발생했는지요? 그렇지 않다면 내일 학교 근무시간에 전화해 주시면 고맙겠습니다. 만일 전화를 하실 수 없다면 문자로 용건을 남겨 주세요. 그러면 제가 적절한 시간에 답변을 드리겠습니다.

3) 주말에 전화를 해 온 경우

예 어머니, 제가 주말이라서 가족과 함께(또는 먼 곳에 와서) 지내고 있습니다. 무슨 일이신지 급한 내용이 아니면 출근한 후에 다시 연락해 주시기 바랍니다.

4) 전화를 너무 길게 하는 경우

전화는 용건만 간단히 해야 하는데도 요즘은 한번 전화를 하면 시간 가는 줄 모르고 길게 하는 학부모도 있다. 들어 보면 별로 중요하지도 않은 내용인데 습관적으로 길게 하는 것이다. 듣는 교사의 입장에서는 해야 할 업무도 많아서 부담스러운 데다가 아이들은 그런 교사를 지켜보며 점점 떠들고 시끄러워지니 마음은 콩밭에 가 있다. 그런 줄도 모르고 계속 자기 할 말만 하는 학부모에게 적당한 순간에 끊으라고 말하기는 참으로 쉽지 않다. 그래도 이렇게 말해야 한다.

예 어머니, 전화하시는 내용을 들어 보니 직접 얼굴을 맞대고 제가 관찰한 기록을 보면서 대화하는 것이 효과적일 듯합니다. 저는 (언제) 시간이 가능합니다. 어머니는 시간이 언제가 괜찮으신지 따로 시간을 잡아 만나서 이야기하는 것이 낫겠습니다. 제 사정을 이해하시겠지요? 지금은 (수업 준비를 해야 해서, 아이들이 곁에 있어서) 전화를 끊겠습니다.

2. 대응하되 교사가 고려해야 할 일

1) 학부모의 심정을 공감해 준다

아무 때나 전화를 해도 교사가 받을 것이라고 착각을 하는 학부모도 있다. 기대하고 전화했는데 부적절한 시간대라고 끊으라고 교사가 말한다면 자신의 실수는 생각지 않고 창피를 당했다고만 오해하여 안 좋은 감정을 갖기 쉽다. 이런 결과가 되지 않으려면 교사가 자신의 상황이나 입장을 친절하게 말하고 최대한 부드러운 어조로 공감의 말을 먼저 해 주는 것을 잊지 말아야 한다.

2) 공감과 제한을 균형 있게 한다

공감해 주는 일은 매우 중요하다. 그런데 때로 그 경계가 모호해서, 공감해 주다 보면 학부모가 너무 밀착되어 교사의 다른 업무에도 방해를 받을 때가 있으므로 제한도 분명하게 해 두어야 한다. 다음 말을 참고로 해 보자.

예 어머니, 한 가지 부탁드릴게요. 퇴근 시간 후엔 제가 전화 받기가 곤란합니다. 그리고 안전공제회 보상 관련 건은 교육활동 중에 일어난 사고일 때만 가능합니다. 민숙이처럼 동네에서 개인적으로 놀다가 다친 경우는 해당하지 않습니다. 안타까우시겠지만 참고로 알아두시기 바랍니다. 민숙이의 다친 다리가 회복될 때까지 불편함 없도록 제가 잘 보살피겠습니다. 민숙이가 어서 건강해지기를 바랍니다.

이렇게 하면 학부모의 심정에 대해 공감도 해 주고 퇴근 시간 이후에 전화하는 것이 실례임을 알려 주기도 하는 셈이다.

3) 아이가 해야 할 일을 학부모가 대신 전화하는 경우

아이가 알림장에 적어 간 내용을 잘 모를 때 친구에게 전화하거나 담임교사에게 아이가 직접 전화해도 되는데 학부모가 대신 전화하는 경우가 있다. 이럴 때는 자녀가 주도적이 될 수 있도록 도와 달라는 내용으로 부모를 설득하도록 한다.

예 어머니, 아이가 알림장 내용을 잘 이해하지 못했나 봅니다. 제가 내일 다시 지도하겠습니다. 그리고 혹시 이번처럼 알림장 내용이 잘 이해가 안 될 때는 친구에게 물어보거나 그래도 잘 모르겠으면 아이가 제게 직접 전화하도록 어머니께서 도와주시면 아이가 더욱 책임감 있는 아이로 자랄 것입니다.

비법 한 스푼 〈학부모 · 학생과의 소통에서 조심하기〉

1. 교사 자신이 주의할 일

1) 소통의 수단 활용 문제

요즘은 SNS 시대다. 특히 젊은이들은 SNS를 통해 소통하기를 즐긴다. 젊은 교사가 학부모에게 예를 들어 '카카오톡'을 공개할 경우 주의해야 한다. 프로필 사진에 개인 생활과 관련된 내용을 올려놓을 경우 미혼 교사는 자칫 큰 실수를 할 수도 있다. 의도하지 않았는데 애인의 사진이 공개되기도 한다. 이로 인해 구설수에 시달리거나 큰 오해를 사서 곤란해지면 소통은 엉망진창이 되고 만다.

2) 다양해진 보호자 양상

요즘 학부모는 매우 다양하다. '학부모' 하면 대체로 어머니를 떠올린다. 하지만 가정의 특별한 사정으로 아버지, 할머니나 할아버지, 고모나 이모, 큰어머니나 큰아버지, 시설의 관계자 등이 보호자가 될 수 있다. 담임이 되면 최대한 빨리 개별 상황을 파악해서 아이나 학부모에게 결례가 되는 일이 없도록 신경을 써야 한다.

2. 고학년이나 중 · 고등학생에게 부탁할 일

밤늦게까지 잠을 자지 않는 학생은 교사의 일과를 고려하지 않고 무시로 소통하려는 경우도 있다. 이런 경향의 학생에게 다음 사항은 꼭 지키자고 미리 당부해 둔다.

- 시간 제한: 밤늦은 시각이나 이른 새벽 등 연락하지 말아야 할 시간을 미리 제한한다.
- 이름 밝히기: 자기가 누구인지를 분명히 밝히도록 한다.
- 은어, 비속어 사용을 금하도록 한다(예: ○○샘, ~하삼, 생선, 뭥미? 등).

3. 전화 빈도를 줄이기 위한 친절한 알림장

저학년 학부모일수록 경험이 적으므로 알림장 내용이 이해가 잘 안 될 때는 시도 때도 없이 학교나 담임교사에게 전화를 하는 경향이 있다. 이런 번거로움을 예방하려면 알림장 내용을 최대한 상세하게 적어 주어야 한다.

우스운 경험이기는 하지만, 언젠가 초등학교 1학년 담임이 알림장에 '풀 준비해 오기'라고 적어 주었더니 다음 날 수업 공개 시간에 아이들이 책상 위에 끈적이 풀을 꺼내 놓고 있었다는 에피소드가 있다. 식물을 배우기 위해 풀(草)을 가져오랬는데…. 비교적 자세하게 써 준 알림장의 예시를 보자.

> 2016년 9월 2일(금요일)
>
> 1. 가족신문 만들어 오기–다음 주 월요일까지
>   1) 들어갈 내용: 가족 소개, 가족 자랑거리, 가족행사, 부모님 말씀, 가족 회의 모습 등
>   2) 신문 크기: 8절지(세로, 가로 자유)
>   3) 용도: 교실 뒷면에 게시할 것임
>   * 바른생활 교과서 35쪽 참고하기
>
> 2. 미술 만들기 준비물
>   1) 재활용품을 이용하여 장난감을 만들 것이므로 자유롭게 준비해 오기
>   2) 주의할 일: 작업 중 다칠 염려가 없는 안전한 자료
>   * 미술 교과서 21쪽 참고하기

이 정도면 상당히 구체적인 안내다. 학년이나 학교급이 올라갈수록 구체성은 점점 약해진다.

모호성의 예를 들어 보자. 다음은 어느 중학교 1학년 학생의 사회과 과제 안내다.

> 사회에서 관심을 가져야 할 주제로 기관이나 단체에서 나서서 조사해야 할 일들은? (계속 진행되는 사건이나 종결 사건도 좋음)

이런 숙제 내용을 보고 사회 교과서를 찾아봐도 속 시원한 방향을 잡기가 매우 어려웠던 학부모는 공연히 자녀만 들볶았다고 한다. “네가 수업시간에 과제에 대한 설명을 잘 안 들은 게지. 분명히 이걸로 수행평가를 할 텐데….” 그런데 같은 반이던 옆집 아이도 사회 시간에 특별한 설명이 없었다며 같이 답답해하였다고 한다. 구체성이 없어도 너무 없는 이런 막연한 과제는 학부모의 전화를 자초하는 셈이 된다.

시도 때도 없이 전화를 해서 교사를 번거롭게 하는 사례를 예방하려다 보니 알림장 내용까지 다루었다. 알림장은 교육활동이 보다 알차게 이루어지도록 교사와 학생 사이에 하는 하나의 약속이다. 사실 알림장 내용이 잘 이해가 안 되면 아이들이 교사에게 직접 질문해도 된다. 그런데 요즘 학부모들이 자녀 교육에 관심을 많이 갖다 보니 알림장 내용의 모호함을 견디기 힘들어한다. 또한 학교는 당연히 서비스 정신을 갖고 학부모를 대해야 하니 전화가 오면 친절하게 응대해야 하지만, 전화를 줄일 수 있으면 줄이는 것이 아이의 독립심을 기르는 데도 도움이 된다. 단, 초등학교 1, 2학년의 경우는 학교생활을 시작한 지 얼마 안 된 경우라서 예외로 한다.

셰프에게 물어봐
〈전화 한 통으로 교사의 기분을 헝클어 놓는 학부모〉

제가 어제 아주 황당한 전화를 받았어요. 우리 반 학부모도 아닌 다른 반 학부모 같은데 일방적으로 자기 할 말만 하고 끊어 버리는 거예요. 그 전화 내용은 다음과 같은 것이었어요.

“선생님, 저는 학부모 자격으로 전화를 했습니다. 선생님 반의 수안이라는 아이가 공부 시간에 그렇게 발표를 잘한다면서요? 그렇다고 수안이만 발표를 시키면 다른 아이들에게는 기회가 없잖아요. 선생님이 그런 식으로 해도 교육자적인 양심에 부끄러움이 없습니까?"

이렇게 일방적으로 말하고 끊어 버리니, 순간 '이건 뭐지?'라는 생각에 어안이 벙벙했어요. 뭐라고 대응할 시간도 없이, 더구나 우리 반 학부모도 아니면서 이렇게 할 수가 있나요? 공중전화를 사용했는지 발신번호도 확인이 안 되는 거예요. 그 전화 내용만 생각하면 지금도 기분이 언짢고 매우 불쾌해요. 어떡하면 제 기분을 회복할 수 있을까요?

정말 황당한 전화였군요. 거기다 더욱 기분이 나쁜 말은 '교육자적인 양심'까지 들먹거리는 거였지 않을까요? 자기 신분도 밝히지 않고 그렇게 무례한 전화를 하다니요. 아무 대응도 할 수 없다는 사실이 더 힘들었을 것 같군요.

빨리 잊는 것이 상책이지만 쉽지 않지요. 얼른 기분전환을 하셔야 할 텐데 이렇게 해 보면 어떨까요?

1. 공감 분위기가 강한 동료 교사에게 털어놓기

속상하고 억울한 감정을 오래 갖고 있으면 2차, 3차 감정으로 확대되면서 선생님의 정신건강에 해롭습니다. 무례한 상대방은 아무런 죄책감도 느끼지 못하는데 더 억울한 결과를 만들 수는 없지요. 그러니 주변의 공감을 잘해 주고 열린 마음을 가진 동료 교사에게 털어놓으십시오. 이렇게 억울한 일이 있을 때 때로는 '똥 밟았다고 생각하자.'라고 돌려 버리거나 수다를 떨어 보는 것이 위로가 될 때도 있습니다.

2. 좋아하는 활동하기

기분전환을 빨리 하는 방법은 기분 나쁜 자리에서 벗어나는 것입니다. 산책을 나가거나 좋아하는 스포츠 활동하기, 또는 악기 연주, 영화나 연극 감상 등을 하면서 다른 감정에 빠져드는 것입니다. 그리고 평소 좋아하는 글귀를 명상하면 마음을 차지하고 있던 부정적인 감정이 어느새 사라져 있음을 경험하게 될 것입니다.

3. 교단일기에 기록하기

빨리 마음을 정리하기 위해서는 억울한 내용을 글로 풀어내는 것도 도움이 됩니다. 다음의 내용을 교단일기에 기록해 봅니다. 발신번호도 알 수 없으니 통화하는 것은 어렵고, 우선 선생님의 기분을 빨리 회복하는 것이 더 중요하니까요. 기록하다 보면 상대방의 무례함과 비겁함은 더욱 분명해지고 선생님의 소신 있는 교육 활동은 더 확고해질 것입니다. 그렇게라도 하면서 기분전환을 하시기 바랍니다.

1) 당신이 당당하면 직접 신분을 밝히고 전화를 할 텐데 익명으로, 그것도 공중전화로 한 것은 뭔가 '교육자적 양심 운운으로 포장한 자신의 비겁함을 숨기려는 것' 이었군요. 익명의 전화는 신빙성이 떨어지는 것 알지요?
2) 수안이는 우리 반에서 아주 발표를 잘하는 아이인 것은 확실합니다. 저는 수업 중에 발표 기회 부여의 원칙이 있습니다. 제가 질문을 한 후 답변은 아이들 수준에 맞게 골고루 시키고 있습니다. 수안이에게 자주 기회가 가는 것은 핵심적인 답변이 안 나올 때 마지막으로 수안이에게 기회가 가기 때문입니다. 수안이를 혹시 질투하는 것은 아닌지요?
3) 그래도 미심쩍으면 우리 반 수업 시간에 참관을 해 보길 바랍니다. 사실 확인도 하지 않고 본인 신분도 숨기고서 이렇게 전화하는 것은 무례한 행동이니 다음에는 성인답게 당당하게 전화를 하시기 바랍니다.

이렇게 기록하는 동안 선생님의 기분은 서서히 회복될 것이고, 무례한 학부모들을 상대하는 노하우를 경험으로 쌓게 될 것입니다.

4. 기타

이런 경우에 자신만이 활용하는 기분 전환의 노하우를 다음의 공간에 적어 봅시다.

참고문헌

한영진, 박미향, 이정희, 김민정(2014). 매직워드77: 콕! 집은 선생님의 한마디 교실을 바꾼다. 서울: 학지사.

한영진(2014). 통통 튀는 학부모와 당황한 교사: 초등학교 상황으로 본 학부모와 교사 심리. 서울: 학지사.

12 학교에 바라는 건 공부가 아니고요
공교육을 무시하는 학부모 대응 방법

뒤죽박죽. 레시피가 필요해!

윤재는 학원 숙제가 많은지 쉬는 시간에도 종종 학원 숙제를 했다. 피곤해서인지 간혹 수업 시간에 꾸벅꾸벅 졸기도 한다. 얼마나 학원 숙제가 많으면 쉬어야 하는 시간에도 쉬지 못하고 수업 시간에 졸까 싶어 김 선생님은 종종 윤재를 안타까운 얼굴로 바라보았다. 그런데 음악 시간이 지나고 교실에 들어가니 음악 선생님이 윤재와 이야기를 나누고 있었다. 윤재가 음악 시간에 학원 숙제를 하여 선생님께 꾸중을 들은 것이다. 알고 보니 윤재는 미술 시간에도 학원 숙제를 하여 해당 교과 선생님의 지적을 받았다. 윤재에게 여러 번 주의를 주어도 크게 달라지는 것 같지 않아 김 선생님은 윤재 어머니에게 문자 메시지를 보냈다.

"윤재 어머님! 윤재가 쉬는 시간, 심지어 수업 시간에도 학원 숙제를 하곤 합니다. 여러 번 지도를 했는데도 크게 달라지지 않네요. 학원 숙제는 집에서 하도록 가정에서 지도 및 도움 부탁드립니다."

윤재 어머니로부터 답이 왔다.

"네. 윤재한테 이야기를 들었습니다. 그런데 집에서 학원 숙제를 다 하기에는 숙제 양이 너무 많아요. 안 할 수도 없고…. 부득이하게 아이가 그러는 것이니 양해 바랍니다. 가급적 수업 시간에는 안 하도록 이야기는 해 보겠습니다."

윤재 어머니의 답 문자 메시지 내용으로 봐서는 아이의 행동에 대해 크게 문제가 있다고 느끼는 것 같지 않았다. 어떻게 하면 사교육에 매여 있는 윤재와 윤재 어머니에게 도움을 줄 수 있을까?

레시피 1. 섣불리 판단하지 않기

사교육을 시키는 학부모도 사교육을 부담스러워하기는 마찬가지다. 한국소비자원이 지난 2014년 11월 초등학생 자녀를 둔 학부모 3,000명을 대상으로 초등학생 사교육 실태와 지출 비용 등을 조사한 결과, 조사 대상자의 74.0%가 월 가계소득에서 자녀의 사교육비가 차지하는 비중이 10%를 초과한다고 응답하였고, 이와 같은 사교육비 지출에 대하여 대상자의 절반이 넘는 62.7%가 부담을 느끼는 것으로 조사되었다. 또한 사교육을 받는 초등학생의 52.7%는 자유시간이 일평균 '2~3시간 이내'에 불과한 것으로 나타났다.

윤재 어머니 역시 사교육이 좋아서 시키는 것이 아니라 나름의 이유로 어쩔 수 없이 시키는 것일 수도 있다. 그러므로 윤재 어머니를 '자녀에 대한 과도한 욕심으로 아이를 힘들게 하는 부모' 라고 섣불리 낙인찍지 않도록 주의해야 한다.

교사로서 공교육보다 사교육을 중시하고 학교교육을 무시하는 모습을 보이는 윤재 어머니를 긍정적으로 바라보는 것은 쉽지 않은 일이다. 하지만 윤재 어머니를 이상한 어머니라고 치부하는 순간부터 윤재 어머니와의 대화나 상담은 평행선을 달릴 수밖에 없다. 당장 사교육을 줄이라고 말하고 싶을지도 모르지만, 꼭 참고 침착하게 대처하는 것이 효과적으로 상담을 하는 데 도움이 된다.

양념 추가 〈학교보다 사교육을 중시하는 학부모, 학교나 교사의 권위를 존중하지 않는 학부모의 행동 특성〉

- 학교 수업 시간에 자녀를 조퇴시킨다.
- 자녀를 학교에 보내지 않고 현장체험학습 신청서를 내는 일이 많다.
- 시간표와 다르게 운영되는 교과과정이나 수업 내용에 대해 교사에게 문제를 제기한다.
- 교육 내용이나 교육 활동에 대해 타 학교나 외국 학교와 비교한다.
- 현장학습이나 학교의 외부 활동에 자녀를 참여시키지 않는다.
- 자녀에게 학원이나 개인교습 등 사교육을 많이 시킨다.
- 여러 경로를 통해 교사의 경력이나 출신 학교 등을 알아본다.
- 자녀가 학교에서 쉬는 시간에 학원 숙제를 하는 것을 문제로 여기지 않는다.
- 교사에게 자녀의 청소 시간이나 수업 외 활동(학예발표회 연습 등)을 면제해 달라고 요청한다.
- 학교에서 내 주는 자녀의 과제에 관심을 갖지 않는다.

출처: 김혜숙, 최동욱(2015), p. 168.

레시피 2. 의도 파악: 사교육을 시키는 이유 알아보기

1. 공교육에서 뒤처질까 봐 두려움

많은 학부모가 사교육을 받지 않으면 공교육에서 뒤처질 것을 우려해 사교육을 시킨다. 사교육의 목적은 학년이 올라가면 올라갈수록 자녀의 소질을 개발하는 것보다 성적 향상에 초점이 맞추어진다. 성적이 향상되어야 좋은 대학에 진학할 수 있고, 좋은 대학에 진학해야 좋은 직업을 가질 수 있고, 그것이 자녀의 경제력 및 사회적 계층을 높일 수 있다고 믿기 때문이다. 청년 실업이 사회적 문제로 대두되고 청년이 자신의 힘만으로 사회에서 자립하는 것이 점점 어려워지는 이 시기에 그나마 좋은 대학을 나와야 어디라도 취업할 수 있다는 조급함이 학부모와 아이들의 등을 더욱더 떠민다.

2. 다른 집 애들도 다 하는데 우리 애만 안 하면 불안함

다른 집 애들이 사교육을 받는 것을 보고 불안한 마음에 사교육을 시킨다. 내 아이가 다른 아이들보다 사교육을 적게 받으면 왠지 뒤처질 것 같아 불안한 것이다. 현재 공부를 잘하고 있어도 언제 경쟁에서 뒤처질지 모르기 때문에 학부모뿐 아니라 아이 자신도 사교육이 없으면 불안해한다. 사교육이 익숙한 아이라면 더욱 그렇다.

3. 아이의 실력이 어머니의 능력이라고 생각함

누구네 집 아이가 특수목적고등학교를 가거나 국내외 명문 대학교에 갔다고 하면 사람들은 대번 어떻게 그렇게 아이를 잘 키웠냐고 물어본다. 아이의 인성이 아니라 학력으로 그 아이가 어떤 아이인지가 판가름되는 것이다. 그리고 그런 자녀를 둔 어머니는 아이를 잘 키운 능력 있는 어머니가 된다. 그래서 실제로 대치동 학원가에서는 자녀를(하나도 아니고 둘 이상을) 유명 대학교에 보낸 어머니들이 학원에 취업하여 다른 학부모들에게 진학 상담을 해 준다. 사교육의 도움 없이 자녀를 유명 대학교나 국제중학교에 보낸 부모의 이야기가 책으로 출판되는 것을 보면 과연 그들의 자녀가 그렇게 되지 않았다면 사람들이 그들의 이야기에 귀를 기울였을까 하는 생각이 든다.

입시 제도가 날이 갈수록 복잡해지고 공교육이 그에 대한 정보를 제대로 제공해 주지 못하는 것으로 보이기 때문에 어머니들은 정보에 더 목을 매게 되며, 결국 그들의 발걸음은 사교육으로 향하게 된다.

4. 사례 속 학부모의 이유

그럼 윤재 어머니는 어떤 이유로 사교육을 시키는 것일까? 윤재가 어떤 종류의 사교육을 받고 있는지를 알아보면 윤재 어머니의 의도를 파악하는 데 도움이 된다. 사실 사교육 자체가 나쁜 것이라고 볼 수만은 없다. 학교에서 교사의 설명을 듣고 집에서 나름대로 공부를 해도 따라가기 어렵다면 일정 부분 사교육의 도움을 받는 것도 필요하다. 또 어떤 사교육은 아이의 소질 계발이나 취미 생활, 스트레스 해소에 도움이 되기도 한다. 문제는 그런 목적에서가 아니라 현재 동네에서 유행하는 학원에 다른 어머니들을 따라 별 생각 없이 우르르 보내거나 새벽 1시가 넘어서도 숙제에 매여 학교생활을 정상적으로 할 수 없을 정도로 과도하게 사교육을 시키는 것이다. 자녀를 학원에 보내지만 정작 자녀가 거기에서 무엇을 얼마나 공부하고 있는지에 대해서는 전혀 확인하지 않는 어머니들도 있다. 윤재의 경우 학교에서 숙제를 하지 않으면 따라갈 수 없을 정도로 과제의 양이 많으며 초등학생임에도 학교에서 꾸벅꾸벅 조는 일이 종종 있는 것으로 보아 사교육이 과하다고 할 수 있겠다.

아이 자신이 이런 생활에 대해 어떻게 생각하는지도 미리 알아본다. 간혹 바쁘게 학원을 다니지만 나름대로 그것에 대해 의미를 찾고 열심히 생활하는 아이들도 있다. 학원에 다니는 것을 힘들어하지만 학년이 올라갈수록 불안감에 스스로 학원을 찾는 아이들도 많다. 그래서 현재 윤재가 어떤 마음으로 사교육을 받고 있는지를 알아보는 것이 중요하다. 다음의 예시를 참고하여 아이가 자신의 상황을 스스로 적게 하고 그것을 상담 자료로 활용하는 것도 도움이 된다.

예 윤재의 방과 후 생활

요일	시간	활동명	활동 이유	만족도	만족도에 대한 설명
화, 목	3:00～4:00	플루트	중학교 수행평가 대비	중	힘들지만 수학, 영어보다 낫다.
월, 수, 금	6:00～10:00	수학	국제중과 특목고 대비	하	너무 어렵다. 이해하기 어렵다.
화, 목	6:00～9:00	영어	국제중과 특목고 대비	하	숙제가 너무 많다. 힘들다.
월, 수	3:00～5:00	논술	국제중과 특목고 대비	하	말하는 건 좋은데 쓰기가 싫다.
금	3:00～4:00	수영	체력을 기르기 위해	상	내가 좋아해서

이 예시와 같이 방과 후를 보내고 있다면 아이가 사교육을 받는 가장 큰 이유는 국제중학교와 특수목적고등학교 대비다. 문제는 아이의 마음도 부모와 같은지다. 아이도 국제중과 특목고에 욕심이 있다면 모를까, 그렇지 않다면 이런 스케줄은 아이에게는 정말 벅차고 힘들 것이다. 만족도를 살펴보면 국제중과 특목고를 대비하기 위한 사교육에 대해 아이가 공통적으로 어렵고 힘들다는 것을 호소하고 있다. 계속적으로 이렇게 사교육을 하여 아이가 잘 따라 주고 성취도가 향상된다면 다행이겠지만, 사춘기에 접어들어 이런 생활에 불만을 가지고 학부모와 대립각을 세운다면 아이를 사랑해서 시작한 사교육이 부모와 자식 사이를 갈라놓는 일이 될 수도 있다. 돈은 돈대로 들고 아이는 아이대로 힘들고 부모-자녀의 사이마저 나빠진다면 이보다 불행하고 속상한 일이 있을까? 그래서 장기적으로 봤을 때 아이와 부모가 목표를 맞추어 함께 가는 것이 가장 중요하다.

양념 추가 〈사교육 없이, 부모 노력 없이 혼자서도 잘해요?〉

사교육이 필요하지 않다고 해서 아이를 그냥 내버려 두고 언젠가 스스로 알아서 잘 할 수 있을 것이라고 기대하는 것은 욕심이다. 물론 이렇게 키워도 잘 크는 아이들이 있지만 결코 많지 않다. 사교육을 하지 않는 만큼 오히려 부모가 더 많이 신경을 쓰고 아이가 올바른 습관을 가질 수 있도록 노력하는 것이 필요하다. 자녀가 스스로 시간을 관리하고 공부하고 독서하게끔 하는 일은 결코 쉽지 않다. 그 와중에 다른 부모들의 말에도 불안해하지 않고 아이를 믿고 나가기는 더 어렵다. 그래서 부모로서 어떤 가치관을 가지고 자녀를 양육할지에 대해 계속적으로 공부하고 고민하는 것이 필요하다.

레시피 3. 적절한 안내하기

1. 자녀의 긍정적인 점 파악하고 이야기하기

학교를 신뢰하지 않는 학부모일수록 교사가 자신의 아이에게 별 관심이 없다고 생각하는 경우가 많다. 따라서 아이가 받는 사교육에 대해 어머니와 이야기하기 전에 학교에서 본 아이의 모습을 구체적으로 이야기하며 대화를 여는 것이 좋다. 아이의 긍정적인 면을 포함한 다양한 특성을 정확하게 파악하고 있어야 학부모 앞에서 좀 더 권위를 가지고 말할 수 있다.

예 윤재는 학교에서 친구들과 원만하게 잘 지내고 있습니다. 갈등 상황 자체를 잘 만들지 않는 성격이지요. 친구가 장난을 치면 잘 받아 주다가 자기도 화가 나면 그걸 말로 하지 같이 치거나 하지 않습니다. 무조건 참기만 하는 게 아니라 자신의 의사 표현도 정확히 하기 때문에 갈등 상황을 잘 만들지 않는 거죠. 말로 자신의 마음을 잘 표현합니다. 며칠 전에는 제가 짐을 들고 있어 혼자서 교실 문을 못 여는 상황이었는데 윤재가 보더니 문을 턱 열어 주었습니다. 그래서 '윤재 네가 진정한 우리 반 젠틀맨이네.' 하고 칭찬도 해 주었답니다.

2. 부모의 입장 이해하기

교사가 아이의 사교육을 부정적으로 본다고 해서 학부모에게 사교육을 그만두라거나 하는 식으로 단정적으로 말할 수는 없다. 교사의 이런 태도는 학부모로 하여금 거부감이 들게 하고 교사를 불신하게 되는 원인을 제공한다. 학부모도 나름대로 아이를 위해 내린 결론이고 그래서 고비용 등의 부담을 감수하고서 사교육을 시키는 것이므로, 교사와 생각이 다르더라도 그것에 대해 인정하며 학부모와 상담을 진행해야 원만한 상담이 이루어질 수 있다.

3. 학교에서 보이는 자녀의 부적절한 행동에 초점 맞추기

아이가 과도한 사교육을 받으며 학교에서 보이는 부적절한 행동(수업 시간에 학원 숙제를 하는 행동)에 초점을 맞추어 이야기하고 학부모가 아이를 위해 어떻게 해야 할지를 스스로 판단하도록 돕는 방향으로 대화를 진행한다.

예 윤재가 받는 사교육을 적어 보라고 했더니 이렇게 적어 냈습니다. 어떤 사교육을 받는지는 윤재와 어머님이 상의해서 정하실 문제이지만 윤재의 스케줄을 보면 주말을 제외하고는 학원 숙제를 할 시간조차 없어 보입니다. 그러다 보니 수업 시간에 학원 숙제를 하게 되었나 봅니다. 학교에 있는 시간은 윤재에게 고정적으로 주어지는 시간입니다. 그런데 학원 숙제를 학교에서 하는 것은 마치 이거 할 때 저거 하고, 저거 할 때 이거 하는 것으로 보여 비효율적이라고 느껴집니다. 사실 학교 수업은 내신 쪽으로 접근하면 시험출제자 직강이거든요. 그래서 내신이 진학에 중요한 중학교 때부터는 수업을 더 잘 들어야 할 필요가 있는데, 수업 시간에 다른 것을 하는 게 습관으로 굳어지면 잘못된 습관 때문에 내신 관리에 어려움을 겪을 수 있습니다. 공교육은 사교육에 비하면 활동 중심입니다. 사교육은 지식 중심이지요. 우리가 사는 세상은 낯선 문제를 해결하는 능력이 매우 중요한데 이런 능력은 사교육보다는 공교육에서 더 잘 기를 수 있다고 생각합니다.

4. 필요한 것을 하고 있는지 생각해 보기

학부모와 신뢰 관계가 제대로 형성되지 않았다면 앞에서 말한 것과 같이 아이가 학교에서 보이는 문제 행동에 초점을 맞추어 이야기하는 선에서 상담을 마무리하는 것이 자연스럽다. 사교육에 대한 개개인의 생각은 모두 다르고 그것은 개인의 가치관 및 교육관과도 관련이 있기 때문에 교사가 몇 마디 한다고 해서 학부모의 생각이 쉽사리 바뀌지 않는다. 하지만 지금 아이에게 필요한 것을 하고 있는지는 함께 생각해 볼 수 있다.

아이가 공부를 하는 데서 못 쫓아가는 부분이 있는지, 있다면 어떤 것인지를 알아보고 그것을 향상시키는 데 필요한 노력을 하고 있는지 살펴본다. 예를 들어, 과학 점수가 안 나온다면 과학을 전체적으로 어려워하는지, 물리와 같이 특정 영역을 힘들어하는지를 살펴본다. 영어를 힘들어한다면 어휘력이 부족해서인지, 문법을 몰라서인지 아니면 국어 실력의 부족으로 한계를 느끼는지 등을 알아본다. 이런 부분을 정확히 파악하지 않고 뚜렷한 목적 의식 없이 학원에 보내면 아이는 학원에서 몇 번 들은 것을 온전히 학습한 것으로 착각하고 있을 수도 있다. 문제를 어디서 본 적은 있는데 풀지는 못하는 그런 상태인 것이다.

배운 내용을 충분히 소화할 시간이 있는지도 중요하다. 학교든 학원이든 배운 내용을 소화할 시간이 없으면 결코 그 내용을 자기 것으로 만들 수가 없다. 머리가 아무리 좋아도 사람은 누구나 망각을 하게 되므로 수업에서 들은 내용을 되새기고 이해하여 자기 것으로 만들어야 한다. 많은 학부모가 이런 사실을 알기는 하지만 집에서 아이를 책상에 앉혀 공부시키는 것 자체가 힘들기 때문에 집에서 놀게 두느니 학원에 보낸다고들 한다. 또 학원 숙제도 공부는 공부니까 그거라도 하면 아이에게 도움이 되지 않느냐는 논리다. 학원 숙제를 하는 것도 결국은 자기 공부라고 할 수 있을지 모르지만, 학원은 개별지도보다 잘하는 아이 위주로 진도를 나가는 것이 일반적이므로(진도가 늦으면 학부모에게 능력 없는 학원으로 인식된다), 숙제 역시 배운 것을 되새기는 것보다 앞서 나가는 데 필요한 것 위주로 내 주게 된다. 그렇기 때문에 배운 내용을 온전히 자기 것으로 만드는 학습의 시간이 필요하다.

아이가 자신의 삶에 관심을 가지고 학부모와 같은 목표를 향해 가고 있는지도 생각해 봐야 한다. 학부모는 자녀를 사랑하고 위하는 마음에 이다음에 좋은 직업을 가지고 성공한 인생을 살라고 열심히 돈을 벌어 자신의 노후를 담보 잡히면서까지 자녀에게 사교육을 시키지만, 정작 아이의 목표는 전혀 다른 것일 수 있다. 심지어 별다른 목표가 없을 수도 있다. 부모 입장에서는 크면서 달라지겠지 생각하지만, 부모가 하는 대로 따라가는 것만 배운 아이라면 홀로서기를 하는 것이 쉽지 않다. 부모와 아이가 함께 가는 길에서 서로 다른 것을 보고 간다면 언젠가는 넘어지기 마련이다. 그래서 자녀의 공부도 중요하지만 자녀가 무엇을 보고 있는가를 살펴봐 주는 것도 중요하다.

양념 추가 〈사교육, 이렇게도 볼 수 있어요〉

- 공부를 잘하는 3요소: 복습, 공부 기술, 성실성
- 전 과목 종합학원의 폐해: 잠깐 성적은 오를 수 있어도 스스로 공부하는 습관을 기르는 데 방해가 된다. '학원빨'로 성적을 유지하던 학생들의 상당수는 고등학교에서 성적이 추락한다.
- 아이가 원하더라도 두 과목이 넘는 학원 수강은 혼자 공부할 시간을 빼앗아 실력 향상에 도움이 안 된다. 최소한 하루에 2시간(초등)에서 3시간(중등)은 학교 공부를 복습하는 데 사용해야 한다.
- 학원은 보통 상위권 학생에 맞추어 진도를 나간다. 상위권 진로를 맞추지 않으면 수준 낮은 학원이 되기 때문이다. 그러다 보니 부족한 것이 있어도 개별지도는 어려운 것이 현실이다. 부족한 점을 보충하기를 원한다면 인터넷 강의(혼자서 공부가 가능한 경우)나 개인교습(혼자 가능하지 않은 경우)을 일시적으로 활용하는 것이 좋다.
- 맞벌이의 경우 아이가 혼자 있는 것을 염려하여 '학원 뺑뺑이'를 시키는 경우가 많다. 그런데 이런 학원 순례는 아이의 자기주도 학습 습관을 기르는 데 악영향을 미친다. 시키는 대로 공부하는 데 익숙해지기 때문이다. 꼭 학원에 보내야 하는 상황이라면 초등학교 저학년에서는 놀이와 흥미 중심의 학원에 보내고, 고학년이라면 공부에 방해되는 환경을 잘 관리하고 책 읽기 및 공부 계획에 세우고 점검하도록 한다. 초등학교 고학년부터는 자녀가 혼자 있는 시간을 스스로 학습하는 기회로 전환하는 계기로 삼을 수 있다. 저학년이나 고학년 모두 혼자 있는 시간을 가장 윤택하게 보낼 방법은 '독서'다.
- 학원에서는 선행을 하면 효과가 있다고 이야기한다. 현행 대학 입시 형편상 고등학교 수학을 2년 내에 끝내야 하는 상황이기에 고등학생은 특히 선행에 대한 압박이 있다. 이전 교과 지식을 이해한 상위권 학생에 한해서 3~6개월 정도의 선행은 도움이 되지만, 나머지 학생은 학교에서 공부한 것을 깊게 복습하는 것이 더 큰 효과가 있다. 학원에서는 선행을 하고 학교에서 배우고 복습을 하면 세 번 공부하는 것이니 효과가 있다고 하지만, 학원에서의 선행이나 복습은 대부분 개념 이해보다는 문제풀이 위주로 진행된다. 개념 이해가 부족한 단순 문제 풀이에 스스로 주도적으

로 하지 않는 이런 종류의 학습은 효과가 제한적일 수밖에 없다. 학원에 다니는 것이 불가피하다면 선행학습 진도 경쟁이 덜한 곳을 선택하는 것이 좋으며, 선행을 한다면 원리와 개념 탐구 중심으로 이루어지는 것이 좋다. 부족한 것이 있다면 사교육을 선택적으로 활용하는 지혜가 필요하다.

- 사교육에 부정적인 어머니라도 피해 갈 수 없는 것이 영어 교육이다. 부모가 영어 실력이 부족하면 자녀를 직접 가르치는 것은 불가능에 가깝고, 영어는 세계화된 세상을 살아가는 데 필수적인 요소로 자리 잡았기 때문이다. 영어 교육은 조기교육보다는 적기 교육이 중요한데, 엄마표 영어를 아이와 함께 성공적으로 진행한 사람들은 3~4학년 때부터 영어를 시작해도 늦지 않았다고 증언한다. 다섯 살짜리 아이가 2년에 걸쳐 습득한 영어 수준을 초등학교 1학년 아이는 6개월이면 터득할 수 있기 때문이다. 어릴 때 우리말을 제대로 읽고 이해하고 말하는 것이 나중에 영어를 자신의 것으로 만드는 데 더 큰 도움이 된다.

출처: 사교육걱정없는세상(2010), pp. 6-19를 재구성.

레시피 4. 당사자인 아이와 이야기하기

학교에서 교사와 가장 많이 부딪히는 것도, 수업 시간에 학원 숙제를 한 것도 결국 아이이므로 부모와 만나기 전에 당사자인 아이와 먼저 이야기하는 것이 필요하다.

1. 전반적인 생활에 대해 묻기

아이의 생활 전반에 대해 물어보며 부드러운 분위기에서 대화를 시작한다.

예
- 요즘 생활이 어떠니?
- 공부하는 건 어떠니?
- 지난번에 꾸벅꾸벅 조는 걸 보니 많이 피곤해 보이던데 요즘은 어떠니?

• 공부하는 게 힘들지는 않니?

2. 격려하기

아이의 부적절한 행동은 괘씸하지만 어쨌든 나름의 방법으로 열심히 공부하고 있다는 사실은 부인할 수가 없다. 아이가 공부에 대한 욕심과 열심히 있다면 그것 자체는 격려받아야 마땅하다. 그렇지 않은 아이가 부모가 짜 준 스케줄대로 움직여 가며 공부를 했다면 어찌 보면 더 대단한 일이다. 하기 싫은 일을 그토록 열심히 했으니 말이다. 그래서 학생으로서 공부에 힘을 쏟은 일은 칭찬한다. 공부 외의 아이의 행동에 대해서도 구체적으로 칭찬하면 좋다. 다만, 이러한 칭찬이 뒤에 이어지는 문제행동에 대한 이야기를 하기 위한 미끼로 여겨지지 않도록 진심이 담겨 있어야 한다.

3. 문제행동의 이유 및 아이의 생각 물어보기

수업 시간에 학원 숙제를 할 수밖에 없는 사정에 대해 아이의 이야기를 들어 준다. 보통 이런 일이 있으면 아이의 문제행동에 대해 그때그때 지적을 할 뿐 이렇게 되기까지 아이의 마음이나 고민은 어땠는지를 들어 볼 기회는 흔치 않다. 아이들도 대부분 수업 시간에 학원 숙제를 하는 것이 바람직한 행동이라고 생각하지는 않는다. 알면서도 문제 행동을 고치지 않는 아이의 태도가 괘씸하긴 하지만 쉬는 시간에조차 학원 숙제에 매달려야 하는 아이의 절박함을 생각하면 안쓰럽기도 하다. 아이가 왜 이렇게 할 수밖에 없었는지, 자신의 행동에 대해 어떻게 생각하는지, 학원과 숙제에 대한 아이의 마음은 어떤지 등을 듣다 보면 학교에서의 아이의 행동에 대한 해결책 또는 절충점을 함께 찾아 나갈 수 있다. 마음속에 답을 정해 놓고 아이의 이야기를 들으면 아무리 마음을 열어도 결국 교사 자신의 생각대로 피드백을 해 줄 수밖에 없다. 그래서 답을 제시해 주기보다 마음을 비우고 듣고 아이가 적절한 해결방법을 찾을 때까지 기다려 주는 것이 오히려 빠른 문제 해결을 돕는 방법이 될 수도 있다.

예 • 윤재야, 학교 수업 시간에 학원 숙제를 할 수밖에 없는 이유가 있니?

- 수업 시간에 학원 숙제를 하면 마음이 어떠니?
- 학원 수업이 네가 공부를 잘하는 데 어느 정도 도움이 되니?
- 너의 학원 스케줄을 보니까 혼자서 공부할 시간이 별로 없어 보이던데, 학원과 학교에서 배운 것들은 언제 따로 공부하니?
- 국제중학교와 특목고를 대비하기 위해 학원을 많이 다니는구나. 네가 가고 싶은 학교는 어디니?
- 만약 네가 학교가 끝난 후 너의 공부 스케줄을 짤 수 있다면 어떻게 하겠니?
- 이렇게 열심히 공부해서 나중에 어떤 일을 하고 싶니?
- 중학교에서 내신을 잘 받아야 특목고에 가는 데 도움이 되는데, 중학교에서 보는 시험은 문제를 누가 낼까? 그렇지. 학교 선생님들이 내지? 수업이 출제자 직강이라는 이야기지. 그래서 수업 시간에 다른 걸 하는 습관이 생기면 오히려 손해를 볼 수도 있어.

레시피 5. 교실에서 아이들의 자기주도 학습 돕기

1. 학교 선생님만 보고 있는 아이가 있음을 기억하기

요즘 많은 아이가 선행학습을 통해 학교 수업에서 배울 내용을 먼저 배워 온다. 그러다 보니 어쩔 때는 내가 가르치기 전에 애들이 다 알고 있는 게 아닐까 하는 생각까지 들기도 한다. 하지만 선행학습 없이 선생님의 가르침만을 바라보고 학교에 오는 아이들도 있다. 이 아이들은 알 때까지 선생님이 가르쳐 주지 않으면 어디 가서 배울 곳이 없다. 이런 아이들을 감안해서 수업 시간에 가르쳐야 하는 내용은 끝까지 책임지고 가르치는 자세가 필요하다.

선생님에게 모르는 내용을 질문하는 아이들은 좋은 학습 태도를 지닌 아이들이다. 모르는데 묻지도 않는 태도가 잘못된 것이지, 몰라서 물어보는 것에 대해서는 최대한 성의를 가지고 답을 해 주어 아이의 의문이 해소되도록 해야 한다.

학교에서 제대로 배울 수 없을 때, 질문에 대한 답이 필요한데 학교에서는 왠지 질문을 하기 어려울 때 아이들은 어쩔 수 없이 사교육으로 발길을 돌리게 된다.

2. 수업 잘하기

과거에 비해 생활 교육의 중요성이 커졌다고 하지만 아이들이 좋아하는 선생님은 '잘 가르치는' 선생님이다. 잘 가르치면 아이들은 교사에게 집중하고 따라온다. 아이들이 단순히 수업을 듣게 하는 데서 그치지 말고 그 시간에 학습이 이루어질 수 있도록 돕는 것도 필요하다. 예를 들어, 수업이 끝날 즈음에 아이들에게 그날 배운 내용을 친구들과 서로서로 가르쳐 보게 하는 시간을 줌으로써 유익한 학습 경험을 제공할 수 있다. 직접 가르쳐 보면서 중요한 내용이 무엇인지 맥을 짚을 수 있고, 확실히 모르는 부분에 대해서 인지하여 보충할 수 있기 때문이다. 외워야 하는 것이 있다면 암기하는 방법을 가르쳐 주고 시간을 줘 보자. 앞 글자 따서 외우기, 이야기 만들어 외우기, 연상하여 외우기, 노래 개사하여 외우기 등 다양한 암기 방법 중 효과적인 것을 골라 적용시켜 봄으로써 외우기에 대한 거부감을 줄이고 즐겁게 공부하는 방법을 배울 수 있다.

3. 스스로 학습 도와주기

1) 목적이 있는 공부하기

공부는 왜 하는 것일까? 많은 아이가 어릴 때부터 학원을 다니며 열심히 공부하지만 정작 공부하는 이유는 모르고 막연히 공부를 한다. 엄마가 하라고 했으니까, 학생이니까 그저 공부하는 것이다. 하지만 목적 없이 공부를 하다 보면 나중에 명문 대학에 진학하더라도 딱히 하고 싶은 일 없이 스펙을 쌓아 남들이 좋다는 회사에 들어갔다가 일이 맞지 않아 방황하는 '공부만 잘하는 아이' 가 되기 쉽다.

학창시절은 공부도 해야 하지만 자기 자신에 대한 탐구도 매우 중요한 시기다. 자기가 무엇을 잘하고 무엇을 못하는지, 무엇을 원하고 무엇이 되고 싶은지를 알아야 목적이 있는 공부를 할 수 있다. 요즘에는 '진로와 직업' 이 교과에 포함되어 있다. 굳이 학교 교과 시간이 아니더라도 관심만 가지면 진로 탐구를 도와주는 기관도 많이 있다. 교사가 아이들의 진로를 정해 줄 수는 없지만, 아이가 무엇을 잘하는지 객관적으로 파악하여 조언을 해 줄 수도 있고, 진로 탐구의 중요성을 아이들에게 알려 주고 함께 필요한 활동도 해 볼 수 있다. 하고 싶은 일이 생기고 그것이 공부와 어떤 관련이 있는지 알고 나면 아이는 부모가 시켜서가 아니라 스스로 목적을 가지고 공부를 하게 된다.

양념 추가 〈꿈 목록 적기〉

꿈 목록 적기는 자신이 하고 싶은 일을 쓰는 것이다. 지금 당장 실천할 수 있는 것부터 언젠가 할 수 있는 것까지 무엇이든 쓴다. 쓰고 나서 그것을 이루게 되면 그 날짜를 옆에 적는다. 꿈을 이룬 날짜를 적으며 성취감을 한두 번 경험하다 보면 자신감도 붙게 된다.

• 준비물
- 학생: 독서 카드 또는 스터디 카드(12cm×8cm), 링
- 교사: 동기 유발 자료, 관련 도서(예: 『존 아저씨의 꿈의 목록』[임경현, 이종옥 역, 2008], 『멈추지 마, 다시 꿈부터 써봐』[김수영 저, 2010], 『(어린이를 위한) 멈추지 마, 다시 꿈부터 써봐』(전연주, 오성봉 편, 2012])

• 동기 부여

꿈 목록(dream list)을 적고 싶다는 마음을 불러일으키는 일이 가장 중요하다. 프레젠테이션 자료를 준비하여 5~7분 정도 설명을 한다. 책을 직접 보여 줘도 좋지만 스토리텔링을 하면 아이들이 이야기에 빠져든다. 특히 꿈 목록을 적은 후, 노력하고 집중하여 많은 꿈을 이룬 사람들이 남긴 명언을 소개하면 더 도움이 된다. 앙드레 말로는 "오랫동안 꿈을 간직한 사람은 마침내 그 꿈을 닮아 간다!"라고 말했고, 김수영 씨는 자신이 꿈을 이룬 것은 "우연도 아니고 행운도 아니었다. 단지 꿈 덕분이었다."고 하였다. 설명이 끝날 즈음엔 아이들이 빨리 우리도 꿈 목록을 쓰자고 안달을 할 정도로 진지하게 이야기를 풀어 가야 한다.

• 꿈 목록 적기

20분 정도 시간을 주고서 자기가 하고 싶은 것, 가고 싶은 곳, 되고 싶은 것, 먹고 싶은 것 등을 자유롭게 적도록 한다. 이때 주의할 일은 혹시 엉뚱한 것을 적더라도 제한을 하지 않는 것이다. 그렇게 되면 아이들의 자유로운 생각이 방해를 받기 때문이다. 혹시 부정적인 것을 적더라도 나중에 개인적인 기회를 마련해 대화를 통해 수정하도록 해야 한다. 또한 계속 누가해 나가도록 관심을 가져 주어야 한다. 어린 아이들은 하고 싶은 것이 많아야 한다. 그래야 시도하고 싶고 도전하고 싶은 일도 많아진다.

• 성취한 항목에 표시하기

아이들이 이것을 적다 보면 처음에는 막연하게 기록하지만 점점 현실적이고 실제적인 내용을 적게 된다. 예를 들어, 영어 시간에 'level up' 통과하기, 체육 시간에 물구나무 서기, 부모님 생신에 미역국 끓여 드리기 등처럼 실천 가능한 항목들이 늘어 간다는 말이다. 이런 방향으로 적다 보면 이룬 날(성취란)에 표시할 항목이 많아지고(사진 참고), 성취한 항목이 많이 쌓이면 자신감이 쌓이고 자아 효능감이 높아진다. 효능감! 얼마나 귀한 심리적 힘인가?

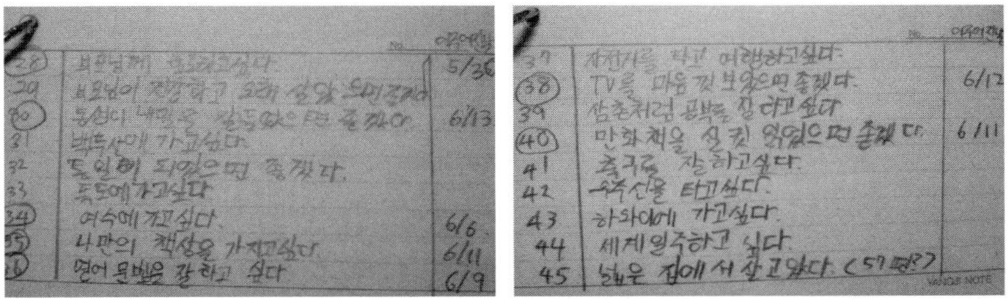

〈꿈 목록과 성취한 날짜 표시의 예〉

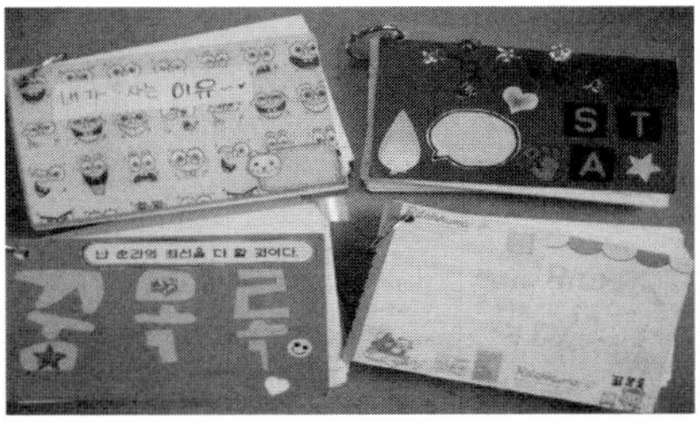

〈꿈 목록 표지를 개성 있게 꾸민 예〉

• 활용하기 및 효과

시간을 정하고 한동안 누가된 내용들을 확인하며 사인을 해 주고 그동안 얼마나 시도했는지, 노력을 했는지에 관심을 가진다. 교사가 무관심해지면 아이들도 이 활동에 시들해진다. 그래서 지속적인 관심을 가지고 확인하고 지도하는 일이 필요하다.

출처: 한영진(2011. 12.).

2) 목표 위주의 계획 세우기

초등학생의 경우 구체적인 시간 관리보다 목표 위주로 계획을 세우고 점검하는 정도만으로도 공부 습관을 기르는 데 충분하다. 중 · 고등학생은 여기에 시간 관리가 더해지면 스스로 공부하는 습관이 완성된다.

계획을 세울 때는 자신이 할 수 있다고 생각하는 것에서 반 정도가 적당하다. 계획을 세우는 것보다 자신의 실천에 대해 꾸준히 점검하는 것이 목표를 현실화하는 데 더 큰 도움이 된다.

① 초등학생용 알림장

초등학생은 알림장에 목표 관리 내용을 넣어 아이들을 지도하는 것도 좋다. 알림장을 적을 때는 번호 앞에 동그라미를 넣고(예: ○1, ○2, ○3…), 실천했으면 동그라미 안에 체크를 하여 확인하는 습관을 기른다(〈사진 12-1〉 참조). 하단에는 하루의 생활을 돌아보고 자신의 목표를 적어 계속 점검한다(〈사진 12-2〉 참조). 뒷면에는 그날 공부한 내용을 복습하도록 해서 알림장을 충실히 하면 공부가 되는 형태로 만든다(〈사진 12-3〉 〈참조 자료 12-1〉 참조).

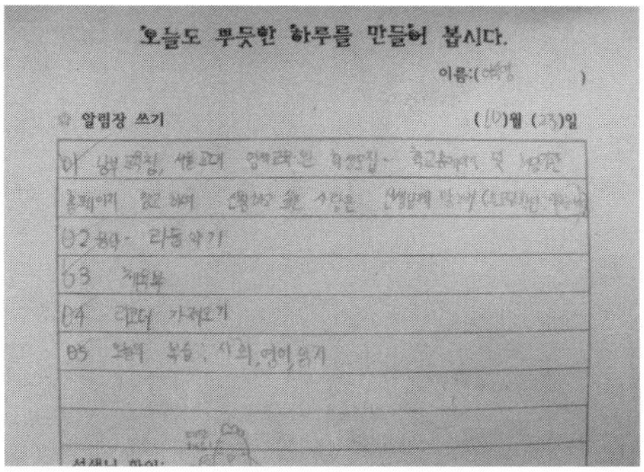

〈알림장 쓰고 점검하기〉

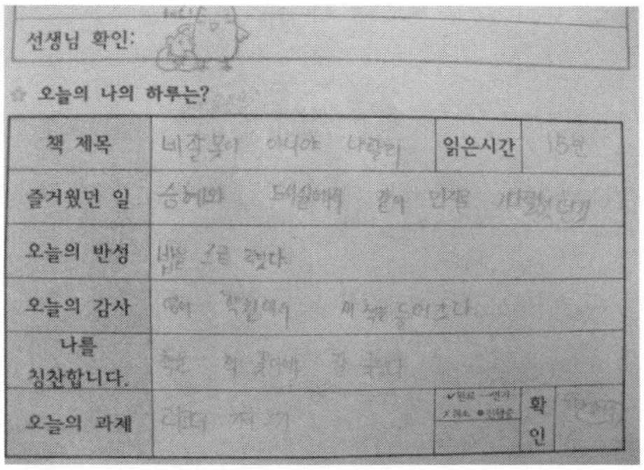

〈하루 생활 돌아보기〉

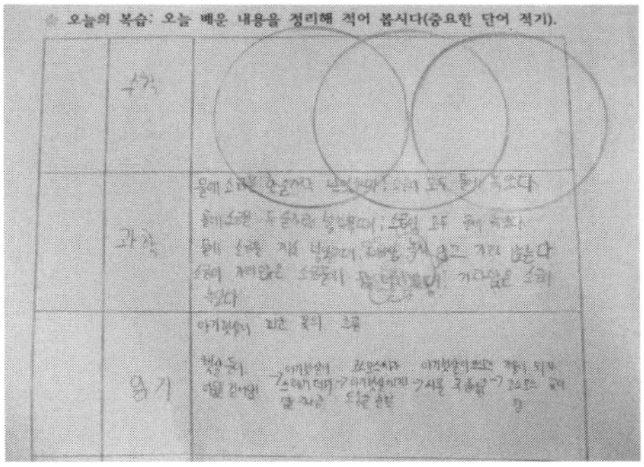

〈복습하기〉

② 초등학생용 계획표

날짜별로 중요한 순서대로 할 일과 시간을 쓰고 실천에 대해 스스로 평가한다. 아이들과 함께 계획표 쓰기를 하다 보면 스스로 동기화된 아이는 흥미를 가지고 매우 열심히 하는 경향을 보이나 그 수가 많지는 않다. 계획을 세우고 실천하는 것이 자신의 성향과 맞는 아이에게는 나중에 선생님에게 따로 감사 인사를 할 만큼 의미 있는 경험이 되나 그렇지 않은 아이에게는 그저 귀찮은 '숙제'가 될 수도 있으니 운영에 융통성을 발휘한다(〈사진 12-4〉 〈참고 자료 12-2〉 참조).

순 \ 요일	월(5/10) 할 일	월(5/10) 평가	화(5/11) 할 일	화(5/11) 평가	수(5/12) 할 일	수(5/12) 평가	목(5/13) 할 일	목(5/13) 평가	금(5/14) 할 일	금(5/14) 평가	토(5/15) 할 일	토(5/15) 평가	일(5/16) 할 일	일(5/16) 평가
1	EBS 방송 14:00~15:00	2	방과후 학교 15:00~ 16:50	2	수학 문제집 14:00~ 15:00	3	도덕 숙제 16:00~ 17:00	2	영어 학원 15:00~ 17:00	1	오늘의 복습 16:00~ 16:50	2	자전거 타기 11:00~ 15:00	3
2	영어 학원		ppt 연습: 표 17:00~ 18:00	1	피아노 16:50		오늘의 복습 7:00~ 17:50	5	직업 조사 숙제 17:00~ 18:00	1	자료실 글 올리기 16:50~ 17:50	2	수학 문제집 15:00~ 16:00	2
3	 17:00~17:50	2	국어		자전거 타기 6:50~	5	과학 공식 암기 18:00~ 19:00	1	줄넘기 100번 18:00~	0	줄넘기 100번 18:00~	2		
4	ppt 연습: 표 18:00~19:00	2												
5	줄넘기 100번 19:00~	1												
오늘의 포인트	9		5		13		8		2		6		5	
평가	참 잘했어.		좀 더 노력해.		무진장 잘했어.		외우는 건 어렵다.		너그래서뭐가될래?		어제보다 잘했어.		아자 아자! 화이팅!	
포인트 합계	48		되돌아보기: 처음 해 보는 것이라 힘들었지만 일주일 동안 한 것을 보니 뿌듯하다.											

매일 할 일을 적습니다. 중요한 순서대로 구체적으로 방법과 분량까지 정합니다.

시작 시간만 정하는 방법도 있습니다.

매일매일 과제별로 점검하고 포인트를 1~5점 줍니다.

하루 포인트의 합계를 냅니다.

일주일의 포인트 합계를 냅니다.

일주일을 되돌아보며 잘된 점, 아쉬운 점, 나의 다짐을 씁니다.

스스로 사후를 평가합니다.

〈초등학생용 계획표와 점검표 작성 방법〉

③ 중 · 고등학생용 계획표

요즘 많은 학교가 학생의 시간 관리를 돕기 위해 학교 차원의 플래너를 만들어서 배부하곤 한다. 공부를 잘하기 위한 시간 관리의 가장 중요한 원리는 나에게 주어진 24시간 전부를 공부하는 데 활용하는 것이 아니다. 학교에 있는 고정적인 시간을 제외한 나머지 시간에 실질적으로 혼자 공부하는 시간을 어느 정도로 계획하고 실천할 수 있느냐 하는 것이다. 시간 관리는 학창시절뿐 아니라 평생에 걸쳐 이루어지는 것이기 때문에 이때 틀을 잘 닦아 놓으면 평생 도움이 되는 유용한 습관을 기를 수 있다.

시간 관리 계획을 세우고 실천을 점검하는 계획표는 그 형식이 매우 다양하므로 자신에게 맞는 것을 찾아 계획을 세우고 실천하면 된다. 시간 관리의 습관을 들이는 것은 결코 쉽지 않다. 아이마다 각자의 성향이 다른 데다가 학원 스케줄에 매여 스스로 계획하는 공부가 아닌 따라다니는 공부를 하는 아이도 적지 않기 때문이다. 잊지 말아야 할 것은 학년이 올라갈수록 공부를 잘하는 아이는 대부분 남에게 의존하기보다 스스로 자기의 시간을 주도적으로 활용하는 공부를 한다는 사실이다. 학원에 다니더라도 자신에게 필요한 것이 무엇인지를 파악하여 그것을 집중적으로 배우는 영리한 수강을 한다. 이 점을 강조하며 시간 관리를 통해 아이 자신이 공부 계획을 세우고 실천하는 연습을 하도록 돕는다. 〈참고 자료 12-3〉을 참조하라.

3) 수업 시간을 효과적으로 활용할 수 있도록 안내하기

학교 수업은 아이들 모두 동일하게 보내는 고정적인 시간이다. 하지만 그 시간을 어떻게 보내느냐는 아이마다 천차만별이다. 공부를 잘하고 싶다면 학교 수업 시간을 잘 보내는 것은 매우 중요하다. 수업 시간만 알차게 보내도 혼자서 몇 시간 공부한 것 같은 효과를 낼 수 있다. 학원이나 과외를 통해 미리 공부했더라도 그것을 정확하게 안다고 말할 수는 없다. 누구나 참여하는 학교 수업 시간을 최대한 효과적으로 보내는 것이 자신에게 가장 유리함을 인식시키자. 그리고 수업 시간뿐 아니라 수업 전후로 공부를 위한 좋은 습관을 들일 수 있도록 도와주자.

플래너 사용법

(3)월 (2)주 차

♣ 주간 목표

- ♠ 새 문제집 풀기
- ♠ 독서: ○○○, △△△△△△
- ♠ 운동: 줄넘기 200번

○ 완료 △ 진행 중 × 취소

월요일	3/5
일일 및 자투리 시간 계획	
▶ 과학: 참고서 읽기	
▶ 학습노트 정리	
▶	
▶	
학습 내용	체크
과학: 문제집 풀기	□
국어: 문제집 풀기	□
영어: 문제집 풀기	□
	□
	□
	□
	□
	□
계획 실천 점수	1 2 3 **4** 5

화요일	3/6
일일 및 자투리 시간 계획	
▶ 멘토 수업	
▶ 영어 화상 학습	
▶	
▶	
학습 내용	체크
국어: 문제집 풀기	□
영어: 문제집 풀기	□
	□
	□
	□
	□
	□
	□
계획 실천 점수	1 2 3 **4** 5

수요일	3/7
일일 및 자투리 시간 계획	
▶ 영어: 에세이 쓰기	
▶ 음악: 리코더 연습	
▶ 수학 공책 정리하기	
▶	
학습 내용	체크
수학: 나노 풀기	□
영어: 문제집 풀기	□
국어: 문제집 풀기	□
	□
	□
	□
	□
	□
계획 실천 점수	1 2 3 4 **5**

메모:
- 이번 주에 아빠 생일 있다. 잊지 말자.
- 줄넘기는 왜 이리 안 되니? 난 몸치인가?
- 방정식~ 공부··· 함수도~ 공부···
- 둘 다 어려워~ 우~아~아~~ 악!!

〈중 · 고등학생용 계획표와 점검표 작성 방법〉 (계속)

출처: 서울특별시교육청(2012).

♣ 방과 후 학습 & 수행평가

♠ 『소나기』 읽고 줄거리 쓰기
♠ 영어 숙제 하기, 단어 외우기
♠ 문법 숙제

♣ 준비물

♠ 가정통신문에 엄마 도장 받아오기
♠ 리코더
♠ 수채화 물감, 색종이

○ 완료　△ 진행 중　× 취소

목요일	3/8
일일 및 자투리 시간 계획	
▶ 멘토 수업	
▶ 영어 화상 학습	
▶	
▶	
학습 내용	체크
수학: 개념 원리	☐
수학 나노 풀기	☐
국어: 문제집 풀기	☐
국어: 참고서 읽기	☐
	☐
	☐
	☐
	☐
계획 실천 점수	
1 2 3 **4** 5	

금요일	3/9
일일 및 자투리 시간 계획	
▶ 핵심 노트 정리	
▶ 음악: 리코더 연습	
▶ 도서관 가기	
▶ 수학 DAY	
학습 내용	체크
수학: 나노 급급	☐
수학: 개념 원리	☐
수학: 기출문제	☐
수학: 정수 & 유리수	☐
수학: 숙제	☐
	☐
	☐
	☐
계획 실천 점수	
1 2 3 **4** 5	

토요일	3/10
일일 및 자투리 시간 계획	
▶ 피아노 연습	
▶ 수영	
학습 내용	체크
문제집 보충	☐
교과서 필독	☐
서술형 대비	☐
오답 정리	☐
계획 실천 점수	
1 2 3 **4** 5	

일요일	3/11
일일 및 자투리 시간 계획	
▶ 수영	
▶ 서술형 대비	
학습 내용	체크
과학: 기출 개념	☐
영어: 기출 개념	☐
	☐
	☐
계획 실천 점수	
1 2 3 4 **5**	

메모: 하루하루 이를 악물고 공부~~!!

한 주간의 정리
실천 점수 평균: (4.1)
다음 주 계획: (○, ■)

〈중 · 고등학생용 계획표와 점검표 작성 방법〉

• 효과적인 수업 시간 보내기

수업 전	• 3분 전 예습 – 제목과 소제목 위주로 배울 내용을 확인한다. – 궁금한 부분에 대해 질문을 만들어 본다.
수업 중	• 수업 듣기 – 중요한 핵심 내용을 공책에 필기하며 선생님이 강조한 내용을 표시한다. – 선생님의 특징을 파악한다. 이 과정에서 수업에 더 흥미를 가지고 참여할 수 있고, 선생님의 중요한 부분 언급 방법도 알 수 있다. – 공책은 중요한 보조 기억 장치다. 필기를 잘하는 사람치고 공부 못하는 사람은 없다. 개념화가 잘 되어 있어야 제대로 된 필기를 할 수 있기 때문이다. 공책 한 권에 중요 내용, 오답 정리, 중요 문제 정리를 한꺼번에 하는 경우도 있다. – 이해가 안 가는 부분은 질문을 통하여 이해하고 넘어간다. 수업 중에 질문하기가 어렵다면 수업이 끝난 후에라도 꼭 질문한다.
수업 후	• 수업 후 3분 복습 – 중요 내용 위주로 외워 본다. * 에빙하우스의 망각곡선 이론에 따르면, 학습 10분 후부터 망각이 시작되어 하루만 지나도 70% 이상을 잊어버린다고 한다. 하지만 중간중간 복습을 하면 망각 속도를 늦출 수 있다. 그래서 학습 전문가들은 배운 내용을 장기적으로 기억하기 위해 10분 후, 1일 후, 1주 후, 1달 후 이렇게 네 번 주기적인 복습을 권한다.

공깃밥 추가
〈학원을 다니지 않으면 불안했던 승민이의 자기주도 학습 이야기〉

EBS 다큐멘터리 교육 실험 프로젝트 〈스스로 공부하는 아이 만들기〉 인터뷰 1년 후

Q. 승민이는 학교에서도 상위 5%에 들 만큼 공부를 잘했는데 왜 자기주도 학습 프로그램을 하게 되었죠?

A. 전 저에게 어떤 문제가 있다고 생각한 적은 없었어요. 일 년 전 면담을 할 기회가

생겼는데, 그 과정에서 저 보고 너무 학원에만 의지하는 게 아니냐고 하시더라고요. 그러면서 자기주도 학습 프로그램을 권하셔서 하게 되었어요.

Q. 승민이는 학원에 열심히 다닌 것 같은데 별 불만은 없었나요?

A. 저는 사실 공부를 학원 위주로 하고 있었어요. 토요일, 일요일을 제외하면 대부분의 시간을 학원에서 보냈어요. 하루에 세 시간씩 주요 과목을 듣고 나머지 시간은 학원 선생님이 내준 과제를 다 하고 나서 집으로 왔죠. 이런 식으로 공부하는 데 불만은 없었어요. 세세하게 짜 준 학원 시간표에 맞춰서 공부하기만 하면 성적은 좋게 나오는 것 같았거든요. 그런데 평소에 공부를 학원에서만 하다 보니까 막상 주말이 되면 불안하더라고요. 혼자 알아서 해야 하는데 그게 힘들었어요. 학원에서는 시키는 대로만 하면 되었거든요.

Q. 성적이 상위권에 있어도 혼자 공부하는 게 힘들었다는 말이네요. 그럼 나중에 혼자서 공부해야 할 때 많이 어렵겠다는 것을 예상할 수 있는데, 이건 공부할 때만의 문제는 아닌 것 같아요.

A. 바로 그게 제 문제였어요. 면담할 때 선생님들도 저에게 그렇게 말씀하셨죠. 지금은 아무런 문제가 없는 것 같지만 앞으로 대학에서 공부하거나 나중에 취직해서 직장인이 되었을 때는 누가 도와주지 않을 텐데 그땐 어떻게 할 거냐고요. 제가 생각해도 내 생각을 제대로 표현하고 또 발전시키는 데는 어려움을 느낄 것 같았어요.

Q. 혼자서 스스로 하는 공부를 시작하고 난 뒤에 학교 공부는 어땠나요? 그동안은 학원에만 의존했는데 이제 혼자서 하니까 아무래도 학교 공부의 중요성이 더 커졌을 텐데요.

A. 네 맞아요. 저는 프로그램에서 배운 대로 다양한 자기주도 학습법을 활용해 봤어요. 요약노트 정리, 오답 노트 정리, 기억법, 학습점검법과 같은 것 말이죠. 예를 들어, 예습과 복습을 요약 정리해서 학교에서 배운 내용을 확실히 이해하고, 또 노트에 정리하는 습관을 길렀어요. 그런데 이렇게 공부하는 양이나 질이 학원에서 배우는 것보다 훨씬 낫다는 것을 알았어요. 정말 신기한 건, 공부를 이렇게 계속 하다 보니 학원에 안 다녀도 전혀 불안하지 않았어요. 사실 예전에는 학원에서

미리 배우기 때문에 막상 학교에서 수업을 들을 때는 이미 다 아는 내용이라는 생각에 별로 열심히 듣지 않았거든요. 하지만 이제는 수업 시간에 집중하지 않으면 도움을 받을 데가 없으니까 당연히 더 집중해서 듣고 있어요.

Q. 이전과는 달리 학교 공부의 중요성을 많이 깨달았네요. 그래도 처음에는 무슨 공부를 해야 하나, 어떻게 해야 할까 막막하기도 했다면서요.

A. 물론 처음엔 그랬어요. 하지만 고민만 하고 있을 수는 없잖아요? 일단 공부 계획을 세우기로 했어요. 마냥 뭘 해야 할지 불안해하는 것보다 계획을 세워 그것을 실천해 보기로 했죠. 그렇게 차츰 하다 보니 어느덧 혼자서 공부하는 것에 대한 불안감도 점점 줄어들더라고요. 그리고 계획을 세워 공부를 하니 학습 계획을 짤 때 저한테 부족한 게 뭔지를 알게 되었고, 또 어떤 공부를 얼마만큼 해야 할지도 파악할 수 있어서 좋았어요.

Q. 그럼 자기주도 학습법으로 공부를 하면 당연히 학교 진도에 맞추어서 학습 계획이 이루어질 텐데 평소 예습과 복습은 어떻게 하나요? 예습과 복습을 규칙적으로 하는 게 바로 공부를 잘할 수 있는 가장 기본적인 비결이기도 한데….

A. 맞아요. 학교나 학원에서 똑같이 강조하는 게 예습과 복습을 열심히 하라는 거예요. 복습은 교과서와 수업 시간에 필기한 내용을 다시 한 번 읽어 보고 문제집을 풀어 보면서 체크해요. 예습은 교과서 내용을 요약 노트에 요점 정리를 하면서 중요한 내용이다 싶으면 키워드로 만들어 여러 번 읽어 보는 것으로 하고요. 이뿐만 아니라 예습을 할 때는 학교 선생님께 물어볼 내용도 미리 뽑아서 요약 노트에 적어 둬요. 그런데 예습보다 중요한 게 복습인 거 같아요. 복습은 공부한 내용을 더 오랫동안, 그리고 더 쉽게 이해하고 기억하게 해 주는 효과가 있거든요. 자기주도 학습 프로그램을 할 때도 선생님이 그러시더라고요.

Q. 그럼 자기주도 학습 프로그램을 접하면서 본인이 느낀 가장 큰 변화는 뭐였죠?

A. 처음에 선생님들이 학원을 그만두는 게 어떠냐고 했을 때는 솔직히 두렵고 불안했어요. 그동안 학원에만 의지해서 공부했는데 당장 그걸 하지 못한다고 생각하니까 지금까지 유지해 온 성적이 팍 떨어지는 게 아닐까 해서요. 그래서 일단 학원을 그만두기 전에 잠시라도 자기주도 학습 프로그램을 경험해 보기로 했어요.

그런데 프로그램이 계속될수록 '학원을 그만두고 한번 혼자 해 볼까?' 하는 생각이 들었어요. 자기주도 학습이란 게 단순히 혼자 집에서 공부한다는 의미가 아니라 여러 가지 학습법을 바탕으로 내가 학습 계획을 조절하는 공부법이라는 것을 알았기 때문이죠. 아마 이게 가장 큰 변화인 것 같은데요. 학원과 같은 남의 도움이 아니라 혼자서 계획을 세우고 또 그 계획을 진짜 실천해 보겠다는 마음이 들었다는 것 말이죠.

출처: 송인섭(2009), pp. 215-220.

참고문헌

김수영(2010). 멈추지 마, 다시 꿈부터 써봐. 서울: 웅진지식하우스.

김수영(2012). (어린이를 위한) 멈추지 마 다시 꿈부터 써봐. 전연주, 오성봉 편. 파주: 웅진씽크빅.

김혜숙, 최동욱(2015). 교사를 위한 학부모 상담 길잡이. 서울: 학지사.

사교육걱정없는세상(2010). 아깝다 학원비!: 대한민국 최초로 밝힌 사교육 진실 10가지, 그리고 명쾌한 해법! 서울: 비아북.

서울특별시교육청(2012). 자기주도 학습 플래너 '땀'. 미간행 장학 자료.

송인섭(2009). 송인섭 교수의 중위권 공부혁명 2. 서울: 다산북스.

한국소비자원(2015. 2. 23.). 초등학생 사교육비 가계 부담 여전: '방과 후 학교' 이용 학부모 10명 중 9명이 만족. 미간행 보도자료.

한영진(2011. 12.). 꿈과 비전으로 접근하는 생활지도. 새교육, 12월호.

Goddard, J. (2008). 존 아저씨의 꿈의 목록. 임경현, 이종옥 역. 서울: 글담어린이.

〈참고 자료 12-1〉 초등학생용 알림장

〈오늘도 뿌듯한 하루를 만들어 봅시다〉

이름: (   )

• 알림장 쓰기 (   )월 (   )일

선생님 확인:

• 오늘의 나의 하루는?

책 제목		읽은 시간		
즐거웠던 일				
오늘의 반성				
오늘의 감사				
나를 칭찬합니다				
오늘의 과제		✓ 완료 → 연기 × 취소 ● 진행 중	확인	

• 오늘의 복습: 오늘 배운 내용을 정리해 적어 봅시다(중요한 단어 적기).

교 시	과 목	배운 내용

〈참고 자료 12-2〉 초등학생용 계획표

〈오늘도 뿌듯한 하루를 만들어 봅시다〉

(　　)학년 (　　)반 이름: (　　　　　　)

요일 순	월(　/　)		화(　/　)		수(　/　)		목(　/　)		금(　/　)		토(　/　)		일(　/　)	
	할 일	평가	할 일	평가	할 일	평가	할 일	평가	할 일	평가	할 일	평가	할 일	평가
1														
2														
3														
4														
5														
오늘의 포인트														
평가														
포인트 합계			되돌아 보기											

〈참고 자료 12-3〉 중 · 고등학생용 계획표

( ) 월 ( ) 주간 ★ 주간 목표

★ 학습:　　　　★ 독서:　　　　★ 운동:

월 /	화 /	수 /	목 /	금 /	토 /
일일 및 자투리 시간 계획	일일 및 자투리 시간 계획	일일 및 자투리 시간 계획	일일 및 자투리 시간 계획	일일 및 자투리 시간 계획	일일 및 자투리 시간 계획
•	•	•	•	•	•
•	•	•	•	•	•
•	•	•	•	•	학습 내용 체크
•	•	•	•	•	☐
학습 내용 체크	학습 내용 체크	학습 내용 체크	학습 내용 체크	학습 내용 체크	☐
☐	☐	☐	☐	☐	☐
☐	☐	☐	☐	☐	☐
☐	☐	☐	☐	☐	계획 실천 점수
☐	☐	☐	☐	☐	1 2 3 4
☐	☐	☐	☐	☐	일 /
☐	☐	☐	☐	☐	일일 및 자투리 시간 계획
☐	☐	☐	☐	☐	
☐	☐	☐	☐	☐	
계획 실천 점수	계획 실천 점수	계획 실천 점수	계획 실천 점수	계획 실천 점수	학습 내용 체크
1 2 3 4 5	1 2 3 4 5	1 2 3 4 5	1 2 3 4 5	1 2 3 4 5	☐
메모				한 주간의 정리	☐
				실천 점수 평균(　)	☐
				다음 주 계획(○, ×)	☐
					계획 실천 점수
					1 2 3 4 5

★ 방과 후 학습 & 수행평가
◆
◆

★ 준비물
◆
◆

출처: 서울특별시교육청(2012).

13 우리 아이는 선생님이 책임져 주세요
자녀 교육을 교사에게 떠넘기려는 학부모 대응 방법

뒤죽박죽. 레시피가 필요해!

진수는 학교생활에 별 흥미가 없어 보인다. 뭘 해도 심드렁하고, 못한다는 말을 입에 달고 산다. 보통 아이들은 공부는 못해도 친구들과 노는 건 열심인데 진수는 친구들하고 노는 데에도 별 관심이 없다. 쉬는 시간에는 혼자 엎드려 있거나 그림을 그린다. 준비물도 안 챙겨 오는 날이 더 많고 숙제는 당연히 안 해 온다. 그러다 보니 진수와 한 모둠이 되어 과제를 해야 하는 아이들은 불만이 많다. 진수가 늘 무임승차를 하는 데다가 시키는 것도 잘 안 하기 때문이다. 아무래도 부모와 이야기를 해야겠다고 생각한 김 선생님은 진수 어머니에게 전화를 했다. 일을 하는 중이라 바쁜지 전화를 안 받는다. 그래서 문자를 남기고 연락이 오기를 기다렸지만 며칠이 지나도 답이 없었다. 오기로 전화를 하기를 며칠째…. 드디어 진수 어머니가 전화를 받았다.

김 교사: 진수 어머니시죠?

진수 어머니: 네, 그런데요. 누구세요?

김 교사: 네, 저 진수 담임교사입니다.

진수 어머니: 네.

김 교사: 다름이 아니고요, 어머님, 진수 학교생활에 대해 상의드릴 것이 있어서 연락했습니다.

진수 어머니: 선생님, 아시는지 모르겠지만 제가 진수 아빠랑 헤어지고 지금 진수랑 떨어져서 돈을 벌려고 지방에 와 있어요. 진수랑은 한 달에 한 번쯤 보는데 자주 못 보니까 제 말

도 안 듣고 그래요.

김 교사: 네, 그러시군요.

진수 어머니: 제 상황이 지금 진수한테 뭘 해 줄 형편이 아니라서요. 그냥 선생님께서 알아서 해 주세요.

김 교사: 네?

김 선생님은 선생님이 알아서 해 달라고 말하는 진수 어머니의 태도에 적잖이 당황했다. 보통의 어머니들은 담임교사가 전화를 하면 자녀에 대한 걱정이 앞서는데, 진수 어머니의 말에는 걱정도 별로 묻어나지 않았다. 진수 어머니의 태도를 보며 더더욱 어머니의 도움이 진수에게 필요하겠다는 확신이 생기는 김 선생님…. 어떻게 하면 진수 어머니를 교육으로 끌어들일 수 있을까 고민하기 시작했다.

양념 추가 〈모성은 타고나는 것일까?〉

이스라엘에서 두 가정을 놓고 연구를 진행했다. 한 가정은 엄마가 육아를 도맡아하고, 아빠는 가끔 도와주기만 하는 일반적인 형태의 가정이다. 다른 가정은 대리모를 통해 아이를 낳은 남성 동성 커플이었다. 이들은 둘 다 육아에 전념했다. 연구진은 두 가정의 양육 모습을 비디오로 촬영하고 애정과 친밀함의 호르몬인 옥시토신의 농도를 측정했다. 그리고 뇌의 어느 부분이 활성화되는지 분석했다. 분석 결과, 육아를 공동으로 맡아 하던 동성 커플의 뇌에서 특별한 점이 발견되었다. 두 사람 모두에게서 육아를 하기 전에는 관찰되지 않았던 양육회로가 작동하기 시작한 것이다. 그들의 뇌는 일반적인 가정에서 양육을 도맡아 했던 엄마의 뇌와 같았다. 즉, 모성이 자라기 시작한 것이다. 연구진은 남성과 여성 모두 엄마가 될 수 있는 뇌 회로를 타고났으며 이 회로를 작동하게 하는 것은 임신과 출산의 경험이 아니라 '육아 경험'이라고 결론지었다. 즉, 육아에 쏟는 정성과 시간이 많다면 누구에게나 모성이 생겨난다는 것이다.

출처: EBS 뉴스(2014. 12. 19.).

레시피 1. 자녀 교육을 교사에게 떠넘기는 학부모 유형

자녀 교육의 광풍이 불고 있는 시대라 모두 아이를 열심히 키우다 못해 힘들다고 아우성인데 내 아이의 교육을 선생님이 책임져 달라는 학부모가 있다. '선생님을 신뢰해서' 가 그 이유이면 좋겠지만, 그보다는 자녀를 어찌할 수가 없기 때문에 교사에게 떠넘기는 학부모다.

이런 학부모는 크게 두 가지 유형으로 나뉜다. 첫째는 자녀에게 무관심한 유형이다. 먹고 사느라 바빠서 통 자녀에게 신경을 쓰지 못하거나, 바쁘지는 않지만 자녀에게 관심이 없는 학부모다. 말로는 관심이 있다고 하더라도 실제로는 자녀에게 아무것도 하지 않는다. 알림장도 확인하지 않고 당연히 준비물도 안 챙겨 준다. 부모의 역할을 제대로 하지 않는 것에 대해서는 자책을 하나 자신은 사는 데 바빠서 여력이 없다고 말한다. 교사가 상담을 하려고 하면 역시나 시간이 없다고 피한다.

두 번째는 자녀에 대한 통제권을 상실한 유형이다. 부모가 아무리 말을 해도 자녀가 듣지 않기 때문에 자녀 교육을 위해 무언가를 하려고 해도 할 수가 없다. 그래서 자녀에 대한 권위가 있는 교사에게 자녀의 어떤 부분을 고쳐 달라고 부탁을 한다. 늘 자녀에게 휘둘리고, 자녀 때문에 힘들어하지만 어찌 할 바를 모른다. 교사가 상담을 하려고 하면 상담에 응하나, 자신은 할 수 없으니 선생님께 부탁드린다며 눈물을 흘린다.

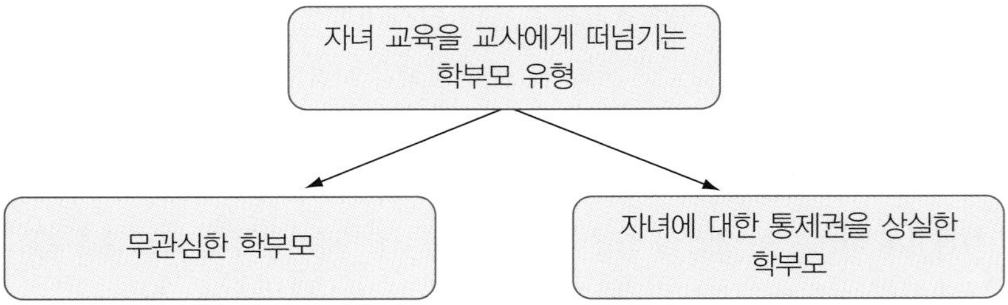

〈자녀교육을 교사에게 떠넘기는 학부모 유형〉

레시피 2. 무관심한 학부모와 동행하기

1. 연락하기

무관심한 학부모는 연락 자체가 되지 않는 경우가 많다. 일부러 교사의 연락을 피하기도 한다. 연락이 닿았더라도 시간이 없어 상담을 할 수 없다고 한다. 그래서 이런 학부모와는 꾸준히 연락을 하는 것 자체가 중요하다. 교사 입장에서는 매번 연락하는 것이 힘들고 진 빠질 수도 있다. '부모가 이러니까 애가 그렇지.' 하는 생각이 절로 들지만, 성실하고 집요한 것만큼 힘이 있는 것이 어디 있을까? 학부모가 무관심할수록 만나서 상담을 하는 것이 가장 좋지만, 그렇지 못하다면 연락이라도 꾸준히 하여 신뢰를 쌓고 학부모를 교육의 장으로 끌어들이는 것이 중요하다. 자신의 삶에 바빠 아이를 돌보지 못하는 학부모의 마음을 알아주면 그들의 마음을 여는 데 좀 더 도움이 된다. 학부모의 사정상 만나는 것이 불가능하다면 꾸준히 문자 메시지를 보내고 아이의 근황을 알려 준다. 현장학습을 다녀와서 찍은 사진을 보내거나 학교에서 아이가 어떻게 지내는지 등이 그 내용이 된다.

예
- 진수를 위해서 지방에 내려가서 돈을 버시는데 그것 때문에 오히려 아이와 떨어져서 살아야 한다니 아이가 보고 싶고 힘도 드시겠어요.
- 혼자 아이를 키우는 게 쉬운 일이 아닌데 아이에 대해 책임감을 가지고 열심히 생활하시네요.
- 어머님이 진수를 위해 뭔가 해 줄 상황이 아니라고 하시지만 전화로라도 아이의 학교생활에 대해 격려의 말 한마디라도 건네 주면 진수에게는 큰 힘이 될 거예요.
- 어머님, 그럼 언제 뵐 수 있을까요? (미리 날짜 잡아 놓기, 한 달 후도 상관 없음)
- 어머니가 올라오시는 날 댁 근처에 가서 찾아뵙는 건 어떠세요?
- 퇴근이 늦어지시면 제가 회사 앞으로 가겠습니다.

- 그러면 다음에는 언제 통화를 할까요? 통화하기 좋은 시간이 언제세요?
- 얼굴을 보는 게 힘드시다면 저와 통화하시면서 진수에게 도움이 될 방법을 함께 찾아보는 건 어떠세요?

2. 아이에 대해 이야기하기

아이의 상황에 대해 학부모에게 이야기한다. 문제행동뿐 아니라 아이의 긍정적인 면까지 함께 이야기하여 교사가 아이를 다각적으로 관심 있게 보고 있음을 인식시킨다.

예
- 진수가 그림을 잘 그려요. 쉬는 시간에 그림을 많이 그리는데 어제는 친구 얼굴을 제법 비슷하게 그려서 칭찬을 해 줬답니다. 어릴 때부터 그림 그리는 걸 좋아했나요?
- 그런데 요즘 통 힘이 없어 보여요. 뭘 하라고 하면 못한다는 말부터 먼저 하고 쉬는 시간에는 친구들과도 놀지 않고 혼자 엎드려 있거나 그림을 그리고 있어요. 숙제나 준비물도 안 해 올 때가 많아요. 그래서 걱정입니다.

3. 당황하기 않기 & 인내하며 꾸준히 동행하기

무관심한 학부모와 대화를 하는 것 자체가 힘이 들 수도 있다. 자녀에게 과도하게 무관심하다는 것은 그만큼 학부모 개인적으로도 문제가 있다는 것이다. 그래서 교사의 말에 대한 대답이 일반적인 대답과는 다를 수도 있고, 아이가 전혀 문제가 없다는 식으로 나올 수도 있다. 교사가 말을 많이 해도, 학부모의 대답에 당황하여 '뭐 이런 사람이 다 있나….' 하고 생각하면 상담을 계속 진행하는 것이 쉽지 않다. 단답식의 대답이나 예상과는 다른 반응에도 당황하지 않고 질문을 던지며 학부모의 말을 유도한다.

예 김 교사: 진수가요(진수의 행동 이야기)…. 어떻게 진수를 도와줄 수 있을까요? 아무래도 어머님이 저보다는 진수에 대한 전문가이시니까 함께 방법을 찾아 나가면 좋겠어요.

진수 어머니: 네. (침묵)

김 교사: (당황하지 말고) 어릴 때 진수 성격은 어땠어요?

진수 어머니: 조용했어요. (침묵)

김 교사: (당황하지 말고) 친구들하고는 잘 놀았나요?

진수 어머니: 네. (침묵)

김 교사: 진수의 이야기를 듣고 싶은데 말씀을 안 하시니까 당황스럽네요. 저와 진수에 대해서 얘기하는 게 편치 않으세요? 어떤 점이 편치 않으세요? 진수가 지금보다 좀 더 의욕적이면 좋을 것 같은데 어머님이 도와주세요. 제가 진수에 대해서 좀 더 알아야 하는 게 있다면 알려 주세요.

상담을 하며 아이를 도울 구체적 방법을 함께 찾아 나가야 하는데 대체적으로 무관심한 학부모는 '바빠서 하기 힘들다'고 하거나 '죄송하다'며 자꾸 교사에게 그 책임을 미루는 경향이 짙다. 그래서 조금이라도 학부모가 할 수 있는 선에서 아이에게 관심 어린 행동을 하도록 격려하는 것이 필요하다. 아이가 조금이라도 달라진 점이 있다면 그것에 대해 학부모에게 연락을 하여 보람을 느끼게 하는 것도 좋다.

무관심한 학부모와의 상담은 아이와의 상담보다 훨씬 큰 노력을 요하기 때문에 미리 마음을 단단히 먹고 '인내하기로 결정' 하고 상담을 진행해야 한다.

레시피 3. 권위 상실 학부모 격려하기

권위 상실 학부모는 교사의 상담 요청에 일반 학부모들처럼 잘 응하는 편이다. 자녀의 문제행동에 대해서도 잘 인정한다. 문제는 그것을 바로잡는 데서 부모로서 무력감을 느끼고 아이를 어찌할 수 없는 존재로 여긴다는 것이다. 아이 때문에 매우 힘들어하고 그것을 교사에게 토로하며 선생님이 아이를 바꿔 달라고 말한다. 권위 상실 학부모에게는 격려와 권위 부여가 필요하다.

1. 아이의 행동에 대해 이야기하기

어떤 학부모든 자녀의 문제로 교사와 상담을 하러 올 때는 걱정스러운 마음으로 학교에 오기 마련이다. 그래서 "귀한 시간 내 주셔서 감사합니다." "걱정스러운 마음으로 오셨을 텐데 함께 이야기 나누며 아이를 위해 서로 협력했으면 좋겠습니다." 등의 말로 학부모의 마음을 풀어 주며 대화를 시작한다.

아이의 문제행동에 대해 말할 때는 긍정적인 면과 함께 말하여 교사가 아이를 종합적으로 바라보고 있음을 인식시킨다. 대부분 권위 상실 학부모의 자녀는 공통적으로 학교에서도 권위에 대해 부적절한 태도를 취하는 경우가 많다. 대놓고 반항을 하기도 하고 겉으로는 조용하나 결국은 아무것도 하지 않음으로써 무기력의 탈을 쓴 반항을 하는 아이들도 있다. 사춘기에 접어들면 멀쩡하던 아이들도 반항적으로 바뀌는데, 원래 그렇던 아이들은 더 말할 것도 없다.

이후 자녀의 문제행동에 대해 어떻게 생각하는지, 집이나 학원에서는 어떻게 행동하는지 등을 학부모에게 묻는다. 권위 상실 학부모들은 '집에서도 아이 때문에 힘들다'며 '제 말은 잘 안 듣는다'는 이야기를 많이 한다.

이때 상담의 목표는 크게 두 가지가 되는데, 첫째는 학교에서의 아이의 문제행동을 수정하는 것이고, 둘째는 가정에서 학부모의 권위를 회복하는 것이다.

2. 가이드라인 정하기

권위를 잃어버린 학부모에게 아이가 언제부터 그랬는지, 왜 그렇게 되었는지 등을 물을 수 있다. 원인을 아는 것이 현재를 바로잡는 데 도움이 되기 때문이다. 그러나 따로 원인을 분석하지 않고 현재 당면한 문제에 집중하여 상황을 해결할 수도 있다. 대개의 학부모 상담은 매주 일정한 시간에 여러 번에 걸쳐 진행되는 것이 아니라 단기적이고 일회적으로 진행될 때가 많은 까닭이다.

권위에 순종하지 않는 아이가 범하는 가장 큰 실수는 '선'을 넘는 것이다. 교사와 학생 사이에 지켜야 할 선, 부모와 자식 사이에 지켜야 할 선을 잘 몰라 종종 선을 넘는 행동을 한다. 그래서 아이에게 해도 되는 것과 해서는 안 되는 것을 정하고 그것을 아이가 지키도록 하는 것이 필요하다. 할 수만 있다면 부모와 아이, 교사가 함께 가이드라인을 정하는 것이 가장 좋다. 훈육은 아버지만 혹은 어머니만 하는 것이 아니라 부모가 한 팀이 되어 하는 것이 가장 효과적이므로 가이드라인을 정할 때 부모가 모두 참여한다면 그것을 지켜 나가기가 수월해진다. 혹여 조부모의 부적절한 양육 태도로 부모의 권위가 없어진 상황이라면 더더욱 부모가 함께 참여해야 한다.

부모가 함께 참여할 수 없더라도 '아이는 반드시 함께해야' 아이도 이를 수긍하고 더 잘 받아들인다. 이때 교사는 두 가지 역할을 한다. 첫째는 상식 선에서 가이드라인을 조율해 주는 것이다. 권위를 잃어버린 학부모는 어떤 것이 양육과 훈육에서 상식 선인지 잘 모를 때가 있으므로 이때 교사의 조언이 도움이 된다. 둘째는 부모에게 권위를 빌려 주는 것이다. 평소 부모의 말을 잘 안 듣던 아이가 '선'을 정했다고 하여 단번에 그것을 지키기는 어렵다. 그래서 부모가 권위를 되찾을 때까지 교사의 권위를 부모에게 빌려 주어 아이가 가이드라인을 잘 지키도록 돕는다.

앞서 상담의 목표는 학교에서의 아이의 문제행동 수정 및 가정에서의 학부모의 권위 회복이라고 하였으므로 가이드라인에 이와 관련된 내용이 들어가야 한다. 더불어 아이만이 선을 지키는 것이 아니라 부모와 교사도 선을 지켜야 한다. 권위는 상대를 윽박지르는 것에서 나오는 것이 아니므로 자신의 권위를 세울 수 있는 행동의 범위를 정하고 그것을 지키기 위해 노력하는 모습을 아이에게 보이는 것이 좋다. 또 너무 많은 것을 정하기보다 지킬 수 있는 몇 가지를 정하는 것이 실천에 유리하다.

예 • 높임말 안 쓰기 (×) → 아이에게는 무리한 요구다.
"아, 짱 나." "신경 쓰지 마요." "할머니한테나 잘하세요." 라는 말 하지 않기(○)

3. 격려하기

권위를 잃어버린 학부모는 위축되어 있기 마련이다. 아이 입장에서는 새로운 권위자를 받아들이는 것이 쉽지만은 않다. 따라서 아이에게 긍정적인 변화가 있거나 그렇지 않더라도 나름대로 꾸준한 노력을 하고 있다면 아이와 학부모 모두에게 아낌없이 격려를 보낸다. 더불어 교사도 자신의 선을 지키기 위해 노력하는 모습을 꾸준히 보여야 한다. 변화는 하루아침에 일어나지 않으므로 계속적인 관심을 가지고 지지를 보내는 것이 중요하다.

레시피 4. 아이와 일대일의 관계 맺기

교사가 아이들을 가르칠 때 좋은 관계 맺기는 필수적인 요소다. 도저히 다룰 수 없을 것 같은 아이도 일단 좋은 관계를 맺고 나면 훨씬 수월하게 지도하는 것이 가능하다. 부모의 무관심 가운데 자란 아이는 다른 사람의 애정을 과도하게 갈구하거나 무엇에든 심드렁한 태도를 지녔을 가능성이 크다. 누군가의 애정과 보호를 구하는 마음은 같지만 전자는 그래서 과한 애정결핍 증상을 보이고, 후자는 상처받을까 봐 아무의 간섭도 바라지 않는다. 부모의 권위 아래 자라지 않은 아이들이 원하는 건 진정한 '권위자' 다. '권위자' 란 자신에게 명령하는 사람이 아니라 자신을 따뜻하게 보호하고 도와주는 사람이다. 부모가 '권위자' 로서 아이의 삶 속에 들어가지 못했기 때문에 아이는 혼자 내키는 대로 생각하고 행동한다. 그래서 자신의 삶에 영향을 미칠 참 '권위자' 를 내심 바라지만 겉으로 보기에는 자존심 강하고 고집스럽게 자기 뜻대로 행동하는 것처럼 보인다. 무관심 가운데 자란 아이이건 부모의 권위를 무시하고 자란 아이이건 간에 아이들이 원하는 것은 나를 보호해 줄 든든하고 믿음직한 어른이다.

이런 아이들에게 교사는 바람직한 '권위자' 의 모습을 보여 줄 수 있다. 지금까지 아이와 맺은 관계가 1:30이었다면 이런 아이들에게는 1:1의 관계 맺음이 필요하다. 이때 교사가 줄 애정은 친구로서의 애정이 아니라 아이를 보호할 수 있고 아이를 책임져 줄 수 있는 어른으로서의 애정이다. 아이에게 친구처럼 대해 주되 절대 친구가 돼서는 안 된다. 그 순간 교사는 아이의 친구가 아닌 노예로 전락한다. 어떤 아이는 생각보다 쉽게 일대일의 관계를 맺을 수 있지만, 어떤 아이는 계속 교사를 시험한다. 마치 '내가 이렇게 해도 나를 사랑해 줄 수 있어?' 하는 것 같다. 그래서 교사는 더더욱 어른이 되어야 한다. 아이와 눈높이가 완전히 같아지면 아이의 배신에 어른이 아닌 아이처럼 행동하게 되기 때문이다.

아이들에게 이런 좋은 '권위자'로 서기 위해서는 따뜻한 배려와 함께 해도 되는 것과 해서는 안 되는 것을 확실히 구분하는 것이 매우 중요하다. 선을 넘는 것은 관계에 문제가 생기는 가장 큰 원인이 되기 때문에 아이에게 선을 확실히 가르쳐 주어 아이가 이것을 넘지 않으면서도 어른과 친밀하게 지내는 경험을 하게 하는 것이 필요하다.

• 아이와 일대일의 관계 맺음에 도움이 되는 매직워드

"넌 우리 반에 꼭 필요한 아이야. 참으로 소중해!"

"선생님이 이렇게 기쁜데 넌 얼마나 자랑스럽겠니?"

"어떻게 이렇게 잘할 수 있었니?"

"선생님은 널 믿는다!"

"너의 진정한 재능을 알아줄 때가 올 거야!"

"원래 그런 사람은 없단다."

"네 도움이 필요한데 나를 도와줄 수 있겠니?"

출처: 한영진, 박미향, 이정희, 김민정(2014).

비법 한 스푼 〈권위는 어디서 오나〉

부산의 한 중학교에서 일어난 일이다. 학교에서 모두가 문제아로 손꼽는 아이가 있었다. 수업 시간에 엎드려서 자도 아무도 아이를 깨우려 하지 않았다. 그냥 와서 앉아 있는 걸로 아이에 대한 기대는 충족이 된 상태였기 때문이다. 한 선생님이 수업 시간에 아이의 태도를 보고는 한마디 했다. 아이는 짜증을 내었다. 며칠 후 학교의 예절실에서 선생님은 다시 아이와 마주쳤다. 아이를 비롯한 네 명의 당번이 청소를 하고 있었다. 선생님은 이들을 불러 '다도'에 따라 차를 한 잔씩 주었다. 무릎을 꿇고 정성을 다해 한 잔씩…. 이전의 버릇없는 태도에 대해 아이에게 말하지 않았음은 물론이다. 그리고 며칠 후 복도에서 아이와 마주쳤는데 아이가 말했다.

"선생님, 한잔 하실래예?"

순간 선생님은 당황했지만, 아이의 말이 차 한 잔임을 알아차리고는 다시 예절실로 데리고 가 차를 따라 주었다. 아이는 말했다. 누군가가 자기를 이렇게 대접해 주는 것이 처음이라고…. 그 후 아이의 태도가 달라졌다. 고슴도치 같던 아이의 뾰족함이 선생님 앞에서는 부드러워진 것이다. 참 권위는 명령이 아닌 섬김과 보살핌에서 온다.

출처: 손우정(2012. 5. 21.~2012. 7. 1.).

공깃밥 추가 〈무기력한 아이 지도하기〉

1. 좌석 배치 바꿔 보기: 옆에 명랑하면서도 배려를 잘하는 아이를 앉혀서 활동을 할 때 무기력한 아이를 챙길 수 있도록 하기
2. 다양한 활동하기: 한 자리에만 가만히 앉아 있는 수업이 아니라 자리를 바꾸는 수업 하기
3. 책임 맡기기: 수업 중 구체적인 역할을 주어 책임 맡기기(예: 자료 돌리기, 책 치우고 정리하기 등)
4. 수업 시간 전 아이의 주목 이끌어 내기: 아이와 눈을 맞추고 의미 있는 눈길을 보내며 주의 이끌어 내기(예: 눈짓, 손짓, 가벼운 신체 접촉, 고개 끄덕임 등)
5. 과제의 양을 잘게 쪼개어 수행 단위 줄여 주기
6. 필요한 만큼 시간 주기

7. 제출된 과제에 신속한 피드백 주기
8. 아이가 잘하는 것 찾아 격려하기
9. 개선된 행동에 대해 인정과 칭찬으로 보상하기
10. 아이들 간의 친밀감을 높이는 게임 및 활동을 통해 다른 친구들과의 접촉점 늘리기

출처: 한영진, 박미향, 이정희, 김민정(2013), pp. 83-86을 재구성.

셰프에게 물어봐
〈자녀 교육에 감 놔라 배 놔라 하는 시어머니〉

지혜는 집에서는 저를 종처럼 대하고, 학교에서는 친구들을 종처럼 대합니다. 자기 마음대로 하려고 하니 딸의 친구들도 딸을 싫어해요. 남편은 작은 회사에 다니고 저는 전업주부라서 시어머님이 집도 사 주시고 경제적으로 도움을 많이 주시거든요. 그래서 그런지 어머님은 지혜 키우는 문제에 하나부터 열까지 간섭을 많이 하세요. 얼마 전에는 저한테 제빵 기술이라도 배워서 돈을 벌라고 하셨지만, 지금 새로 기술을 배우는 것도 어려우니까 아이를 키우는 데 전념하겠다고 말씀드렸어요. 그래서 저는 지혜한테만은 최선을 다해요. 항상 예쁜 옷에 머리끝부터 발끝까지 완벽하게 치장하고, 학교가 끝나면 간식 먹이고 학원에 데려다주고 데려오고…. 하나부터 열까지 아이에게 맞춰 살지요. 그런데 지혜는 저를 무시해요. 걸핏하면 이거 해라, 저거 해라 하면서 제 말은 잘 안 들으려고 하지요. 할머니가 제 머리 위에 있는 걸 아는지, 불만이 있으면 할머니에게 일러 저를 혼나게 만들어요. 저는 어떻게 하면 좋을까요?

많이 힘드시겠어요, 어머니. 지혜를 그렇게 돌보시는 걸 보면 지혜 어머니는 부모로서 책임감이 매우 강하시네요. 그러니 힘이 들지만 아이를 열심히 돌봐 주시는 거지요. 일단 이 문제는 아이 문제라기보다는 시어머님과 지혜 어머니의 문제라고 봐야 할 것 같아요.

먼저 남편을 지혜 어머니의 편으로 만드세요. 부부 관계가 견고해야 어려움을 함께 이겨 나갈 수

있어요.

확고한 자기 신념도 필요해요. 책을 읽으면서 자기 시간도 갖고 나름대로의 가치관을 갈고 닦으세요. 자신의 가치관이 서 있어야 시어머니에게도 대항할 수 있고, 나중에 시어머니가 돌아가신 다음에도 주관 있게 생활할 수 있어요.

부부가 한 편이 되고 지혜 어머니의 가치관이 바로 서야 지혜에게 바로 된 선을 그어 줄 수 있어요. 그렇지 않고 선만 그으면 지혜는 선을 함부로 넘으려고 할 것이고 어머니가 혼내면 할머니한테 쪼르르 달려갈 거예요.

참고문헌

한영진, 박미향, 이정희, 김민정(2013). 교사를 당황하게 하는 아이들: 학습 · 생활 편. 서울: 학지사.

한영진, 박미향, 이정희, 김민정(2014). 매직워드77: 콕! 집은 선생님의 한마디 교실을 바꾼다. 서울: 학지사.

EBS 뉴스(2014. 12. 19.). 아빠의 '모성'을 깨우는 방법.

손우정(2012. 5. 21. ~ 2012. 7. 1.). 배움의 공동체, 수업이 바뀌면 학교가 바뀐다. 에듀니티 행복한 연수원 직무연수 강연.

14 우리 아이는 집에서 욕 안 하는데요?

발뺌하는 학부모 대응 방법

뒤죽박죽. 레시피가 필요해!

오늘 학부모 상담은 야간 상담까지 합하여 모두 네 명의 어머니와 상담을 했다. 그런데 순철이 어머니와의 상담이 무언가 제대로 된 것 같지 않아 마음이 찜찜했다. 대개의 어머니들은 아이의 학교생활 중에서 부모가 미처 모르고 있는 내용을 알려 주면 고맙다고 하며 집에서 잘 지도하겠다고 말한다. 그런데 순철이 어머니는 달랐다.

김 교사: 어머니, 순철이가 요즘 욕을 많이, 또 자주 해서 여자아이들에게서 항의가 많습니다. 고운 말을 사용하도록 가정지도를 해 주시기 부탁드립니다.

순철 어머니: 그래요? 집에서는 욕을 전혀 안 하는데요? 다른 학생들이 사용하니까 학교에 오면 배우나 봐요. 학교에서는 좋은 것만 가르치는 줄 알았는데 이렇게 욕을 배워 오다니…. 선생님은 이제야 그걸 아셨나요?

김 교사: 네에?

김 선생님은 어이가 없었다. 잘못된 행동을 바르게 지도하자고 꺼낸 이야기인데, 학부모는 그에 대해서는 일언반구도 없이 회피하려고만 하고, 오히려 자기에게 무슨 책임을 물을까 봐 발뺌을 하는 것이다. 학교에 와서 욕을 배웠으니 학교가 책임을 지라는 듯이….

순철이 어머니처럼 학부모 상담에 와서 담임에게 자녀의 행동 문제를 지적받았을 때 교사의 지도를 수용하지 않고 발뺌을 하는 학부모를 종종 만날 수 있다. 이런 경우 어떻게 해야 할까?

레시피 1. 발뺌하는 학부모의 심리 이해하기

1. 발뺌하는 학부모의 기분 이해하기

집에서 아들의 욕을 전혀 들어 보지 못한 순철이 어머니는 담임의 말을 듣고 깜짝 놀랐다. 학부모 상담주간 안내문을 보고 모처럼 일정을 조정하여 어렵게 학교에 왔는데 아들이 욕을 한다는 말에 순간 당황이 되고 창피하기도 했다. 담임으로부터 전혀 예상치 못한 말을 들은 순철이 어머니는 다음과 같은 생각이 들어 불쾌했을 수 있다.

예
- 난 아들에게 욕을 가르친 적도 없고 우리 집에는 아무도 상스러운 말을 쓰는 사람이 없는데 담임이 뭔가 착각하고 있는 것은 아닌가?
- 학교에서 어떻게 지도했기에 우리 아들이 욕을 쓴단 말이야. 담임은 뭘 가르쳤지?
- 담임은 애들이 욕을 하는 것도 그동안 모르고 있었나?
- 여자애들이 항의하지 않았더라면 담임은 영원히 모를 뻔했단 말인가?
- 이건 순전히 학교의 책임이야. 집에서는 욕하는 걸 들어 본 적이 없어.
- 담임은 우리 순철이의 좋은 점은 왜 하나도 말 안 해 주고 욕하는 것만 먼저 말하는 거야? 정말 창피하고 자존심 상하네.

순철이 어머니는 불쾌한 기분을 참느라고 애썼을 것이다.

2. 발뺌하는 학부모의 심리 들여다보기

1) 자기방어 심리

아들이 학교에서 욕을 한다는 것을 담임교사에게 듣는 일은 부모로서 부끄러운 일이다. 더욱이 매일매일 아들을 돌보는 어머니가 아들이 욕을 하는 것을 전혀 모르고 있었다는 것에 대해 일말의 죄책감을 느꼈을 수도 있다. 그래서 집에서는 전혀 모르는 일이며 자신은 최선을 다했음을 은근히 강조하면서 자기를 방어하는 심리가 보인다.

2) 책임회피 심리

어느 부모나 자녀를 잘 키우려고 노력한다. 그러나 아이가 커 가면서 자녀의 문제가 드러나 외부 사람들에게 지적을 받게 되면 마치 자신이 부모 역할을 하지 않은 것으로 사람들이 오해할까 신경을 쓰게 된다. 남을 지나치게 의식하여 흠을 잡히지 않으려는 성향이 강한 부모인 경우 무슨 일이 있으면 자기는 엄마로서 최선을 다했다는 것을 지나치게 강조한다. 그렇게 되면 상대적으로 자신이 아닌 누군가에게 책임을 전가하게 되는 것인데도 상대방의 입장보다는 자기 입장이 더 우선이다.

3) 완벽주의 성향

사람은 누구나 실수하며 살게 마련이지만 완벽주의 성향의 사람은 우선 자신의 실수를 인정하기 힘들어한다. 사례의 학부모의 경우 부모 역할을 완벽하게 했다고 자부하며 자녀를 키웠을 수 있다. 그런데 공식적인 만남의 자리에서 자녀가 욕을 한다는 말을 들었을 때 그 사실을 인정하기 어렵다. 당당하던 자신의 모습이 자녀의 험으로 일시에 다 무너지는 듯한 충격을 내심 꾹꾹 참고 있을 수 있다. '어떻게 내 자녀가?' '내가 바른 말을 사용하도록 얼마나 애써서 가르쳤는데….' 하며 마음의 균형이 깨어져서 순간적으로 담임에게 책임을 묻는 듯한 말을 했을 수 있다.

레시피 2. 발뺌하는 학부모 대응 방법

1. 교사의 기분 가라앉히기

교사의 말을 이런 식으로 부정하는 학부모가 바로 앞에 앉아 있을 때 교사는 기분이 나쁠 수밖에 없다. 자칫 잘못하면 순간적으로 기분 나쁜 표정이 교사의 얼굴에 그대로 드러날 수 있다. 그렇게 되면 의도한 상담은 커녕 일이 이상하게 돌아갈 수 있다. 모처럼 대면한 자리인데 망칠 수는 없지 않는가?

이럴 때 교사는 순간적으로 얼른 자기와의 대화(self talk)를 해야 한다. 그리고 침착하게 감정을 가라앉혀야 한다. '어이없지만 (자신의 이름을 부르며) 넌 잘할 수 있어. 넌 전문가잖아. 이런 순간에도 표정 관리를 잘하고 대화를 진행해야 해.' 하는 식으로 말이다.

2. 발뺌하는 학부모와 대화하기

발뺌하는 학부모를 이해하고 대화를 진행하는 것은 쉬운 일이 아니다. 더욱이 교사들의 일반적인 심리는 학생이나 학부모가 자신의 말을 거부하거나 반대할 때 매우 민감해진다. 그렇게 마음이 편치 않은 상태가 되면 학부모에게 좋은 말을 해 주기가 쉽지 않다.

그 순간에 주의해야 한다. 기분대로 말하면 실수하기 쉽다. 이때 필요한 전략은 '3초 stop' 이다. 방아쇠처럼 튕겨져 나가는 자동적인 생각들을 최소한 3초 동안 멈추는 것이다. 그렇게 하면 크게 후회할 일은 생기지 않는다. 그리고 이렇게 말해 보는 것은 어떨까?

예
- 아, 네. 순철이가 집에서는 안 그러는군요. 아주 희망적인 이야기입니다.
- 집에서는 어떻게 지도하시는지 부모님의 특별한 지도 방법을 알고 싶군요.
- 저도 참고해서 학교에서 순철이 지도에 반영하면 학교에서 욕하는 행동을 바꿀 수 있겠군요.
- 저는 어떻게 하든지 순철이가 고운 말을 사용하는 언어 습관을 기르도록 하고 싶습니다. 저의 마음을 이해하시고 도움이 되는 말씀을 언제라도 해 주시면 참고하겠습니다.

이렇게 말하면 순철이 어머니의 기분도 맞추어 주고 부모의 아이디어도 들을 수 있다. 혹시 자신에게 양육의 책임이라도 돌아올까 봐 방어하고 있던 학부모의 마음이 부드러워질 수 있다. 담임교사에게 인정받는 말을 듣게 되니 마음이 놓이고, 협조하는 자세로 바뀔 수 있다. 이렇게 되면 팽팽하던 긴장 관계는 눈 녹듯이 사르르 풀어질 수 있다.

3. 자녀의 행동 이해를 위한 관찰 자료 보여 주기

단순히 '욕을 했다'고 말하기보다는 어떠한 상황에서 어떠한 욕을 했고 그에 대해 교사는 어떤 지도를 했으며 어떤 변화가 있었는지, 또는 지도 후에도 아무런 변화가 없어서 어머니의 협조를 구한다는 내용을 설득력 있게 전달하려면 근거가 있어야 한다. 아이 행동 관찰기록부를 만들어 함께 살펴볼 자료로 활용한다.

〈관찰기록부 예시〉

순서	월 일	지도 학생	행동 및 지도 내용	결과 및 반응	비고
1	5. 30(금)	김순철	여학생에게 '나쁜 년아'라고 해서 언어폭력에 대해 지도함	조심하겠다고 했으나 변화 없음	자신의 행동을 변명하지 않은 것을 칭찬해 줌
2	6. 2(화)	이미화	청소 시간에 빗자루를 던져서 타이름	실수였음을 인정하고 사과함	행동이 고쳐짐
3	6. 5(금)	김순철	다른 반 학생에게 '씨팔새끼'라고 하며 싸워서 그 반 담임에게 꾸중 들음	지도받은 경험 이후 더 심한 욕 사용함	학부모 면담 필요함
4	6. 8(월)	김순철	목발을 짚고 등교하는 친구의 가방을 들어 주는 모습을 보고 반 전체 앞에서 칭찬해 줌	으쓱하며 기분이 매우 좋아 보임	칭찬받는 행동이 늘어나기를 기대함

※ 순철 어머니께 관찰기록부를 보여 줄 때는 '이미화 칸은 붙임딱지 등으로 가려 주세요.' (이하 같음)

이러한 자료를 보여 줄 때 주의할 일이 있다.

- 다른 아이의 정보는 미리 가려 둔다. 이때에는 자기 자녀의 행동 기록에만 관심을 가져야 하는데 다른 아이의 기록이 눈에 띄면 비교 차원에서 그곳에 시선이 갈 수 있다. 이렇게 되면 집중이 약해진다.

- 해당 아이의 문제행동만 기록해 두지 말고 긍정적인 행동 관찰 내용도 있어야 한다. 다행히 순철이도 6월 8일에 선행을 한 기록이 있어서, 자녀의 좋은 점을 놓치지 않고 기록한 담임교사에 대해 오해도 줄이고 객관적인 기록임을 신뢰할 수 있게 된다.
- 충분히 객관적인 기록이 되게 하려면 '나쁜 년아' '씨팔새끼' 처럼 욕설이나 문제행동이 구체적으로 기술되어야 한다.

공깃밥 추가 〈욕 끊기! 지도 한 발 더 나아가기〉

1. 욕은 왜 할까?

욕의 영향력은 생각보다 심각하다. 욕을 하면 뇌의 특정 부분이 파괴될 정도로 해악의 정도가 심하고 자신의 인격에 상당한 손상을 가져옴도 당연하다. 입으로 내뱉은 욕을 자신의 뇌(전두엽)가 계속 들으므로 부정적이고 공격적인 사고 경향이 강화되는 것이다.

다음 화면은 EBS(2010)의 〈10대 청소년의 욕 사용〉 방영 중 소개된 내용이다.

이 내용을 보면 교육을 통해서 무엇을 지도해야 하는지가 명확해진다.

욕을 사용하는 것이 친근한 표시라고 생각하거나(4위), 남들이 만만하게 볼까 봐 욕설을 한다는 청소년들(5위)이 바른 생각을 하도록 알려 줘야 한다. 그리고 말은 스트레스를 푸는 수단이 아니라(3위) 의사소통의 수단임을 지도해야 한다. 남들이 사용하니까(2위)와 습관이 돼서(1위) 그룹에는 자신의 습관이 곧 인격이 됨을 강력하게 강조해야 한다. 그래서 바른 언어를 사용하는 새롭고 올바른 습관을 들이도록 지도해야 한다.

2. 욕 사용을 어떻게 중지시킬까?

아이들이 아무 생각 없이 주고받는 욕설을 듣는 부모나 교사는 깜짝 놀란다. 더욱이 집에서는 욕을 하지 않던 아이가 친구들과 전화할 때 욕설을 섞어 가며 자연스럽게 주고받는 대화를 들은 부모는 충격을 받는다. 그러고는 대개 '욕이 얼마나 나쁜지 아느냐?' '그런 상소리를 쓰면 인격이 떨어진다.'는 등의 말을 하며 욕을 못하게 한다.

그러나 이런 훈계를 듣는 아이들은 그 말에 동의를 하지 않는다. 친구들 사이에서는 재미있고 맛깔나게 주고받는 말인데 그저 운 나쁘게 들켜서 재수 없게 혼난다고만 생각한다. 일시적인 이 순간만 모면하면 얼마든지 다시 쓸 수 있다고 생각한다. 그러니 '나쁘니까 쓰지 마라.'라는 말은 효력이 없다.

그렇다면 스스로 욕을 사용하지 말아야겠다고 다짐하도록 하는 좋은 지도 방법은 없을까?

다음에 소개하는 방법들로 욕 사용을 자제하도록 할 수 있다.

• 욕의 폐해를 상세하게 알린다.

욕을 사용하면 자신도 모르는 새에 뇌가 서서히 파괴된다는 것을 알려 준다. 또한 욕을 듣는 사람은 매우 기분이 나쁘고 무시당하는 느낌이 들어 정서적으로 평형을 잃게 된다. 욕은 매우 부정적인 에너지를 갖고 있어서 처음 들을 때는 누군가에게 분풀이를 하고 싶을 정도로 화가 난다고 한다. 욕을 처음 사용할 때는 약간의 거부감이 있지만 점점 강도 높은 욕을 사용하게 될 정도로 중독성이 있다.

• 욕의 어원을 알려 준다.

학생들은 개별 욕 단어의 역사에 대해 자세히 모른다. 대부분의 욕은 성적인 의미를 담고 있다. 즉, 아름답고 고결해야 할 성(性)을 추하고 난잡한 것으로 전락시키는 또 다른 의도가 개입되어 있다. 예를 들어,

'씨팔새끼'의 경우는 상대방과 자신의 탄생을 저질스럽고 난잡한 성교의 결과로 몰

아 버리는 결과가 됨을 알려 주면 무심코 사용하던 욕 사용을 자제하게 된다.

• 개별 일기를 쓰도록 한다.

일기에 자신의 욕 사용 빈도가 얼마나 감소되었는지 스스로 확인할 수 있도록 매일 기록으로 남기게 한다. 일기는 자신의 변화를 확인하는 자료로는 최고다.

• 학급 단위 또는 학교 단위로 캠페인 후 구체적으로 접근한다.

혼자만 사용하지 않는다고 해서 효과가 있지는 않다. 모두가 공감대를 형성하도록 캠페인을 벌인 후 구체적 실천 지침을 정하도록 해야 효과가 있다.

• 욕 사용을 자제한 결과에 대해 보상을 준다(개인 보상).

사실 가장 큰 보상은 언어 사용에 대한 자기자신의 변화다. 이와 더불어 외적으로도 학생들이 좋아할 보상을 준다면 변화된 습관을 유지하는 데에도 도움이 된다.

• 외적인 포상 체제를 활용한다(단체 보상).

학급 단위 또는 학교 단위로 '욕 사용 이전과 이후의 나' 라는 주제로 대회를 연다. 글짓기, 콩트, 드라마, 율동 등으로 다양하게 참여할 수 있도록 발표 기회를 열어 포상의 기회를 준다.

이 중에서 욕의 어원을 알게 하는 것은 내적인 다짐을 이끌어 내는 데에 매우 효과적이다. 그것도 직접 자신들이 조사해서 알게 되면 그런 줄도 모르고 사용한 자신에 대해 부끄러움을 느끼고 욕 사용이 현저히 줄어들게 된다. 여기서는 욕(辱)과 비속어(卑俗語)를 같은 의미로 사용한다.

비법 한 스푼 ① 〈욕의 어원과 대체어〉

욕 사용을 근절하기 위해서 가장 효과적인 방법으로 욕의 어원을 알려 주는 것이라고 소개하였다. 욕 몇 가지의 어원을 알아보고 그 대체어는 무엇으로 하면 좋을지도 알아보자.

좆같다: 친구들이 욕하는 것을 들을 때 기분이 어떠냐니까 '정말 좆 같아요.' 라고 5학년 남학생이 말했다.

→ 어원: '좆' 은 남자의 성기를 의미하는데 이것은 생각하는 대로 통제되지 않는다. 이런 '좆' 의 특성을 이용해 사람들은 자기 스스로 통제할 수 없고 뜻대로 되지 않을 때 '좆 같다' 고 말한다.

→ 대체어: 꽃 같다.

"야. 나 오늘 기분이 정말 꽃 같아."

"시험 점수가 왜 이렇게 꽃 같냐?"

세상의 일들이 모두 잘 안 풀린다고 할지라도, "아, 정말 '좆같은' 인생"이라고 말하지 말고 '꽃 같은' 상큼한 인생이라고 말했으면 한다. 사람은 말하는 대로, 생각하는 대로 되는 거니까.

빠순이: 학창시절에 좋아하는 연예인을 만나기 위해 새벽 6시에 도서관에 간다고 핑계를 대고 집에서 나왔는데, 어디서 그런 용기가 났는지…. 물론 그날 진짜 빠순이들에게 밟혀 응급실에 갈 뻔한 이후로 빠순이는 아무나 하는 것이 아님을 깨닫고 다시 일상으로 돌아갔다.

→ 어원: '오빠' 와 '순이' 의 합성어로 모든 일을 제쳐 두고 운동선수나 가수, 배우 등을 쫓아다니면서 응원하는 여자들. 빠돌이도 여기에서 파생되었다.

→ 대체어: 마니아

마니아는 어떤 한 가지 일에 몹시 열중하는 사람을 가리키는 말로 누군가에게 열중한다는 점에서는 어느 정도 일맥상통한다.

존나: 부사로 알고 사용하는 청소년이 많다. 친구에게 선물을 받았을 때 '존나 고마워', 짜증 나는 순간에는 '존나 짜증나.' 라고 말하는 것을 흔히 들을 수 있다.

→ 어원: '존나'는 '좆나'에서 변형된 단어로 '좆'은 남성의 성기를 뜻하는데, '좆나'는 성기가 튀어나올 정도라는 의미의 성적인 욕설이다. '아주' '매우'와 동의어가 되어 버린 단어다.

→ 대체어: 정말

'정말 고마워.' '정말 짜증 나'로 대체해서 쓰면 고마운 마음은 배가되고 짜증 나는 마음은 반절이 될 것이다.

젠장: 여자들은 명품을 좋아하는데 그 욕구를 충족해 주기 어려운 남성들은 '젠장'을 연거푸 내뱉는다. 여기서 '된장녀'라는 말도 파생되었다고 한다.

→ 어원: 옛날 형벌 중 죽을 때까지 곤장을 치는 형벌이 있었는데 그것이 난장이었다. 난장을 맞은 사람들은 보통 장애인이 되거나 죽기 십상이었는데 당시 사람들 사이에서는 욕으로 '제기랄, 난장을 맞을'이라는 말이 유행했다. 이것이 줄어들어 '젠장'이 되었는데, 요즘은 뜻에 맞지 않고 불만스러울 때, 짜증 날 때 혼자 하는 감탄사쯤으로 쓰고 있다.

→ 대체어: 기가 막히다

→ '어제 오늘 쌓인 눈 때문에, 젠장, 저 풍경 좀 봐라!'

'어제 오늘 쌓인 눈 때문에 기가 막히게 멋있는 풍경이 연출되었네!'

출처: 권희진(2013).

비법 한 스푼 ② 〈욕설상호평가제〉

청소년들의 언어 습관 바로잡기는 모든 교육기관의 숙제다. 그러나 답을 찾기란 정말 어렵다. 그런데 기상천외한 방법으로 효험을 본 사례가 있다. 바로 '욕설상호평가제'가 그것이다.

• 욕설상호평가제란?

욕은 친구들 사이에서 가장 편하게 사용하기 때문에 같은 반 친구들이 서로의 언어 생활을 평가하는 것이다. 몇 단계로 나누어서 평가하고 그 결과를 초등학교의 경우 생활점수에, 중등학교의 경우는 국어과 관련 수행평가에 반영해도 된다.

실제로 한 고등학교에서 욕설상호평가제를 실시한 결과 욕설이 현저하게 줄어드는 효과를 보았다고 한다. 어떤 학생은 자기가 사용하는 말의 90%가 욕이었음을 깨닫고 자신의 언어 생활을 친구들로부터 나쁘게 평가받은 후 충격을 받았다고 한다. 자신의 언어 생활을 다듬기로 다짐하여 노력한 결과, 한 학기 만에 자신의 언어 생활이 나쁘다고 평가받은 학생이 16명에서 5명으로 줄었다고 한다.

출처: 중앙일보(2012.10.13.).

셰프에게 물어봐 〈형제간의 욕설을 하소연하는 학부모〉

중3인 형이 갑자기 5학년 남동생에게 자주 욕을 한다며 학교에서는 욕을 하지 않는지 걱정된다고 학부모가 상담을 해 왔습니다. 그런 고민을 하는 우리 반 학부모에게 어떻게 안내하면 좋을까요?

형이 욕하니까 동생도 영향을 받을까 봐 걱정되는 학부모시군요. 그 학부모에게 다음과 같이 해 보라고 안내해 주세요.

1. 욕을 사용한 것을 들으면 발견한 즉시 바로잡아 주는 것이 좋습니다.

욕을 즉시 바로잡아 주지 않고 그 순간을 넘어가면 더욱 고치기 어렵게 됩니다.

이때 중요한 점은 혼을 내더라도 흥분하지 말고 욕을 하면 안 되는 이유를 차분히 말씀해 주시는 것입니다. 그렇지 않으면 어머니의 화내는 모습에 반감이 생겨서 정작 자신이 왜 혼나는지는 생각지 못할 수 있습니다.

예를 들어, "네가 장난으로 나쁜 말을 했는지 모르지만 그 말을 들은 동생은 기분이 얼마나 나쁘겠니?" 라고 말해 준다거나, 중3 아들이 요즘 왜 그런 말을 하게 된 건지, 그 욕을 들으면 상대방이 어떤 느낌이 들지 대화를 통해 스스로 깨닫게 해 주는 것이 좋겠습니다.

2. 욕을 해서 부모님의 관심을 받으려 하는 것은 아닌지 생각해 보세요.

욕하는 행동 자체만 심하게 꾸중을 한다면 이는 욕을 더욱 자주, 빈번하게 사용하는 결과를 초래합니다. 우선 아들이 어떤 상황에서 왜 욕을 하는지를 살펴보셔야 합니다. 아이는 자신의 마음을 공감받지 못한 채 지적받기만 하면 억울한 마음이 들고 더 반발하고 싶은 마음이 들 수 있기 때문입니다. 만일 아들이 주위의 시선을 끌기 위한 수단으로 욕을 사용할 때에는 일단 무시하는 태도를 보이셔야 합니다. 아들이 욕을 할 때마다 '그러지 말아라.' 라고 반응을 해 주면 아들은 '엄마가 나에게 관심을 가져 주는구나.' 라고 판단할 수도 있기 때문입니다.

3. 욕 말고 화나 분노를 해소할 방법을 만들어 주세요.

중3 아들이 갑자기 욕을 많이 하게 되었다면 친구 관계나 학교생활에서 특별한 스트레스가 쌓였을지 모릅니다. 아버지와 함께 가까운 곳으로 산책을 나가서 진솔한 대화를 해 보시거나 아니면 태권도를 배운다거나, 샌드백 치기를 하는 등 분노 에너지를 발산할 환경을 마련해 주면 스트레스도 풀고 욕하고 싶은 마음을 조절하는 데도 도움이 될 것입니다.

다음과 같은 질문을 참고로 해서 적절히 활용하시기 바랍니다.

- 욕(비속어 포함)이 습관이 되면 고치기가 어려운데 넌 계속 욕을 사용하고 싶니?
- 욕을 하면 가장 피해를 입는 사람이 자기 자신이라는데 너는 그래도 괜찮니?
- 욕은 결국 성적(性的)인 의미를 담은 것이 많은데 아름다운 성을 추한 것으로 비하해도 괜찮다고 생각하니?
- 어떤 욕은 부모를 욕되게 하는 의미를 담고 있는데 엄마 아빠를 그렇게 욕되게 해도 되겠니?

참고문헌

권희린(2013). B끕 언어. 서울: 네시간.
한영진(2014). 통통 튀는 학부모와 당황한 교사. 서울: 학지사.

중앙일보(2012. 10. 13.). '욕배틀' 하던 10대, 뜻 말하자 엄청난 충격에.

15 우리 아이는 장애가 있어요

장애가 있는 자녀를 둔 학부모 대응 방법

뒤죽박죽. 레시피가 필요해!

수정이는 장애가 있어 학교의 특수학급과 일반학급에서 수업을 받고 있다. 김 선생님은 처음 출석부에서 수정이를 봤을 때는 장애아동을 가르쳐 본 경험이 없어 걱정이 컸다. 하지만 수정이가 주지교과 시간에는 특수학급에 가 있고, 다른 시간에는 보조교사와 함께 수업을 받기 때문에 생각보다 크게 신경을 쓸 일이 없었다. 수정이는 수업 시간 중에 큰 소리를 내어 수업을 방해하지도 않았고, 몸이 불편하지만 나름대로 열심히 하려는 모습을 보이기 때문에 예쁘기까지 했다. 반 아이들도 수정이를 잘 도와주고 챙겨 줘서 다행이었다. 교육 여행에 수정이가 함께 못 가서 아쉬웠지만 수정이 어머니가 먼저 연락을 하여 못 가겠다고 했기 때문에 별로 신경을 쓰지는 않았다. 교육 여행을 다녀온 뒤 며칠이 지나 특수학급 복도에서 수정이 어머니와 마주쳤다.

김 교사: 안녕하세요. 어머니~

수정 어머니: 안녕하세요. 선생님.

김 교사: 수정이랑 교육 여행을 같이 못 가서 참 아쉬웠어요.

수정 어머니: 네. 저…. 그런데요. 선생님. 저희 수정이는 교실에서 잘 지내나요?

김 교사: 네, 지난번에도 말씀드렸지만 수업 시간에 자기가 할 수 있는 대로 열심히 같이 하려고 노력을 해서 얼마나 예쁜지 몰라요. 친구들과도 잘 지내고요.

수정 어머니: 그런데, 지난번 교육 여행 때 가정통신문이 한 번도 안 와서 걱정이 되었어요. 혹

시 얘가 소외가 되나 싶기도 하고…

김 교사: 네?

김 선생님은 수정이가 교육 여행을 가지 않겠다고 해서 가정통신을 안 보냈는데 그 일로 수정 어머니가 걱정을 했다고 하니 뭐라고 대답을 해야 할지 난감했다. 지금까지 아무 말도 하지 않고 있었지만 수정 어머니가 사실은 아이 때문에 걱정을 많이 하고 있다는 생각도 들었다. 수정 어머니의 속상한 마음을 다독이고 수정이를 도와주기 위해 담임으로서 어떻게 해야 할지 고민이 되었다.

레시피 1. 장애가 있는 자녀를 둔 학부모 이해하기

* 장애 정도와 증상에 따라 세부적인 면에서 다소 차이가 있으나 일반적인 내용을 기술하였다.

1. 자녀를 평생 돌보며 지내야 함

장애아동을 자녀로 둔 부모의 소원은 '아이보다 하루 더 사는 것'이라고 한다. 일반적인 부모는 자녀가 성인이 되면 부모에게서 독립하여 자신의 삶을 살아가는 것을 당연하게 여기지만, 장애아동의 부모는 자녀가 성인이 되어도 온전히 독립을 하는 것이 여의치 않기 때문이다. 아이를 돌보고 일거수일투족에 신경을 쓰는 일은 쉽지 않다. 아이를 학교에 보내 놓는 시간을 제외하고 일대일로 재활치료를 받더라도 그곳까지 자녀를 데리고 이동하는 것은 부모의 몫이므로 하교 후의 시간은 부모가 책임을 져야 한다. 요즘은 하교 후에 장애아동을 대상으로 돌봄 서비스를 해 주는 곳이 있지만 결국 아이는 집에 와서 생활을 해야 하기 때문에 아이를 돌봐야 하는 것은 같다. 비장애 아동의 학부모도 자녀를 돌보는 데 시간을 들이기는 마찬가지지만, 장애아동의 부모만큼 평생 자녀를 돌봐야 한다는 책임감에 시달리지는 않는다.

그나마 아이가 학령기일 때는 규칙적으로 갈 곳이 있지만, 성인이 되면 갈 곳이 없어 복지관의 프로그램에 참여하거나 주간보호센터에 가지 않으면 하루 종일 집에 있어야 할 때도 생긴다. 정신지체가 있는 경우 생각은 아이인데 몸은 건장한 성인이므로 자녀를 통제하는 것이 나이가 든 부모에게는 힘겨운 일이다. 신체적인 장애가 있으면 자녀가 어릴 때는 부모도 젊고 자녀의 몸도 작기 때문에 움직이는 것이 비교적 쉬우나 부모가 늙고 자녀가 자라면 함께 이동하는 것조차 버겁다.

장애인 복지가 잘 되어 있는 국가의 경우 장애인을 국가가 함께 돌봐 주어 부모의 짐을 덜어 준다. 우리나라는 이전보다 나아지기는 했지만 장애인 복지와 사회적 인식 면에서 아직 부족한 것이 많으므로 부모가 아이를 오롯이 책임져야 한다는 부담감에서 자유로워질 수가 없다.

2. 사람들의 다양한 시선을 이겨 내야 함

장애아동을 데리고 다니면 본의 아니게 사람들의 시선을 많이 받게 된다. 장애아동은 다른 사람과 좀 다른 외모를 갖고 있거나, 같은 말을 반복하거나 소리를 지르는 등 시선을 끄는 행동을 하기 때문이다. 지적장애가 있는 경우 사람의 시선에 신경을 쓰지 않기 때문에 자신은 자유롭고 행복할 수 있지만 옆에 있는 비장애인 부모는 다르다. 아무리 내 아이지만 사람들이 내 아이와 나를 보는 다양한 시선에서 자유로워지는 것이 쉽지만은 않다.

3. 아이의 잘못도 내 잘못이 됨

아이가 다른 사람들에게 피해를 끼치면 죄인이 된다. 장애가 있더라도 다른 사람에게 피해를 주는 것은 용납될 수 없으므로 머리를 숙이고 사과해야 한다. 사람들은 장애아동이 자신에게 피해를 주지 않았을 때는 동정 어린 눈길로 보다가도 자신에게 피해를 주면 싸늘해지기 마련이다. 그런데 정작 피해를 준 장애아동은 자신의 행동에 대해 책임을 지지 않는다. 그래서 아이가 저지른 잘못에 대한 책임은 부모가 져야 한다. 예전에 장애아동의 학부모가 자녀가 수업받는 교실을 매일 청소하는 것을 본 적이 있다. 다른 아이들이 청소를 해도 되고 교사가 해도 되는데 왜 굳이 힘들게 매일 청소를 하시냐는 물음에 자신의 아이가 부족하기 때문에 이렇게라도 해야 사랑받을 수 있을 것 같아서 청소한다고 대답하는 어머니의 말에서 죄인 아닌 죄인으로 사는 부모의 마음을 느낄 수가 있었다.

4. 자녀로 인해 늘 조마조마하고 불안함

장애아동의 학부모는 자녀가 장애를 가지고 있어서 친구들과 선생님으로부터 소외되면 어쩌나 늘 걱정이 된다. 아이가 주변인과 잘 어울리지 못하는 장애를 가졌다면 그 걱정은 더하다. 그래서 사례의 수정이 어머니는 수정이가 교육 여행을 안 가기 때문에 담임교사가 가정통신을 주지 않은 것임에도 자녀가 소외되는 것이 아닐까 염려를 한 것이다. 그래서 학급에 장애아동이 있다면 이런 작은 부분에서 오해가 쌓이지 않도록 좀 더 세심하게 신경을 써야 한다.

5. 학급의 학부모 사이에서 소통이 어려움

장애아동의 학부모는 같은 반 비장애아동의 학부모와 소통하는 것이 쉽지 않다. 장애아동의 학부모가 위축되어 다가서지 못하기도 하고, 이전에 상처가 있는 경우 더더욱 다가가는 것을 어려워한다. 자녀를 돌보는 데 하루를 온전히 소비하기 때문에 비장애아동 학부모와 소통할 물리적인 시간을 내는 것도 쉽지 않다. 보통 아이들끼리 같이 놀면 어머니들이 옆에서 이야기를 나누면서 친해지는데, 장애아동은 비장애아동과 함께 놀이를 하는 것이 힘든 경우도 있어 자연스럽게 다른 어머니들과 친해지기도 어렵다. 이야기를 하더라도 관심사가 달라 길게 이어지는 것이 여의치 않다. 이는 장애아동의 학부모가 자녀의 학교생활을 불안하게 느끼는 한 요인이 된다.

6. 자녀를 위해 강해져야 함

장애인은 사회적 약자다. 남들과 출발선이 다르므로 그것을 보완하는 사회적인 지지가 필수적이긴 하나 아직 복지 제도나 사람들의 인식이 그에 미치지 못한다. 장애인은 스스로 자신의 권리를 요구하고 지키는 것이 쉽지 않다. 그래서 장애아동의 학부모는 자녀의 권리를 찾기 위해 또는 지키기 위해 노력한다. 그것이 다른 사람들의 눈에는 강하게 보이고 때로는 거부감을 주어도 내 자녀의 문제이기 때문에 발 벗고 나서게 된다.

7. 자녀의 장애를 받아들일 용기가 있음

부모라면 누구나 임신했을 때 아이가 건강하게 태어나 사회에 꼭 필요한 구성원으로 자라길 바란다. 그런데 모든 아이가 그렇게 태어나는 것은 아니다. 자녀가 자라는 과정에서 다른 아이와 많이 다르다는 것을 알면 그것을 받아들이기는 쉽지 않다. 가계를 통틀어 장애를 가진 아이가 없고 부모가 능력이 있어 남부러운 것이 없다면 더더욱 그렇다. 자녀의 문제행동도 인정하지 못하는 부모도 많은데, 아이가 장애가 있다면 그것을 받아들이는 것이 얼마나 더 힘이 들겠는가?

보통 자녀에게 장애가 있다는 것을 알게 되면 처음에는 충격을 받고 부인하고 분노하다가 결국은 수용하게 된다. 이 과정에서 고칠 수 있다는 믿음으로 치료법을 찾아 전국 방방곡곡을 누비는 부모들도 많다. 그러다가 어느 순간 아이의 장애에 대해 받아들이게 되는 것이다.

학교의 특수학급에 자녀를 보내고 그 아이를 정성껏 돌보는 학부모는 자녀의 장애를 받아들이고 책임지는 용기를 낸 대단한 사람들이다. 학부모가 자녀 때문에 예민할 수도 있고, 아이가 받을 수 있는 혜택에 대해 마치 맡겨 놓은 물건을 찾아가는 사람처럼 보여 좀 민망하게 여겨질 수도 있다. 하지만 그들은 어쨌든 평생 안고 가야 할 자녀의 문제를 나 몰라라 한 것이 아니라 적극적으로 책임지기로 결단한 사람들이다. 이런 면에서 그들은 충분히 존중받을 가치가 있고 존중받아야 한다.

한편, 자녀를 특수학급에 보내더라도 아이의 장애를 완전히 받아들이지 못한 부모도 있다. 장애를 받아들이는 데 필요한 충격-부인-분노-수용의 단계를 어느 정도의 강도와 기간으로 거치느냐가 사람마다 다르기 때문이다. 그래서 교사는 더 조심스럽게 학부모에게 다가가야 한다.

레시피 2. 동반자의 입장에서 학부모와 소통하기

장애아동의 학부모는 특수학급 교사보다 일반학급 교사를 더 어려워하는 경향이 있다. 상대적으로 만나는 시간이 적은 데다가 혹시 선생님에게 자신의 아이가 폐를 끼치는 것이 아닌가 하는 생각도 있어서 일반학급 교사에게는 속상한 것이 있어도 속으로 쌓아 둘 때가 많다. 사례의 수정이 어머니도 가정통신문이 오지 않아서 속상했다고 말을 하고 있지만 이전에 속이 상한 다른 일들이 있어서 더 그렇게 느꼈을 수도 있다. 자신의 아이가 다른 아이와 잘 지내는지 등이 늘 걱정이지만 아이에게서 얻을 수 있는 정보가 제한적이므로 학부모는 더 큰 불안감을 느낀다. 그래서 학부모가 속상한 점을 이야기한다면 교사는 그 이면에 더 큰 어려움이 쌓여 있을 수 있다는 것을 헤아리고, 아이의 발전을 위해 노력하는 동반자의 입장에서 함께 고민하고 마음을 알아주어야 한다.

예

- 수정 어머니, 저는 수정이가 교육 여행을 가지 않는다고 해서 가정통신문이 필요 없다고 생각되어 주지 않았는데 제 생각이 짧았네요. 죄송합니다.
- 수정이가 교실에서 있었던 일을 어머님께 잘 말하지 않으니 더 걱정이 되셨을 텐데, 앞으로는 종종 제가 수정이 소식을 전하겠습니다.
- 혹시 이번 일 말고 속상하셨던 일이 있으면 말씀해 주세요. 저 나름대로는 수정이한테 신경을 쓴다고 노력하지만 제가 미처 헤아리지 못한 것이 있을 수도 있겠다는 생각이 듭니다.

레시피 3. 특수학급 교사와 협력하기

일반학급 교사는 교육에는 전문가이지만 장애에 대해서만큼은 비전문가다. 그래서 특수학급 교사와 긴밀하게 협력하는 것이 중요하다. 일반학급 교사 입장에서는 장애아동을 교실에 두고 수업을 하는 것이 쉽지만은 않다. 늘 그런 것은 아니지만 아이가 예상치 못한 행동을 할 수도 있고 그게 수업에 큰 지장을 초래하기도 한다. 힘이 들어 학부모와 대화를 해 보지만 학부모도 뾰족한 수가 없을 때도 있다. 이때 필요한 것이 특수학급 교사의 도움이다. 특수학급 교사는 장애아동에 대한 전문가이며 주지 교과 시간에는 직접 장애아동을 가르치기 때문에 그 아이에 대해 잘 알고 있다. 아이의 학부모와도 자주 접하기 때문에 아이의 가정 사정에 대해서도 일반학급 교사보다 잘 알고 있다. 특수학급 교사는 일의 특성상 도움에 대한 요청에 호의적이고 아이를 돕는 것에 적극적인 경향이 있다. 평소에 친분이 없었다 하더라도 주저 말고 아이를 위해 함께 상의하고 돕는다면 무엇보다 아이의 발전을 위해 큰 도움이 될 것이다.

양념 추가 〈특수학급에 관한 몇 가지 질문〉

Q. 특수학급은 장애 판정을 받은 아이만 갈 수 있나요?

A. 아닙니다. 장애 판정은 보건복지부에서 하고 특수학급에 대한 판정은 각 교육청 산하의 특수교육지원센터에서 합니다. 담임교사와 학부모가 보기에 특수교육이 필요한 아동은 특수교육지원센터에서 진단, 평가 후 선정, 배치하게 됩니다.

Q. 학교에 특수학급이 없다면 어떻게 하나요?

A. 특수학급이 없어도 특수학급 실무사를 배치하여 장애아동 교육에 도움을 받는 것이 가능합니다. 특수교육 관련 예산도 사용 가능하며 학교의 특수교육 담당자가 신청하면 됩니다.

Q. 현장학습, 교육 여행 때 보조교사의 인원이 부족하다면 장애아동의 부모가 아이를 데리고 함께 가는 것이 가장 바람직할까요?

A. 아닙니다. 보조교사가 부족할 때 대체 인력을 활용하도록 예산이 지원됩니다. 학교마다 액수의 차이는 있으나 예산 지원이 되기 때문에 대체 인력을 활용할 방법을 찾아보고, 그것이 여의치 않을 경우 학부모에게 지원을 요청합니다. 예산은 1년 동안의 현장학습 및 교육 여행 일정을 감안하여 미리 신청하게 되어 있으며, 예산 부족으로 신청한 만큼 예산 지원이 되지 않기도 합니다. 하루나 1박 2일의 경우에는 비교적 대체 인력을 구하기 쉬우나 2박 3일 이상의 일정은 구하기 쉽지 않은 어려움이 있습니다.

레시피 4. 학급의 장애아동과 비장애아동의 관계 살펴보기

학급의 비장애아동은 장애아동을 다양한 시선에서 본다. 살면서 처음 장애아동을 접한 아이들은 '세상에 저런 아이들이 있구나.' 하며 놀라기도 하고, 도움이 필요하겠다는 생각에 도와주려고 노력하기도 한다. 그래서 겉으로 보기에 장애가 명확한 아이들은 학급의 친구들에게서 선의의 도움을 많이 받는 경향이 있다. 문제는 겉보기에는 비장애아동들과 별 다를 바가 없는데 장애가 있는 아동이다. 교사에게서는 장애가 있다고 배려를 받지만 비장애아동의 눈에는 자신과 똑같은 것처럼 보이는데 민폐를 끼치는 것으로 보일 수도 있다. 이런 경우 아이는 다른 비장애 친구들에게 미움과 괴롭힘의 대상이 되기도 한다. 그래서 교사는 학급의 장애아동을 바라보는 비장애아동들의 시선에 늘 신경을 쓰고 주의를 기울여야 한다. 때로는 장애아동의 학부모의 동의를 얻어 학급의 아이들에게 장애아동이 구체적으로 어떤 어려움이 있는지를 설명하는 것도 필요하다.

레시피 5. 행복한 통합학급을 위한 교사의 노력

1. 교사의 태도 = 아이들의 태도

학급의 아이들은 담임교사를 닮는다. 매일 보기 때문에 알게 모르게 조금씩 닮아 가는 부분이 있다. 특히 초등학생의 경우 선생님이 잘 생긴 아이라고 하면 아이들도 잘생겼다고 믿을 정도로 교사의 말에 좌우되는 경향이 강하다. 이런 이유로 교사가 장애아동을 대하는 태도를 학급의 비장애아동들도 닮게 된다. 교사가 장애아동을 긍정적인 눈으로 바라보면 다른 친구들도 그 아이를 그렇게 바라본다. 교사가 장애아동을 존중하면 아이들도 그 아이를 존중하며 행동한다. 그리고 장애아동에게 함부로 하는 다른 친구가 있을 때 그러면 안 된다고 이야기해 줄 수도 있게 된다. 그래서 교실에서 가장 먼저 모범을 보일 사람은 교사다.

2. 학부모와 만나기

2월에 가출석부를 받고 학급에 장애아동이 있다는 것을 알게 되면 3월이 되기 전에 미리 학부모에게 연락하여 상담을 할 수도 있다. 이 시간을 통해 교사는 아이의 장애에 대해 구체적으로 알게 되고 학급에서 도와줘야 할 것이 무엇인지를 파악하게 된다. 아이의 발전을 위해 서로 약속을 정할 수도 있다. 예를 들면, 이번 학기에는 알림장 쓰기, 자기 자리 청소하기, 급식받고 정리하기 등을 스스로 하게 하는 것 등이다. 학부모와 미리 약속을 하지 않고 교사 혼자의 판단으로 이전에는 하지 않던 급식 스스로 받기를 하게 하면, 교사 입장에서는 아이의 발전을 위한다고 하지만 학부모는 아이에게 가혹하다고 느낄 수도 있기 때문에 함께 약속하는 것이 중요하다. 첫 만남에서 학부모와 신뢰를 쌓게 되면 학부모도 교사도 아이에 대해 좀 더 스스럼없이 이야기하게 되고 이후 아이의 교육 활동에 협력하여 나아갈 수 있게 된다.

하지만 학부모에 따라서 교사의 이런 관심을 부담으로 여기기도 한다. 예를 들어, 아이가 특수학급에 이름은 올라가 있으나 학부모의 결정에 의해 통합학급에서만 생활하는 경우 아이의 장애에 대해서 교사가 묻는 것 자체에 부담을 가지며 그저 다른 아이들과 똑같이 대해 달라고 할 수도 있다. 그러므로 연락을 하기 전 특수학급 교사나 아이의 전 담임과 연락하여 아이의 상황에 대해 파악한 후 연락 여부를 결정한다.

3. 알림장 창구 활용하기

장애아동은 학교에서 있었던 일을 학부모에게 제대로 전달하지 못하는 경우가 많다. 그래서 학부모는 아이가 학교에서 잘 지내는지, 어떤 일이 있었는지 늘 궁금하다. 아이를 대신해서 아이의 생활을 알려 줄 수 있는 사람은 교사다. 알림장은 이때 훌륭한 창구의 역할을 할 수 있다. 아이가 알림장을 쓰면 그 아래에 아이에게 어떤 일이 있었는지, 아이가 무엇을 했는지 등을 간단하게 적는다. 잘한 일에 칭찬 몇 마디라도 적는다면 더 좋다. 학부모는 교사의 글을 보며 아이가 어떻게 지내는지를 알 수 있으므로 불안감에서 벗어나 교사를 신뢰하게 된다. 아이는 교사의 글을 보며 자신에 대한 선생님의 기대와 애정을 알게 되고, 발전을 위해 조금이라도 더 노력하게 된다. 〈사진 15-

1〉은 최근 이슈가 된 포털 사이트 '다음'의 스토리펀딩 '세상과 만나는 1평의 선물' 에서 소개된 제2화 '한 자폐아를 바꾼 한 권의 알림장'의 사례다.

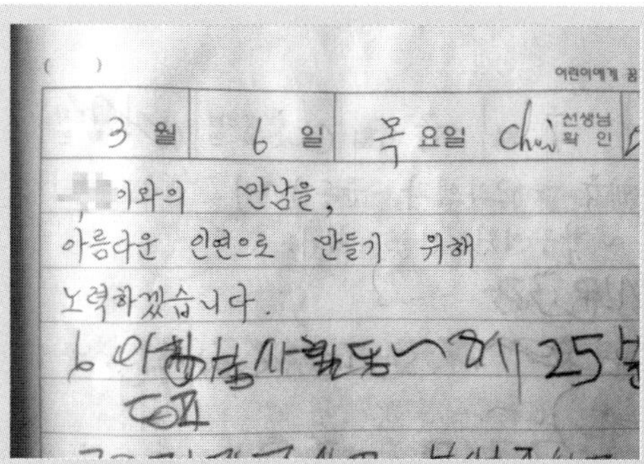

○○이와의 만남

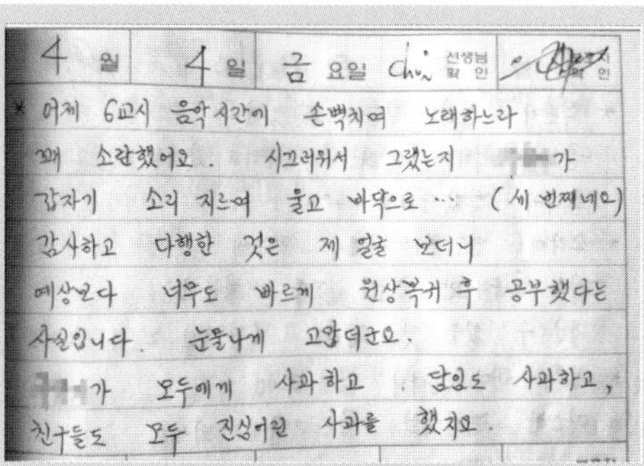

학교에서 있었던 일 기록

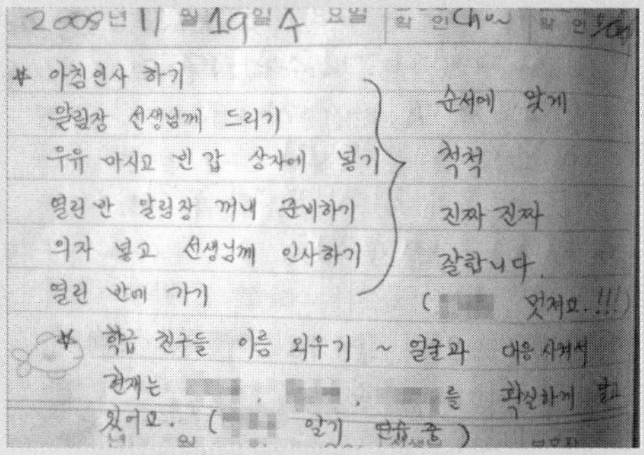

칭찬하기

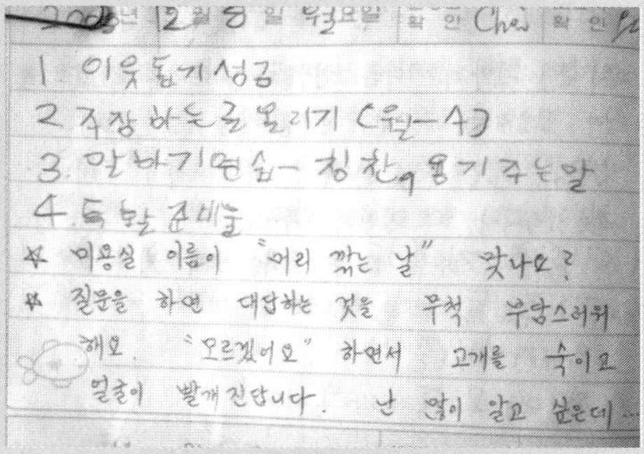

질문도 알림장에

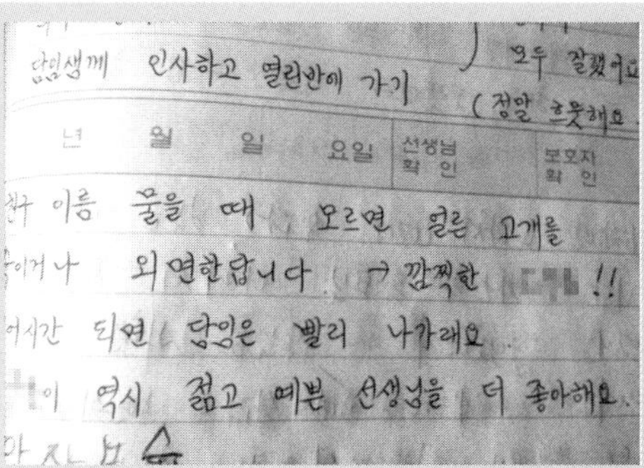

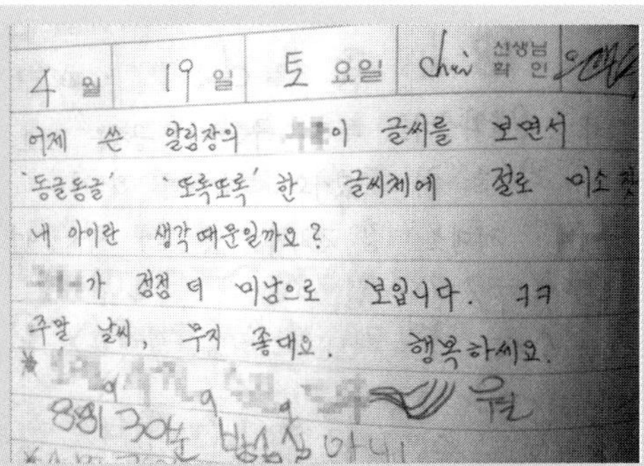

선생님의 사랑과 관심 표현

〈한 자페아를 바꾼 한 권의 알림장〉

출처: '다음' 스토리펀딩 '세상과 만나는 1평의 선물' 2화 '한 자페아를 바꾼 한 권의 알림장'
(https://storyfunding.daum.net/episode/788)

4. '장애'보다 '다름'에 먼저 초점 맞추기

아이들이나 학부모에게 장애를 이해시키기 위해 '장애'에만 초점을 두어 이야기를 하면 '장애'만 부각될 뿐 나와 같은 사람인 '장애아동'을 받아들이는 것에는 별로 도움이 안 될 수도 있다. 그래서 이들을 이해하기 위한 첫걸음은 '우리는 모두 다르다.'에서 출발해야 한다.

사람들은 모두 다르다. 생김새, 성격, 잘하는 것, 좋아하는 것, 식성 등 모두가 다르기 때문에 우리가 다른 사람들과 건강한 관계를 맺고 살기 위해서는 서로 다름을 받아들이고 존중해 주는 것이 필요하다. 퍼즐은 오목하고 볼록한 부분이 만나 하나의 그림을 이룬다. 다름이란 처음에는 서로를 껄끄럽게 할 수도 있지만 세상을 다양하고 풍성하게 만드는 원동력이다.

사람들은 살면서 종종 나와 다른 사람을 배려한다. 추어탕을 싫어하는 사람과는 추어탕을 먹으러 가지 않는다. 그 사람의 식성을 배려하는 것이다. 다름에 대한 자연스러운 배려, 그래서 배려를 하는지도 모를 정도로 당연하게 여기는 그런 배려들은 하루에도 몇 번씩 있기 때문에 사람들은 그것이 자신이 어른이 되면서 배워 온 것임을 잊고 산다. 하지만 태어나서부터 옆에 있는 사람을 배려하여 일부러 작게 우는 아기는 없다. 자라면서 배우는 것이다. 배려를 잘하는(무조건 다른 사람에게 맞춰 주는 것과는 다르다) 사람은 다른 사람들과 더 좋은 관계를 맺으며 살 가능성이 크다. 다름을 잘 수용할 수 있기 때문이다.

장애는 이상한 것이 아니라 우리와 다른 것이다. 학급에서 나를 제외한 다른 친구들은 모두 나와 다르다. 장애가 있는 친구도 나와 다른 친구일 뿐이다. 장애아동이 수업을 방해할까 봐 걱정될 수 있지만 그와 같은 행동에 교사와 친구들이 힘을 합쳐 더 좋은 방향으로 대처할 수 있다면 피차 발전할 좋은 기회가 된다. 그래서 장애아동과 함께한다는 것은 나와 다른 사람을 배려하는 법을 배울 좋은 기회다. 그리고 그것을 배울 수 있다면 아이는 다른 사람과 더불어 사는 더 풍성한 삶을 누릴 수 있다.

5. 통합학급의 장점 설명하기

통합학급은 장애아동의 사회 적응을 돕는 것뿐 아니라 비장애아동의 성장과 발전을 위해서도 긍정적인 역할을 한다. 따라서 학부모와 아이들에게 통합학급을 통해 장애아동과 비장애아동이 서로 윈윈(win-win)할 수 있음을 설명하고 이해와 도움을 구한다.

〈통합학급의 장점〉

장애아동에게	비장애아동에게
• 다양한 사람들과 함께 사는 법을 배울 수 있다(사회적 기술 습득). • 또래의 행동을 모방하여 좀 더 빨리 일상생활에 필요한 기술을 습득할 수 있다.	• 장애에 대한 편견을 줄이고 나와 다름을 자연스럽게 받아들이게 된다. • 다른 사람을 배려하고 돕는 성품을 기를 수 있다. • 자신의 건강함에 대해 감사하게 된다.

6. 아이의 장애에 대해 이해 구하기

필요에 따라 장애아동이 가진 장애에 대해 다른 친구들에게 설명을 해 줄 수 있다. 학부모의 동의를 거쳐 아이가 가진 장애가 무엇인지, 우리가 줄 수 있는 도움은 무엇인지를 말해 준다. 특히 겉으로 보기에는 별 장애가 없어 보이는 아스퍼거 증후군 등과 같은 장애는 친구들에게 설명을 해 주는 것이 큰 도움이 된다.

재채기는 일부러 하는 것이 아니고 나도 모르게 터져 나온다. 장애아동의 어떤 행동은 의도한 것이 아니라 재채기처럼 저도 모르게 그냥 하는 뜻 없는 행동이다. 예를 들면, 자폐아는 의미 없이 친구들의 말을 따라 하기도 한다. 놀리기 위한 게 아니라 그냥 따라 하는 것이다. 이때 반응만 잘해 주면 자폐아가 말의 의미를 아는 데 도움을 줄 수 있다. 그렇기 때문에 어떤 행동을 했다고 해서 무작정 아이를 나쁘게 보는 것이 아니라 어쩔 수 없이 재채기처럼 한 행동이구나 하고 생각하면 아이의 행동을 불편함 없이 받아들일 수 있다.

더불어 해당 장애에 대한 이해를 돕는 동화책을 윤독하면 이야기 속에서 자연스럽게 장애에 대해 알 수 있어 큰 도움이 된다.

예 우리는 모두 다르잖아. 여기에는 한 명도 같은 사람이 없어. ○○도 당연히 우리와 달라. 어떤 점이 다르냐 하면, '아스퍼거 증후군'이라는 장애가 있어. 감기에 걸리면 기침이나 재채기가 나올 때 미리 준비하고 나오는 게 아니라 그냥 나오잖아. 그것처럼 ○○가 하는 행동도 '아스퍼거 증후군' 때문에 자연스럽게 나타나는 행동이야. ○○는 너희하고 이야기할 때 눈을 쳐다보지 않을 거야. 선생님하고 말할 때도 그래. 그건 ○○가 나랑 너희를 싫어해서 하는 행동이 아니고 눈을 쳐다보는 게 힘들어서 그래. 어떤 사람은 양팔을 뒤로 해서 손을 잡는 게 쉽지만 어떤 사람에게는 절대 안 되는 일이잖아. 그래서 이런 사람은 때를 밀려면 누군가가 도와줘야 하잖아. 누구에게나 쉬운 게 있고 어려운 일이 있는데, ○○는 눈을 쳐다보는 게 어려운 일이야. ○○는 농담을 잘 이해하지 못해. 그래서 선생님이 '잘~한다'라고 하면 정말 잘했다고 자기를 칭찬했다고 생각할 수 있어. 그래서 ○○는 너희에게 자기가 생각하고 느끼는 그대로를 말할지도 몰라. 우리가 다른 사람에게 잘 보이려고 포장하며 말하는 걸 ○○는 있는 그대로 이야기하거든. ○○는 자기가 좋아하는 것에 대해서는 아는 게 정말 많아. 너희도 좋아하는 아이돌에 대해서는 언제 어디에서 태어났고 뭘 좋아하고 오늘 스케줄이 어떤지 다 알잖아. 그거랑 똑같은 거야. 밥 먹다가도 아이돌이 눈앞에 아른거리고, 그러면 누구한테나 옆에 있는 사람한테 아무개 오빠에 대해서 이야기하고 싶어지잖아. 실제로 말은 안 할지 몰라도…. ○○도 그래. 자기가 좋아하는 것에 대해서는 정말 박사처럼 많이 알아. 그리고 그것에 대해 다른 사람들에게 이야기하고 싶어서 말을 줄줄줄 할 때도 있어.

7. 아이들의 도움받기

장애아동을 위해 비장애 친구들의 도움을 받을 수 있다. 자발적으로 장애를 가진 친구를 돕겠다는 아이에게 옆에 앉아서 도움을 주도록 할 수도 있고, 반 친구들이 번갈아 가면서 그 책임을 맡을 수도 있다. 여기서 중요한 것은 이 과정에서 아이들은 지칠 수 있다는 것이다. 처음에는 좋은 마음으로 기꺼이 도와주겠다고 했지만 장애 친구를 돕는 과정에서 스트레스를 받을 수도 있다. 다른 친구들은 점심 식사를 빨리 끝마치고 놀고 있는데 자신은 장애 친구를 돕느라 식사를 마치고도 놀지 못한다면, 며칠은 괜찮겠지만 시간이 지나면 도와주겠다는 선한 마음이 자신에게 부담이 되어 다가올 수 있다. 착한 아이는 매 학년 비슷한 짐을 지기도 한다. 그래서 돕는 아이가 어떤 마음으로 장애아동과 함께하는지를 살펴보고, 아이가 부담을 느낀다면 그 짐을 덜어 줘야 한다.

더불어 도움을 받는 장애아동의 마음도 헤아려야 한다. 친구들의 도움을 받는 것을 창피하게 여기는 경우도 많으므로 의사 표현이 가능하다면 반드시 본인의 의사를 먼저 물어야 한다.

8. 역할 맡기기

할 수 있는 교실 내의 역할을 장애아동에게 맡긴다. 역할극을 하는데 거기에 참여하기 어렵다면 "레디, 액션!"을 외치게 하거나, 부채춤을 함께 추기 어렵다면 마지막에 부채꽃의 중심에 서서 부채를 들고 있게 하는 등 아이의 상황에 맞게 역할을 부여해 줄 수 있다. 아이가 거부감을 표시하지만 않는다면 조금씩 강도를 높여 다양한 활동에 참여시킬 수 있다. 1인 1역도 할 수 있다. 칠판을 지우거나 교실 앞을 쓸거나 책을 정리하는 등의 활동은 장애 정도에 따라 다르지만 많은 장애아동이 충분히 할 수 있는 일이다. 학급의 구성원으로서 필요한 역할을 감당하는 경험은 아이에게는 매우 좋은 자극이 된다.

비장애아동에게도 놀이를 할 때 장애가 있는 친구와 함께하려면 어떤 역할을 맡길 수 있을지를 고민하는 과정은 문제 해결력을 기르는 데 도움이 된다. 이왕 함께하는 시간, 귀찮게 여기지 말고 기꺼이 뭐든지 함께 하려고 할 때 비장애아가 얻을 수 있는 혜택은 더 늘어나게 된다.

9. 장애아동의 학급 내 문제행동 지도하기*

1) 교실에서 교사의 지시를 따르지 않고 아무것도 하지 않고 가만히 있을 때

• 대개 의욕이 없고 동기 유발이 잘 되지 않으며, 자신만의 세계에 빠져 있거나 자기

* 출처: 서울 · 경인 지역 특수학급 교사 연구회(1998), pp. 68-77.

자신이 받아들여지지 않는다고 느껴 아무것도 하지 않고 고집을 부린다.

- 아이에게 지속적인 관심을 가지고 수시로 이름을 불러 주며 주의 집중을 시키고 가까워지려고 노력한다.
- 관심을 갖고 동기를 유발할 수 있는 것을 파악한다.
- 관심을 보이는 과제를 주고 조금이라도 수행했을 때는 인정과 칭찬을 해 준다.
- 과제를 할 때 과제 수행에 대한 도움을 주어 과제 완성에 대한 성취감을 갖게 한다.

2) 수업 시간 중 괴성을 지르거나 노래를 부르는 등의 돌발행동을 할 때

- 자신이 처한 상황을 파악하지 못하거나 수업에 참여하지 않을 때 주로 나타난다.
- 이름을 불러 주거나 자연스럽게 어깨에 손을 얹어 주의를 환기시킨다.
- 다른 아이들과의 협조하에 문제행동에 반응하지 않고 무시한다(교사의 설명을 통한 아이들의 이해가 선행되어야 한다).
- 다른 아이들이 따라 하지 않게 한다.
- 아이의 이름을 부르고 "지금이 무슨 시간이지?" 하고 질문한다.
- 수업에 참여시킨다. 학생이 할 수 있는 쉬운 과제를 준다.

3) 쉴 새 없이 이야기하고 교사에게 물어보고 확인하는 것을 반복할 때

- 아이가 끊임없이 관심과 인정을 필요로 하거나 주변 상황을 인식하기보다 자기중심적인 상태에서 떠오르는 생각을 참지 못하고 이야기하는 경우다.
- 아이가 단위 시간 내에 물어볼 수 있는 횟수를 정해 준다(횟수를 점차 줄여 나간다).
- 손을 들고 나서 허락을 받은 뒤 이야기하게 한다(아이가 하고 싶은 이야기와 상황의 연관성 여부를 물어보고 상황을 인식시킨다).
- 말하기 전에 속으로 숫자를 세게 한 다음 이야기하게 한다.
- 물어보거나 이야기하는 시간을 정해 준다(정해진 시간 이외에 물어보면 시간을 가르쳐 주고 나중에 다시 묻게 한다).
- 다른 친구들 앞에서 아이를 인정하는 말과 행동을 한다.

4) 갑자기 큰 소리로 울 때

- 대부분 뜻대로 되지 않는 일을 말로 설명할 수 없어 우는 행동으로 표현하는 경우가 많다.
- 우는 행동을 유발하는 요인을 제거한다.
- 자신의 의사를 표현하는 말이나 대체행동을 가르쳐 주고, 그렇게 할 때 강화를 해준다.

  예 "화가 났어요." "나가고 싶어요." 등으로 이야기하기
- 울 때는 지나친 관심을 보이고 달래기보다 안정적인 분위기의 장소로 옮겨 주거나 무시한다(다른 친구들과의 사전 약속이 필요하다).
- 울음을 그치고 안정이 되었을 때 상황에 대해 차분히 설명해 준다.

5) 자해행동(예: 손 물기, 이마 때리기)을 할 때

- 과제가 하기 싫거나 어려울 때 회피반응으로 나타나거나 목적하는 바를 얻으려고 주의를 끌기 위해 하기도 한다.
- 과제에 대한 회피 반응일 때
  - 쉬운 과제를 주거나 줄여 준다.
  - 휴식이나 도움을 요청하는 말(예: "쉬었다 할래요." 또는 "이거 어려워요. 도와주세요." 등)을 가르친다.
  - 아이가 하고 싶은 과제를 선택하게 해 준다.
- 관심을 끌려고 자해행동을 하거나 위협을 할 때
  - 아주 심각한 자해행동이 아닌 경우에는 무시하는 것이 좋다(다른 친구들과의 사전 약속이 필요하다).
  - 심각한 자해행동일 때에는 화를 내거나 당황하지 말고 바로 제지한다. 제지한 후 야단을 치기보다 무시한다.
  - 자해행동이 일어나는 상황을 관찰하여 대신 할 수 있는 말을 가르쳐 준다.

    예 "나도 같이 놀고 싶어." "놀림받는 것은 싫어." "선생님께 말할 거야." 등

– 긍정적인 행동으로 감정을 표현할 때 칭찬을 해 준다.

– 또래 사이에 참여해 같이 놀도록 기회를 만들어 주거나 교사가 관심을 보여 준다.

6) 자리 이탈과 교내외를 돌아다니는 행동을 할 때

- 사회적인 규칙을 인지하지 못하고 있거나 규칙을 알기는 하지만 자기통제력이 약해 부적응을 나타낼 수 있다.
- 장애가 있다고 하여 아이의 일탈 행동을 허용하지 않는다.
- 수업 시간에 나가면 안 된다는 것을 처음부터 일관되고 명확하게 인식시키고 수업 시종에 대한 규칙을 가르쳐 준다.
- 친구들과 함께 행동하게 한다(예: 화장실 같이 가기, 체육 시간이나 과학 시간에 이동할 때 함께 다니기) → 번갈아 가며 짝이 함께 행동한다.
- 하루의 일과표를 작성해 주고 스스로 체크하게 한다.
- 교실 내에서 학생이 하고 싶어 하는 과제를 하게 한다.

양념 추가 〈교실에서의 성추행〉

같은 마을에 사는 지적장애 여성에게 접근하여 강제로 성관계를 맺어 처벌을 받은 남자들의 이야기가 심심찮게 기사로 나온다. 장애가 있는 여성이 성범죄의 표적이 되는 것은 장애로 인하여 스스로를 보호할 힘이 약하고 주변의 관심에서 소외되어 있기 때문이다.

학급의 장애아동도 이런 부분에서 약자가 될 때가 있다. 자기 의사 표현을 제대로 못하는 장애아동의 약점을 이용하여 껴안거나 성기를 보여 달라는 등의 성추행을 저지르는 것이다. 그래서 이런 일이 일어나지 않도록 사전에 학급의 모든 아이에게 철저히 교육하는 것이 중요하다. 교사가 신경을 쓰고 계속적인 주의를 기울이고 있다는 사실을 아이들이 인지하는 것만으로도 이런 문제는 많은 부분에서 예방이 가능하다.

공깃밥 추가 〈장애에 대한 이해를 돕는 책〉

교실에서 볼 수 있는 장애 중 주의력결핍 과잉행동장애(ADHD)와 아스퍼거 증후군에 대한 책을 소개한다. 두 책 모두 저자가 해당 장애를 가지고 있기 때문에 ADHD와 아스퍼거 증후군을 일반인의 시각이 아닌 본인들의 시선으로 이해하는 데 큰 도움이 된다. 이런 책을 읽는다고 해서 해당 장애를 가진 아이를 만났을 때 교사로서 상처받지 않고 성공적으로 아이들을 지도하게 된다고 말할 수는 없다. ADHD나 아스퍼거 증후군을 가진 아이를 머리로는 이해할 수 있지만 받아들이기 힘든 어려움이 크기 때문이다. 쉴 새 없이 움직이며 사고를 치거나 반의 친구들과 빈번하게 트러블을 일으키는 아이가 어떻게 쉬울 수 있을까? 하지만 적어도 이해의 시선으로 아이를 바라볼 수 있는 것만으로도 교사와 아이가 받는 스트레스의 정도를 줄일 수 있다고 확신한다.

『리틀 몬스터: 대학교수가 된 ADHD 소년』: ADHD 이해하기

ADHD는 일반인에게도 많이 알려진 장애다. 학급에 ADHD를 가진 아이가 있으면 교사는 지도에 큰 어려움을 겪게 되는데, 그들은 끊임없이 움직이고 움직이고 또 움직이는 데다가 함부로 말하고 행동한다는 인상을 주기 때문이다. 리틀 몬스터는 ADHD를 가진 저자가 자신의 어린 시절부터 대학교수가 되기까지의 경험담을 기록한 책이다.

로버트 저겐은 스물네 살이 되어서야 ADHD를 가진 것으로 진단받았다. 그는 그때까지는 자기 자신을 이상한 놈이고 결국은 미칠 것이라고 생각하고 있었다고 한다. 진단을 받은 후에는 '나는 미친 게 아니라 다른 사람들이랑 다르구나.' 라며 자신을 받아들이게 되었고, 어떻게 하면 ADHD를 자원으로 활용할 수 있을 것인지를 계속적으로 궁리하게 되었다. 그리고 이런 노력은 그를 34세에 대학교수로 만드는 원동력이 되었다. ADHD를 가진 그는 동료들보다 훨씬 단기간에 특수교육학 박사학위를 받았고, 부교수가 되었고, 다른 학자들이 평생토록 쓴 것보다 많은 연구 논문을 몇 년 동안에 발표하고 있다. ADHD의 지치지 않는 에너지를 긍정적으로 활용한 탓이다.

책은 상당히 재미있다. 저자의 어린 시절 에피소드는 일반인의 눈으로 보기에는 너무 황당해서 웃기지만 마냥 웃을 수만은 없는 내용이다. 누구보다 잘하고 싶은 마음이 있고 열심히 노력도 하지만 매일매일 자신도 모르게 이상한 말을 뱉어 버리거나 이상한 행동을 하고 있다면 누구나 정신적으로 큰 어려움을 겪게 될 것이다. 일반인의 눈으로 보기에는 당최 잘하고 싶은 마음조차 없어 보이는 ADHD 아이들의 마음속이 사실은 그게 아니고 누구보다도 외로울 수 있겠다는 생각이 들어서 책을 보면서 괜히 미안한 마음이 들곤 했다. 이 책이 지닌 가장 큰 강점은 자연스럽게 ADHD 아이들에 대한 이해가 생기게 한다는 것이다. 또 책에 언급된 ADHD의 단점을 극복하고 장점을 극대화하는 데 사용했던 전략들은 학교에서 아이들을 지도할 때에도 충분히 응용이 가능해 보인다. 인상적이었던 몇 가지 내용을 소개한다.

좋은 아이가 되려고 노력하지만 말썽을 일으키는 악순환

하지만 정말 잊지 말아야 할 것은 내가 비록 말썽꾸러기였다고는 하지만 나는 늘 좋은 아이가 되고자 했다는 것이다. 그런데 내가 무얼 좀 해 볼까 하면, 내 의도와는 거꾸로 엉망이 되어 버렸다. 이것 역시 전형적 ADHD의 특징 중 하나다. ADHD가 아닌 세계에서 보는 것과는 달리, ADHD를 가진 사람들이 저지르는 말썽들은 대부분 고의가 아니다. 그러므로 이들을 배타적으로 대하거나 못된 사람으로 여기고 비난하기보다, 바람직한 일을 하게 하고 여러 사람과 잘 어울리게 하는 것이 무엇보다 필요하다는 것이다(pp. 36-37을 재구성).

행동하고 나서야 자기가 무슨 행동을 했는지 인지하는 충동성

그때 애들이 계산을 오르락내리락 하는 소음 속에서 "야, 얘 가슴 진짜냐?" 하는 소리가 들려왔다. 자, 결론부터 말한다면, 콧물이 삐져나오며 머리가 핑 돌아가는 걸 느끼고 나서야, 나는 그 말을 한 것이 바로 나라는 것을 알아차렸다. … 나는 정말 그 애 가슴에 관해서, 아니 그 비슷한 것에 대해서도 언급할 생각이 전혀 없었다. … 그런데 뜬금없이 뚱딴지같은 소리가

내 입에서 튀어나왔고, 더 문제는 귀싸대기를 얻어맞고 나서야 내가 무슨 말을 했는지 알아차렸다는 사실이다. … ADHD를 갖고 있는 사람들은 종종 생각 없이 입 밖으로 말을 해 버린다. 심지어, 자기가 한 말을 기억하지 못하는 일도 종종 있다(pp. 95-96을 재구성).

ADHD를 자산으로 활용하기

이 프로그램을 보면서, 내 머리에 번쩍 떠오르는 게 있었다. 세상에는 사람들을 더 정력적이고, 창조적이고, '틀에 박힌 생각에서 벗어나게' 하기 위한 이런 거대한 '자기 계발' 산업까지 존재하는 것이다. 그런데 이것들이야말로 ADHD의 천연 특성이 아닌가! 정의상 ADHD를 가진 사람들은 아주 활동적이고 창조적이다. 우리는 주의를 기울이는 데는 좀 문제가 있겠지만, 이런 문제는 교정하는 방법들이 여러 가지 있을 거라는 생각이 나를 흥분시켰다. … 사람을 활기와 의욕이 넘치게 해 준다는 그 정보 광고를 본 뒤로, 나는 ADHD의 저력을 일종의 특출난 재능으로 전환할 방법을 찾기 위해 상당히 노력했다(p. 221을 재구성).

계속적인 노력의 필요성

물론 미래가 다 장밋빛만은 아니리라는 것도 알고 있다. 여전히 우울한 시기를 경험할 테고, 내 ADHD 증세로 멍청한 말과 행동을 하게 되리라는 것을 안다. 컴퓨터 앞에 앉아 있어도 제대로 된 글 한 줄 못 쓸 때가 여전히 있을 것이고, 나를 이해하지 못하는 사람들이 늘 있을 것이며, 내 행동 때문에 나를 혐오하는 사람도 있으리라는 것을 잊지 않고 있다. … ADHD는 어떤 행동들을 유발할 수 있다. 그리고 사람들은 왜 그런 행동들이 일어나는지를 이해는 할 수 있다. 하지만 그 알고 이해한다는 것이, 그 행동이 다른 사람들을 힘들게 한다는 사실 자체를 없애지는 못한다. 나는 지금 이 모습대로의 나라는 걸 인정하고, 좋은 사람이 되려고 참 많이 애쓰고 있지만, 그래도 내가 다른 삶들, 특히 내가 교제하는 사람이나 가까운 친구들, 가족들, 동료들에게 거슬리는 행동을 한다는 것을 인식해야만 하는 것이다(pp. 297-300을 재구성).

ADHD를 가진 아이들을 위한 몇 가지 제언

1. 아이의 자존감을 키워 주세요.

아동들의 자존감을 키워 주는 것이 학급 능력을 향상시키는 것보다 훨씬 중요하다. … 내 생각에는 무엇보다 지지적인 태도로 대하는 것이 가장 중요한 것 같다. 부디 인내심을 가지고 대해 주시길. 그리고 부정적인 것보다는 긍정적인 것에 훨씬 관심을 많이 가져 주시길 바라는 바다. 나는 ADHD를 가진 사람들이 '정상'인들을 성가시게 하고 정말 귀찮게 한다는 걸 익히 알고 있지만, 그래도 ADHD를 가진 아동 대부분은 자신도 좋은 아이가 되려고 애쓰고 있다고 생각한다. 우리도 놀림을 받거나 벌받지 않으려고 무지 노력하지만, 단지 다른 아이들보다 더 자주 실패할 뿐이다. 그러니까 여러분이 좀 더 긍정적인 측면, 우리가 정말 열심히 노력하고 있다는 것에 초점을 두고 본다면, 우리 행동은 훨씬 참을 만하게 생각될 것이다. 또, 여러분이 무심코 내뱉은 모든 부정적인 말이 아주 오랫동안 우리 머릿속에서 메아리칠 것이라는 사실도 잊어서는 안 된다. 우리는 숙제를 잊고, 다른 사람의 이름을 잊고, 쓰레기통을 비우는 것은 잊지만, 다른 사람들이 우리에게 던진 상처가 되는 말은 잊지 않는다. 이제 매일 여러분의 자녀들이 한 좋은 일들에 대해 이야기해 주는 시간을 갖도록 해 보자. 아이들이 해낼 수 있는 모든 일에 대해 이야기를 나누고, 그들의 미래에 대한 희망을 함께 그려 보면 어떨까?

2. 편의를 봐주세요.

ADHD를 가진 아동들과 함께하는 사람들은 이들에게 좀 더 편의를 봐줄 필요가 있다. ADHD를 가진 아동들이 한 시간이 넘도록 얌전히 앉아 있으리라고 기대하지 말아야 한다. 또한 정신적인 노력이 너무 많이 필요한 지루한 과제도 주지 않는 것이 좋다. 지시를 써 주고, 그 아이들이 볼 수 있는 곳에 자기의 할 일을 붙여 두는 것도 좋다. 자기의 에너지를 생산적인 방식으로 쓸 수 있도록 지도하고, 자주 쉴 수 있도록 해 주자. 위험하지 않은 말이나 행동은 너그럽게 넘어가 주도록 하자. 사실 크게 보면 아무것도 아닌 일들이 대부분이다. 그렇다고 해서 무조건 ADHD를 자신들의 부적절한 행동에 대한 변명거리로 삼게 해서는 안 될 것이다. 그들도 다른 아이들과 마찬가지로 학교생활에서 노력을 해야 하고, 숙제를 해야 하며, 다른 사람들을 존중할 줄 알아야 한다.

3. 해야 할 일은 일관적으로 가르쳐 주세요.

ADHD를 가진 아이들도 사람들이 자신에게 무엇을 기대하는지, 어떻게 행동해야 하는지를 배워야 한다. 그러기 위해서는 해야 할 일을 자주 일깨워 주고 일관적일 필요가 있다. 더불어, 부모와 교사는 아이들에게 일정 수준의 수행을 기대하고 요구해야 한다. 물론 집중하거나 조용히 앉아 있을 수 없는 그들의 특징은 고려되어야 하지만, 3학년인 ADHD 아동은 3학년 수준의 수행 혹은 그 이상을 할 수 있어야 한다는 것이다. 50개의 수학문제를 ADHD 아동에게 풀라고 하면, 숙제를 잊지 않고 해 오더라도 아마 부주의해서 틀리는 문제가 많고 특히 뒤쪽으로 갈수록 그런 경향은 더욱 두드러질 것이다. 교사와 부모는 숙제를 마쳤는지에 초점을 두기보다는 지식을 습득했는지에 관심을 두어야 한다. 예를 들면, 학생에게 수학 문제 50문항을 내기보다는 10개만 내 보고, 만약 그 10개를 틀리지 않고 해낸다면, 그걸로 되었다고 하면 어떨까? 그 아동은 어떻게 셈을 하는지 안다고 할 수 있으니 말이다. 다시 말하지만 학습을 평가하는 데 초점을 두어야지, 과제를 양적으로 끝내는 데 초점을 두어서는 안 된다.

4. 알맞은 약물의 도움을 받는 것도 좋아요.

약물은 아주 도움이 되지만, 가볍게 생각하고 복용해서도 안 된다. 약물만으로는 ADHD를 가진 사람들을 돕는 것은 크게 효과적이지 않다. 다른 전략들이 동시에 수반되어야 한다. 약물은 사람들이 집중하거나 조용히 있는 것을 도울 수는 있지만, 아동에게 책을 읽는 방법이나 다른 사람들을 존중하며 대하는 태도까지 알려 줄 수는 없다.

5. 지지 집단에 참여하세요.

지지 집단과 전문가 협회는 ADHD를 가진 다른 사람들과 경험을 나누며 정보를 얻을 기회를 제공하기 때문에 아주 유익할 것으로 본다. 이들을 통해서 다른 사람들에게는 어떤 것이 도움이 되었는지를 알 수 있을 것이며, 또한 내가 혼자가 아니라는 사실을 알게 될 것이다(pp. 307-319를 재구성).

출처: Jergen, R. (2005).

『별종, 괴짜 그리고 아스퍼거 증후군: 아스퍼거 증후군 청소년을 위한 생활지침서』: 아스퍼거 증후군 이해하기

아스퍼거 증후군은 우리나라에서는 ADHD나 자폐에 비해 아직은 널리 알려지지 않은 장애다. 자폐증 범주의 한 하위 그룹으로 간주되지만 언어 발달도 정상적으로 보이고, 지능도 평균 또는 그 이상에 특정 영역에서 재능도 있어 보이기 때문에 그저 똑똑한데 좀 독특한 아이로 여겨진다. 그래서 진단 나이도 8.8세에서 11.1세 사이로 늦은 편에 속한다. 이 아이들이 학급의 친구들과 사이좋게 지내는 것은 정말 쉽지 않다. 겉보기에는 비장애아동과 다를 바가 없어 보이고 심지어 공부도 곧잘 하는데 사회성은 매우 떨어져서 비장애 친구들의 눈으로 보기에는 '멀쩡한데 배려받고', 그런데 '눈치도 매너도 꽝'인 아이이기 때문이다.

저자인 루크는 아스퍼거 증후군을 가지고 있으며 13세에 이 책을 썼다. 아스퍼거 증후군의 대표적 증상 중 하나가 다른 사람과 소통하는 것에 어려움을 겪는 것인데 비해 루크의 책은 솔직한 유머로 가득하다. 책을 읽다 보면 아스퍼거 증후군을 가진 아이들이 어떤 어려움을 겪는지를 실제적으로 이해할 수 있고, 이를 극복하기 위한 루크 나름대로의 처방도 매우 매력적이다. 그들은 우리와 다를 뿐 그리 나쁘지 않다는 것을 책을 통해 자연스럽게 받아들이게 된다. 인상적인 몇 가지 내용을 소개한다.

강박에 가까운 관심 분야

아스퍼거 증후군을 가진 사람과 아스퍼거 증후군을 가지지 않은 사람의 차이점은 그들이 무언가에 매혹된 강도의 수준인 것처럼 보였다. 내 마음에 있는 하나의 관심 분야나 또는 내가 매혹된 어떤 것에 대해 이야기할 때는 나 자신의 생각만 말할 수 있다. 그리고 문자 그대로 다른 모든 것은 중요하지 않다. 만약에 내가 나의 흥밋거리에 집중할 때는 그것이 공룡이든지, 포켓몬, 특별한 플레이 스테이션 게임 또는 그 밖에 무엇이든지 그것들은 나에게 항상 불후의 강박이었고, 나는 형언할 수 없는 넘치는 흥분을 느꼈다. 나는 그저 그것에 대해 이야기해야만 했고 그것을 멈추어야 할 때 짜증은 쉽게 심한 노여움으로 번져 갔다.

삶은 우리 아스퍼거 증후군 아이들에게는 너무나 억압적이다. 우리는 우리의 방식으로 적응하기 위해 해결책을 찾아야 한다. 바퀴를 돌리는 것이든, 배터리를 모으는 것이든, 컴퓨터에 대해 이야기하는 것이든 무엇이든지 간에 그것은 스트레스를 줄여 주는 것이다. 결국 나의 조언은 배터리를 더 가지게 해 주고 그것을 내버려 두라는 것이다!

아스퍼거 증후군이나 자폐증을 가진 누구라도 매혹의 강도가 문제를 일으킨다면 자신을 조절하는 것은 스스로에게 달려 있다. 나는 이것이 얼마나 힘든지 알고 있고 여기에는 아마 도움이 필요할 것이다. 엄마와 학교에서는 내가 연필 없이 얼마간 시간을 보낼 수 있도록 도와주었다. 이것을 위해 엄마는 나에게 일련의 별 스티커 차트를 주었다. 내가 스트레스를 받지 않거나 뭔가에 몰입할 때 연필 없이 지내도록 유도했다. 짧은 순간으로 시작하여 점차 시간을 늘려 갔다. 나는 『개구쟁이 데니스』라는 만화책이 주어졌던 것을 기억한다. 나는 나 자신에게 매우 만족했고 자랑스러웠다. 스티커가 점차 늘어 감에 따라 나는 좀 더 스트레스를 받는 상황에서도 연필 없이 지내는 것을 연습했다. 나는 이제 쓰거나 그림을 그릴 때만 연필을 사용한다. 정말 문제가 있다면 좀 더 어린 아이들에게는 이러한 종류의 전략이 유용하다(pp. 60-78을 재구성).

언어와 학습

모든 아스퍼거 증후군 아이에게는 언어, 몸짓, 표정을 이해하지 못하는 어려움이 있다. 우리가 가지고 있는 큰 문제들이다. 아스퍼거 증후군을 가지고 있는 어른이나 10대에게 다른 사람들의 의도를 해석하는 것은 고대의 상형문자를 해독하는 것보다 어렵다.

"도리스 이모랑 이야기하는 동안 잠깐만 나가 있어라." 이런 말을 들어 본 적이 있는가? 그래서 여러분이 잠깐 있다 되돌아오면 엄마가 굉장히 화를 낸 적은 없는가? 여러 번 생각해 봤지만, 다른 사람들은 아스퍼거 증후군을 가진 사람들의 감정을 잘 배려하지 않다 보니 그들만의 '약속'에 대해 명확히 알려 주지 않는다.

내가 겨우 다섯 살인가 여섯 살이었을 때, 엄마가 학교로 나를 데리러 오셨다. 학교에서는 나를 찾느라 애를 먹고 있었다. 선생님은 진짜로 화난 상태였고 모두 오랫동안 계속해서 나를 찾고 있었다. 엄마는 내가 생각하는 방식을 알고 있기 때문에 선생님에게 내게 한 마지막 말씀이 무엇이었는지 물으셨고, 선생님은 내 파일을 자신의 책상 밑에 갖다 두라고 했다고 일러주셨다. 내가 어떻게 했을지 아는 엄마는 얼른 책상 밑을 보고 날 찾으셨다. 내가 이 사건을 보는 시각은 이렇다. 나는 선생님 말씀에 따라 책상 밑으로 기어 들어가 큰 파일을 상자에 넣었다. 나는 어디 밑에 있는 것을 좋아한다. 안전하고 포근한 느낌이다. 무언가의 밑에 있거나 무엇으로 둘러 싸여 있을 때 혼란스러운 세상은 멀리 떨어져 있고, 현실이 아닌 것 같다. 책상 밑에 갇혀 있는 즐거운 느낌이 있기는 했지만 사실 난 선생님의 말을 따랐을 뿐이다. 선생님은 "루크, 책상 밑으로 얼른 가서 파일을 갖다 두고 다시 돌아와라."라고 말씀하지는 않으셨다. "얼른 책상 밑에 갖다 둬라."라고 말씀하셨다. 아무도 내게 다시 나와야 한다고는 이야기하지 않았다.

내가 설명했듯이 대부분의 아스퍼거 증후군 아이들은 정말 문자 그대로 이해하지만, 나이가 들어 감에 따라 애매한 대화 방식을 이해하는 것을 배운다. 우리와 아스퍼거 증후군이 아닌 아이들의 차이는 이런 것들을 배우는 데서 우리는 노력해야 하는데 다른 아이들은 자연스럽게 익히는 것 같다는 점이다.

여러분의 자녀가 해 주었으면 하는 것에 대해 명확하고 구체적인 지시를 줘라. 정확한 설명을 하지 않더라도 직유법, 특히 은유법을 쓰는 것은 피하라. 아스퍼거 증후군 아이에게는 모든 것이 명료하고 상세히 설명되어야 한다. 자녀들이 일들을 제대로 이해했는지 계속 확인하라(pp. 131-148을 재구성).

눈 맞춤

사람들의 눈을 똑바로 쳐다볼 때, 특히 친하지 않은 누군가일 때 나는 말로 표현할 수 없을 정도로 너무 불편하다. 무엇보다 그들의 눈이 나를 불태우는 것 같고 외계인의 얼굴을 보는 것처럼 느껴진다. 예의 없이 들리겠지만 내가 느끼는 대로 말하는 것이다. 만약 그런 상황에서 눈길을 돌리지 않는다 해도 상대가 말하는 동안 열심히 응시하다 보면 그들의 생김새를 보느라 막상 듣는 것을 까맣게 잊어버리고 만다. 때때로 듣는 것과 보는 것에 동시에 집중하는 것은 너무 어렵다. 사람들의 말이 너무 애매해서 정말 이해하기 어렵기도 하지만, 사람들의 표정이 움직이고 눈썹은 올라갔다 내려갔다 하고 눈은 커졌다 작아졌다 하는데 이 모든 것을 한번에 직면할 수가 없다.

나는 아스퍼거 증후군 아이로서 이 문제에 대해 타협안을 발견했다. 그것은 사람들의 입을 보는 것인데 현재 내가 실천하고 있으며 잘 적용되고 있다. 그렇게 하면 상대방은 여러분이 그들을 바라보고 있다고 느끼기 때문에 만족할 수 있고, 여러분은 상대의 눈을 응시하면서 느끼는 무시무시하고 타는 듯한 감정을 느끼지 않아도 된다(pp. 94-96을 재구성).

학교에서의 문제

내가 이야기를 나누어 본 아스퍼거 증후군을 가진 어른들의 학교에 대한 기억은 '잊는 편이 낫다.'에서부터 '잊기가 힘들다.'까지 무척 상처가 깊어 보였다. 나는 초등학교에 다닐 때 왕따, 소리에 대한 민감함(도대체 왜 학교에서는 하루에 그토록 수많은 벨을 울리면서 모든 사람을 귀먹게 하려는 건지 도무지 모르겠다!), 무엇을 해야 하는지 이해하는 것, 물건을 잊어버리고 두고 오는 것, 대부분의 일에 너무 느린 것과 관련된 온갖 종류의 문제가 있었다.

학교에서는 모든 것이 너무 자주 변한다. 모든 것이 학교에서는 너무 바쁘다. 나를 제외한 모든 아이, 선생님들은 다들 목적이 있는 것 같아 보이고 나는 도대체 그것이 무엇인지 알아낼 수 없었다. 나도 우리가 배우러 온 것은 알고 있는데 그보다 더한 무언가가 있는 것처럼 보인다. 그것은 게임을 시작했는데 규칙이나 암호를 모르는 것과 같다.

이 글을 읽는 선생님과 보조교사 그리고 전문가 여러분, 제발 자폐 스펙트럼에 있는 아이들은 '어디에 가고 누구랑 이야기하고 다음에 무엇을 해야 하는지'를 본능적으로 아는 것이 불가능하다는 것을 알아 주세요. 만약 선생님이 "책을 꺼내서 10쪽을 펴세요."라고만 말씀하시고 "그리고 이제부터 거기에 있는 질문들에 답하세요."라고 말씀하시지 않는다면 아스퍼거 증후군 아이는 무엇을 해야 할지 도무지 알 수가 없다. 그러고는 아무것도 하지 않는다고 혼내니, 이러한 훈계는 불공평하다.

자폐 스펙트럼이 있는 아이를 도와주는 핵심은 항상 매우 명료하게 무슨 일이 벌어지고 있는지를 말해 주는 것이다. 만약 여러분이 그 사람의 지능보다 낮은 수준으로 이해하기 쉽게 어휘를 선택하여 정확하게 설명해 주면 정말로 도움이 된다(pp. 149-151을 재구성).

왕따

왕따를 당하기 쉬운 아이들이 단지 아스퍼거 증후군을 가진 아이들만은 아니라고 생각한다. 사람들은 뭔가 '다른' 사람들을 괴롭히는 것 같다. 지금까지 만난 나를 괴롭힌 아이들이 왜 그렇게 의도적으로 그랬는지에 대해서 나는 모르겠다. 나는 내가 다르기 때문일 것이라고 추측한다. 그리고 항상 혼자였기 때문에 쉽게 목표물이 된 것 같다.

아스퍼거 증후군 아이들에게 왕따의 문제는 또 다른 면이 있다. 어떤 왕따는 실제로 왕따가 아니다. 아스퍼거 증후군 아이들은 항상 다정하게 장난치는 것이 정말로 다정한 짓이라는 것을 알아차리지 못한다.

아스퍼거 증후군 아이들은 어떤 일들을 집에 가서 말해야 하는지를 알지 못한다. "오늘 학교에서 뭐했니?" 하고 묻는다면 자동으로 "나 왕따를 당했어요."라고 대답하지는 않는다. 특별히 그 주제에 대해 묻지 않는다면 말이다. 그래서 왕따에 대해 묻는다면 구체적으로 질문해야 한다. 누가 밀치거나 제치며 화나고 성가시게 하는지 혹은 때리거나 발로 차는 사람은 없는지를 물어야 한다.

교사가 알아야 할 가장 중요한 것은 왕따를 당하는 것이 단순히 어떤 아이라도 대처할 수 있는 삶의 한 부분이 아니라는 것이다. 만약 아이가 교사에게 다가가서 문제들을 말할 정도로 용감하다면 제발 그를 진지하게 대해 주길 바란다. 아스퍼거 증후군 아이들에게 "너희가 자초한 것 아니냐."라고 말하지 말길 바란다. 전에 그런 이야기를 들은 적이 있는데, 그것은 글쎄…, 완전히 예의 바르게 말해도 쓰레기다! 왕따를 당하는 것은 지옥에 있는 것과 같다. 교사는 어른이고 학교의 아이들은 어쨌거나 단지 아이들이다. 교사가 책임을 지고 무슨 방법으로든 그것을 멈추게 해야 해요(pp. 187-196을 재구성).

체육 시간

대부분의 아스퍼거 증후군 아이들이 운동경기를 하면서 많이 힘들어한다. 나는 근육의 조정을 잘 못하고 받기, 던지기, 차기 그리고 공 다루기를 끔찍이 못한다. 모두 내가 팀 경기에 얼마나 어수룩한지를 잘 알고 자신들의 팀에 끼워 주고 싶어 하지 않는다. 나는 마치 아무도 내켜하지 않는 짐 꾸러미처럼 팀을 배정받는다. 실제로 아이들의 마음도 그럴 것이다. 나 또한 그들의 팀에 들어가기 싫다! 모두 뛰고 비명을 지르며 소리치는 것처럼 보이는데 나는 도무지 갈피를 잡을 수가 없다. 나는 누군가가 명령하거나 소음이 들려오는 곳에서는 운동할 수 없다. 그런 상황은 너무 혼란스럽다. 마침내 해야 할 것을 하거나 뛰어야 할 곳으로 가면 친구들은 다른 것을 시작했고, 한발 늦게 행동하고 있는 나를 조롱한다. 체육 시간은 학교에서 최악의 시간이고, 피하기 위해서 모든 것을 다 해 봤다.

여기서 내가 말하고자 하는 것은 우리를 더 이상 괴롭히지 말라는 것이다. 누군가를 팀 경기에 참가하도록 하는 것이 그 남자나 여자 아이를 갑자기 사교적이 되게 하거나 근육을 잘 조정할 수 있게 하는 것은 아니라는 것을 알아주었으면 한다. 아스퍼거 증후군을 지닌 사람들은 종종 달리기, 암벽등반과 같은 다른 사람과의 상호작용이 많이 필요 없는 운동에는 뛰어나다. 만약 학교에 실내 체육관이 있다면 다른 사람들이 축구나 여타의 팀 경기를 하는 동안 아스퍼거 증후군을 가진 사람들은 그곳에 가서 운동을 하는 것이 가능하지 않겠나?(pp. 168-173을 재구성)

출처: Jackson, L. (2009).

학급에 아스퍼거 증후군을 가진 아이가 있다면 반 친구들에게 다음에서 소개하는 책을 윤독시키는 것도 도움이 된다. 책 속의 주인공이 아스퍼거 증후군을 가졌기 때문에 친구들이 아이를 이해하는 데 도움이 된다. 다음은 초등학교 저학년 학생들이 장애를 쉽게 이해할 수 있도록 쓰인 도서들이다.

출처: 스콜라 출판사 카페(http://cafe.naver.com/scola1)

셰프에게 물어봐
〈통합학급의 비장애아동의 학부모가 자녀의 불편을 호소한다면?〉

우리 반 정연이 어머니가 학부모 상담을 와서는 장애아동인 진수 때문에 정연이가 수업 시간에 힘들어한다고 말했습니다. 처음에는 아이를 키우는 입장에서 진수의 상황을 이해하려고 했는데, 정연이의 이야기를 들으니까 진수나 진수 어머니가 이기적이라는 생각이 든다고 합니다. 정연이 어머니의 말도 이해는 가지만 그렇다고 진수를 다른 반으로 보낼 수도 없는 노릇입니다. 정연이 어머니에게 어떻게 말을 하면 좋을까요?

이렇게 이야기해 보는 건 어떨까요?

"어머님께서 염려하시는 것 충분히 이해합니다. 진수가 자폐가 있다 보니 수업 시간에 조용히 있다가 소리를 지르거나 친구의 말을 따라 하거나 스트레스를 받으면 자기 머리를 때리는 일이 있습니다. 매일 있는 일은 아니지만 한 번씩 이런 일이 생겨서 저나 다른 아이들이 당황할 때가 있지요. 처음에는 저나 아이들 모두 어떻게 해야 할까 고민이 컸습니다. 그런데 어머님, 진수뿐 아니라 우리 반 아이들은 모두 각자 나름대로의 개성이 있습니다. 그중에는 수연이처럼 수업 시간에 조용히 선생님 말씀에 집중하는 예쁜 아이도 있지만 산만해서 친구들에게 말을 걸거나 딴짓을 하다가 저에게 지적을 받는 아이도 있지요. 그 아이들도 분명히 다른 아이들의 수업에 방해가 될 때가 있지만 늘 그렇지는 않기 때문에 어머님들께서 학습권 침해라는 말씀을 안 하시는 거라 생각합니다. 진수 역시 매일 그런 문제 행동을 하는 건 아닙니다. 그리고 처음보다 수업에 방해가 되는 행동의 횟수가 줄고 있습니다. 아이들과 함께 진수가 가진 장애에 대해 이야기 나누면서 다 같이 약속했거든요. 진수가 그럴 때는 모른 척하기로…. 그게 진수한테 도움이 되기 때문에 모두 진수를 도와주기로 했습니다. 그런데 우리 반 아이들이 너무 기특한 게 정말 그렇게 합니다. 진수를 따라 하거나 놀리지 않고 모른 척하면서 수업에 더 집중하려고 노력합니다. 그래서 지금은 진수가 가끔 그렇게 해도 아이들의 동요가 적습니다. 저는 아이들이 그렇게 서로 다른 점을 맞춰 가려고 노력하는 모습이 너무 자랑스럽습니다. 진수도 장애가 있지만 나름대로 학급에서 지켜야 할 규칙을 익혀서 지키려고 노력하고 있습니다. 진수가 전혀 달라지지 않고 매일매일 수업을 방해한다면 모르지만 현재로서는 그렇지 않기 때문에 좀 더 지켜봐 주셨으면 합니다. 사실 이다음에 아이들이 살아 나갈 사회는 정말 다양한 사람들이 함께 살아가기 때문에 서로 다른 점을 맞춰 가면서 적응하는 능력이 정말 중요하지요. 그게 사회성이자 개인의 능력이 아닌가 생각합니다. 아이들은 커 가면서 학급에서 서로 다른 친구들을 만나 그것을 배웁니다. 크고 작은 문제들이 생기지 않는다면 결코 길러질 수 없는 능력이지요. 지금은 진수가 다른 아이들에게 피해를 줄까 봐 걱정하시지만 오히려 이것이 아이들에게는 어느 곳에서도 배울 수 없는 소중한 경험이 될 수 있습니다. 몇 년 전에 옆 반에서 저희 반처럼 이런 경우가 있었는데 그 반은 오히려 학업성취도 점수가 높아졌습니다. 아이들 집중력이 더 좋아졌거든요. 어머님의 염려가 그저 염려에 그칠 수 있도록 저 역시 지도에 최선을 다하겠습니다. 저와 우리 반 아이들을 믿고 기다려 주십시오."

참고문헌

서울 · 경인 지역 특수학급 교사 연구회(1998). 서로 다른 아이들이 함께 만드는 교실. 서울: (재)파라다이스복지재단.

Jackson, L. (2009). 별종, 괴짜 그리고 아스퍼거 증후군: 아스퍼거 증후군 청소년을 위한 생활지침서 [*Freaks, geeks & asperger syndrome: A user guide to adolescence*]. 이주현 역. 서울: 학지사. (원저는 2002년에 출판).

Jergen, R. (2005). 리틀 몬스터: 대학교수가 된 ADHD 소년[*The little monster: Growing up with ADHD*]. 조아라, 이순 역. 서울: 학지사. (원저는 2004년에 출판).

'다음' 스토리펀딩 '세상과 만나는 1평의 선물' 2화 '한 자폐아를 바꾼 한 권의 알림장' 홈페이지(https:// storyfunding.daum.net/episode/788)

스콜라 출판사: http://cafe.naver.com/scola1

16 학교는 뭐 하고 있었어요?

학교폭력 피해 자녀를 둔 학부모 대응 방법

뒤죽박죽. 레시피가 필요해!

수업이 끝나고 청소 시간도 지났는데, 몇몇 아이가 가지 않고 복도에서 쭈뼛거리더니 우르르 몰려 왔다. 명수가 지후의 돈을 자꾸 빼앗는다는 것이다. 순간적으로 김 선생님은 아차 싶었다. 요즘 눈에 띄게 지후가 우울하게 가라앉아 있었다. 최근 지후 어머니가 집을 나갔고, 등교 전후해서 항상 지후가 아버지와 함께 어머니가 갈 만한 곳을 찾아다니고 있다는 사정을 알고 있었기 때문에, 선생님은 지후의 우울함을 가정문제로만 생각하고 있었다. 그런데 명수가 돈을 빼앗는다는 얘기를 듣고 보니, 지후의 우울함은 단순히 가정문제 때문만은 아니었던 것이다.

지후를 만나 자초지종을 들어 보니, 힘세고 거친 명수가 지후에게 계속 돈을 가져오라고 협박했던 것이 드러났다. 시작은 PC방에서 명수가 지후에게 한번 기분 좋게 게임비를 내 준 것이었다. 그 후부터 명수가 게임을 하고 싶을 때마다 나는 너에게 공짜로 게임비를 대주었으니 너도 대 주어야 하지 않느냐면서 지후에게 계속 돈을 요구했다고 한다. 거친 명수가 두려웠던 지후는 어머니가 가출하기 전에도 이미 지갑에 몇 번 손을 댔고, 어머니의 가출 이후 아버지가 생활비를 둔 곳에서도 돈을 꺼내 준 적이 몇 번 있었다. 그런데 정확한 액수와 횟수는 제대로 기억하지 못했다.

명수를 찾아보니 PC방에 있었다. 지후에게 받은 돈을 달라고 하니, 그 돈은 단지 빌린 것뿐이라며 하나도 쓰지 않고 그대로 있다면서 돈을 꺼내 돌려주었다. 명수 집에 연락해서 명수 어머니를 오시라고 하고, 지후의 집에도 연락을 드렸다. 자초지종을 들은 지후 아버지는 불같이 화를 내며수화기 너머로 고함을 질러댔다.

"학교는 도대체 뭐 하는 곳입니까? 우리 애가 그렇게 돈을 빼앗길 동안 선생들은 도대체 뭐 하고 있었대요? 그러면서 우리 애 늦게 온다고 아침마다 전화 주고 그랬습니까?"

너무도 흥분한 지후 아버지의 반응에 김 선생님은 수화기를 든 채 아무 말도 할 수 없었다.

레시피 1. 학교폭력 제대로 알기

1. 학교폭력의 정의

학교 안팎에서 학생을 대상으로 발생한 상해, 폭력, 감금, 협박, 약취 · 유인, 명예훼손 · 모욕, 공갈, 강요 · 강제적 심부름 및 성폭력, 따돌림, 사이버 따돌림, 정보통신망을 이용한 음란폭력 정보 등에 의하여 신체 · 정신 또는 재산상의 피해를 주는 행동 모두를 학교폭력으로 정의한다(「학교폭력예방 및 대책에 관한 법률」 제2조).

2. 학교폭력의 성격

1) 고의성

학교폭력이 학교에서 일어나는 일반 사고나 상해와 비교할 때 가장 두드러지는 차이는 폭력의 고의성 여부다. 일반 사고는 그야말로 '사고'인 반면, 학교폭력은 '의도성을 가진 고의적인 행동'이다. 불특정 다수가 대상이 되는 것이 아니라 특정 인물을 지목하여 가해 행위를 하는 것이기 때문에 명백하게 고의적인 행위다. 의도적 목표 행위이기 때문에 피해자 입장에서는 쉽게 벗어나기 힘들다.

2) 지속성, 반복성

단순히 1회의 사건이나 상황이 발생한 것도 학교폭력으로 인지될 수 있다. 하지만 많은 경우 학교폭력은 어떤 하나의 사건이라도 그 이면에 지속적이고 반복적인 행위가 내재해 있다. 수면 위로 문제가 불거졌을 때는 이미 오랜 시간 지속되고 반복되던 것이 겉으로 표출된 것이다.

3) 힘의 불균형

학교폭력이 발생했을 때 가장 두드러지게 나타나는 관계적 특성은 힘의 불균형이다. 건강한 관계는 서로가 동등한 심리적 · 물리적 힘을 보유하였음을 의미한다. 이런 관계에서는 갈등이 폭력의 양상으로 나타나기는 어렵다. 폭력의 발생은 힘의 불균형에 기인한다. 힘이 센 쪽이 약한 쪽에 위해를 가한다. 그래서 학교폭력은 흔히 일 대 다수의 패턴을 쉽게 보이며, 일대일의 관계라도 한쪽이 다른 상대에 비해 두드러진 힘의 차이를 보여 주는 경우가 많다.

레시피 2. 학교폭력 피해 자녀를 둔 학부모의 마음 이해하기

1. 학부모의 분노 이해하기

자녀가 학교폭력의 대상이 되었다는 것을 부모가 수용하기는 쉽지 않다. 학교폭력이란 우발적이고 불가항력적인 사고가 아니라 의도를 지닌 고의적인 행동이기 때문이다. 학부모 입장에서는 학교에서 자신의 자녀를 방치했다는 느낌이 들고, 학교는 왜 미리 알아차리지 못했을까 하는 분노가 치밀어 오를 수 있다.

한편으로, 학교폭력을 겪은 자녀를 돌보는 책임은 오롯이 부모에게 전가된다. 자녀가 심리적이든, 육체적이든 회복되는 과정에서 자녀를 돌보고 위로하고, 때로 병원에 데리고 다니며 자녀의 감정적 불안 상태를 받아 내는 등 이 모든 과정을 실질적으로 겪으며 일을 처리할 사람은 부모다. 부모 입장에서는 버겁고 부담스러우며 전혀 생각지 못한 이런 일이 나에게 일어나도록 만든 곳이 학교이기 때문에 가해 행동을 한 아이뿐 아니라 학교에 대해서도 분노가 치밀어 오른다.

2. 자력구제(自力救濟)의 유혹에 시달리는 학부모

학교폭력은 성인인 부모의 입장에서는 아직 미성년자인 자녀의 세계에서 일어나는 일이다. 믿었던 학교는 자신의 자녀를 보호해 주지 못했다. 그럴 때 미성년자인 가해자를 직접 상대하여 문제를 해결하고 싶은 충동이 생긴다. 감정 통제가 쉽지 않은 상태에서는 실제로 학교에 와서 실력 행사를 할 수도 있다.

3. 학부모의 두려움 이해하기

학교폭력은 심리적 상처를 동반한다. 눈에 보이는 상처는 시간이 해결할 것이라는 믿음이 있지만, 아이가 받은 심리적 상처는 부모에게 무척이나 당혹스러움을 안겨 준다. 회복하는 데 시간이 오래 걸릴뿐더러 부모가 치료의 전문가도 아니기 때문에 어떻게 도와주어야 하는지 정보도 부족하고, 구체적으로 도와주는 지원 세력도 모호하고, 대처 방법도 막막한 무기력한 상태에 놓이게 된다. 부모 입장에서는 자녀 문제가 본인 인생에 전혀 예상치 못한 새로운 과제로 다가오게 되는 것이다.

또 한참 인생을 준비해야 할 학령기에 심리적 상처로 미래를 준비하는 적절한 시기를 놓쳐 때로는 자녀의 인생 자체가 돌이킬 수 없게 될지 모른다는 두려움도 있다. 그래서 학교폭력을 겪은 자녀를 둔 부모의 마음은 이래저래 불안하고 당혹스러울 수밖에 없다.

4. 학교폭력에 대한 공포

교사, 학생, 학부모 모두 정도는 다를 뿐 어느 정도 학교폭력에 대한 공포감이 있다. 학교에서 매일 학생들을 접하는 교사와는 달리 부모 입장에서는 대중매체나 지역사회를 통해 정보를 접하면서 막연한 불안감을 가지고 있을 수 있다. 그런 상황에서 막상 자신의 자녀에게 어떤 일이 생기면 그 공포감은 현실이 되어 버린다. 원래 두려워했기에 더 크고, 더 예민하게 받아들이는 것이다. 그래서 아이들 간에 일어나는 일에 대해서 더 크게 확대 해석하게 되며, 더 심각하게 반응하게 된다.

5. 학부모의 죄책감

내 아이는 소중하다. 그런 내 자녀가 학교에서 폭력을 당했다고 생각하면 부모의 마음은 무너진다. 평소 못 해 준 것에 대한 미안함과 자녀가 전조를 보였는데도 미처 알아채지 못하고 지나친 자신에 대해 자책이 든다. 그래서 이번 일에서만은 부모로서 제대로 자녀를 지켜 주고 싶다. 그래야 부모 노릇을 잘하는 것 같다. 그래서 객관적으로 감정을 누그러뜨려 일을 처리하기보다 감정을 더 강하게 표출하여 자녀에 대한 미안함을 대신하려는 경우가 있다.

레시피 3. 학교폭력 발생 시 학교에서 고려해야 할 점

1. 더 힘든 사람은 피해 학생의 부모다

학교에서 학교폭력 사안을 접한 후 해결 과정에서 피해 학생의 학부모와 접촉하게 되면, 교사 입장에서는 학부모의 말과 행동이 너무 지나치다는 생각을 하게 된다. 사례의 김 교사도 마찬가지였다. 아이가 계속 돈을 빼앗기고 있다는 것을 학부모보다 교사가 먼저 발견했는데, 도리어 부모가 학교는 뭐 하고 있었으며, 교사는 왜 월급 받고 사느냐고 화를 내며 욕을 퍼부으면 부당하지 않느냐는 것이다. 김 교사도 감정이 치밀어 올라 '부모는 대체 뭘 하고 있었기에 자녀가 그 지경이 되도록 도무지 모르고 있었는가?' 하며 부모를 비난하고 싶은 마음도 생겼다.

그러나 기억해야 할 것은 더 힘든 상황에 놓인 사람은 교사보다 피해 학생의 부모라는 점이다. 교사는 제삼자이며, 피해 학생의 부모가 당사자인 것이다.

비법 한 스푼
〈교사의 자기통제: 위기 상황에서 감정에 함몰되지 않기〉

전혀 예상하지 못한 상황에서 학부모가 교사에게 폭언을 퍼붓기 시작하면 교사는 당혹스럽다. 심장이 벌렁거리고 자존심이 상하며, 때로는 눈물까지 핑 돈다. 그런 한편, 이 일이 나에게 피해를 주지 않을까 하는 생각에 두려움도 생기고 피하고 싶은 마음도 든다. 이런 때일수록 교사는 위기 상황의 감정에 함몰되지 않아야 한다.

먼저 심호흡을 한다. 그리고 최대한 마음을 가라앉힌다. 그리고 의도적으로 천천히 또박또박 말한다. 그러면서 상대방이 말한 것을 명확하게 하나하나 되짚어 본다.

"~라고 하셨는데, ~인가요?" 또는 "~라고 하셨는데, 좀 더 자세히 알 수 있을까요?"라고 반복하여 말하다 보면 교사 자신도 냉정을 찾을 수 있다.

한편, 교사가 이런 위기 상황에서 자신이 붙들 수 있는, 속으로 할 수 있는 혼잣말이 있는 것도 필요하다. 예를 들면 '이 일로 더 힘든 사람은 부모야. 부모가 당사자인 거야. 난 제삼자야, 그러니 내가 냉정해져야 해.' '저 사람은 부모로서 나에게 온 거야. 인간 나 ○○○를 공격하려 온 것이 아니야. 내가 교사임을 잊지 말자.' 등의 말이다. 얼핏 교사가 제삼자라는 말이 무책임해 보일 수 있지만, 실상 문제 해결에서 냉정한 제삼자는 없어서는 안 될 존재다. 교사가 함께 감정에 휘말려 문제의 당사자로 상황이 변질되는 순간, 애초 발생한 문제에 대한 해결은 그만큼 멀리 달아나 버리게 됨을 잊어선 안 된다.

2. 2차 사안거리가 생기는 것을 막아야 한다

학교폭력 건이 발생하면 피해 학생의 학부모뿐만 아니라 가해 학부모도 힘들며, 일을 해결해야 하는 교사도 힘들다. 학생들 사이에서 발생한 1차 피해 외에도 일을 해결하는 과정에서 종종 새로운 2차 사안들이 발생한다. 이는 주로 보호자들이 일을 해결하려는 과정에서 감정적으로 반응하면서 발생하게 된다. 피해자는 피해자대로 자신의 피해 상황에 대해 감정적으로 반응하고, 가해 학생의 부모는 자녀의 처벌을 최소화할 방어책으로라도 피해자와 학교를 대상으로 꼬투리를 물고 늘어지려고 한다. 이때 명백한 피해를 호소하는 피해자에 대해서는 쉽게 꼬투리를 잡지 못하기 때문에 학교를 대상으로 이런저런 꼬투리를 잡아 가해 행동을 희석하며 오히려 학교를 공격한다. 그래서 일을 처리하는 과정에서 여러 형태의 2차 사안이 발생한다. 2차 문제가 발생하면 문제가 발생한 최초의 상황은 묻혀 버리기 쉽다.

이렇게 2차 사안으로 문제가 확장되는 것을 피하려면 가해자, 피해자, 학교 중 어느 한쪽이라도 감정 표출을 자제하고 사무적인 태도는 아니되 감정적으로는 냉정해져야 한다. 그래야 감정의 열기를 가라앉힐 수 있다. 그 과정을 가장 객관적으로 감당할 수 있는 곳이 학교다. 그러므로 교사는 감정적 반응에 일일이 대응하지 말고 경우에 따라 참고 견뎌야 한다. 하지만 교사도 사람인지라 감정이 올라올 수 있는데, 항상 기억할 것은 최초의 상황에 초점을 맞춰야 한다는 것이다. 사안이 확장되는 것은 어떻게든 막아야 한다.

3. 가해 학생이나 그 부모를 죄인 다루듯 하지 말아야 한다

학교폭력이 발생하면 교사가 직면하는 가장 큰 문제는 가해 학생의 행동에 대해 교사 자신이 피해 학생 못지않게 용납하기 어렵다는 점이다. 더구나 교사가 바르게 살라고 가르친 그 교육 행위를 배반하는 결과로 다가오기 때문에 교사 자신도 스스로 피해자와 비슷한 느낌을 받게 된다. 이렇게 감정적인 관점으로 교사가 가해 학생이나 그 부모를 은연중 죄인 대하듯 하게 되면, 이런 교사의 감정이 가해 학생의 부모에게도 전달될 수 있다. 이는 정도 이상의 비난을 받는다는 느낌을 주게 되어 오히려 가해 학생의 부모를 자극할 수 있으므로 주의해야 한다.

4. 상식 밖의 학부모가 있음을 염두에 둔다

전적으로 그런 것은 아니지만, 가해 학생의 행동은 상당 부분 부모의 양육환경에서 배웠을 확률이 높다. 특히 상대의 고통에 공감하지 못하는 행태는(그래서 학교폭력이 일어난다) 양육 과정에서 형성되었을 가능성이 크다. 그렇기에 가해 학생의 부모를 대할 때 자녀의 잘못에 대해 순순히 인정하는 부모는 극히 드물다는 사실을 인지하고 있어야 한다. 심지어 '그래, 내 자녀가 무슨 잘못을 했냐. 자라면서 그럴 수도 있는 일 아니냐. 학교는 뭘 가르쳤냐. 이렇게 자라게 된 데에 책임을 지라.'는 등의 비상식적인 반응이 나올 수 있는 것을 예상해야 한다.

학교폭력 건이 발생하면, 교사는 피해 학생과 그 가정을 위로하며, 문제 해결을 위한 에너지를 피해 가정에 쏟으면 되리라 생각한다. 그러나 실상 학교를 진 빠지게 하는 것은 피해자 가정 못지않게 가해자 가정이 되는 경우가 비일비재하다는 것을 염두에 두어야 한다.

5. 아이들의 기억의 한계를 인지해야 한다

학교폭력 사안이 발생하면 학교는 대개 관련 아이들에게 무슨 일이 있었는지를 기록하게 한다. 그러나 사람의 기억은 한계가 있어 물어보면 물어볼수록 오히려 앞뒤가 다른 얘기를 하는 경우가 발생한다. 아이들 사이에 발생한 문제를 정확하게 기록하는 아이는 실상 드물며, 기억에 의존하는 기술은 한계가 있다. 특히 둘 사이에 발생한 일에 대해 피해자가 정확하게 기억하지 못하면, 오히려 가해 학생이 그 정확하지 못한 기억을 꼬투리 삼아 빠져나가려는 모습도 보인다. 사례의 지후처럼 정확하게 액수와 횟수를 기억하지 못할 때는 오히려 '우리 아이가 언제 그랬냐. 지후가 하는 얘기가 번번이 틀린데 어떻게 우리 아이가 잘못했다고 하느냐.'는 등 가해 학부모의 반격을 받을 수 있다.

또 하나, 주변에서 바라보는 아이들의 시선과 관점의 차이다. 특정 사안이 발생하면 주변 아이들의 의견을 들을 수 있다. 그러나 똑같은 사실을 보더라도 자신의 관점에 따라 아이들은 인식하는 것이 다르다. 앞서 제시한 사례를 예를 들면, 공짜는 되돌려줄 의무가 없다고 생각하는 아이들이 있는 반면, 친구 돈으로 공짜로 PC방을 이용한 경험이 있는 아이 중 일부는 당연히 지후가 명수에게 다시 공짜 PC방 경험을 되돌려줘야 한다고 생각한다. 이렇듯 아이들의 관점이 다를 수 있기 때문에, 교사는 문제를 해결하는 과정에서 주변의 관련된 아이들의 이야기를 학부모에게 언급하는 것을 주의해야 한다.

레시피 4. 학교폭력 해결 시 학교에서 고려해야 할 점

1. 문제 해결은 빠를수록 좋다(당일 처리 원칙)

학교폭력 관련 건이 발생하면, 이를 인지한 때부터 학교는 신속하게 움직여야 한다. 방과 후니까, 청소 시간에 일어났으니까, 혹은 아이들이 귀가한 후라고 해서 오늘은 일단 보내고 내일 알아봐야겠다는 등의 안이한 생각은 호미로 막을 일을 가래로 막게 되는 결과를 가져올 수 있다. 특히 피해 학부모를 만나는 문제에서 학부모가 생업 때문에 학교에 오기 곤란한 경우이면, 교사가 피해 학부모의 퇴근 시간에 맞춰 양해를 구하고 가정방문을 하는 것도 성의를 보이는 방법 중 하나다. 이때 교사 단독으로 가는 것은 피해야 하며, 학교가 문제를 축소하거나 은폐하려 왔다는 인상을 주어서는 안 된다.

2. 면(面)대면(面)으로 해결한다

사건 고지는 통화나 SNS 등 매체를 사용할 수 있지만, 문제 해결 과정은 가급적 얼굴을 맞대는 면대면을 원칙으로 한다. 상대를 보지 않고 하는 의사소통은 자칫하면 여러 정보를 놓쳐 오해를 낳기도 하며, 굳이 상대에게 자제력을 보일 필요가 없어 그냥 터져 나오는 대로 감정을 표출할 수 있다. 그래서 문제를 해결하기보다 오히려 증폭시키는 결과가 생기기 때문에 반드시 면대면을 원칙으로 한다.

3. 부모에게 연락한다

아직 가해나 피해 상황의 정리가 명확하지 않고, 사건 정리가 분명하지 않은 상태에서 교사는 누구에게 먼저 연락해야 할까? 일단은 피해를 입은 학생의 부모에게 연락하는 것이 우선이다. 상황마다 다르겠지만, 대략 다음과 같은 순서로 통화를 시도한다.

1) 피해 학부모와 통화하기

① 상황 설명(사실에 근거함)

"오늘 ~했는데, 혹시 알고 계셨나요?"라는 질문을 통해 학부모가 인지하고 있는지 확인한다. 이때 교사는 있는 사실만 이야기한다.

② 유감 표현

있었던 사실을 객관적으로 알려 주면서, 교사는 이런 일이 생긴 데 대해 유감을 표현해야 한다.

③ 학교가 어떻게 노력했는지 안내

학교에서는 이 일을 어떤 계기로 알게 되었고, 알고 난 후 어떻게 노력했는지를 안내한다.

④ 추가 정보 요청

학생이 가정에 이 일에 대해 이야기를 했는지, 했다면 어떻게 전달했는지를 알아본다. 그리고 미처 교사가 알지 못한 추가 정보는 없는지 확인한다.

⑤ 어떻게 해결되면 좋겠는지 물어보기

이 일이 어떻게 해결되었으면 좋겠는지를 질문한다. 이때 주의할 점은 부모의 판단이나 감정보다 '아이가 원하는 것, 아이의 의사' 에 초점을 맞춰 물어보아야 한다는 것이다. 그리고 어머니 혹은 아버지 어느 한쪽의 의견보다 가족끼리 상의해 반드시 '통일된' 의견을 학교에 제시하기를 요청한다.

⑥ 창구 일원화(학교 쪽에 연락 주기)

직접 해결하고 싶은 욕구가 생길 수 있으나, 가해 학부모에게 직접 연락하기보다는 이 일에 대한 창구를 학교로만 일원화해 줄 것을 요구한다.

2) 가해 학부모에게 연락하기

① 있었던 일 알려 주기

부모에게 있었던 사실을 그대로 이야기한다.

예
- 이런 일이 있었습니다.
- 그래서 알아보니, 제가 지금까지 파악한 바로는 이러했습니다.
- 그것에 대해 학교에서는 현재까지 이러하게 했습니다.

② 창구 일원화(학교 쪽에 연락 주기)

직접 해결하고 싶은 욕구가 생길 수 있으나, 피해 학부모에게 직접 연락하기보다는 우선은 이 일에 대한 창구를 학교로만 일원화해 줄 것을 요구한다. 직접 피해 학부모와 연락했다가 감정적인 상황에 휘말리면 학교 측에서는 도와주기 어려운 상황이 발생할 가능성도 있음을 알려 준다.

예
- 어머니, (직접 연락하시기보다) 하시고 싶은 말씀이 있으면 일단 제가 먼저 저쪽에 전달해 드릴게요.
- 제가 (피해자 쪽)에 연락해 보고, 연락이 가능한 상황이면 말씀드릴게요.

4. 해결 방법을 물어볼 때 초점을 아이에게 맞춘다

문제를 해결하는 과정에서 학교가 회피하려거나 문제를 축소하려 한다는 느낌을 주게 되는 상황을 경계한다. 또한 학부모의 감정이 흘러가는 대로 내버려 두어 문제를 확산시켜서도 안 된다. 항상 대화의 초점은 피해를 당한 아이의 회복에 맞추어야 한다.

"자녀에게 어떻게 하면 마음이 풀어지고 해결될 수 있겠는지 **물어봐 주시겠어요?**"라고 이야기한다.

초점을 아이에게 맞추어야 학부모의 힘을 과시하는 방향으로 문제가 변질되지 않는다. 학부모가 의견을 제시할 때 "혹시 아이도 이것을 원하나요?"라는 질문을 통해 학부모의 관점 또한 자녀로 향하게 한다.

피해자가 생각하는 해결 방식과 가해자가 생각하는 해결 방식이 다를 수 있고, 또한 교사의 상식과 다르게 일이 진행될 수 있다. 그렇더라도 교사는 학부모의 요구에 지나치게 겁을 먹지 말고 초점을 아이의 회복에 두고 해결 과정에 임한다. 특히 학부모가 학교폭력대책자치위원회의 소집을 요구하는 경우, 이 방법은 분쟁을 해결하는 일반적인 과정이 되었기에 합리적 절차라 생각하고 수용하면 된다.

5. 문제 해결 과정의 모든 사항은 반드시 흔적을 남긴다

문제 해결 과정의 모든 사항은 반드시 기록으로 남긴다. 특히 교사가 퇴근 후의 시간이나 일과 시간에 관련 학생의 집을 방문하게 될 때는 초과근무를 달거나 출장을 다는 등 반드시 근무 시스템에 흔적을 남긴다. 진행 과정을 정확하게 글로 남기는 것은 두 가지의 큰 이점이 있는데, 하나는 그 기록이 최악의 상황(예: 학교를 대상으로 하는 재판)까지 갔을 때 교사와 학교를 보호하게 된다. 또 하나는 진행 과정을 기록한 글을 읽다 보면 문제 해결 과정에 관련된 아이 및 학부모들을 객관화해 바라볼 수 있게 된다. 그런 과정에서 문제 해결에 도움을 받을 수 있다.

6. 피해 학생 부모의 개인 사정을 고려한다

교사는 학교폭력에 관련된 피해 학생의 학부모를 대하면서 그 일만 가지고 피해 학생의 부모를 생각하고, 학부모의 반응을 이해하려는 경향이 있다. 그러나 시야를 좀 더 넓게 가질 필요가 있다.

피해 학생의 학부모는 꼭 학교폭력 건만 가지고 학교를 비난하지는 않는다. 학부모가 사회적 약자 계층인 경우 평소에 사회에 대해 가진 억울함, 분노들이 자녀의 학교폭력 피해 건을 통해 학교로 터져 나오는 경우가 있다.

한편으로 개인적인 스트레스로 자녀를 잘 돌보지 못했다는 자책감이 자녀의 피해를 계기로 학교를 향해 분출되는 경우도 있다. 사례의 지후 아버지는 아내와 이혼 과정 중이며, 그에 따른 스트레스가 지후의 학교폭력 피해 건으로 촉발되어 담임과 학교를 향해 전화를 통해서도, 학교를 찾아와서도 폭언을 퍼붓게 되었다. 딱히 학교폭력대책자치위원회의 소집을 요구한 것도 아니었다. 며칠간 학교를 향해 자신의 감정을 쏟아내다가, 그 감정이 다 분출되자 급격하게 이성을 되찾고 자신이 아이를 잘 돌보겠노라고 하면서 평범하고 일상적인 학부모의 모습으로 되돌아갔다.

교사 입장에서는 학교폭력 관련 건에 기인한 부모의 감정 분출은 이해할 수 있으나 여타의 요소들이 개입하여 학교를 향해 감정을 분출하는 경우를 당하면 억울하기도 하고 화도 난다. 그러나 피해자 학부모의 개인 사정도 고려하고 헤아려 주자. 사람에 대한 깊은 연민이 때로는 가장 강한 교육적 파트너십을 형성하는 계기가 될 수 있다.

공깃밥 추가 〈학교폭력 사안 처리 시 유의 사항〉

- 학교폭력 사안이 발생한 경우 **공정하고 객관적인 자세**를 끝까지 지킨다.
- 학생과 학부모의 상황과 심정에 대한 **이해와 공감**을 통해 **신뢰를 형성**하고, 불필요한 분쟁이 추가적으로 발생하지 않도록 한다.
- 적극적인 자세로 학교폭력 사안 처리를 위해 노력하고, **축소 · 은폐**하거나 **성급하게 화해를 종용**하지 않도록 한다.
- 학교폭력 사안 조사는 가능한 한 **수업 시간 이외의 시간**을 활용한다.
- 학교폭력 사안은 반드시 **학교폭력대책자치위원회**에 회부한다.
- 전담 기구의 조사 및 자치위원회 조사 결정 시 **관련 학생 및 보호자에게 반드시 의견 진술의 기회를 제공**하여야 한다.
- 자치위원회 결과는 **'학교장 명의'로 서면 통보**하고, 이때 **재심 등 불복 절차를 안내**한다.
- 자치위원회 회의록 및 사안 조사 자료는 비공개를 원칙으로 한다.
  ※ 단, 관련 학생 및 학부모가 회의록 공개를 요청하는 경우에는 「학교폭력예방 및 대책에 관한 법률」 제21조에 의해 개인정보에 관한 사항을 제외하고 공개하여야 한다.
- 동일한 사안에 대하여 **재심 성격의 자치위원회**는 개최하지 않는다.
- **성범죄 관련 사안을 인지**한 경우 모든 경우에 **예외 없이 수사기관에 즉시 신고**한다.

출처: 교육부(2014).

셰프에게 물어봐
〈학교폭력 해결 과정에서 동료에게 상처를 받았을 때〉

학교폭력 건을 해결하면서 저는 피해 아동의 부모나 가해 아동의 부모에 대해 이해가 되었어요. 피해 학부모는 피해를 입었으니까 당연히 흥분하는 것이고, 가해 학부모는 자기 자녀가 걸린 문제이니 예민하게 반응할 수 있겠지요. 그런데 제게 가장 상처가 된 것은 저를 보호해 주리라 기대한 학교 관리자들과 동료 교사들의 모습이에요. 학부모를 화나게 했다고 오히려 제게 화를 내던 모습, 연차가 얼마인데 그 건 하나 처리하지 못하느냐는 시선들! 보호받지 못하고 내동댕이쳐진 느낌이에요. 화가 나기도 하고 참담하기도 하고, 하루에도 몇 번씩 심한 감정의 오르내림을 경험하고 있어요. 이 문제를 제가 어떤 시각으로 바라봐야 할까요?

그렇습니다. 학교폭력이 일어나고, 마치 폭풍처럼 사건이 휘몰아치다 해결이 되고 나면, 잔해처럼 교사 사이의 관계들에 앙금이 남기 마련이지요. 특히 교장, 교감 선생님 등 학교의 관리자가 관련 교사를 보호할 거라 기대한 교사들이 기대에 못 미치는 관리자들의 모습을 보고 상처를 받는 일이 종종 발생하지요. 승진을 앞두고 있는 교사가 몸을 사리는 모습이나, 문제가 확대되도록 제대로 대처하지 못했다는 주위의 비난도 그렇고, 우리 반에서 일어난 일이 아니니까 옆 선생님이야 힘들든 말든 자신과 전혀 상관없는 일이라는 무관심하고 냉랭한 동료 교사들의 시선들이 관련 문제를 겪는 교사의 마음을 참 힘들게 하지요. 그러면서 갈등의 대상이 원래와 달리 바뀌게 됩니다.

먼저 상황을 객관적으로 보려는 노력이 필요합니다. 애초 갈등이 발생한 이유는 학교폭력 관련 학부모로부터 시작된 것입니다. 그런 것이 상황을 겪으면서 학교 관리자나 주변 동료들로 어느새 자신의 갈등 대상이 바뀌었다는 것을 알아채셔야 합니다. 시작은 학부모였으나 이제 내가 싸울 대상은 내가 속한 조직과 시스템, 그 안의 사람들이 되어 버린 것이지요. 이 싸움으로 얻을 수 있는 것이 무엇인지 냉정하게 판단해 보셔야 합니다.

우선 선생님 주변에 이야기를 털어놓고 지지받을 수 있는 사람을 찾아보고, 찾아가세요. 반드시 같은 조직 내의 사람이나 교사가 아니어도 좋습니다. 선생님의 억울함, 분노, 혼란스러움 등을 털어놓고 선생님의 마음을 이해받을 수 있는 사람, 그래서 지지받고 위로받을 수 있는 사람을 찾아가세요.

그리고 깊이 생각한 후 아무래도 표현이 필요하겠다 싶으면 관리자를 찾아가 자신의 마음을 표현해 보세요. 예를 들면 교장선생님께서 자신을 지지할 줄 알았는데 그렇지 않은 것에 대한 실망감과 서운함을 표현하는 것입니다. 우리는 가만히 있으면 상대가 나의 마음을 헤아려 줄 것이라고 기대하는데 그렇지 않습니다. 표현하지 않으면 상대는 나의 마음을 알지 못합니다. 선생님의 마음을 대상에게 표현해 보세요. 단, 나의 마음을 표현하는 것이 아니라 상대를 공격함으로써 새로운 싸움의 시작이 되어서는 곤란하겠지요.

이 문제는 상당 부분 사람을 보는 선생님의 마음과 관점이 성장하고 자라야 치유될 부분이기도 합니다. 모든 사람은 약점이 있고 한계점이 있습니다. 그것은 평소에 나타나지 않다가 어떤 문제에 부딪히면 나오게 됩니다. 나에게 상처를 주는 관리자 역시 약한 모습을 지닌 한 인간에 불과합니다. 약한 모습은 때로는 악한 모습으로 변신하여 주위 사람들에게 상처를 줍니다. 학교폭력을 일으킨 아이나 당한 아이, 또한 나를 힘들게 하는 학부모님이나 주변 교사들의 모습 또한 마찬가지이지요. 그래서 인간의 연약함에 대한 깊은 연민만이 선생님 자신을 치유할 수 있겠지요. 그러면서 선생님 주변의 사람들이 선생님에게 준 상처를 용서하는 데 도움이 될 수 있을 겁니다.

선생님! 일들을 겪으면서 많이 힘들겠지만, 힘내시고 다시 일어나시기 바랍니다. 우리가 관계하는 사람들의 모습에는 나쁜 부분만 있는 것이 아니라 좋은 관계, 좋은 사람들도 많기 때문입니다. 보다 긍정적인 부분을 보고, 선생님의 영향력을 기다리는 아이들과 주변 사람들을 생각하며 힘내시기 바랍니다.

참고문헌

교육부(2014). 학교폭력 사안처리 가이드북(개정판). 세종: 교육부.

17 우리 애도 잘못했지만 너무하는 것 아니에요?
학교폭력 관련 학생지도를 통한 학부모 마음 가라앉히기

뒤죽박죽. 레시피가 필요해!

순영이 어머니가 담임인 김 선생님에게 전화를 했다. 친구들이 순영이와 말을 섞지 않고, SNS에서도 피하기만 해서 순영이가 학교에 가려 하지 않는다는 것이다. 순영이가 밤에 잠을 잘 이루지 못하고 잠이 들었다가도 번번이 깬다고 걱정을 했다.

김 선생님은 순영이를 불러 어떻게 된 상황인지 자세히 물어 보았다. 순영이 얘기에 관련된 아이들은 김 선생님 반 아이들만 있는 것이 아니라 다른 반에도 여기저기 흩어져 있었다.

순영이는 친구들이 자기만 피한다고 했다. 아이스크림을 먹으러 갈 때도, 떡볶이를 먹으러 갈 때도 자기는 쏙 빼고 다른 친구들끼리만 간다는 것이다. 그리고 SNS에서 자기 뒷담화인 게 분명한데, 대상의 이름을 밝히지 않고 뒷담화를 열심히 하고 다른 아이들은 모조리 동조한다고 했다. 누구에 대한 얘기냐고 따지면 전혀 다른 고학년에 대한 뒷담화라고 둘러댄다는 것이다.

순영이는 친구들을 믿을 수가 없었고, 학교에 오면 자기만 따돌리는 듯한 기분이 들고, 사실 여부와 상관없이 불안감은 더 커져 공포스럽기까지 하다고 했다. 잠도 자지 못하고, 자다가 식은 땀을 흘리는 일이 종종 있다고 했다.

순영이 친구들을 불러 어떻게 된 것인지 자초지종을 들었다. 아이들에 따르면 평소에도 툭툭 내뱉듯이 말하는 순영이가 부담스러웠지만, 말버릇이 거친 것이겠거니 하고 불편해도 그냥 넘어가고 있었다. 그런데 한 아이가 SNS에 올린 사진에 대해 "돼지 같은 년이 꼴갑하며 나대네."라고 누가 봐도 너무 심한 댓글을 순영이가 단 것이 결정적인 계기가 되었다. 이 뒤부터 친구들은 똘똘 뭉쳐 순영이를 피하기 시작한 것이었다.

김 선생님의 연락을 받고 학교에 온 순영이의 부모는 선생님의 이야기를 들으려 하지 않았다. '순영이가 잘못했다 치자, 그렇지만 어떻게 내 아이가 밤에 잠도 못 들고, 학교에도 안 가려 하는데, 이렇게 되기까지 학교는 아이들 지도를 어떻게 한 거냐'고 퍼부었다. 하지만 학교폭력대책자치위원회의까지는 원하지 않았다. 그건 순영이가 SNS에 올린 글 역시 학교폭력 건으로 볼 수 있음을 알기 때문이었다. 단지 담임교사와 동 학년 선생님들에 대해 아이들을 어떻게 지도했느냐고 퍼부을 따름이었다.

레시피 1. 학생지도를 통한 학부모 마음 가라앉히기

학교폭력의 배후에는 오래된 관계의 앙금이 많다. 앞서의 사례처럼 이전에 당한 피해에 대해 현재에 와서 되갚는 일들이 늘어나고 있다. 아이들 간에 발생한 문제가 해결되지 않는 상황에서 단지 부모를 위로한다고 문제가 해결되는 것은 아니다. 그래서 학부모 대응 이전에 문제의 근원이 된 학생들 사이의 문제를 지도해야 한다.

레시피 2. 아이들 세계 이해하기

1. 피해 · 가해가 뒤바뀌는 상황

학교폭력에 관련된 아이들을 살펴보면 피해자가 가해자로, 가해자가 피해자로 상황이 바뀌는 경우가 있다. 특히 피해자였던 경험이 있는 아이가 가해자가 되는 경우가 많다. 이는 피해를 당한 자신의 경험을 되풀이하고 싶지 않은 당연한 욕구에서 출발한 것이나, 그 대상은 엉뚱하게도 자기가 피해를 줄 수 있는 더 약한 대상을 찾는 경향이 있다. 한편, 시간이나 조건의 변화로 힘의 불균형이 뒤바뀌어 자기에게 피해를 준 대상에게 가해를 시도하기도 한다. 이것은 또 자기가 피해를 당할까 봐 두려워서 먼저 가해 행동을 해 버리는 것이다.

2. 시간에 따라 바뀌는 상황

1) 신체 상황 변화

아이들은 미숙하다. 미숙함의 가장 큰 특징은 결과에 대한 고려가 없는 것이다. 지금 하는 행동이 가져올 결과나 파급 효과, 영향력 등에 대해서는 전혀 생각하지 않고 현재의 상태와 감정에 따라 움직인다. 그러나 시간이 가면 상황은 바뀐다. 가장 큰 변화는 아이들은 성장 과정에 있기 때문에, 시간이 가면서 외부적으로 드러나는 신체 조건이 변화한다는 것이다. 그리고 이로 인해 친구들 간의 관계에도 변화가 생긴다.

키 큰 아이가 자신의 큰 키와 덩치를 믿고 친구 관계에서 함부로 움직이다가 시간이 가면서 키가 더 자라지 않고 신체 성장이 멈추는 경우가 있다. 그러나 주위 친구들은 계속 자라고 어느 순간 신체 조건이 역전되는 순간이 온다. 문제는 이 친구에게 괴롭힘을 당한 주위 친구들은 아직도 그 순간을 생생하게 기억하고 있다는 점이다. 그럴 때 아이들은 역전이 된 자신의 우월한 신체 조건을 이용해 안 좋은 기억을 되갚는다. 과거에는 가해 행동을 한 아이가 이제는 반대로 당하는 경우가 생기는 것이다.

2) 실력 차이

다음으로 나타나는 것은 실력 차이로 발생한 아이들 관계에서의 힘의 역학 변화다. 현재 학교 분위기에서는 성적이 우수한 아이는 상당 부분 친구들 사이의 관계에서도 우월한 지위를 차지할 수 있다. 아이들 사이의 실력은 고정된 것이 아니기 때문에, 실력의 변화는 당연히 친구 관계에도 변화를 가져온다. 특히 사교육이 성적에 영향을 미치기 쉬운 초등학교 때와는 달리 중학교에 올라가고, 학년이 높아질수록 사교육만으로 습득된 성적 결과는 상승곡선을 지속적으로 그리지 못하고 정체할 수 있다. 반면 자신의 힘으로 공부한 아이 중 초등 고학년부터 성적 향상을 나타내며 그 자신감과 성공 경험을 바탕으로 중학교에 들어와서 일취월장하는 경우가 있다. 이럴 때 예전에 자신의 실력을 믿고 그릇되게 친구를 대한 아이들이, 바뀐 실력으로 인해 친구 관계에서 은근슬쩍 보복을 당하는 현상이 나타나기도 한다.

3) 사회성 발달 차이

또 시간이 가면서 아이들의 사회성이 발달하여 아이들 간에 연대가 생길 수 있는 점이다. 초등 저학년의 경우 한 아이가 주도적으로 힘을 행사하면 주변 아이들은 그에 대응하지 못하는 경우가 많다. 하지만 고학년이 되면, 아이들은 자신을 지키기 위해 서로 연대하는 경우가 발생한다. 개인보다 집단의 힘이 크다는 사실을 알게 되는 것이다. 이 같은 연대성의 발달은 학교폭력에 대항하는 세력 집단으로 나타날 때는 굉장히 긍정적이고 바람직한 현상이지만, 반대로 가해 형태로 변형될 때는 병든 연대감으로 나타나기도 한다.

3. 아이들 세계의 미숙함

1) 솔직함에 대한 잘못된 인식

심사숙고하지 않은 솔직함은 엄밀히 말하면 욕구와 감정의 단순 표출에 불과하다. 그러나 아이들은 미숙하기 때문에 자신의 욕망을 가감없이 그대로 드러내는 것이 솔직함이라고 생각한다. 아이들은 이런 솔직함을 당당하고 멋지다고 여긴다. 그래서 자신들의 불평불만을 거침없이 표현하거나, 친구에 대한 비난 감정 등을 숨김없이 드러낸다.

2) 그릇된 정의감

순영이의 댓글은 누가 봐도 심한 글이기 때문에 순영이가 잘못했다는 생각이 친구들 사이에서 퍼졌다. 문제는 그다음이었다. 순영이가 잘못했다는 공감대를 중심으로 아이들 사이에 패거리가 형성된 것이었다. 패거리의 문제는 집단의 기준에 비춰 잘못한 것에 대해서는 응징해야 한다고 생각하면서 여럿이 하면 괜찮다고 인식하고 행동하는 것이다. 아이들의 초점은 오로지 '처음 단초를 제공한 순영이의 잘못' 에만 있었다. 그래서 순영이를 응징하는 것이 정의롭다고 생각했다. 그다음에 자신들이 하는 모든 행동은 애초의 잘못을 제공한 순영이에게 그 책임이 있기 때문에 어떤 짓을 하더라도 상관없다고 생각했다. 그와 같이 미숙한 정의감은 윤리성이 마비된 방식으로 움직이며, 쉽게 여러 명이서 한 명을 괴롭히는 전형적인 학교폭력의 형태로 나타난다.

레시피 3. 교사의 대응 방법 모색하기

1. 부모에게 중요한 것은 지금 내 자녀의 상태다

아이들과 부모는 지금 초점을 두는 부분이 서로 다르다. 피해를 당한 학부모는 현재의 자녀 상태에 대해 초점을 맞춰 이야기한다. 반면 가해에 가담한 학생들은 이전의 피해를 강조하여 이야기한다. 서로 초점을 두는 것이 다르기 때문에 교사 역시 문제 해결 과정에서 난감하다.

현재 피해를 당하는 학부모를 만날 때 가장 주의할 점은 교사가 함께 흥분하거나 맞대응을 하지 않고, 차분하게 감정을 가라앉히는 것이다. 어투를 낮추고 음량을 높이지 않는다. 그리고 부모가 현재 느끼는 고통에 대해 충분히 공감한다. 공감을 표현하는 가장 좋은 방식은 부모의 표현을 받아 그대로 반복하면서 감정 언어를 표현하는 것이다.

예
- 학부모: 우리 순영이가 잘못하긴 했어요. 그런데 어떻게 여러 아이가 똘똘 뭉쳐 우리 애한테 이럴 수가 있어요? 학교에서 애들을 어떻게 지도한 거예요?
- 교사: 순영이 잘못이 있지만, 그래도 아이들의 반응이 지나치다 느끼시는군요. 학교에서 지도한 부분에 대해 서운함도 있으시고요. 그런 마음 드실 수 있다고 생각해요.

여기서 중요한 것은 부모의 말을 계속 받아 주며, 지속적으로 공감하는 것이다. 지속적인 공감은 흥분 상태를 가라앉히는 데 큰 도움을 준다. 피해 아동의 학부모 입장에서는 자녀의 현재 상태가 더 중요한 것이다. 그런 부모의 마음을 편견 없이 인정하며 공감해 주도록 한다. 교사 입장에서는 들어 주는 것이 쉬운 일은 아니지만, 충분히 듣는다면 부모의 감정이 풀어지며 문제가 쉽게 해결될 수도 있다.

2. 교사의 편향성을 경계한다

어떻게 된 일인지 알아보는 과정에서 교사 역시 편향적인 자세를 보일 수 있다. '이전에 네가 한 일 때문에 지금 이렇게 당할 수도 있지.' 라는 생각을 문제 해결 과정에서 내보이는 것이다.

주의할 점은 비난과 판단의 형태로 가서는 안 된다는 것이다. 아이의 잘못을 정죄하고 처벌하는 것이 교육은 아니기 때문이다. 비난하기보다 현재 아이가 느끼는 슬픔이나 좌절 등에 대해 공감을 나타내는 표현을 사용한다. 그리고 아이가 스스로 자신의 상태를 판단할 수 있도록 도와주어야 한다.

예
- 네가 작년에 애들한테 그랬잖아. 지금 다른 아이들이 네게 그러는 게 당연할 수 있다는 생각이 드는데…. (×)
- 친구들이 모두 뭉쳐 너를 공격한다 생각하니 정말 힘들었겠구나. 너는 이런 일이 어떻게 생기게 되었다고 생각하니? 너의 생각을 듣고 싶은데…. (○)

3. 자신의 잘못된 행동을 돌아보게 한다

순영이는 현재의 피해에만 집중하여 자기 잘못은 별로 인지하지 못하고 친구들이 자신에게 한 행동만 원망할 수 있다. 그러나 순영이에게 이전의 잘못한 행동에 대해 이해시키는 과정이 있어야 한다. 접근법은 현재 순영이의 상태를 중심으로 이야기하며 과거에 자신이 한 행동을 돌아보게 하는 것이다. 순영이가 과거에 한 행동에 대한 내용은 순영이에게 직접 확인받는다.

예
- 사실 확인: 순영아, 지난번에 ○○가 SNS에 사진을 올렸을 때 네가 ~한 댓글을 달았다고 하던데, 선생님이 알고 있는 게 사실이니?
- 현재 감정 상태 파악: 이번에 친구들이 네게 하는 것을 보며, 너는 어떠하니? 네 감정도 함께 얘기해 줄래?
- 역지사지의 입장에 서 보기: 현재 네가 느끼는 감정을 혹시 이전에 친구들도

느끼지 않았을까? 너의 생각을 얘기해 주면 좋겠네.

시간이 흘렀지만 순영이가 이전에 관련된 아이들에게 사과를 하고 싶을 때는 교사가 기회를 마련해 준다. 일 대 다수의 상황은 순영이에게 새로운 위협이 될 수 있기 때문에, 가급적 대면 사과보다는 서면 사과 등의 간접적 사과를 이용해 미안한 마음을 전하도록 한다. 단, 댓글의 대상이 된 당사자에게는 직접 사과하게 한다.

4. 현재 가해 편에 선 아이들의 마음을 풀어 주는 일도 필요하다

현재 가해 편에 선 아이들의 마음을 풀어 주는 일 또한 피해 아동의 학부모의 감정을 풀어 주는 것 못지않게 중요하다. 아이들의 마음이 풀려야 가해 행동을 멈추고, 현재 피해를 당하는 아이를 배려할 마음의 여유가 생기게 된다. 특히 사춘기의 아이들은 감정적인 문제가 해결된 연후에야 이성적인 판단이 가능하다.

패거리가 된 아이들을 전체적으로 한 자리에서 만나기보다는 한 명씩 따로 만나는 것이 좋다. 아이들이 뭉쳐 있으면 자기들끼리 말을 맞추거나 교사에게 대항 세력으로 뭉칠 수 있기 때문이다.

예
- 순영이가 SNS에서 올린 사진 댓글을 봤을 때 ○○**이의 마음**(한 명씩 접근한다)이 안 좋았겠구나.
- □□이(공격 댓글의 대상이 되었던 아이)를 도와주고 싶었니? 친구가 당하는 것을 보고 혼내 주고 싶었던 거니?

이때 가해 편에 선 아이들의 마음을 풀어 주기 위해 이전에 가해 행동을 한 순영이를 판단하거나 비판하여 아이들에게 편을 들어 준다는 느낌을 주어서는 안 된다.

그런 한편, 현재 진행되는 가해 행동을 멈출 수 있게 지도해야 한다.

예
- 그런 서운한 마음이 들었구나. 그래서 ~한 행동을 한 것으로 알고 있는데, 선

생님이 알고 있는 것이 맞니?

- 너(희)의 서운한 마음은 이해가 가는구나. 그래서 ~한 행동을 한 것에 대해 지금 순영이는 어떻게 느끼고 있을까? 혹시 네가 느낀 그 마음과 똑같은 감정을 지금 순영이가 느끼게 되지 않을까?
- 너희는 그런 마음으로 했는데 지금 순영이의 마음은 어떨까?

가해 행동을 멈출 가장 좋은 방법은 역지사지의 입장에서 느낄 수 있게 하는 것이다. 아이들의 감정을 충분히 받아 주고 공감해 준 뒤, 그 마음이 현재 입장이 바뀐 상태라면 어떻게 느끼게 될지 상대방과 지금 입장을 바꿔 보게 하는 질문을 지속적이고 반복적으로 한다. 그리고 어투는 항상 부드럽게 한다.

주의할 점은 아이들 사이에서 현재 진행되는 잘못을 보게 하는 것이 필요하되, 교사가 상대방의 감정과 입장을 강제적으로 이해시키려 해서는 안 된다는 점이다. 자칫 교사가 패거리 아이들의 적이 되어 버리면 문제 해결이 그만큼 늦어진다.

5. 섣부른 화해는 피한다

순영이의 경우 현재 친구 관계에서 고통을 겪고 있기 때문에, 이전의 자기 잘못에 대해 순순히 인정하는 경향이 있다. 그래서 순영이와 같은 사례에서 교사가 쉽게 저지르는 잘못은 현재 가해 행동을 하는 아이들과 섣부른 화해를 주선하는 일이다. 허심탄회라는 미명하에 함께 모여 순영이에게 기대하는 것을 이야기하게 되면, 순영이 입장에서는 교사와 함께한 공개적인 자리라서 겉으로는 화해를 하는 것 같으나 실상 관계의 회복은 일어나지 않는다. 오히려 한 자리에 모였을 때 순영이에게 서운함을 토로하는 친구들의 노골적인 솔직함이 새로운 문제를 가져오는 경우가 더 많다.

그래서 교사는 먼저 각각의 아이와 따로따로 충분한 시간을 가져야 한다. 순영이와 따로 상담 시간을 가지는 동시에 다른 한편으로는 가해 행동을 한 아이들과 충분한 상담시간을 가진다. 그래서 관련 아이들 모두가 충분히 공감받고 수용받으며 적절하게 마음이 풀렸을 때 화해를 주선해야 한다. 그 전의 섣부른 화해는 겉으로만 봉합할 뿐

조만간 변형된 관계 문제를 새로 만들 수 있다. 아이들의 마음이 풀렸는지 교사가 판단할 수 있는 실마리는 '상대의 입장을 헤아릴 수 있는지'다.

아이들이 수용할 뜻이 있으면 순영이와 함께 진심으로 서로 미안함을 전하는 시간을 갖는 것도 가능하다.

6. 학부모가 고려할 점을 상담 시 알려 준다

학부모와 상담할 때는 아이의 이전 잘못에 대해 인식시켜 주어야 한다. 하지만 이는 학부모의 감정이 가라앉았을 때 시도해야 한다. 감정이 꽉 찬 상태에서는 어떤 시도도 받아들여지지 않는다. "아! 네. 그러셨군요!" 등의 말로 충분히 듣고 공감하며 감정을 가라앉힌 후에 이야기를 꺼낸다. 어려웠을 텐데 감정을 솔직하게 표현해 주어 감사하다는 인사도 필요하다.

예 순영이 부모님, 아이들 사이의 문제가 어떻게 시작되었는지 혹시 알고 계신가요? 순영이가 제게 ~하다고 설명했는데, 그 사실을 알고 계셨는지 궁금합니다.

이때 교사의 말은 말투는 최대한 부드러우며, 객관적인 상황에 대한 언급이어야 한다. 유념할 것은 가해 편의 아이가 말한 내용을 그대로 언급해서는 안 된다는 점이다. 부모가 받아들이기 좋은 방법은 최초의 잘못에 대해 부모에게 언급할 때 그 자녀의 말(이 사례의 경우 순영이가 인정한 이전의 잘못)을 인용하는 것이다. 그리고 순영이 역시 지금 몹시 힘들지만, 가해 편에 선 아이들 또한 당시 힘들었음을 이해시켜 주어야 한다.

그러면서 아이들 사이에서 자라는 잘못된 집단의식과 그릇된 정의감이 나타나는 현상에 대해 설명한다. 대부분의 부모는 내 아이의 미숙함은 인정하나 다른 아이들은 성숙하여 내 아이의 미숙함을 덮어 주기를 기대한다. 그렇지만 실상은 아이들은 어느 편에 속해 있건 미숙하다. 그래서 내 아이의 미숙함을 다른 아이들의 성숙함으로 덮기를 기대하는 것은 비현실적인 기대라는 것을 알려 준다. 추후 동일한 문제가 반복되지 않으려면 평소에 친구를 대할 때 부드러운 태도로 상대를 배려하는 언행을 하도록 가정에서 양육할 것을 부탁한다.

공깃밥 추가 〈관계를 파괴하는 대체 공격〉

초등학교 4학년을 전후하여 사람에게 본래 있는 내재한 공격성이 겉으로 드러나게 된다. 남자아이들이 대개 신체적 공격을 사용하는 반면에, 여자아이들은 대체 공격을 사용하는 경향이 있지만 반드시 그러한 것은 아니다. 대체 공격은 '관계를 파괴' 하기 위해 나타나는 행동들로, 예를 들면 손가락 가리키기와 같은 비언어적 제스처, 귓속말하기, 뒤에서 흉보기, 소문 내기, 쪽지 돌리기, 말하지 않기, 둘이 있을 때는 잘해 주다가 여럿이 있을 때는 괴롭히기, 무리에서 추방하기 등이 있다. 이 대체 공격에서는 대개 자존감이 낮은 아이들이 헤어 나오지 못하는 경우가 많다. 어쩌다가 친구가 잘해 주면 그 친구가 자신을 좋아한다고 생각하고, 못되게 굴 때는 뿌리치지 못하고 매달리게 된다.

관계의 파괴는 대체 공격의 대표적인 형태로, 관계를 파괴하는 것이 상대에 대한 공격이 되려면 반드시 어느 정도 관계성이 있는 무리 안에서 발생되어야 한다. 그래서 대부분의 관계 파괴 문제는 어울려 다니거나 친한 친구들 사이에서 발생한다. 특히 초등학교 고학년 이후의 여자아이들 관계에서 가장 많이 나타나는 양상이다. 어울려 다니는 무리 안에서 발생하기 때문에 초창기에는 피해자 역시 가해를(예: 둘이 있을 때는 잘해 주다가 여럿이 있을 때는 무시하는 것) 잘 인식하지 못하는 일이 발생하기도 하며, 부모나 교사 또한 쉽게 인지하지 못해 문제를 키우는 결과가 발생하기도 한다.

출처: 한영진, 박미향, 이정희, 정은영(2013).

셰프에게 물어봐
〈화가 나서 퍼붓는 장면에서의 교사의 대응법〉

한 학부모님이 지난번에 화가 나 전화해서 거칠게 퍼부었을 때 사실 정신이 없었어요. 아득해지기도 하고요. 화도 나고, 나도 맞대응을 하고 싶은데 그러면 안 될 것 같고, 이런 상황에서 교사인 제가 잘 대응할 방법이 있을까요?

그렇습니다. 학부모님이 면전에서 혹은 수화기를 통해 퍼붓기 시작하면 무슨 말로 어떤 방식으로 대응해야 할지 아득할 수 있습니다.

일단은 선생님 역시 목소리 톤을 높이거나 말하는 속도를 빨리 하시면 안 됩니다. 학부모님이 흥분할 때 선생님 또한 흥분하게 되면 말을 실수할 수도 있고 상황을 진정시키는 데 도움이 되지 못합니다.

그리고 힘드시겠지만 학부모님의 마음 상태에 공감하는 것이 필요합니다. 교사는 당사자가 아니기 때문에 학부모보다 상대적으로 냉정을 유지하기 쉬워 감정에 치우친 학부모의 행동들이 마뜩하지 않을 수 있습니다. 전문가인 교사의 판단으로 볼 때 때로 이해하기 어렵기도 하고요. 그러나 표현 방법이 옳든 그르든 자식 문제에 초연한 학부모는 극히 드뭅니다. 오히려 자녀 문제에 흥분하고 반응하는 학부모가 어떤 식이든 자녀에 대한 사랑을 표출하는 정상적인 모습이라 보셔야 할 것입니다. 순영이의 잘잘못 이전에 자녀가 밤에 잘 잠들지 못하고, 학교 가기 힘들다고 할 때 그 부모의 마음은 어떠할까요? 학교를 향해 퍼붓는 방식이 올바르지 않다고 해도, 자녀를 위하는 부모의 마음을 교사가 알아주며 자녀를 걱정하는 그 마음 자체는 공감해 주고 인정하는 것이 필요할 것입니다. 사람은 누구나 공감을 받으면 자신의 감정을 덜 공격적으로 표출하게 됩니다. 다음 그림을 참고해 볼까요?

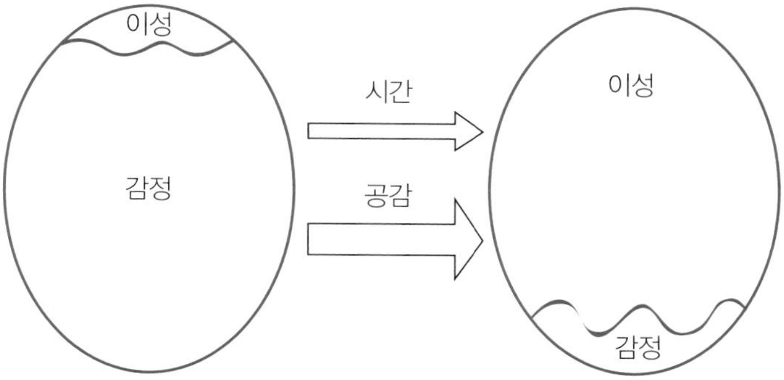

〈흥분한 감정이 시간과 공감에 따라 변하는 과정〉

그림처럼 사람이 화가 나면 감정이 가득 차 이성이 마비되는데, 시간이 지나면서 감정이 가라앉고 이성을 회복합니다. 꽉 찬 감정 상태를 빨리 가라앉혀 이성적인 상태를 회복하게 도울 길은 그 사람의 상태에 공감해 주는 것입니다.

마지막으로, 쉽지 않겠지만 학부모를 두려워 마시고 학부모가 정말 원하는 것이 무엇일지 빨리 파악하도록 노력하기를 권합니다. 경우에 따라 학교에 와서 한번 퍼붓는 것으로 자신의 감정 해소를 끝내는 분도 있습니다. 그럴 때는 그 퍼붓는 과정을 그냥 견디는 것이 최선의 해결책이 되기도 합니다. 모든 인간관계는 갈등이 발생할 수 있고, 모든 갈등은 해결될 수 있습니다. 단지 그 시작점과 해결점 사이에 시간이 걸릴 뿐입니다. 그 과정이 힘겨울 수 있지만 종결지점이 있다는 것을 기억하시고, 힘내시기 바랍니다.

참고문헌

Simmons, R. (2011). 소녀들의 심리학[*Odd girl out: The hidden culture of aggression in girls*]. 정연희 역. 서울: 양철북. (원전은 2011년에 출판).

한영진, 박미향, 이정희, 정은영(2013). 꿈꾸는 아이들, 행복한 학부모. 서울시교육청 학부모 연수 미간행 자료집.

18 이렇게 해 주셔야 하는 것 아니에요?
회복을 위한 중재 모임 안내 방법

뒤죽박죽. 레시피가 필요해!

6학년인 정명이가 불안해 보여서 상담했더니, 4학년 때부터 영수에게 지속적으로 괴롭힘을 당하고 있다고 했다. 그 사실을 상담선생님이 담임교사인 진 선생님에게 알려 주었고, 진 선생님 또한 정명이의 부모에게 알려 주었다. 처음에는 올해 들어 생긴 아이들 사이의 일로 대수롭지 않게 생각하던 정명이 부모는 자녀가 2년 동안이나 영수에게 시달렸다는 사실을 알고부터 참기 힘들어했다. 영수와는 같은 동네여서 부모끼리도 잘 아는 사이였기에 더 그러하다고 했다. 당장 영수를 처벌하지 않으면 학교를 제쳐 두고 경찰서로 뛰어가겠다며 전화를 끊은 정명이 부모가 그 다음 날 진 선생님을 찾아왔다. 잔뜩 긴장하고 맞이한 진 선생님에게 정명이 부모는 뜻밖의 이야기를 했다. 정명이 부모의 얘기를 요약하면 대략 다음과 같다.

밤새 많은 생각을 해 봤다. 내 아이가 2년 동안이나 시달렸다는 것에 분이 안 풀린다. 학교폭력대책자치위원회가 있는 것을 안다. 그것을 열어 달라고 요구할까 싶었다. 그런데 다른 사람들 얘기를 들어 보니 학폭위는 부모만 참석한다더라. 애들 다 제쳐 두고 부모끼리 학폭위에 가 봤자 무슨 소용이 있나? 혹은 서면 진술서로만 끝나기도 한다고 하더라. 학폭위에서 처벌받는다고 문제가 해결되겠나? 결국 학폭위가 끝나도 애들끼리 얼굴 보고 학교를 다녀야 할 것 아닌가? 우리 애는 계속 학교를 다녀야 하고, 다시는 이런 일이 일어나면 안 되는데, 학폭위가 과연 답이 될까 싶다. 선생님께는 미안한 얘기지만, 몇 년 지나면 생활기록부에서 다 지우는 학폭위의 처벌 기록은 사실 몸 상하고 마음 다친 내 아이보다 오히려 학교 면피용이 아닌가? 난 내 아이가 중요하다. 내 아이의 맘이 풀렸으면 좋겠다. 그래서 말인데 학폭위 개최 말고 무슨 다른 방법은 없는가?

진 선생님은 정명이 부모가 하는 이야기를 충분히 이해할 수 있었다. 말씀하신 대로 학폭위를 열고 처벌을 받는다고 해서 그간 다친 아이의 마음이 전적으로 위로받는 것은 아니니까 오히려 다함께 모여 대화의 시간을 갖는 것이 어떠하겠느냐고 권해 보았다. 다행히 정명이 부모는 동의했다. 그래서 학교폭력대책자치위원회를 여는 문제는 일단 뒤로 미루고, 먼저 정명이의 피해를 회복할 중재 모임을 열어 보기로 했다. 진 선생님은 정명이와 영수의 부모님들을 따로따로 만나며 대화 모임을 준비하기 시작했다.

레시피 1. 처벌이 곧 회복은 아님

중재 모임 개최가 쉽지 않은 이유

학교폭력 건에서 학교폭력대책자치위원회를 열어 처벌 수위를 결정한다고 해서 그것이 곧장 피해자의 회복으로 가는 것은 아니다. 오히려 사례의 정명이 부모처럼 학교폭력대책자치위원회 개최를 통한 처벌보다는 다른 방법을 모색하는 것이 현명할 수 있다. 예를 들어, 관련 당사자들이 모두 한자리에 모여 자신의 상태를 드러내며 자신의 피해와 고통에 대해 상대에게 알려 주고, 그런 상호작용 가운데서 가해자는 자신의 행동에 책임을 지려 하고 피해자는 회복을 기대해 볼 수 있는 중재 모임을 개최하는 것이다. 그러나 대부분의 학교는 중재 모임보다는 학교폭력대책자치위원회를 개최한다. 이는 학교폭력을 학교가 인지하면 학교폭력대책자치위원회를 열 수밖에 없는 법률상의 한계에서 비롯되는 것이다. 물론 담임교사의 종결로 처리할 여지는 있지만, 학교 입장에서는 담임 종결로 처리한 사항이 추후 어떻게 부메랑이 되어 상황을 악화시킬지 예상할 수 없기 때문에 학교폭력대책자치위원회를 개최한다. 만약 상황이 악화된다면 학교가 그 책임을 100% 져야 하기 때문에 절차상의 책임을 피하기 위해서라도 학교폭력대책자치위원회를 여는 것이다.

하지만 학교폭력 사안에서 피해 학생의 학부모임에도 학교폭력대책자치위원회 개최를 꺼리는 경우가 있다. 이것은 가해 학생에 대해 특별한 동정심이 있다기보다는 가해 학생의 처벌이 곧 피해를 입은 자녀의 회복과 등식이 성립하지 않는다는 것을 인식했기 때문이다. 이 장은 이런 피해 학부모를 돕기 위해 이런 형태의 중재 모임을 개최할 수 있다는 것을 알려 주기 위해서 구성한 것이다. 단, 피해 학부모뿐 아니라 가해 학부모도 중재 모임 개최에 동의하고 이 일을 잘 해결함으로써 이후 다른 사건들로 확장되지 않을 것이라는 믿음이 있어야 한다. 그 판단에는 조심스러움과 지혜가 필요하다.

레시피 2. 학교폭력 사안이 진행 중인 학부모 이해하기

1. 겉으로 드러난 모습과 실제 욕구의 차이를 구분하기

학교폭력 사안이 발생하면 여러 상황과 문제가 뒤얽혀 나타난다. 피해 학생의 학부모와 가해 학생의 학부모 간의 감정이 분출되며, 처벌 문제와 보상 문제가 혼재되어 나타나고, 그 가운데서 새로운 문제가 발생할 수도 있다. 교사나 학교 측 역시 문제 해결 과정에서 꼬투리를 잡혀 또 다른 문제가 발생할까 봐 긴장하며 예민해지기도 한다.

그러나 겉으로 드러난 모습에 휘둘리면 문제 해결이 어려워진다. 이때는 학부모가 원하는 바를 명확하게 파악하는 것이 상황을 푸는 실마리가 되기도 한다. 겉으로 드러나는 모습과 실제 욕구는 차이가 있을 수 있으므로 겉모습에 치중하기보다 실제 욕구를 파악하는 것이 중요하다.

2. 피해 학생의 학부모가 실제 원하는 것

1) 사실의 규명과 진정한 사과

피해 학부모가 가장 원하는 것은 가해 학생과 학부모의 진정 어린 사과다. 즉, 피해를 회복하기 위해 가장 전제되어야 할 것이 사실의 규명과 진심 어린 사과다. 거짓으로 문제를 회피하려 하거나 형식적인 사과를 하게 될 때 피해 학부모는 진심 어린 사과를 기대했던 만큼 좌절된 욕구로 분노하게 된다. 피해 학부모에게는 사과가 피해 회복의 최우선 조건이기 때문이다. 그래서 원하는 사과를 받지 못할 때 다른 물질적인 것들로 정도 이상의 보상을 받으려 하는 모습들이 나타나기도 한다.

2) 재발 방지

학교폭력이 일어났다고 해서 자녀가 학교에 다니는 것을 중단시킬 수는 없다. 아이는 여전히 학교를 다니며 미래를 준비하는 성장 과정을 거쳐야 하는 것이다. 그 상황에서 부모가 가장 원하는 것은 재발 방지다. 이후에는 어떤 경우라도 이와 유사한 사건이 일어나지 않아야 한다는 것이다. 그리고 학교 환경의 범주에서 자녀의 안전이 확보되기를 기대한다. 피해 학생의 학부모가 담임교사의 수준을 떠나 쉽사리 교감이나 교장 등 학교 관리자나 교육청에 민원을 넣는 것은 상위 기관으로 갈수록 자녀의 안전과 재발 방지를 확보할 수 있다고 기대하기 때문이다.

3) 일상에의 회복

학교폭력이 일어나고 사안으로 부각되다 보면 관련 아이들 간에 앙금이 남게 될뿐더러 주변 아이들도 상황을 알게 되는 경우가 많다. 또 신체뿐 아니라 심리적 상처 또한 발생하기 쉽고, 회복에는 오랜 시간이 걸릴 수 있다. 사안에 대한 처리가 끝나더라도 피해자 본인의 심리적 상처는 회복이 더디기 마련이다. 피해자가 가장 원하는 것은 평범한 일상으로의 회복이다. 학교폭력이 일어나기 전의 평범한 학교생활로 돌아가기를 원하는 것이다. 여기에는 친구들의 수군거림, 또는 단순히 아는 체하는 교사들의 어설픈 관심 또한 배제되어야 하는 것도 포함된다.

4) 든든한 지지 세력의 안정적 확보

학교폭력이 일어난 이후에 학부모가 학교를 신뢰하기는 쉽지 않다. 자녀가 학교생활을 무난하게 하는지, 새로운 문제들은 발생하지 않는지 계속 의심과 불안한 마음을 지니게 된다. 그렇다고 부모가 매번 자녀와 동행하여 자녀의 학교생활을 일일이 확인할 수도 없는 상황이다. 이미 발생한 사안도 고통이지만, 앞으로가 더 염려스럽다. 학부모는 그래서 학교에 양가감정을 품게 된다. 자녀와 자신에게 이런 고통을 준 학교가 원망스럽기도 하지만, 계속 학교를 다녀야 하는 자녀를 지켜 주기 위해 부탁할 기관 역시 학교다. 그래서 학교 내에 자녀를 지지할 수 있는 든든한 지원 세력을 기대하게 된다. 현명한 교사는 부모의 이런 마음을 이해하여 자녀의 지지자로서 신뢰를 줄 필요가 있다.

레시피 3. 중재 모임의 필요성

1. 겉으로 드러나는 정의 실천의 욕구와 그 한계

학교폭력 건이 발생하면 대부분은 발생한 잘못에 대해 동량의 처벌로 보상받기를 원한다. 그래야 정의가 실현된다고 생각한다. 이를 '응보적 정의의 실천'이라 부를 수 있는데, 응보적 정의에 기초한 문제 해결 처리 과정은 한계가 있다. 가장 두드러진 것은 일어난 사건에 대해 피해자의 입장이 중요하게 여겨지지 않고, 당사자가 아닌 제삼의 처벌자(주로 학교나 교사가 된다)가 나타나서 가해자를 처벌하려 한다는 점이다. 그 다음부터는 일어난 피해에 대해 회복을 진행하기보다 오히려 가해자와 처벌자 중심으로 상호작용이 일어남으로써 해결 과정의 진행 양상이 달라지게 된다. 이제 가해자의 초점은 피해자와 그 일어난 피해에 대한 회복 노력이 아니다. 처벌자의 마음에 들어(이 경우 오히려 피해자에게 뻔뻔하게 나올 수 있다) 처벌량을 줄이기를 희망하거나, 처벌량을 가지고 왈가왈부하게 된다(이때는 학교에 어떤 형태든 꼬투리를 잡아 처벌량을 줄이려 한다). 그래서 학교폭력 사안이 발생하면 피해자는 피해자대로 해결 과정에서 소외되는 느낌이 들고, 가해자는 가해자대로 자신의 잘못에 대한 성찰과 피해자의 회복에 초점을 맞추기보다 처벌을 최소화하기 위해 온갖 억지를 부리는 경우가 발생하는 것이다.

이 같은 회복적 정의와 응보적 정의의 상황을 학교폭력 해결 과정에 적용하면 다음 그림과 같다.

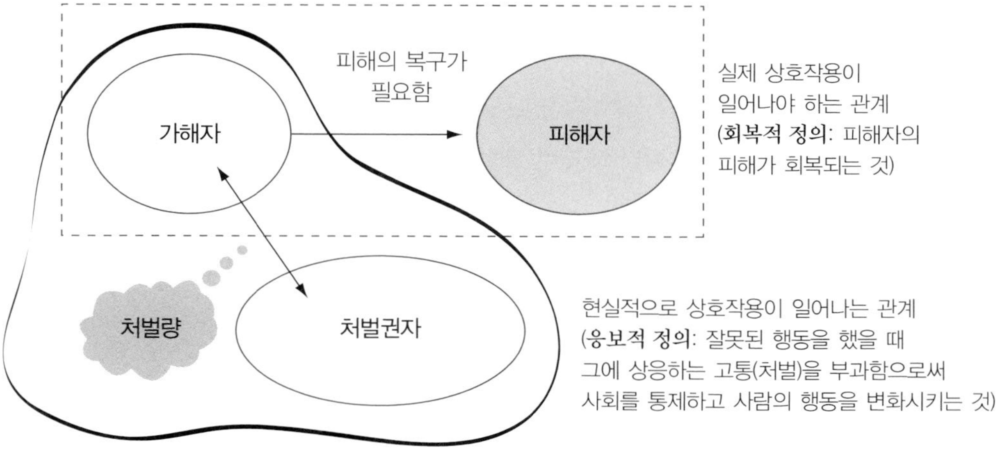
피해의 복구가
필요함
가해자
피해자
처벌량
처벌권자
실제 상호작용이
일어나야 하는 관계
(**회복적 정의**: 피해자의
피해가 회복되는 것)
현실적으로 상호작용이 일어나는 관계
(**응보적 정의**: 잘못된 행동을 했을 때
그에 상응하는 고통(처벌)을 부과함으로써
사회를 통제하고 사람의 행동을 변화시키는 것)

〈학교폭력 해결 과정에서 나타나는 모습〉

2. 중재 모임의 필요성

피해가 발생했을 때 중요한 것은 피해자가 겪은 피해의 회복이지 가해자의 처벌이 아니다. 가해자가 처벌받는다고 해서 피해자가 자동으로 회복이 되는 것은 아니다. 물론 경우에 따라 약간의 심리적 위안을 얻을 수는 있을 것이다. 하지만 처벌로 인한 심리적 위안이 자신의 피해를 원래대로 회복되게 하는 것은 아니다. 그래서 피해자가 당한 피해가 회복되게 하기 위해 처벌 중심의 논의가 아닌 다른 성격의 상호작용이 필요하며, 이를 중재 모임이라는 형태로 구조화할 수 있다. 피해자가 자신의 피해에 대해 말하며, 회복을 위해 필요한 것들을 요구하는 자신의 목소리를 낼 수 있는 만남이 필요한 것이다.

한편, 가해자를 위해서도 중재 모임이 필요한 것은 자신이 한 행위에 대해 책임을 져야 하기 때문이다. 처벌을 받은 것이 곧 책임을 진 것이라고 쉽게 생각할 수 있지만, 엄밀히는 제삼자를 통한 처벌이지 피해자가 원하는 책임은 아닌 것이다. 피해자가 바라는 회복을 위해 노력할 때 진정한 책임을 지는 것이다.

흔히 회복 중심의 논의를 하게 되면 가해자는 처벌을 피한다고 쉽게 생각할 수 있으나 반드시 그런 것은 아니다.

앞서 사례에 나온 영수의 경우, 평소 교사에게만은 잘 보이고 싶은 욕구가 강한 아이였으나 중재 모임 과정에서 자신의 잘못이 낱낱이 들춰짐으로써, 그리고 피해 아이의 고통을 정면으로 이야기를 듣게 되는 상황을 마주하게 됨으로써 고개를 들지 못했다. 자신의 부모를 포함하여 여러 사람이 모이는 중재 모임에서 자신의 잘못을 중심으로 이야기가 진행되는 상황 자체가 가해 아이에게는 학교에서 객관적으로 처벌하는 것 못지않게 가혹한 처벌을 받은 것과 같다.

3. 중재 모임을 위한 학부모 교육의 필요성

중재 모임이 성립되기 위해서는 교사뿐 아니라 처벌만이 문제 해결의 능사가 아니라는 학부모의 인식 전환이 필요하다. 내 자녀를 괴롭힌 상대 아이를 처벌하는 것이 우선 감정적으로는 시원할지라도 내 자녀의 실질적 회복을 위해서는 오히려 다른 측면이 필요할 수 있다. 상대가 자신의 잘못을 인정하고 사과와 함께 회복을 위해 진정성 있게 노력하는 것이 내 아이의 회복이 시작되는 지점일 수 있다. 그래서 처벌만이 능사가 아니라는 것을 알려 주기 위해 평소 학부모를 대상으로 교육이 진행될 필요가 있다.

한편, 학부모가 처벌 위주가 아닌 회복 위주의 이런 패러다임을 받아들이는 데는 시간이 걸릴 수도 있음을 교사는 알고 있어야 하며, 학부모에게 대화 모임을 강제하는 일은 없어야 한다.

레시피 4. 피해자의 회복을 돕는 학교 중재 모임 단계 안내

1. 학부모에게 중재 모임 의사 타진하기

어떤 경우에 중재 모임이 가능할까? 우선은 피해자 측의 의사가 가장 중요하다. 피해자 측에서 중재 모임을 여는 데 동의해야 한다. 피해의 정도가 약하거나 혹은 상대 가해 아이는 괘씸하지만 본인 역시 부모이기 때문에 처벌만이 능사가 아닌 것을 인정하는 경우가 있다. 학교폭력대책자치위원회를 여는 것은 주저하고, 그렇다고 없는 일로 덮고 가기에는 억울할 때 중재 모임을 권할 수 있다. 회복을 위한 중재 모임에 관련 학부모가 참여할 의사가 있는지 물어봐야 한다. 이때 절대 교사가 앞서 나가 중재 모임을 강제하는 느낌을 주어서는 안 된다. 단, 명백한 학교폭력대책자치위원회의 개최 안건일 경우에는 단순히 중재 모임만으로 끝나기 어려울 수 있다. 교사는 먼저 발생한 문제가 학교폭력대책자치위원회 개최 사안이 될지 안 될지를 판단해야 한다.

2. 따로 만나 충분히 이야기하기

중재를 위해 처음부터 피해 학생의 학부모와 가해 학생의 학부모를 만나게 하지 않는다. 그랬다가는 문제 해결보다 새로운 문제가 발생할 가능성이 크다. 피해 학부모와 가해 학부모를 교사가 각기 따로 만난다. 그리고 학부모의 말을 충분히 들어야 하는데, 이때 경청하며 공감한다. 그래야 학부모는 감정을 분출하며 대화 모임에 들어올 (이성적) 힘이 생긴다.

학부모와 대화할 때는 바꾸어 말하기를 시도한다. 바꾸어 말하기는 중요한 문구 또는 문장을 말한 사람이 한 그대로 반복하되, 가시 돋힌 말이나 거친 말 등을 감정적인 가시를 뺀 중립적인 언어로 되돌려 주는 것이다.

예 • 그 '싸가지' 없는 놈이 우리 아들에게….
→ 그 아이가 자녀에게 한 행동이 '무척 거칠고 무례하다' 는 것이지요?
• 어디서 '저 따위로' 애를 키워 가지고선….
→ ○○ 부모님의 양육 방식에 서운함을 느낀다는 말씀이지요?

또는 바꿔 말하면서 의문 사항에 대해서는 물어 본다.

예 • 부모님께서 이야기하시는 것은 ~라는 것인가요?
• 제가 부모님이 원하시는 것을 잘 이해했는지 확인해 볼게요. 부모님의 말은 ~인가요?

3. 중재 모임

1) 자리 배치

중재 모임 시 자리 배치는 원형으로 한다. 원형 회의 장소가 아닐 경우는 한 교실을 선택해 참여 인원만큼 둥글게 자리 배치를 할 수 있다. 원형 배치가 주는 이점은 어느 한쪽으로 치우치지 않은 힘의 균등함을 의미한다. 교사 집단의 수는 가능하면 참여 학생 및 학부모와 같은 인원만큼 모임에 참여한다. 이는 힘의 균형을 맞추기 위해 중요하다. 한편, 일 대 다수의 형태로 가해자의 참여가 많은 상황에서는 교사 집단이 진행자를 제외하고는 피해자 쪽에 앉아 전체적인 힘의 균형을 잡아 준다.

진행자로는 조정 능력이 우수하며, 관련 학부모 양측에 가장 신뢰를 얻기 용이한 교사를 배치한다. 학부모의 상태와 학교의 판단 여부에 따라 교감 등 관리자가 될 수도 있고, 학생생활 담당 부장, 학년부장, 담임교사 등 누구나 진행자의 역할을 맡을 수 있다. 진행자 외에도 여러 교사가 함께 자리하는 이유는 증인의 성격도 있고, 모임의 공적인 성격을 강화하며 신뢰적인 자리라는 인식을 심기 위해서이기도 하다. 또 결정 사항이 있겠다는 암묵적인 암시를 주는 것이기도 하다.

2) 모임의 규칙 알려 주기

진행에 앞서 중재 모임에서 지켜야 할 규칙에 대해 알려 주고, 참여한 모두의 동의를 얻는다.

> 규칙 예시:
>
> ① 진행자에게 발언권을 얻은 후 순서대로 번갈아 가며 말한다.
>
> ② 상대가 말하는 동안 입을 열지 않는다.
>
> ③ 서로 동의할 수 있는 동의서를 작성하고 이름을 쓴 후 사인한다.
>
> ④ 추후 동의서 내용을 확인하기 위하여 다시 모임을 갖는다.

예시 규칙에서 ①~③의 내용은 꼭 규칙으로 있는 것이 좋으며, 동의할 수 있는지 그리고 새롭게 추가할 규칙은 없는지 확인한다. 모든 규칙은 구성원 전체의 동의를 얻어야 한다.

3) 있었던 일의 사실 확인

있었던 일에 대한 사실 확인을 시작한다. 어떠한 사항이 있다고 들었는데 맞는지 해당 학생과 부모에게 확인한 후, 상대방 학생과 부모에게 그 사실에 동의할 수 있는지 객관적인 사실에 근거하여 확인한다.

먼저 한 사람이 있었던 일에 대해 얘기하고, 다른 사람이 들은 내용을 그대로 말하게 한 뒤 확인하는 과정을 거친다. 처음에 A가 말했으면 다음에는 B가 말하는 형태로 서로 교대하여 진행하며 확인한다.

예 진행자: 어떤 일이 있었는지 말해 볼까요? 먼저 A가 말해 볼까요?

A: (A가 먼저 말한다.)

진행자: 무엇을 들었는지 B가 그대로 얘기해 볼까요?

B: (B는 A의 이야기를 들은 그대로 다시 말한다.)

진행자: 그것이 맞나요?

A: (대답한다.)

진행자: 이번엔 B가 말해 볼까요?

B: (이번엔 교대하여 B가 말한다.)

진행자: 무엇을 들었는지 A가 그대로 얘기해 볼까요?

A: (A는 B의 이야기를 들은 그대로 다시 말한다.)

진행자: 그것이 맞나요?

B: (대답한다.)

4) 회복을 위해 상대에게 원하는 것 말하기

사실 확인이 끝나면 상대에게 회복을 위해 원하는 것을 말하게 한다. 피해자를 중심으로 먼저 이야기하게 하되 가해 행동을 한 아이 측도 원하는 것을 이야기하게 한다. 이때 학생만 이야기하는 것이 아니라 학부모 또한 (자녀로 인해 피해를 겪고 있는) 당사자로서 이야기하게 한다.

5) 원하는 내용에 동의할 수 있는지 조정하고 중재하기

상대가 원하는 내용에 동의할 수 있는지 묻는다. 동의하지 못하면, 어느 정도라면 동의할 수 있겠는지를 다시 질문한다. 묻고 동의를 구하고, 다시 묻고 동의를 구하고, 이 과정을 지속적으로 반복하여 합의를 이끌어 낸다. 다소 지루하고 힘겨울 수 있지만 가장 중요한 단계다.

예 피해 학부모: 학급 아이들 앞에서 공개 사과를 하길 원해요.

진행자: (가해 학부모 측을 바라보며) 학급 아이들 앞에서 공개 사과를 하길 원한다고 하셨는데, 동의할 수 있으신가요?

가해 학부모: 그건 좀 너무 심한 것 같아요.

진행자: 그럼 어느 정도 수준이면 동의할 수 있으신가요?

가해 학부모: 서면 사과를 하고, 교실에 하루 게시하는 것 정도는 할 수 있겠어요.

진행자: (피해 학부모를 바라보며) 서면 사과를 하고, 교실에 하루 게시하는 것을 할 수 있다고 하는데, 동의하실 수 있으신가요?

피해 학부모: 서면 사과는 받아들이지만, 일주일은 게시해야 한다고 생각해요.

진행자: (가해 학부모를 바라보며) 서면 사과는 받아들일 수 있지만, 게시 기간은 일주일을 얘기하셨어요. 동의하실 수 있으신가요?

가해 학부모: 일주일은 너무 심해요. 그때쯤 아이들 관계가 어떻게 될지도 모르고, 제 아이가 그렇게 오래 낙인이 찍힌 상태로 간다는 게 부모 마음에는 그렇네요. 이틀 정도면 받아들일 수 있습니다.

진행자: (피해 학부모를 바라보며) 이틀 게시하는 것을 말씀해 주셨어요. 받아들일 수 있으신가요?

피해 학부모: 같이 자녀 키우는 입장인데, 그럼 이틀 게시하는 것에 동의할게요.

진행자: 그럼 ○○이(가해 학생)가 □□이(피해 학생)에게 서면 사과를 하는 것으로 하고, 그 서면 사과 내용을 이틀간 교실에 게시하는 것으로 하겠습니다. 양측 모두 동의하시죠?

관련 학부모: 예.

주의할 점은 피해 학부모가 원하는 것만 동의를 구해서는 안 된다. 가해 학부모 역시 원하는 것이 있을 수 있고, 동일한 과정을 반복해서 양측이 충분히 합의할 수 있게 해야 한다.

6) 합의 사항 이행을 위한 추수 날짜 확정하기

합의 사항이 그대로 이행되고 있는지 확인하는 요소를 정해야 한다. 언제 어떤 식으로 합의 사항이 이행되고 있는지를 확인하는 방법과 시기 그리고 누가 확인을 해야 하는지도 자세하게 기록한다. 이런 단계가 확보되어야 부모는 문제가 재발할까 봐 불안해하지 않고 안심할 수 있다.

7) 합의서 작성하기

이 모든 사항이 끝나면 합의 내용을 기록하여 모임에 참석한 모든 사람이 기명날인한다. 그리고 복사하여 총 3부를 만든 후 학교 측이 1부, 피해 · 가해 측 학부모가 각각 1부씩 가지게 한다.

8) 말할 기회를 주기

가해 학부모든 피해 학부모든 혹은 당사자인 학생이든 간에 중재 모임을 끝내며 말할 내용이 있으면 말할 기회를 공평하게 주어야 한다. 중재 모임의 목적이 처벌이 아니고, 관계의 회복이기 때문이다. 합의가 끝난 뒤에 주어지는 이 같은 기회를 제공하는 것은 처벌 위주로 진행되는 모임과 또 다른 결과를 낳는다. 한 조정 모임에서 가해 학부모는 자신의 아이가 덩치와 외모 때문에 항상 필요 이상의 오해를 받으며 가해 상황도 늘 부풀려지는 것에 대해 서운했지만 한번도 학교에서 그것에 대해 말할 기회가 없었는데 이렇게 중재 모임에서 말할 기회를 얻게 되어 자신의 서운함을 토로한 것 자체로만으로도 어떤 처벌이든 달게 받을 수 있겠다는 속 얘기를 하기도 했다.

9) 합의 내용 이행 확인

합의서에 기록한 추수 확인 날짜에 학교는 반드시 각 당사자를 불러 합의 사항이 잘 이행되고 있는지 확인한다. 잘 지내고 있으니까 남은 확인 절차를 생략해도 좋으리라는 임의적 판단은 교사나 학교 측의 안이한 대처다. 반드시 정확한 확인 날짜에 확인하여 그 결과를 양측 보호자에게 전달하는 것이 학교에 대해 학부모의 신뢰를 쌓으며 피해자의 회복을 돕는 길이다. 피해자 부모에게 학교가 지속적인 보호막으로서의 역할을 하고 있음을 알려 주는 것은 특히 중요한 일이다.

공깃밥 추가
〈예시: 교실에서 아이들의 갈등을 중재할 때 사용하는 단계적 표현법〉

1. 어떤 일이 있었는지 얘기해 줄래? 누가 먼저 얘기할까?
2. A가 먼저 하고 싶다고. A가 먼저 얘기하는 것에 B는 동의할 수 있겠니?
   (순서에 대한 동의를 구한다.)
3. 무슨 일이 있었는지 A가 이야기해 볼까?
   A: (이야기한다.)
4. B는 A가 뭐라고 했는지 들은 그대로 얘기해 볼까?

B: A는 ~라고 했어요.

5. 그것이 맞니?

A: (대답한다.)

6. 이번엔 어떤 일이 있었는지 B가 이야기해 볼까?

B: (이야기한다.)

7. A는 B가 뭐라고 했는지 들은 그대로 얘기해 볼까?

A: B는 ~라고 했어요.

8. 그것이 맞니?

B: (대답한다.)

9. 우리 이제 서로에게 원하는 것을 얘기해 볼까? 누가 먼저 얘기할까?

(순서를 정한다. 정한 순서는 서로 동의를 받는다.)

A: 나는 B에게 ~을 원해요.

10. (상대 아이가 나에게 원하는 내용)에 동의할 수 있겠니?

(동의할 수 없다면) 어느 정도라면 동의할 수 있겠니?

(동의할 수 있을 때까지 지속적으로 반복한다.)

11. (어느 한쪽의 동의가 끝나면 순서를 바꿔 이번에는 상대방에게 확인한다.)

B: 나는 A에게 ~을 원해요.

12. (상대 아이가 나에게 원하는 내용)에 동의할 수 있겠니?

(동의할 수 없다면) 어느 정도라면 동의할 수 있겠니?

(동의할 수 있을 때까지 지속적으로 반복한다.)

13. 서로 마지막으로 하고 싶은 얘기가 있니? 지금 기분을 이야기해도 좋아. 한 사람씩 이야기하면 좋겠는데 누가 먼저 이야기할까?

A, B: (순서를 정한 후 하고 싶은 이야기를 한다.)

14. 이제 마쳐도 될까? ("예."라는 대답을 듣고 종결한다.)

셰프에게 물어봐
〈중재 모임 합의서에 들어가야 할 요소〉

중재 모임을 할 때 구체적인 합의서 양식이 있으면 좋겠어요. 합의서 양식을 만들 때 어떤 점들을 고려해야 할까요?

합의서 양식이 학교에 있다면 많은 도움이 되겠지요. 학교의 특성과 사안에 따라 양식이 달라질 수 있겠지만, 다음과 같은 요소는 반드시 들어가야 합니다.

① 일시
② 합의 사항
③ 양측 당사자와 학부모들의 사인
④ 중재 모임에 참여한 교사 집단의 사인
⑤ 추수 이행 확인 과정에 대한 날짜 및 방법 언급

이 같은 요소를 기본으로 하여 합의서를 작성하여 활용하시면 됩니다. 다음은 그 예시입니다.

합의서(예시)

A와 B는 다음의 내용에 동의합니다.

1. A는 B의 이름을 부르거나 아는 체를 할 때 야한 말로 부르지 않는다.

2. A는 장난으로라도 B를 때리지 않는다.(무시받는 느낌이 많이 든다.)

3. A는 B에게 일체의 신체 접촉, 특히 뒤에서 장난처럼 어깨를 치는 행동은 하지 않는다.

4. A는 B에게 욕하지 않는다.

20○○년 ○월 ○일

사인 ____________(A의 서명), (A 학부모의 서명)

사인 ____________(B의 서명), (B 학부모의 서명)

중재자: (서명) ※ 모임에 참여한 다른 교사들이 있으면 함께 서명한다.

추수지도

날짜: 1회 ______________ 확인: ______________________________

2회 ______________ 확인: ______________________________

3회 ______________ 확인: ______________________________

참고문헌

이재영(2013). 학교폭력에 대한 회복적 접근. 좋은교사 학교폭력대안마련을 위한 연속토론회 미간행 자료집 3.

평화를만드는여성회 갈등해결센터(2003). 청소년을 위한 갈등해결교육 교안집. 서울: (사)평화를만드는여성회.

한국아나뱁티스트센터(2003). 갈등해결과 또래중재 훈련. 춘천: 한국아나뱁티스트 출판사.

한영진, 박미향, 이정희, 김민정(2013). 교사를 당황하게 하는 아이들: 대인관계 · 태도 편. 서울: 학지사.

한영진, 박미향, 이정희, 김민정(2014). 매직워드77: 콕! 집은 선생님의 한마디 교실을 바꾼다. 서울: 학지사.

19 우리 아이 잘 부탁해요
동료 교사 학부모 대응 방법

뒤죽박죽, 레시피가 필요해!

진식이 외할머니는 교사로 퇴임하신 분이다. 진식이 어머니는 전문직에 근무하기 때문에 학교에 올 시간을 내기 어렵다고 한다. 그래서 학부모 관련 역할은 거의 외할머니가 맡아서 한다. 학부모 총회 때, 학부모 공개수업을 할 때, 현장학습을 갈 때, 어린이날 기념 운동회를 할 때도 진식이 주변에는 늘 외할머니가 따라 다닌다.

어느 날, 수업을 마치고 조용한 교실에서 뒷정리를 하는데 진식이 외할머니가 들어왔다. 하던 일을 멈추고 자리를 안내한 뒤 차를 한 잔 권했다. 그러고는 이야기가 시작되었다. 처음에는 외손자를 맡아서 수고가 많다며 담임교사를 격려해 주는 것이 고마웠다. '역시 같은 교직 식구라 이해의 폭이 넓으시구나.' 라는 생각에 고마운 마음이 들었다.

그런데 그런 이야기는 간단히 끝나고, 진식이 외할머니는 차츰 부담스러운 이야기를 꺼냈다. 자기가 현직에 있을 때는 최고의 교사였다는 말로 시작해서 요즘 아이들 교육에 문제가 많다는 말을 할 때까지는 그래도 현장을 걱정하는 마음이 큰 줄 알았다. 그런데 자신이 그동안 지켜본 결과, 담임선생님이 아이들을 다루는 방식에 문제가 있다는 것을 하나하나 지적하기 시작했다. 듣고 있자니 참으로 민망하고 당황스러워졌다. 특히 진식이는 금쪽 같은 외손자이니 특별하게 대우해 주기를 바란다는 말을 할 때는 '이분이 교육자였던 것이 맞나?' 하는 생각이 들 정도였다. 외동이라 아주 곱게 키웠다고 강조하면서 집에서도 진식이에게 존댓말을 써 준다는 둥 학교에서도 그런 대우를 받았으면 좋겠다는 말까지 덧붙였다.

그분이 하고 싶은 말은 바로 그것이었다. 특별 대우를 해 달라는 것. 거기다 그동안 학급 아이들을 관찰해 보니 몇몇 남자아이가 매우 거칠어서 진식이가 피해를 입을까 봐 걱정이 되니 내일부터는 복도에 와서 지켜보면 안 되겠느냐는 말까지 했다.

담임교사는 가슴이 답답해졌다.

젊은 어머니라면 타이르기라도 하겠는데 전직 교사이니 알 만큼 아실 분이 이렇게 교사의 입장을 난처하게 할 수 있을까 하는 생각에 서운한 마음이 가시지 않았다.

'진식이 외할머니가 담임교사를 하실 때는 복도에서 누가 들여다봐도 아무렇지도 않았나 보죠?' 하고 반문하고 싶은 걸 겨우 참긴 했으나 영 불편했다. 전직 교사라 이해가 넓으리라 생각했고 특히 대선배 격이라 의지하고 싶은 마음도 있었는데 마치 믿는 도끼에 발등 찍힌 느낌이었다.

레시피 1. 학부모로 만나는 교육자 가정 유형

1. 함께 근무하는 동료 교사 학부모

교사의 거주지가 근무하는 학군이고 취학 자녀가 있으면 대개 자녀와 같은 학교 공간에서 생활한다. 이 경우, 자녀와 교사인 학부모가 분명히 해야 할 일이 있다. 가정에서는 부모이지만 학교에서는 선생님으로 대하도록 자녀와 미리 약속이 되어 있어야 좋다. 이 일이 쉽지는 않겠지만 동료 교사의 자녀를 가르치는 교사의 입장도 생각한다면 미리 이런 일의 경계와 제한을 분명히 해 두어야 서로에게 도움이 된다. 그렇지 않고 자녀가 수시로 부모의 교실에 드나들거나 학부모인 교사가 자녀의 학급에 수시로 드나들면 서로 불편한 일들이 생기게 된다. 그러면 나중에 서로 곤란한 일도 생길 가능성이 있다.

1) 동료 교사 자녀의 담임교사 입장

동료 교사의 자녀를 맡으면 아무래도 동료인 학부모가 항상 담임의 일거수일투족에 관심을 갖기 때문에 신경 쓰이는 일이 많다. 수업 준비는 물론 학급 운영 및 업무도 깔끔하게 처리하는 능력을 발휘해야 한다. 혹시라도 색안경을 끼고 보는 다른 학부모들의 시선도 무시할 수 없다. 무엇보다 학급의 모든 아이를 공평하게 대한다는 신뢰를 다른 학부모들로부터 받도록 노력해야 한다. 그래서 교내 행사나 외부 행사의 참여 기회도 공정하게 주어지도록 해야 한다. 물론 담임교사의 학급 운영의 철학과 태도는 동료 교사 학부모와 상관없이 이루어져야 하지만 조금 더 신경이 쓰이는 것은 확실하다. 담임의 입장에서 동료 교사의 자녀를 맡는 것은 그만큼 불편한 일이다.

2) 같은 반 학부모들의 입장

교사의 자녀와 같은 반에 있는 것만으로 피해의식을 갖고 있는 민감한 학부모도 있다. 아무래도 교사 자녀에게 기회가 더 가지 않을까 우려하는 것이다. 학부모가 신경 쓰는 것은 교사의 친절한 관심, 칭찬과 인정의 말, 보상과 처벌, 각종 대회와 수상의 기회 등에서 혹시 교사 자녀가 혜택을 더 많이 받지 않을까 하는 막연한 생각을 하는 것이다. 교사 자녀에게 기회가 가는 만큼 자기 자녀가 기회를 빼앗길 것이라는 피해의식인 셈이다.

또한 교사 자녀가 얼마나 잘하는지 지켜보자며 부담을 주기도 한다. 아이의 모든 행동이 그 부모인 특정 교사에 대한 평가 및 신뢰에도 영향을 미치는 셈이다. 이런저런 관심들로 교사인 부모와 그 자녀가 같은 학교에 있으면 불편한 일이 생길 때가 많다.

2. 타 학교 교사 학부모

교사 학부모는 학급 경영이나 교육과정 운영에 대해 다른 학부모보다는 전문적인 관점으로 지켜볼 것이기에 신경이 쓰이는 것이 사실이다. 더욱이 학부모가 동 학년이거나 동 과목 교사일 경우는 가르치는 주제, 내용이 같기에 어떻게 가르치는지 그 방식에 대해 학부모로부터 혹시 평가를 받지는 않을까 하는 생각으로 더욱 신경이 쓰일 수 있다.

한편, 타 학교 교사의 근무 시간에 진행되는 자녀의 학교행사에 참여하기가 어려운 안타까운 사정을 같은 교사로서 이해하고 알림장이나 가정통신 등을 통해 학교행사 등을 친절하게 알려 줄 필요는 있다.

3. 은퇴한 조부모 학부모

조부모가 어떤 성향을 가졌는가에 따라 다르다. 고학력에 깐깐한 성격의 조부모라면 손자녀에게 혹시 소홀하게 대할까 봐 학교생활을 민감하게 챙기고 담임교사의 모든 행동에 일일이 관심을 갖는 경향이 있다. 특히 교육계에서 은퇴한 조부모 학부모의 경우 교육현장의 후배를 이해하기도 하지만 자신의 교육관을 은근히 강조하며 담임교사에게 부담을 주기도 한다.

4. 교육청 장학직 학부모

장학사는 다양한 행정 업무를 처리하고 위로부터 시달된 정책 수행을 위해 장학 활동을 기획·추진하며 현장에 도움을 주는 일을 한다. 또한 교육과정의 변화가 각급 학교에서 정상적으로 시행되고 있는지에 관심을 갖다 보니 자녀의 학교에도 많은 관심을 가지게 될 것이다. 교육청이 학교를 지원하는 체제로 바뀌어 명칭도 교육지원청이 되었지만 아직도 '장학사' 하면 기존의 권위적인 자세로 지시·감독하던 이미지가 남아 있다. 따라서 교육과정이나 정책의 변화를 가장 잘 알고 있는 장학직의 학부모에게 담임교사가 평가받을 수도 있다는 느낌이 들면 상당히 부담스럽다. 더욱이 학교 관리자가 장학직 자녀에게 관심이라도 갖는 경우에는 담임교사는 더욱 부담스럽다.

1) 간섭하고 싶을 때

자녀를 맡긴 학부모 입장에서는 자녀의 담임교사에게 도움을 준다는 명분하에 관심을 가진다는 것이 자칫 간섭이 될 수 있다. 자녀의 담임이 자기보다 경력이 짧거나 어릴 경우 '내가 경험이 많다.'라는 생각에서 일일이 참견하기 쉽다. 그러나 일단 담임에게 자녀를 맡겼으면 간섭하지 않는 것이 지혜롭다. 이것이 담임에 대한 예의이기도 하고 자녀에게도 도움이 된다.

2) 도움을 주고 싶을 때

자녀가 공부하는 학급에 뭔가 도움을 주고 싶은 마음이 들 때가 있다. 이때 즉흥적으로 또는 혼자만의 생각으로 행동하지 말고 심사숙고해야 한다. 모든 아이에게 도움이 되고 담임교사에게도 도움이 되고 누구에게나 유익한 결과를 줄 것이 확신되더라도 먼저 담임과 의논을 해야 한다. 담임이 '오케이' 하면 겸손하게 도움을 주어야 한다. 충동적이거나 감정적으로 도움을 주는 것은 바람직하지 않다. 무엇보다 가장 큰 도움은 담임교사에게 '우리 아이가 선생님을 만나 이렇게 달라졌어요.'라는 내용이 담긴 감사의 말이 가장 큰 지지라는 것도 잊지 말아야 한다.

양념 추가 〈내가 동료 교사의 학부모가 되었을 경우〉

내가 동료 교사에게 학부모인 관계가 된 경우도 생각해 보자. 학교의 모든 교육활동에 대해 교사이자 학부모로서 이미 알고 있으므로 다른 학부모처럼 궁금하거나 불안하지도 않아 정보수집 면에서는 편안한 가운데 학부모 역할을 할 수 있다. 반면, 내 자녀의 장단점을 잘 아는 담임교사로부터 평가받는다는 느낌 때문에 불편할 때도 있다. 때로 담임에게 불만이 있어도 동료 입장이기 때문에 더욱 말을 못 하는 경우도 있다.

또한 자칫하면 자녀에게 의존심을 길러 줄 수 있다. 같은 공간에 있는 어머니나 아버지가 다 알아서 해결해 줄 것이라 믿기 때문이다. 따라서 이 경우 교사 학부모는 자녀가 챙겨야 하는 일은 자녀가 스스로 챙기도록 의도적으로라도 단호해져야 할 필요가 있다.

레시피 2. 특별 대우를 요구하는 교육자 학부모에게 대응하기

동료 교사나 은퇴한 조부모 학부모가 담임교사에게 특별 대우를 요구할 때 담임은 참 난감하다. 학부모가 부담스럽다 보면 그 자녀도 부담스러워지고 신경이 쓰여 즐겁고 유쾌해야 할 학급운영에 걸림돌이 될 수 있다. 내 자녀를 위하는 뿌리 깊은 이기심은 본인에게도 자녀에게도 도움이 되지 않는 결과를 가져올 뿐인데도 결국 그들로 하여금 이성적인 판단을 잠깐 멈추게 하는 것이다. 그렇다고 '알 만한 사람이 그러면 어떻게 하느냐?'는 식으로 앞에서 면박을 줄 수도 없다.

이럴 때 어떻게 대처해야 좋을지 앞의 사례를 중심으로 대응 전략을 알아보자. 다음과 같은 순서로 대응 전략을 세워 볼 수 있다.

경청하기 → 인정과 격려 → 되묻기 → 담임교사의 수용 한계선 정하기 → 가정의 협조 사항 구체적으로 정하기 → 변화 알리기 → 아이의 자존감 높이기

1. 경청하기

학부모의 말을 귀담아 잘 듣는다. 사실은 자기 (손)자녀를 특별히 잘 봐 달라는 뻔한 내용임을 담임은 금방 눈치챌 수 있다. 상대방의 의도가 파악되면 말하는 중간에 끼어들어 학급 사정을 먼저 설명하고 싶어진다. 이때 주의할 일은 상대방이 할 말을 뻔히 알고 있어도 방어 자세를 보이지 말고 인내심을 갖고 끝까지 듣는 것이다. 들어만 줘도 문제의 70%는 해결되는 셈이다. 펄스(F. Perls)는 인간관계에서 싸움이 일어나는 대부분의 경우는 경청하지 않기 때문이라고 했다. 경청은 범사에 유익함을 기억하며 부드럽게 경청하기를 잊지 말자.

2. 인정과 격려

경청한 내용 중에서 학부모로서 자녀를 잘 돌보려는 긍정적인 마음을 찾는다. 또 평소 아이의 학교생활 중에서 인정할 만한 행동이나 격려해 주어야 할 내용을 찾아 함께 말해 준다. 인정과 격려는 사람들의 마음을 부드럽게 하고 넓혀 주는 일을 한다.

3. 되묻기

뭔가 특별 대우를 부탁하려는 경우, 하고 싶은 이야기의 핵심을 분명하게 말하지 않고 에둘러 말하는 경향이 있다. 한참 듣고 있다 보면 담임교사는 여러 가지 밀린 업무가 생각나면서 계속 경청하기가 힘들어진다. 학부모의 의도를 막연하게 이해하는 것보다는 다음과 같이 되물어 보는 것도 필요하다.

예 • 구체적으로 제가 어떻게 해 드리기를 원하십니까?
- 원하시는 바를 좀 더 구체적으로 말씀해 주시기 바랍니다.
- 자녀의 어떤 점을 특별하게 보살피면 되겠습니까?

이렇게 구체적으로 묻고 들어봐야 한다. 조부모 학부모의 경우 손자녀를 향한 사랑에 눈이 멀어 그냥 잘 보살펴 달라는 식으로 막연한 기대를 갖고 있는 경우가 많다. 이런 경우 교사의 질문을 통해 자신이 원하는 것이 무엇인지 객관적으로 확인하는 기회를 줄 수도 있다.

4. 담임교사의 수용 한계선 정하기

요구하는 바를 들어 본 후 학급규칙이나 교사의 학급운영 철학에 특별한 방해가 안 된다면 수용하도록 한다. 일단 다른 아이들에게도 피해를 주지 않아야 하고, 아이 자신에게도 교육적으로 도움이 되어야 한다. 이때 담임이 할 수 있는 수용 한계선을 분명히 제시해야 한다. 약속하고 못 해 주면 더 서운한 감정이 쌓일 수 있다.

예 • 학부모 1: 눈이 나쁜 우리 아이, 앞자리로 옮겨 주세요.

교사: 아, 네. 어린 (손)자녀가 벌써 눈이 안 좋다니 걱정되시겠어요. 혹시 안과의 시력 검사 결과가 어떻게 나왔는지 알고 계시는지요? 검사 결과를 보고 앞자리로 옮겨 주되, 키가 커서 다른 아이들에게 방해가 되면 안 되니까 양쪽 가장자리로 앉히겠습니다. 괜찮겠지요?

- 학부모 2: 장난이 심한 우리 아이, 얌전한 여자애와 앉혀 주세요.

  교사: (손)자녀가 장난이 좀 심해서 신경이 쓰이시는군요? 지금은 이미 자리가 정해져서 따로 (손)자녀에게만 기회를 줄 수가 없습니다. 지금 갑자기 따로 옮기게 되면 함께 앉겠다고 희망하는 여자아이가 없을 경우 더 곤란해질 수 있습니다. 제가 기억해 두었다가 다음에 모두 자리를 옮길 기회에 고려해 보겠습니다. 그동안 가정에서도 (손)자녀의 장난기가 줄어들도록 노력해 주시기 부탁드립니다.

* 주의할 일: 자신의 학급경영 철학과 어긋난다고 곧바로 거절하면 조부모 학부모의 경우 노여움을 갖기 쉽다. 앞에서 제시한 대화의 예를 참고하면 대응 전략에서 제시한 내용들이 자연스럽게 반영된다.

5. 가정의 협조 사항 구체적으로 제시하기

이렇게 특별 대우를 요구하는 학부모를 대할 때 교사가 놓치지 말아야 할 것이 있다. 담임교사가 수용할 수 있는 범위에서 요구를 들어주되, 아이가 변화되기를 바라는 구체적인 행동도 아울러 부탁해야 한다. 기대 행동이 효과적으로 나타나려면 가정에서도 함께 노력해야만 한다. 담임은 아이의 변화를 위해 가정에서 구체적으로 협조할 사항들에 대해 약속을 받아 낸다. 예를 들어, 눈이 나쁜 아이의 경우는 시력을 보완하는 노력을 하도록, 장난기가 심한 아이의 경우는 절제하는 자세를 가정에서도 기르도록 하는 것이다. 이것이 진정한 교사와 학부모의 파트너십이다.

6. 변화 알리기

담임교사와 가정이 함께 노력하면서 아이에게 특별한 기회를 주면 서서히 아이에게 변화가 나타날 것이다. 이러한 변화가 눈에 띌 때 담임은 그 변화를 학부모에게 알려 주도록 한다. 자녀와 학부모의 노력을 함께 인정해 주는 셈이다. 변화를 발견하기 위해서는 세심한 관찰이 필요하다. 조금이라도 변화가 보이면 그것을 구체적으로 짚어 인정과 감사의 말을 전하도록 한다.

7. 아이의 자존감 높이기

이런 과정을 통해 아이에게 나타난 행동 변화를 담임과 가정이 함께 인정하고 축하해 주면서 아이의 자존감을 높이는 기회로 활용한다. "네가 노력해서 이렇게 달라졌구나. 역시 넌 소중하고 귀한 우리 집(우리 학급)의 보물이야!" 와 같은 방식으로 인정을 해 주면 아이는 자신이 소중하다는 생각이 점점 뚜렷해지면서, 즉 자존감이 높아지면서 더욱 바람직한 행동을 하려고 할 것이다. 아이들은 칭찬을 먹고 자란다는 말은 양육과 교육의 핵심 진리다.

양념 추가 〈특별 대우를 요구하는 학부모〉

앞에서 소개한 대로 대화가 잘 진행되는 경우는 서로 기분 좋은 마무리가 될 수 있다. 하지만 막무가내로 특별 대우를 요구할 때는 참 곤란하다. 혹시라도 대화 중간에 교사가 말을 끊거나 반대 의견을 말하면 어른을 무시하는 무례한 교사라는 인상을 줄 수도 있다.

그렇다고 요구하는 것을 다 들어 줄 수는 없다. 교사의 확고한 철학이나 소신을 굽히는 것은 교사에게 얼마나 힘든 일인가? 하지만 상대방이 어르신이므로 소신은 지키되 바로 대꾸하기보다는 심사숙고하는 태도를 보여 주는 것이 기분을 덜 상하게 한다. 어조를 부드럽게 하면서 은퇴 교사 학부모에게 다음과 같이 말하고 마무리를 짓도록 한다.

"교사를 해 보셔서 누구보다 잘 아시리라 믿습니다. 저는 아이들을 대할 때 공정성을 매우 중요하게 생각합니다. 늘 이런 원칙을 생각하며 학급경영을 하다 보니 학부모님의 부탁이 제게 많은 부담이 되는군요. (손)자녀를 걱정해서 말씀하시는 것은 이해가 되는데 자녀에게도 학부모에게도 또 우리 학급에도 도움이 안 되는 일이라고 판단되어 들어드리기가 매우 곤란합니다. 공정성에 위배되지 않는 것이라면 제가 얼마든지 고려해 보겠습니다만…"

셰프에게 물어봐
〈솔직하게 말하기 어려운 동료 교사 학부모〉

같은 학교의 동료 교사 자녀를 맡고 있습니다. 아이의 행동을 보면 학부모 상담을 요청해야 하는데 좋은 일로 면담을 요청하는 것이 아니라서 선뜻 말을 꺼내기가 어렵습니다. 어떻게 해야 좋을까요?

참 곤란한 경우입니다. 더욱이 동료 교사 학부모가 담임보다 경력이 많은 경우에는 상담 요청이 더 어렵지요. 하지만 담임교사와 학부모는 한 팀이 되어야 아이의 성장과 발달에 도움이 될 수 있음을 생각해서 정중하게 "조용히 의논드릴 일이 있습니다."라고 요청을 해야 합니다.

동료 교사인 학부모와 껄끄러운 관계가 될까 봐 학생의 문제를 덮어 버리거나 알리지 않고 적극적 개입을 미루면 나중에 문제가 더 심각해질 수 있습니다. 이렇게 되면 "호미로 막을 일을 가래로 막는 일"이 발생할 수 있고, 나중에야 동료 교사 학부모가 그 사실을 알게 된다면 '왜 진작 이야기를 해 주지 않았느냐?'고 오히려 원망을 들을 수 있습니다.

동료 교사 자녀의 행동 문제가 구체적으로 무엇인지를 잘 정리하고 그러한 행동이 어떤 상황에서 자주 발생하는지를 관찰해서 아이를 걱정하는 담임의 마음을 잘 전달하면 좋은 만남이 될 것입니다. 특히 경험이 많은 동료 교사이기에 담임의 세심한 배려를 이해하며 고마워할 것입니다. 단, 이때도 행동 관찰 내용 중에서 아이의 장점과 강점을 먼저 알려 주고 칭찬해 주는 것을 잊지 말아야겠지요?

참고문헌

노안영(2005). 상담심리의 이론과 실제. 서울: 학지사.
김혜숙, 최동욱(2015). 교사를 위한 학부모 상담 길잡이. 서울: 학지사.
한영진(2014). 통통 튀는 학부모와 당황한 교사. 서울: 학지사.

20 학부모 정책, 얼마나 알고 있나요?

셰프! 도와주세요!

박 선생님은 경력 3년 차다. 발령받던 해에는 교과 교사를 했기에 담임교사로서 학급운영을 하는 것은 올해가 2년째다. 학급 아이들과 지내는 것은 별 부담이 없으나 학부모를 대하는 것은 여전히 어색하기만 하여 웬만하면 피하고 싶어진다.

학부모 대상 공개수업을 할 때는 잔뜩 부담이 되어 그 전날은 잠도 잘 안 온다. 몇 차례 공개수업을 했어도 학부모가 교실 뒤에 서 있으면 긴장이 되어 자연스러운 수업 진행이 안 되고 준비한 말도 제대로 나오지 않는다.

학급의 학부모가 교통지도 봉사 당번일 때는 다른 때보다 일찍 출근해서 봉사활동 장소에 가 고맙다고 인사도 해야 한다. 어쩌다 교실에 일이 생겨 못 나가는 경우에는 해야 할 일을 안 한 듯 미안한 마음에 죄책감이 들기도 한다. 할 수 없이 교통봉사 장소를 한번 돌고 오면 담임이 없는 교실은 어수선해진다. 이렇게 아침이 어수선하게 시작되면 그날 아이들은 하루 종일 들떠 있어 교사로서는 신경이 예민해지기도 한다.

어디 그뿐인가? 가끔 외부 강사를 초청해서 학부모 연수를 실시할 때는 가정통신문을 따로 내보내야 한다. 담임이 관심을 갖지 않으면 학부모 참여율이 저조하다면서 참여 인원을 체크하는 회람까지 돌 때도 있다. 교원능력개발평가 또한 부담스러운 일이다. 학부모는 단지 담임교사의 학급운영 전반에 걸쳐 만족도 설문에 참여할 뿐인데 담임의 입장에서는 어쩐지 평가받는다는 느낌이 드는 것도 사실이다.

수업과 생활지도가 교사가 할 일의 전부라고 생각하던 박 선생님은 학교 현장에 나와서 학부모를 상대하는 일이 이렇게 부담되는 일이 될지 전혀 몰랐다. 한 학기에 한 번씩 하게 되는 학부모 상담도 벌써 세 차례나 경험했다. 이젠 피할 수도 없고 그렇다고 나 몰라라 무시할 수도 없는 이 일을 어떻게 하면 당당하게 부담 없이 수용할 수 있을까 고민하다가 학부모 업무를 담당하는 선배 교사를 찾아가 하소연을 했다.

박 교사: 선배님, 요즘 학부모는 교육기관인 학교에 와서 왜 그렇게 큰 소리를 치는 걸까요?

선배 교사: 그러게 말예요. 학부모들은 학교를 교육기관으로 존중하기보다 서비스 기관쯤으로 오해하는 듯하죠?

박 교사: 학교가 정말 너무 힘이 없어요. 제가 보기엔 학교가 너무 학부모들에게 저자세인 것 같아요.

선배 교사: 그렇죠. 그래서 교사가 점점 힘들어져요. 그런데, 이리 와 봐요. 요즘 학부모는 교육주체로서 당당하게 한몫을 하게 되어 있어요. 그들의 권리가 법적으로 보장받고 있으니까요.

박 교사: 네? 법에서 보장을 한다고요?

선배 교사는 웃으며 책 한 권을 읽어 보라고 내밀었다. 박 선생님은 무거운 마음으로 선배 교사가 건네 준 책을 펼쳐들었다. 그 안에는 학부모 정책을 이해하기 위한 다양한 내용이 가득 담겨 있었다.

레시피. 학부모의 권리 이해하기

1. 「교육기본법」에 명시된 학부모의 권리와 책임

「교육기본법」 제13조 1항은 학부모가 자녀의 바른 성장을 위해 교육할 권리와 책임을, 2항은 아이가 올바른 교육을 받을 수 있도록 학교에 의견을 제시하고 학교는 그 의견을 수용해야 함을 명시하고 있다. 즉, 학부모와 학교(교사)는 자녀교육에 대한 권리

1)「교육기본법」제13조 1항
부모 등 보호자는 보호하는 자녀 또는 아동이 바른 인성을 가지고 건강하게 성장하도록 교육할 권리와 책임을 가진다.

2)「교육기본법」제13조 2항
부모 등 보호자는 보호하는 자녀 또는 아동의 교육에 관하여 학교에 의견을 제시할 수 있으며 학교는 그 의견을 존중하여야 한다.

와 책임을 지니는 공교육의 주체이자 동반자 관계임이 이 법에 내포되어 있다.

2. 학부모 관련 정책의 필요성

학부모 관련 정책은 궁극적으로 대한민국의 교육을 바로 세워 나가는 데 학부모의 협조가 없으면 절대적으로 불가능하기에 입안하게 된 것이다. 이 시대의 공공문제로서 드러난 사교육비의 증가로 인한 가계 부담, 학생의 공부 스트레스와 온라인 게임 중독의 문제, 자녀의 꿈과 끼를 살리는 실제적인 진로교육의 요구, 취업을 위한 도구로 전락한 교육과정 운영 등은 심각한 사회 문제로 부각되었다. 이 같은 공공 문제를 해결하기 위해서는 학부모의 의식이 바뀌고 삶의 가치관이 바뀌어야만 가능하다는 필요성이 제기되었다. 이러한 배경에서 교육의 주체로서 핵심 역할을 하는 학부모 집단을 비중있게 생각하여 학부모 정책이 세워지게 된 것이다.

대한민국의 교육이 바로 서기 위해서는 대학 입시가 바뀌어야 한다는 것은 누구나 아는 사실이다. 오로지 대학 합격을 목표로 하는 자녀교육은 학부모의 불안심리를 자극하면서 사교육 시장을 거대한 용처럼 키웠고, 성적 지향적인 자녀양육은 '자녀 주도 공부'가 아니라 '학부모 주도 공부'가 됨으로써 아이들이 행복한 아동 · 청소년기를 잃어 가고 있는 상황이 되었다.

정부에서는 이 시대의 사회 문제 중 일부가 빗나간 교육열에 기인하고 그것을 해결할 수 있는 유력한 집단이 학부모 집단이라고 판단하였다. 이러한 기대와 필요에 의해 학교현장에서의 학부모 참여, 학부모 교육, 학교운영위원회를 통한 건전한 참여 문화를 지향하는 학부모 관련 정책을 입안하게 된 것이다.

1) 학부모 정책의 추진 경과

학부모의 교육적 관심을 긍정적인 학교 참여로 유도하기 위하여 정부 수립 이후 최초로 2009년도에 교육부 내에 학부모 정책 전담 부서를 신설하고 정부 차원의 종합적이고 체계적인 학부모 정책을 추진하였다(1995. 5. 31. 교육개혁 근거). 2009년 최초로 학부모 정책을 의제화한 이후, 2010년은 학부모 정책의 원년, 2011년은 이를 발전시켜 학교현장에서 개별 학교의 특성에 적합한, 학부모가 공감할 수 있는 학교 참여 프로그램을 발굴 · 확산하였으며, 2012년에는 학부모의 자녀교육 역량 강화에 집중하였다.

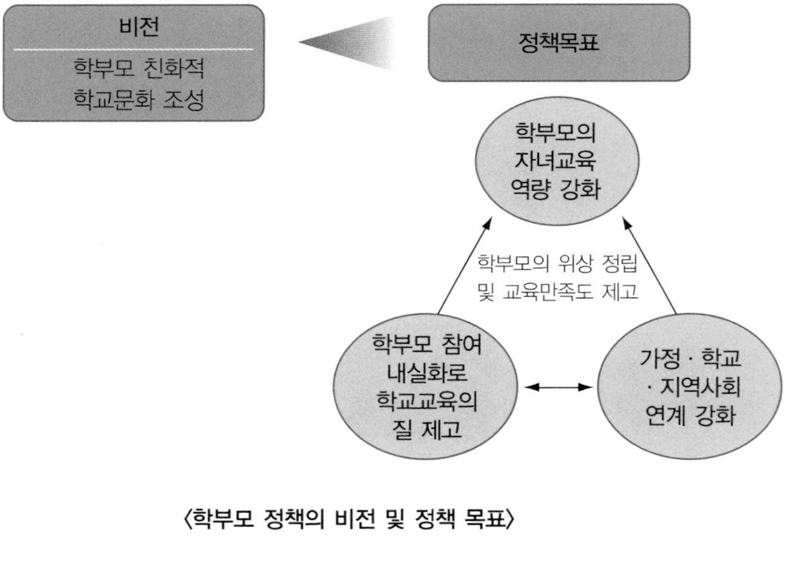

〈학부모 정책의 비전 및 정책 목표〉

2) 학부모 참여

최근 학교와 가정의 연계 교육이 강조되면서 교사와 학부모가 파트너십을 발휘하여 교육을 정상화하고자 하는 움직임이 강조되고 있다. 학생을 중심으로 교사와 학부모 이 세 축이 교육의 주체이므로 어느 한 축이라도 어그러지면 기대하는 교육의 성과를 거두기 어렵다. 이에 학부모 참여의 필요성이 더욱 강조되고 있다.

- 정의: '학부모 학교 참여' 란 학부모가 교육기관과 긴밀한 유대를 통해 자녀를 바르게 이해하고 학부모가 자녀의 학습현장에 직접 참여함으로써 효율적인 교육을 이루는 것으로서 학부모가 의사 결정자, 지원자, 교사 보조자 등의 여러 가지 역할을 통해 교육현장에 참여하는 것이다(『교육학 용어사전』).
- 목적: 학부모 학교 참여의 가장 중요한 목적은 학부모의 학교 참여를 통해 학생들이 학업을 성취하며 사회적 상황과 관계에서의 상호작용을 잘하는 것이다. 이를 통해 자녀가 자아실현을 하여 행복한 삶을 살도록 하기 위함이다.

3) 학부모 학교 참여의 유형

- 가정-학교의 소통: 학부모 상담주간 운영, 학교설명회(신입생, 재학생), 수업 공개, 교원능력개발평가(학부모 만족도 조사 참여)
- 가정과 학교의 학습 연계: 밥상머리 교육, 가정에서의 학습지도
- 학부모 역량 강화: 학부모 교육, 학부모 동아리 운영, 진로교육 안내
- 학교 의사결정을 위한 학부모 참여: 학교운영위원회(심의, 자문 역할), 학부모회 참여활동, 학교교육 모니터링
- 학부모 참여 및 교육 기부: 학부모 자원봉사(교육 기부), 창의적 체험활동을 통한 학교 참여, 창의적 체험활동 종합지원시스템(에듀팟), 학교행사 참여(학부모의 밤 운영 등)

4) 학교의 정보 제공 의무

학부모의 알 권리를 충족시켜 주기 위해 학교는 다음과 같은 서비스를 제공해야 한다.

• 학교 홈페이지 운영
• 학교알리미(http://www.schoolinfo.go.kr) 서비스
• 가정통신문을 통한 교육활동 안내 및 의견 수렴
• 내 자녀 바로 알기(나이스 학부모 서비스)

비법 한 스푼 〈학부모 서비스 자세히 알아보기〉

다음은 학생의 학교생활을 자세히 알 수 있는 학부모 서비스들이다. 이 내용들은 담임 및 담당 교사가 나이스(NEIS)에 기록하게 되어 있다(2015년 현재). 학부모가 자녀의 학교생활 이모저모에 대해 알고 싶으면 나이스 대국민서비스(http://www.neis.go.kr)에 가입한 후 해당 학교 나이스 담당 교사의 승인을 거치면 열람이 가능하다.

학부모 서비스 종류

구분	서비스 종류
학교정보	학교기본정보, 과목 및 담당 교사, 반별 시간표, 주간학습(초등), 월간 학사일정, 연간학사일정, 월간식단, 주간식단, 가정통신문
학생정보	학교생활기록부, 학생생활기록부(시각장애인용), 교외학습자료, 교내학습자료, 성적(초 · 특), 고사별정 · 오답표(중 · 고), 성적통지표(중 · 고 · 특), 표준점수분석표(중 · 고 · 특), 성적변화표(중 · 고 · 특), 학업성취도(초 · 중 · 고), 개인별맞춤학습(중 · 고), 월출결통계, 출결사항, 자치활동조회, 적응활동조회, 행사활동조회, 계발활동조회, 봉사활동조회, 치료교육활동조회(특), 국가학업성취도, 창의적 체험활동 조회, 대입전형자료제공현황조회(고), 대입전형자료상세조회(고), 건강기록부, 방과후학교 강좌신청 현황, 방과후학교 출결상황 조회, 진로/상담자료, 심리검사(중 · 고), 교육비 납입현황 조회
학부모 상담관리	상담 공지사항, 교사의 상담, 상담 내역 조회
PAPS	자가측정, 평가결과조회, 평가결과이력조회, 통계분석, PAPS 지수조회, 신체활동처방조회, 자녀의 현재 상태, 자녀의 신체활동분석, 스포츠클럽조회
자녀교육 활용정보	학업지도, 인성지도, 진학지도, 진로지도, 특수아지도, PAPS 콘텐츠, 내 자녀 건강알리미

출처: 나이스 대국민서비스(http://www.neis.go.kr).

3. 교사-학부모 파트너십

앞서 살펴본 바와 같이 학부모의 위상은 이렇게 높아졌다. 학부모의 학교 참여를 정책화하여 교사와 학부모를 파트너십(partnership) 관계로 설정한 것이다. 이러한 시대 변화를 수용하여 교사는 학부모를 교육 동반자 관계로 이해하는 인식의 전환이 필요하다.

이제는 학부모를 교사의 요구에 언제나 따르고 협조해야 하는 대상으로만 보아서는 안 된다. 거의 모든 교사는 아직도 학부모에 대해 부담을 갖고 기피하고 싶은 마음이 있지만 그러한 마음을 내려놓고 함께 가야 할 동반자(파트너)라는 생각으로 바꿔야 한다. 그들은 당당히 교육의 주체로서 '학생의 올바른 성장을 위해 함께 머리를 맞대고 방향을 모색해야 할 동반자로서의 학부모' 인 것이다. 다음 두 자료는 학부모의 학교 참여가 어려운 개인 차원의 이유와 학교 차원의 이유를 보여 주고 있다.

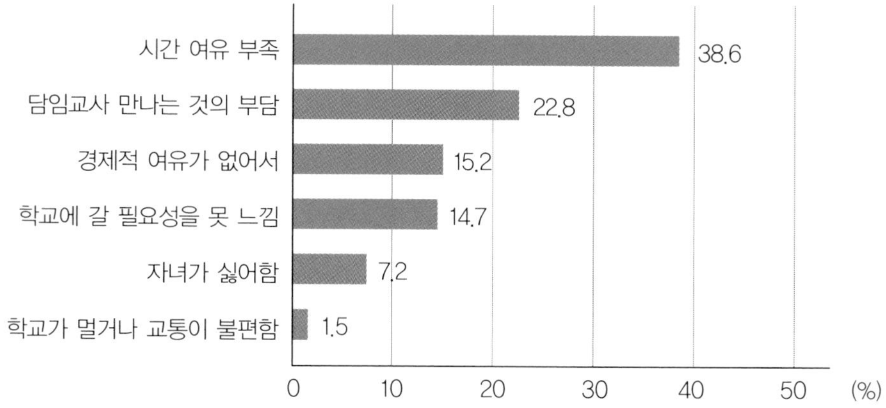

〈학부모 학교 참여를 어렵게 하는 개인 차원의 이유〉

출처: 서울대학교 학부모정책연구센터(2014), p. 126.

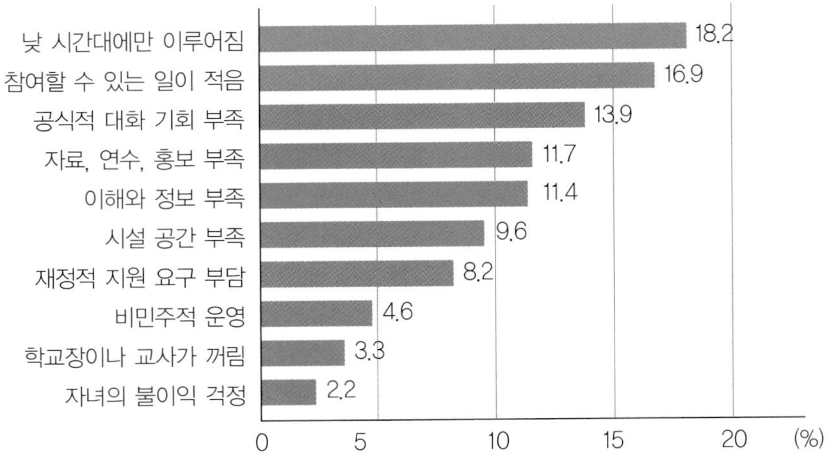

〈학부모의 학교 참여를 어렵게 하는 학교 차원의 이유〉

출처: 서울대학교 학부모정책연구센터(2014), p. 126.

그림에서 보여 주듯이, 교사만 학부모를 대하기가 부담스러운 것이 아니라 학부모 역시 담임교사를 만나는 것을 부담스럽게 여기고 있음을 알 수 있다. 즉, 교사와 학부모는 교육을 위한 동반자 관계이기는 하나 양측의 관점이나 입장 차이가 있어 편한 관계는 아님이 분명하다. 따라서 바람직한 파트너십을 형성하기 위해서는 상호 간에 친절과 배려로 이해의 폭을 넓힐 필요가 있다.

아직도 학부모를 단순하게 '아이의 부모나 보호자' 정도로만 쉽게 여기는 교사도 있을 것이다. 그들의 신분이 '아이의 부모나 보호자'는 맞지만 엄연한 교육의 주체로서 정책적으로 탄탄한 지원을 받고 있는 거대한 조직임을 알고 기존의 생각을 바꾸어야 한다.

파트너십 형성을 위한 노력

상호 협약서 안내

상호 파트너십을 발휘하며 의도하는 성과를 거두기 위해서는 교육의 세 주체인 학생, 학부모, 교사가 함께 지켜야 할 가이드라인을 정하고 약속을 성실하게 이행해야 한다. 아직 협약서가 보편화된 것이 아니지만 서로가 신뢰 속에 약속을 잘 이행하겠다는 것에 합의만 되면 교육 효과는 더욱 높아질 것이다. 학부모총회 때 이런 협약서를 쓰면 도움이 될 것이다. 다음은 국내외 초등학교의 상호협약서의 예시다.

• 협약서 예시(국외)

Signal Hill 초등학교의 학교-학부모 협약서

• 학교

○○학교의 교사와 보호자는 우리 자신과 학생들에게 높은 기대를 가지고 있습니다. ○○학교에서는 학생들에게 높은 수준의 교육 프로그램을 제공하기 위해 노력할 것입니다. 학교와 가정이 학생들을 위한 바람직한 프로그램을 제공할 수 있도록 학교와 교사는 다음과 같은 프로그램과 활동을 하는 데 동의합니다.

- ○○학교는 창의적이며 우수한 교육 프로그램을 제공합니다.
- ○○학교 교사는 모든 학생을 위해 풍부한 방과 후 프로그램을 운영할 것입니다.
- ○○학교 교사는 학생들의 학업에 대해 계속해서 가정과 지속적으로 소통할 것입니다.
- ○○학교는 수업 내용에 대한 의미 있는 연습을 강조하고 모든 교과 내용 영역에 대해 글쓰기를 강조할 것입니다.
- ○○학교는 보호자들이 학교의 운영과 의사결정에 참여하도록 할 것입니다.

• 보호자

○○학교의 보호자는 가정과 학교의 소통과 협력을 증진하기 위해 필요한 다음과 같은 활동에 참여할 것이며, 가능한 한 이 협약을 지키기 위해 최선을 다할 것입니다. 학교의 목적은 지역사회와 가정을 지원하기 위한 것이며, 보호자는 자녀와 학교를 지원해야 하는 책임이 있습니다.

- ○○학교의 보호자는 아이를 학교에 보낼 때 지각하지 않도록 하고 복장을 단정하게 하며 수업에 대한 준비물을 챙깁니다.
- ○○학교의 보호자는 적어도 1년에 한 번 학부모회에 참여하여 아이들의 학습 과정에 대해 논의합니다.
- ○○학교의 보호자는 아이들이 숙제를 제대로 잘했는지 정기적으로 확인하고 도와줍니다.
- ○○학교의 보호자는 학교에서 1년에 최소한 ○○시간 자원봉사를 합니다.

보호자 서명(　　　) 교장 서명(　　　) 담임 서명(　　　)

출처: 강소연(2012), 미국 캘리포니아 주 롱비치의 Signal Hill 초등학교의 협약서를 일부 수정 게재.

• 협약서 예시(국내)

학부모 · 학생 · 교사 7, 7, 7 협약서

1. 부모/보호자의 의무

① 자녀들이 ○○초등학교의 학생생활규정과 학급규칙을 준수하도록 지도하겠습니다.
② 자녀교육에 대해 논의하기 위해 학급 및 학교 학부모회의에 참석하겠습니다.
③ 자녀의 성장과 발달을 돕기 위한 교사의 면담 요청에 성실히 응하겠습니다.
④ 학교에 대해 자녀와 대화할 때 학교와 선생님에 대한 존경심을 가지겠습니다.
⑤ 자녀가 바른 생활습관을 가지도록 부모가 본을 보이며 가정지도를 하겠습니다.
⑥ 자녀가 숙제를 잘할 수 있도록 공간과 시간을 제공하고 책임감 형성을 위해 최선을 다해 완성하도록 지도하겠습니다.
⑦ 자녀의 친구들에 대해 긍정적인 관심을 가지고 살펴보며 자녀가 폭력적인 언행을 하지 않도록 지도하겠습니다.

2. 학생의 의무

① 서울○○초등학교의 학생으로서 긍지를 가지고 학생생활규정과 학급규칙을 잘 지키겠습니다.

② 수업 시간에 방해 행동을 하지 않고 선생님 말씀에 집중하여 열심히 공부하겠습니다.

③ 성실하게 숙제를 하고 예습 · 복습을 하겠습니다.

④ 친구나 다른 사람의 개인적 권리를 존중하겠습니다.

⑤ 자신, 친구, 학교 그리고 학습에 대해 긍정적인 태도를 가지겠습니다.

⑥ 다른 학생, 교직원 그리고 그들의 가족의 문화적 차이를 존중하겠습니다.

⑦ 친구 또는 선생님과의 관계에서 생기는 갈등은 비폭력적인 방법으로 해결하겠습니다.

3. 교사의 의무

① 학생들의 학력 신장과 인성 형성을 위해 최선을 다해 지도하겠습니다.

② 의미 있고 가치 있는 숙제를 적당한 양으로 내주려고 노력하겠습니다.

③ 공식적인 절차에 의해 학부모에게 수업을 공개하겠습니다.

④ 학부모와의 원활한 소통을 위해 학부모 상담주간을 운영하겠습니다.

⑤ 학생지도를 위해 필요한 경우 전화, 이메일, 문자 메시지를 보내겠습니다.

⑥ 학생과 교직원 및 그들 가족의 문화적 차이를 존중하겠습니다.

⑦ 학생들이 갈등을 긍정적이고 비폭력적인 방법으로 해결하도록 돕겠습니다.

20____. ___. ___. ___요일

○학년 ○반 학부모 및 보호자 서명(　　) 학생 서명(　　) 교사 서명(　　)

비법 한 스푼 〈학부모의 학교 참여 십계명〉

1. 학부모의 학교 참여는 자녀에 대한 관심에서 시작되어야 한다.
2. '내 아이' 만을 위한 이기심이 아니라, '우리 아이' 들을 함께 잘 키우기 위한 마음으로 참여해야 한다.
3. 학교와 선생님을 존중하고, 협력하는 태도로 참여해야 한다.
4. 학부모의 권리와 함께 책임에 대해서도 함께 생각해야 한다.
5. 학교와 학부모회에 주인의식을 가지고 참여해야 한다.
6. 학교와 적극적으로 소통하려고 노력해야 한다.
7. 가정에서의 학부모 역할을 충실히 수행해야 한다.
8. 학교생활에 대해 평소에 자녀와 많은 대화를 나누어야 한다.
9. 되도록 많은 학부모가 참여할 방법을 고려해야 한다.
10. 학부모 교육 등에 지속적으로 참석하여 늘 배우는 자세로 참여해야 한다.

출처: 교육과학기술부, 인천광역시교육청(2013), p. 20.

공깃밥 추가 〈학교운영위원회와 전국학부모지원센터〉

1. 학교운영위원회

'학교운영위원회' 는 학부모의 학교 참여 활동 중에서 법으로 보장받는 단위학교 차원의 자치기구다. 학부모위원, 교원위원, 지역위원으로 구성되며, 운영위원의 정수는 학생 수를 기준으로 학교 규모에 따라 5명 이상 15명 이하로 구성된다.

1) 학교운영위원회의 개념

학생과 학부모 및 지역사회의 요구를 학교교육에 적극 반영함으로써 학교운영에 대한 정책결정의 민주성 · 합리성 · 투명성을 제고하고 학교의 자율성과 책무성을 강화하는 제도다. 모든 국 · 공 · 사립의 초 · 중 · 고등학교 및 특수학교에서 설치 · 운영하고 있으며, 개별 학교의 실정과 특색에 맞게 다양하고 창의적인 교육을 실현할 수 있는 터전을 제공한다.

2) 학교운영위원회의 법적 성격

- 법정위원회: 학교운영위원회는 「초 · 중등교육법」 및 「초 · 중등교육법 시행령」 등에 근거하여 설치 · 운영하는 기구다.
- 학교운영위원회는 학교장(집행기관)과는 독립된 기구다.
- 심의 · 자문기구: 학교운영위원회는 학교운영에 관한 주요 사항에 대해 국 · 공립학교는 심의하고, 사립학교에서는 자문하는 기구다.

* 학교발전기금의 조성 · 운용 및 사용에 관한 사항에 대하여는 국 · 공 · 사립학교 모두 심의 · 의결하도록 하고 있다.

3) 학교운영위원회의 심의 사항(사립학교에서는 자문 역할)

학교운영위원회는 「초 · 중등교육법」 제32조에 의거하여 다음의 내용들을 심의(자문)한다. 학부모위원은 단위 학교 학부모를 대표하므로 심의사항에 대해 신중하게 의사결정을 해야 한다.

- 학교 헌장 및 학칙의 제정 또는 개정에 관한 사항
- 학교의 예산안 및 결산에 관한 사항
- 학교교육과정의 운영 방법에 관한 사항
- 교과용 도서 및 교육 자료의 선정에 관한 사항
- 교복 · 체육복 · 졸업앨범 등 학부모가 경비를 부담하는 사항
- 정규 학습 시간 종료 후 또는 방학 기간 중의 교육활동 및 수련활동에 관한 사항
- 「교육공무원법」 제29조의 3 제8항에 따른 공모 교장의 공모 방법, 임용, 평가 등에 관한 사항
- 「교육공무원법」 제31조 제2항에 따른 초빙 교사의 추천에 관한 사항

- 학교운영지원비의 조성 · 운용 및 사용에 관한 사항
- 학교 급식에 관한 사항
- 대학입학 특별 전형 중 학교장 추천에 관한 사항
- 학교 운동부의 구성 · 운영에 관한 사항
- 학교운영에 대한 제안 및 건의 사항
- 기타 대통령령, 시 · 도의 조례로 정하는 사항
- 학교발전기금의 조성 · 운용 및 사용에 관한 사항

2. 전국학부모지원센터

교육부에서는 학부모 정책을 지원하기 위해 '학부모 ON누리 서비스'를 운영하고 있다. 이 온라인 사이트를 통해 전국의 학부모는 개별 학교의 학부모 참여 활동, 학부모 온라인 교육, 변하는 입시제도, 학부모 정책 모니터단 외 교육 뉴스 등을 상세하게 접할 수 있다. 학부모는 이 사이트를 활용하여 다양한 의견이나 정책 아이디어를 제시하는 등 학부모 소통의 장(場)으로 활용할 수 있다.

전국학부모지원센터 홈페이지(http://www.parents.go.kr)

비법 한 스푼 〈지혜로운 관리자〉

• 이야기 하나: 가슴이 훈훈해지는 이야기

〈넉넉한 마음으로 민원에 대처한 지혜로운 관리자〉

학부모 민원은 학교가 매우 민감하게 받아들이는 사안이다. 학교와 교사는 아이들 교육을 위해 최선을 다하지만 다양한 학부모의 욕구를 모두 수용하기에는 한계가 있다. 요즘은 학부모 민원이 늘어나면서 때로는 학교와 학부모가 팽팽하게 대립하는 양상까지도 심심치 않게 벌어진다. 참으로 안타까운 일이다. 「교육기본법」에도 명시되어 있듯이 학교는 학부모의 의견을 존중하고 수용해서 교육활동에 반영해야 한다. 그러나 이 과정에서 선입견이나 오해를 하고 상호 간에 감정적인 대응을 하거나 과잉 반응을 해서 문제를 확대하는 경우도 있다.

여기에 민감해지기 쉬운 일을 넉넉한 마음으로 해결한 관리자의 이야기를 소개한다.

어느 날 K 초등학교 홈페이지에 학부모로부터 다음과 같은 불만사항이 올라왔다.

> '○학년 ○반 담임이 아이를 복도에 벌 세우고 점심시간이 되어도 들어오라는 소리를 안 해서 결국 아이가 점심을 먹지 못했다. 담임은 다른 아이들과 함께 태연히 점심을 먹었다. 학교는 아이들이 점심을 제대로 먹는지에 관심이나 있는 건가?'

이 사실을 알게 된 담임교사는 자신의 행동이 부끄럽고 창피해서 얼굴을 들 수가 없었다. 아이를 복도에 내보낸 후 그만 깜빡한 것이다. 특히 점심을 챙겨 먹이지 못했다는 사실이 더욱 부끄럽고 아이에게 미안했으나 이미 되돌릴 수 없게 되어 버렸다. 학부모는 담임에게 직접 전화로 항의해도 될 일을 왜 학교 홈페이지에 덜컥 올려서 나를 망신을 준단 말인가? 보복인가? 처음에는 학부모와 아이에게 미안한 마음이 들었지만 곧 원망의 마음이 들기도 했다. 이 일을 어찌해야 하나 하고 속을 끓이고 있는데 교감선생님이 교실로 들어왔다.

"김 선생님, 천 명 가까이 되는 학생을 상대해야 하는 학교인데 아무 일 없이 하루하루 지나가는 일이 오히려 이상한 거예요. 그 학부모에게는 바로 연락해서 '학교가 그만 큰 실수를 저질렀다, 다시는 이런 일이 없도록 관리자로서 담임교사를 포함해서 더욱 잘 지도하겠다, 부모 입장에서는 학교를 믿고 학교에 보냈는데 점심을 안 먹였으니 얼마나 속상하고 화가 났겠느냐, 그 마음 충분히 이해한다, 지금 담임을 불러서 자초지종을 들어 보겠지만 점심을 먹이지 않은 것은 전적으로 담임교사의 잘못이고 실수다, 담임도 사과 전화를 할 것이지만 우선 내가 사과를 한다, 교감을 믿고 홈페이지에 올린 글은 혹시 삭제해 줄 수 있겠느냐.'고 이야기했어요."

이렇게 말했다고 하는데 눈물이 날 지경으로 교감선생님에게 고마웠다.

이전 학교에서는 다른 동료 교사의 실수로 홈페이지에 민원이 올라오자 교감이 그 교사를 불러 학교 망신을 시킨 교사라고 교무실에서 크게 꾸중을 하며 학급운영이 미숙하여 담임을 맡기기 곤란하다는 등의 질책을 하는 것을 보았는데, 그 사건이 떠오르면서 넉넉한 마음을 가진 교감선생님에게 더욱 고마운 마음이 들었다. '다음에는 아이들 혼낼 일이 있으면 절대로 교실 밖으로는 내보내지 말라. 눈에 안 보이면 잊기 쉽다. 그리고 웬만하면 애들 데리고 힘 빼지 말고 크게 한숨 쉬고 이해하고 기다려 주라. 애들이 변화하는 속도는 어른의 기대와 다르다.'는 말을 남기고 교실을 나간 교감선생님이 한없이 고마웠다. 담임 교사는 학부모에게 전화해서 할 말의 순서를 정리하면서 한숨을 돌렸다.

중간 관리자인 교감이 이렇게 여유 있게 민원에 대처하면 학부모도 교사도 감정이 증폭되지 않고 조기에 문제가 해결된다. 관리자가 어떤 마인드를 갖느냐에 따라 학교 분위기는 달라진다.

• 이야기 둘: 학부모의 힘으로 제도를 바꾼 이야기(송인정, 2014)

〈교복값이 너무해: 연간 1천억 원의 학부모 부담을 덜어 준 사례〉

우리나라 학부모의 교육비 부담이 다른 나라 학부모에 비해 3~4배 높은 실정을 발견하고 '한국학부모총연합회'(2007년 대표 송인정)에서 사교육비 부담 감소를 위한 여러 방안을 강구했다. 그중에 교복값이 어른 양복값보다 비싸서 해마다 학부모에게 큰 부담이 되고 있음을 확인하고 긴급대책회의를 열어 현황을 조사했다.

그 결과 85% 이상의 교복 시장을 4개 회사(S, E, A, SK)가 장악하고 있음을 발견했다. 학부모대표단들은 교복업체 대표들을 만나 협상을 한 결과 회사별로 25~30%의 가격 다운을 약속받았다. 이 협상으로 동하복을 합쳐 연간 1천억 원에 달하는 학부모 부담을 덜게 되었다. '한국학부모총연합회'는 이런 일을 비롯해서 학부모들의 권익을 찾아 주고 교육을 바로 세우는 일에 전국적인 조직망을 갖고 함께 힘을 모아 일하고 있다. 이 사례는 학부모의 연합된 힘으로 학부모의 권리를 찾은 사례의 일부다.

셰프에게 물어봐
〈학부모 담당 업무가 부담스러운 교사〉

제가 올해 맡은 학교 업무는 '학부모회 담당'입니다. 평소에 학부모를 만나는 것에 대해 껄끄럽게 생각하고 있었는데 덜컥 업무를 맡고 보니 참 부담스럽습니다. 수업 준비를 하는 것도 바쁜데, 학부모 관련 공문이 내려올 때마다 학부모에게 알릴 내용을 선별해서 가정통신문도 만들어야 하고 학부모 대표에게 연락도 해야 하고…. 어떤 때는 마치 제가 학부모 뒤치닥거리나 하는 교사인 것 같아 마음이 불편합니다. 학부모가 교육정책의 주요 대상인 것은 알겠는데 힘이 들어요.

가뜩이나 껄끄럽게 생각하던 학부모인데 담당 업무까지 맡으셨으니 부담이 더 크시겠군요. 관련 공문도 자주 접할 텐데 그럴 때마다 학부모에게 그 내용을 전달도 해야 하니 직간접적으로 학부모 상대해야 할 기회가 자주 있겠어요.

대부분의 교사가 학부모에 대해 갖는 생각은 선생님과 같습니다. 그런데 마음에 어떤 생각이 있으면 표정에 드러난다고 하니 혹시라도 그런 느낌이 학부모에게 전달되지 않도록 특별히 조심하셔야 하겠군요.

어떻든 그 부담을 덜고 매끄럽게 업무를 추진하시려면 학부모에 대한 인식과 생각을 바꾸실 필요가 있겠군요. 인식 개선에 도움이 될 만한 의견을 드리겠습니다.

1. 학부모는 교사와 함께 학생교육의 동반자로서 상호 존중해야 하는 관계다.

학부모의 권리는 「교육기본법」 제13조 1, 2항에 제시가 되어 있음에도 그동안 사실 학교현장에서 학부모의 위상은 그리 높지 않았습니다. 학부모 자신들도 그렇게 생각하지 않았던 것이 사실이고요. 그런데 교원능력개발평가가 실시된 이후로 학부모의 위상이 갑자기 높아진 듯이 느껴지는 것이 현장의 분위기입니다. 학부모 자신들도 직접 교원평가에 참여하면서 의식이 달라지고 있고요. 교육부에서도 학부모 정책을 입안하여 학부모 관련 예산도 배정하면서 학부모의 학교 참여 활동을 지원하고 있습니다. 동시에 교육 동반자로서 위상을 확고히 해 주고자 각종 활동도 지원하고 있습니다. 시대가 확실히 변한 것이지요. 그런데 교사만 아직도 생각을 바꾸지 않고 있으면 지금 맡으신 학부모담당 업무를 추진할 때 '안 해도 되는 일을 한다'는 생각으로 피곤해지지요. 그래서 동반자, 즉 파트너라는 의식을 갖고 이왕이면 존중하는 마음으로 업무를 추진하시기 바랍니다.

2. 학부모 모임의 기회를 활용하여 평소 생각하던 의견을 제안하는 기회로 활용한다.

어차피 피할 수 없는 일이니 이왕이면 평소 선생님이 생각하시던 의견을 제안하는 기회로 활용하면 좋겠습니다. 예를 들면, 학부모님들의 자녀교육에 대한 관심을 칭찬해 주면서 학교에 의견을 제안할 때는 내 아이만을 위한 것이 아니고 모두에게 도움이 되는 건설적인 의견을 내 달라고 하거나, 민원을 제기할 때는 당당하게 아이의 학년 · 반 소속과 신분을 밝히고 학교 측에 먼저 알려 달라고 부탁하는 것입니다. 또한 아이의 수업에 참관하는 학부모의 자세에 대해서도 자연스럽게 알려 주는 것도 좋습니다. 수업 시작 시간과 끝나는 시간을 지켜 주고 구두 소리를 따각따각 내거나 옷차림이 지나치게 요란하거나 수업 중에 자기 아이를 부르는 일은 교사의 수업 진행에 방해가 되니 주의를 바란다는 것도 부탁하는 것이 좋습니다.

3. 요즘은 학부모도 교사를 객관적으로 평가하는 분위기라는 것 또한 알고 있는 것이 도움이 된다.

나이스에는 교사와 학부모가 함께 의견을 나누는 공간이 있습니다. 나이스 서비스 중 하나인 '스쿨매거진'에서 학부모들이 자녀를 통해 교사의 학급 운영 방식을 보고 다음과 같이 유형화한 것도 보았습니다. 학급 아이들을 무섭게 관리하며 통제하는 통제형, 아이들의 자유롭게 풀어 주는 방임형, 엄할 때는 엄하게, 부드러울 때는 부드럽게 민주적인 방식으로 가르치는 민주형(스쿨매거진, 2016, 4월호 참고). 재미있지요? 학부모도 담임교사를 부담스러워하지만 모이면 또 이런 식으로 교사를 평가하기도 하는 분위기를 알고 불가근불가원의 원칙을 지키며 학부모들의 변화를 담담히 수용합시다. 올해 맡으신 부담스러운 업무가 선생님을 학부모 관련 전문가로 우뚝 서게 하는 기회가 되길 기원합니다.

참고문헌

강소연(2012). 학부모 관계 및 상담의 실제와 대응 전략. 서울교육대학교 서울 수석교사 자격연수과정 미간행 자료.

교육과학기술부, 인천광역시교육청(2013). 2013년 학부모 학교 참여 길라잡이. 서울: 교육과학기술부 학부모지원과.

서울대학교 학부모정책연구센터(2014). 학부모교육. 파주: 교문사.

송인정(2014). 뿔난 학부모의 아름다운 반란. 서울: 도서출판 높은오름.

이은아(2016). 초등학교 학부모 상담 중 생긴 일. 미즈코치, 3월호.

전국학부모지원센터 http://www.parents.go.kr

나이스 대국민서비스 http://www.neis.go.kr

학교알리미 http://www.schoolinfo.go.kr

「교육기본법」 제13조.

「교육공무원법」 제29조, 제31조.

21 학년 초, 학부모와 신뢰의 첫 단추를 잘 끼우려면?

셰프! 도와주세요!

3월 새로운 시작을 앞두고 김 선생님과 이 선생님이 서로 이야기를 하고 있다.

김 교사: 이 선생님, 얼마 안 있으면 3월인데 이 선생님은 어떻게 새 학기를 준비하고 계세요?

이 교사: 저도 지금 새 학기를 준비하면서 작년 자료를 다시 훑어 보고 있어요.

김 교사: 선생님을 지켜보니 작년에 학부모님들하고 잘 지내시는 것 같던데 그 비결이 뭐예요? 작년에 저는 아이들보다 학부모님들이 더 힘들어서 올해는 잘해 보고 싶어요.

이 교사: 그렇게 봐 주셨다니 감사하네요. 제 생각엔 3월에 하는 활동들이 중요한 것 같아요. 혹시 선생님은 3월 첫날 학부모님에게 편지를 보내신 적이 있나요?

김 교사: 요즘 학부모님에게 편지를 보내시는 분이 많던데. 저도 해 보려 했는데 왠지 쑥스럽기도 하고 귀찮기도 해서 그만뒀어요.

이 교사: 3월 첫날 학부모에게 편지를 보내 담임인 저에 대해 소개하고, 학급경영관도 얘기하고, 부탁도 드리는 것이 1년 동안 학부모들에게 신뢰를 주는 데 좋았던 것 같아요.

김 교사: 그럼 저도 이 선생님의 도움을 받아 편지를 써 볼까요?

이 교사: 선생님이 필요하시다면 제가 얼마든지 도움을 드리지요.

김 교사: 학부모에게 편지를 보내는 것 말고 학부모에게 신뢰를 줄 수 있는 다른 활동은 없을까요?

이 교사: 그럼 저랑 함께 알아볼까요?

김 교사: 네.

레시피 1. 첫 단추의 중요성

"첫 단추를 잘 꿰어야 한다."는 말이 있다. 이는 첫 단추를 잘 꿰어야 다음 일이 잘 진행된다는 것이다. 심리학에서도 '초두(初頭) 효과(primary effect)'라는 것이 있다. 이는 어떤 사람에 대해 상반되는 정보가 시간 간격을 두고 주어지면, 앞의 정보가 뒤의 정보보다 인상 형성에 더 큰 영향을 미친다는 내용이다. 학부모가 교사에 대한 아무런 정보가 없을 때 교사가 준 첫 정보가 뒤에 이루어진 어떠한 활동이나 노력보다 교사를 판별하는 데 중요한 역할을 한다는 것이다.

양념 추가 〈첫인상에 대한 솔로몬 애시의 실험〉

솔로몬 애시(Solomon Asch)는 실험 참자가들에게 A와 B, 두 사람에 대해 다음과 같이 묘사하였다.

A: 똑똑하다 — 근면하다 — 충동적이다 — 비판적이다 — 고집스럽다 — 질투심이 많다
B: 질투심이 많다 — 고집스럽다 — 비판적이다 — 충동적이다 — 근면하다 — 똑똑하다

"당신은 A와 B에 대해 어떻게 생각하는가?"라고 그들의 성격에 대해 질문했다. 그런데 대부분의 실험 참가자들은 B보다 A에게 더 호감을 느꼈다. 두 사람에 대한 묘사를 보면 내용상 별다른 점이 없다. 다른 점이 있다면 순서만 바뀌었을 뿐이다. 그런데 그 순서가 사람에 대한 호감도를 결정해 버린 것이다.

처음에 나온 '똑똑하다'라는 단어가 A의 첫인상이 되어 매우 강력한 힘을 발휘했고, B는 처음에 나온 '질투심이 많다'는 묘사가 첫인상이 되어 두 사람에 대한 판단을 흔들었다. 결국 처음(초두)에 나온 단어가 우리의 판단에 강한 영향력을 미친 것이다. 이것을 '초두 효과'라고 한다.

또한 사람들은 대상의 인상을 형성하는 과정에서 몇 가지 정보만을 가지고 쉽게 결론을 내리고 싶어 한다고 한다. 처음에 시각적으로 입력된 정보 중 몇 가지만으로 그 사람을 쉽게 판단하려고 한다는 것이다. 그러므로 교사가 처음에 부모에게 보여 주는 것이 교사를 나타내는 몇 개의 이미지일 뿐이지만 학부모는 그 정보로 교사에 대한 판단을 내리고 싶어 한다는 것이다. 이는 학부모에게 처음 보이는 활동이나 인상이 얼마나 중요하고 또한 긍정적이어야 하는지를 뒷받침한다.

더욱이 처음 형성된 인상은 쉽게 바뀌지 않으며, 이렇게 형성된 첫인상을 바꾸려면 오랜 시간 동안 꾸준히 만나고 이야기를 나누면서 바꿀 수 있다. 이렇듯 한 번 형성된 이미지는 1년 동안 교사의 활동에 꾸준히 영향을 미친다. 처음에 교사에 대한 긍정적인 생각을 가졌다면 그다음에 이어지는 활동들에 대해서도 긍정적인 영향을 미칠 확률이 높다.

예를 들어, 교사가 다소 학부모의 뜻과 맞지 않는 행동을 했을 때 교사에 대하여 긍정적인 생각을 가진 학부모라면 '선생님에게 교육적 뜻이 있을 거야.' 라고 생각할 것이고, 첫인상에 대해 부정적인 생각을 가지고 있다면 '내가 그럴 줄 알았어.' 라며 부정적인 생각을 더욱 굳힐 것이다.

모든 활동이 중요하겠지만, 특히 연초 활동에 무엇보다도 심혈을 기울여 학부모에게 긍정적인 인상을 줄 수 있도록 노력해야 한다.

레시피 2. 새 학기 첫날, 학부모에게 편지 보내기

1. 신뢰의 첫 단추, 편지

학기 초 학부모에게 좋은 인상을 주고 신뢰를 쌓을 좋은 활동으로 학부모에게 편지 보내기가 있다. 새 학기가 다가오면 모든 학부모는 자녀를 잘 이해해 주고 열심인 교사가 담임이 되길 바란다. 새 학기 첫날 자녀를 통해 담임교사가 쓴 정성 어린 편지를 전해 받는다면 많은 부모는 교사에 대한 좋은 인상을 갖게 될 것이다.

2. 학부모에게 보내는 편지 구성 요소

학부모에게 보내는 편지의 구성 요소 및 유의점은 다음과 같다.

1) 담임 소개

담임 소개는 간략히 적되 신뢰를 줄 만한 내용에 대해서는 가능한 한 자세히 적어 교사를 적극적으로 알리는 기회로 삼는다.

(1) 가족 사항

이미 성장한 자녀가 있거나 가르치는 학년과 비슷한 또래의 자녀가 있다면 적는다. 이는 학부모에게는 교사이지만 부모로서 자식을 키운 혹은 키우고 있는 경험으로 학부모의 마음을 잘 이해할 것이라는 생각을 가질 수 있게 한다.

(2) 학위 및 자격증

상위 학위가 있거나 교사 자격증 외에 학부모에게 신뢰를 줄 만한 것이 있다면 적는다. 상담교사 자격증, 미술치료 자격증, 레크리에이션 자격증 등 아이들을 지도하는 데 도움이 될 만한 자격증이 있다면 빼놓지 않고 제시한다. 이는 학부모에게 학급경영에 더욱 긍정적인 영향이 있을 것이라는 기대를 갖게 한다.

(3) 활동 이력

이 밖에 도움이 될 만한 활동 이력(예: EBS 강사, 수상 경력, ○○지도위원, 책 출판 등)이 있으면 자세히 적는다.

(4) 학년 지도 이력

학년 지도 이력도 적을 수 있는데 이는 전문성을 돋보이도록 하는 입장에서 기술해야 할 것이다. 예를 들면, 중·고등학교의 경우 3학년 담임을 맡은 경력은 상급학교 진학에 관심이 많은 학부모에게 신뢰를 줄 수 있다. 초등학교의 경우에는 6학년이나 1학년 담임 경력 등을 언급해 주면 학부모에게 신뢰를 준다.

하지만 처음 고3 담임을 맡았다거나, 고학년을 계속 가르치다가 이번에 저학년을 맡았다는 등의 내용은 언급하지 않아도 될 것이다. 모든 교사가 학년에 구애받지 않고 같은 학교급에서는 가르칠 능력이 됨에도 학부모는 이전 학년의 경험에 선입견을 갖는 경우가 있다.

2) 교육철학

교사의 교직관, 학생관, 학급운영, 수업지도 및 생활지도에 대하여 어떠한 철학을 가지고 있는지 기술한다. 교직 초창기에는 다소 미흡할 수 있지만 매년 이러한 것들을 적어서 보내다 보면 교사 스스로도 자신의 교육철학을 정립해 가는 좋은 기회가 된다.

3) 교육 중점 내용

1학기 동안 이루어질 주요 활동에 대한 의의 및 방법들을 기술한다. 독서지도, 토론학습, 협동학습, 아침 10분 수학 공부, 아침 독서 등 교사가 중점적으로 할 내용은 물론, 이 활동을 위해 부탁하거나 양해를 구할 사항이 있다면 적는다. 예를 들어, 독서 토론을 위해 학급에 양질의 학급문고가 비치되길 원한다면 학급문고를 보낼 때 좀 더 신경 써 줄 것을 부탁할 수 있다.

4) 학부모에게 부탁할 사항

마지막으로 학부모에게 부탁할 사항이 있으면 쓰되 다음과 같은 내용을 포함한다.

예
- 학생지도를 위해 교사가 알아야 할 사항이 있다면 꼭 알려 주세요.
- 상담을 위해 방문 시 꼭 미리 연락을 주세요.
- 자녀 앞에서 교사에 대한 신뢰를 보여 주세요.
- 너무 늦은 밤이나 이른 시각에는 전화를 삼가 주세요. 급한 일이라면 문자 메시지를 보내 주세요.

○학년 ○반 학부모님께

노란 개나리가 학교 담장에 예쁘게 피어 봄을 알리고 있고, 학교 교정은 아이들 맞을 준비로 분주하기만 합니다.
저 또한 봄기운 가득한 새로운 교실에서 설레는 마음으로 아이들을 기다리고 있습니다.

학부모님! 안녕하십니까? 저는 올 한 해 동안 ○학년 ○반을 맡게 된 담임 ○○○입니다. 학부모님의 사랑스럽고 소중한 아들, 딸들과 한 해 동안 생활하게 되었기에 글로써 먼저 인사를 드립니다.
해마다 2월, 새 학기를 준비할 때쯤이면 지난 날 제가 가르쳤던 아이들에게 얼마나 도움이 되었나 하는 반성이 앞서지만 새로운 용기를 갖고 아이들에게 소중한 추억을 남길 수 있는 한 해가 될 수 있도록 최선을 다하려 합니다.
그런 의미에서 한 해 동안 학급을 운영함에 있어서 제가 만들어 가려 하는 학급에 대하여 몇 가지 말씀드리려 합니다.

- ○○에서 ○남 ○녀 중 막내로 태어남
- ○○대학교 졸업
- ○○대학원 ○○석사
- 초등 1급 정교사, 청소년상담사 2급, 전문상담교사 1급, MBTI강사
- 교사를 위한 상담 및 생활지도 관련 책 저술

◉ 교직경력(총 ○○ 년)
- ○○~○○: ○○초등학교 근무
- ○○~○○: ○○초등학교 근무

첫째, 아이들을 존중하고, 아이들과 소통하는 교사가 되겠습니다.

2013년 운 좋게도 학습연구년 교사가 되어 교육선진국인 북유럽국가의 교육현장도 가보고, 전국의 훌륭한 선생님들의 수업도 직접 보고 배울 수 있었습니다. 또한 같은 학습연구년 교사(서울시 15명)들과 꾸준히 워크숍을 하였습니다. 그러면서 제가 얻은 가장 큰 깨달음은 '학생에 대한 존중' 이었습니다. 이제까지 누구보다 열심히 아이들을 가르쳐왔지만 저의 교육에는 가장 중요한 '학생에 대한 존중'이 빠졌었습니다. 그래서 앞으로는 학생 한 명 한 명을 소중히 생각하고 존중하는 교사가 되려고 합니다.

또한 대학원에서 전공한 상담심리를 바탕으로 사춘기에 접어드는 아이들의 특징을 잘 이해하고 그들의 고민에 귀 기울여 주는 교사가 되고자 노력하겠습니다. 그 일환으로 올 해 본 학급에서는 학생들과의 다양한 상담활동을 꾸준히 해 나갈 생각입니다.

둘째, 인생을 살아가는데 꼭 필요한 소중한 가치들을 가르치고자 합니다.

저는 아이들이 학교에 오면 즐거웠으면 좋겠습니다. 행복했으면 좋겠습니다. 그렇지만 많은 아이들이 '혹시 내가 왕따를 당하지 않을까?'하는 막연한 두려움에 싸여 함께 공부하는 친구들과 즐겁게 놀며 우정을 쌓지 못하는 것이 너무나 안타깝습니다. 그렇기에 저는 아이들이 무엇보다 자기 자신을 존중하고 사랑하는 것은 물론 친구들을 서로 존중할 수 있도록 하는 활동들을 꾸준히 해 나가겠습니다. 그리고 다른 사람을 배려하고, 배려 받는 기쁨을 맛보도록 하겠습니다. 불행의 시작은 다른 사람과의 비교에서 시작한다고 합니다. 그렇기에 다른 사람과 비교하면서 불평불만을 하는 아이들이 아닌 감사하는 긍정적인 삶을 살아갈 수 있는 아이들이 될 수 있도록 학급활동을 이끌어 가겠습니다.

저 또한 아이들에게 존중과 사랑, 감사와 배려를 직접 보여 줄 수 있도록 노력하겠습니다.

또한 학급경영방식에서도 의미 없는 경쟁을 부추기는 활동들을 가능한 배제하고 함께 하는 즐거움을 맛 볼 수 학급경영 방식을 택하려고 합니다.

셋째, 아이들이 주인이 되는 수업과 자기주도 학습 및 독서지도를 꾸준히 해 나가려 합니다.

인터넷의 급속한 발달과 멀티미디어의 발달로 점점 학교수업에서 아이들이 수동적으로 변해가는 것을 느끼고 있습니다. 스스로 답을 생각하고 고민하기보다 교사가 답을 클릭해 줄 때까지 기다리는 아이들을 보았습니다. 그리고 현란한 기교가 있는 자료가 아니면 수업시간에 집중조차 하지 않는 산만한 아이들이 점점 늘어가고 있는 현실이 안타깝기만 합니다. 그렇기에 우리 반 수업에서는 아이들이 주인이 되어서 스스로 생각하고 답하며 친구들의 의견에 귀 기울이며 활발하게 자신의 의견을 제시할 줄 아는 수업으로 만들어 가고자 노력하겠습니다. 그러기 위해 저 또한 좋은 수업을 만들어 가기 위한 배움에 게을리하지 않겠습니다.

고학년을 지도하면서 아무리 열심히 외우고 공부해도 독서를 많이 한 친구를 당해내지 못하는 것을 보았습니다. 독서의 효과는 당장은 나타나지 않지만 앞으로 공부를 하는 데 가장 큰 밑거름이 되리라 생각됩니다. 그리고 창의성 또한 지식이 바탕이 되어야만 가능하다고 봅니다. 그래서 고학년이지만 아이들에게 틈틈이 책을 읽어 주는 활동을 통해 아이들에게 책 읽는 즐거움을 맛볼 수 있도록 하겠습니다.

넷째, 엄마의 마음으로 아이들을 가르치겠습니다.

학교에서 생활하는 교사이지만 저 또한 엄마이기에 아이가 학교에서 친구들과는 잘 지내는지, 수업시간에 참여는 잘 하는지 항상 걱정되고 염려됩니다. 우리 아이가 받았으면 하는 교육, 우리 아이가 머물렀으면 하는 교실을 생각하며 가르치겠습니다. 엄마의 마음으로 아이들이 안전하고 행복하게 학교생활을 하고 아이들의 재능이 무엇인지 열심히 찾도록 노력하겠습니다.

위와 같은 학급 운영 방침이 물론 저의 노력이 가장 중요하겠지만 이제까지의 경험으로 볼 때 저 혼자만의 힘이나 노력으로는 부족하다고 생각됩니다. 가정과 학교 간의 상호 긴밀한 협력이 이루어질 때 가능하다고 봅니다. 그렇기에 부모님께서도 아이에 대하여 상의할 일이 있으시면 주저 없이 연락해 주시고 저 또한 아이들의 문제를 부모님과 함께 의논하여 해결점을 찾아가고자 노력하겠습니다.

학생들의 빛나는 눈망울을 바라보면서 아이들의 성장에 부끄럽지 않은 교사가 되겠다는 다짐을 드리며, 일 년 동안 더 좋은 ○학년 ○반을 만드는 데 학부모님들의 아낌없는 관심을 부탁드립니다. ○학년 ○반 친구들로 인해 가정에 더욱 웃음과 기쁨이 넘쳐나길 기원하며 글을 줄입니다. 안녕히 계십시오.

20○○년 3월 2일
담임 ○○○ 올림

★ 연락할 사항이 있으시면 여기로 연락주세요.
☎ 010-○○○○-○○○○ (☺ 너무 이른 시간이나 늦은 시간은 문자로 연락주세요.)

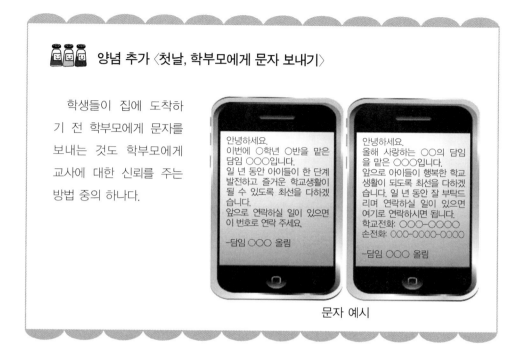

양념 추가 〈첫날, 학부모에게 문자 보내기〉

학생들이 집에 도착하기 전 학부모에게 문자를 보내는 것도 학부모에게 교사에 대한 신뢰를 주는 방법 중의 하나다.

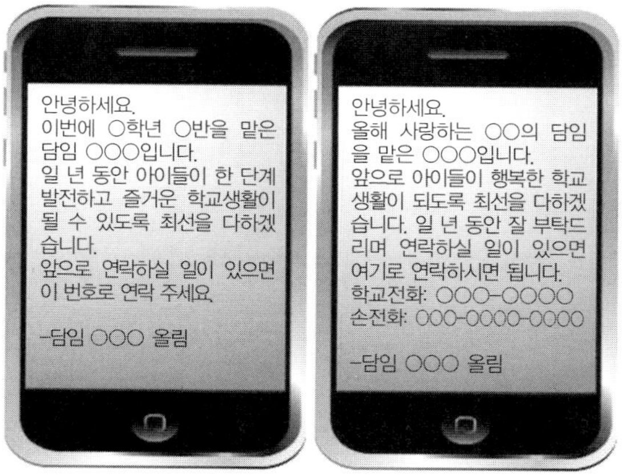
안녕하세요.
이번에 ○학년 ○반을 맡은 담임 ○○○입니다.
일 년 동안 아이들이 한 단계 발전하고 즐거운 학교생활이 될 수 있도록 최선을 다하겠습니다.
앞으로 연락하실 일이 있으면 이 번호로 연락 주세요.
–담임 ○○○ 올림
안녕하세요.
올해 사랑하는 ○○의 담임을 맡은 ○○○입니다.
앞으로 아이들이 행복한 학교생활이 되도록 최선을 다하겠습니다. 일 년 동안 잘 부탁드리며 연락하실 일이 있으면 여기로 연락하시면 됩니다.
학교전화: ○○○-○○○○
손전화: ○○○-○○○○-○○○○
–담임 ○○○ 올림
문자 예시

레시피 3. 성공적인 학부모총회를 위한 노하우 배우기

학부모총회는 짧은 시간에 학부모와의 신뢰를 쌓을 중요한 기회다. 짧은 만남만으로 담임교사에 대한 전폭적인 신뢰감이 형성되기는 어렵겠지만, 첫 만남에서 쌓인 신뢰감은 잘 무너지지 않을 뿐 아니라, 그 신뢰감이 앞으로 학급을 이끌어 가는 데 큰 힘이 된다. 그러므로 학부모총회에서 학부모에게 신뢰를 얻기 위한 방법들을 함께 알아보도록 한다.

1. 아이들에 대한 칭찬으로 시작한다

학부모총회를 시작할 때 학급에 대한 인상이나 학생에 대한 인상을 긍정적으로 말하는 것이 좋다. 긍정의 언어는 긴장을 풀어 주고 사람을 여유롭고 너그럽게 하는 힘이 있다.

교사가 우리 반 아이들을 긍정적으로 보고 "우리 반 첫인상이 정말 좋았습니다. 모습 하나하나가 어찌나 예뻤는지 모릅니다."라고 말한다면 그 말을 듣는 학부모의 입장에서는 무척 행복해질 것이다.

학부모에 대한 인상이나 느낌을 덧붙여도 좋다.

예
- 우리 반 아이들이 왜 이렇게 인상이 좋고 예쁜가 했더니 부모님들을 닮아서였나 봅니다. 부모님들도 어쩌면 한 분 한 분 인상이 이렇게 좋으신지 모르겠네요. (○)
- 우리 반 아이들은 다른 반에 비해 기본 생활습관이 잘 형성되지 않은 것 같습니다. 정리정돈도 잘 안 되고…. (×)

2. 학부모총회에 오기 위한 노력을 칭찬하고 격려해 준다

매년 학부모총회를 이끄는 담임교사의 입장에서 보면 일 년에 한 번 학부모총회에 참여하는 것이 별일 아닌 것으로 생각될 수 있다.

하지만 어렵게 다른 사람에게 가게를 맡기고, 휴가를 내고, 어린 자녀를 맡길 곳이 없어 아이를 안고 학부모총회에 온 학부모도 있다. 이런 학부모에게 자녀를 위해 학부모총회에 오기 위해 애쓴 수고와 노력을 칭찬해 준다.

예 일 년에 한 번 학교에 오는 것이지만 자녀를 위한 마음으로 오늘 이 자리에 오기 위해 정말 애쓰신 분이 있다는 것을 압니다. 부모님들의 이러한 사랑과 노력으로 우리 아이들은 바르게 성장해 가리라 생각됩니다. 바쁜 와중에도 이 자리에 오신 학부모님들께 정말 감사드립니다.

3. 사전 준비를 철저히 한다

3월에 학교에서는 학부모총회가 가장 큰 행사다. 그렇기에 많은 교사가 학부모총회를 열심히 준비한다. 준비 없이 총회를 이끌다 보면 교사가 의도하지 않은 이야기도 나올 수 있고, 초점이 없는 이야기만 겉돌다가 끝나는 경우도 있다. 그리고 생각보다 담임

양념 추가 〈학부모총회, 이렇게 준비해 보세요〉

- 교실 청소는 깔끔히 하고 모든 아이의 작품이 게시되었는지, 빠진 이름이 없는지 확인한다.
- 책상 위에 아이 이름표를 만들어 올려놓는다(학기 초 아이들이 만든 것을 그대로 활용한다).
- 기다리는 동안 아이들의 이름이 있는 사진 또는 3월 아이들의 활동 모습을 잔잔한 음악과 함께 보여 준다.
- 아이들에게 부모님께 드리는 감사 편지 또는 아이들의 마음이 담긴 편지(힘을 주는 부모의 말 한마디, 우리를 슬프게 하는 부모의 말 한마디, 이런 행동을 할 때 부모님이 멋져 보여요, 부모님 이런 행동은 제발 하지 말아 주세요) 등을 준비하여 놓는다.

교사에게 주어진 시간이 짧은 경우가 많아 정작 필요한 말은 하지 못하고 끝날 수 있다. 그러므로 학부모와의 첫 만남을 성공적으로 이루기 위해서는 철저히 준비를 해야 한다.

담임 소개, 담임교사의 교육철학, 1년 학급 활동 계획, 중점 교육활동, 학부모 협조 사항 등을 PPT나 유인물로 만든다. 그리고 그것을 바탕으로 하여 이야기를 풀어 나간다. 유의해야 할 것은 너무 자료에만 의존하여 자료를 읽어 가는 방식으로 총회를 이끌어 가기보다는 학부모와 눈을 마주치면서 이야기를 풀어 나가야 한다는 점이다.

4. 당당하고 예의 바른 모습을 보인다

학부모총회가 학부모와 만나는 공식적인 첫 만남인 만큼 어느 때보다 교사로서 당당한 모습을 보이고 예의를 다한다. 저경력 교사는 학부모 앞에 서는 것이 다소 어색하고 불편할 수 있다. 하지만 이럴 때일수록 복장도 격식을 갖춰 단정한 옷차림을 하고, 말을 할 때 부드러우면서도 말끝을 흐리지 않고 분명하게 한다. 그리고 이야기를 할 때도 교탁 한 가운데 위치하여 말한다.

양념 추가 〈학부모총회, 이렇게 진행해 보세요〉

- 학부모 인사: 교사가 사회자가 되어 학부모들이 순서대로 돌아가며 자기 소개를 한다.
- 담임 인사
- 학교 특성과 학교운영 방침 소개: 학교 특성 및 학교운영 방침 소개는 방송으로 교장이나 교감이 전체적으로 소개하는 경우가 많은데 초등학교 1학년, 중학교 1학년, 고등학교 1학년과 같이 각 학교 1학년의 학교 특색, 상 · 벌점 제도, 연간봉사활동 안내 등 학교급에 따라 달라지는 점에 대해 설명해 주고, 초등학교 6학년, 중학교 3학년, 고등학교 3학년의 경우 상급학교 진학에 대한 내용을 부연한다.
- 학급운영 방침
- 질의응답
- 마무리

총회에 컴퓨터를 활용하다 보면 교사가 구석진 컴퓨터 자리에서 말하는 경우가 많다. 하지만 말을 할 때는 가능한 한 한가운데 서서 이야기한다.

5. 교사의 교육철학이나 교육방침을 명확히 전달한다

요즘 학부모는 어느 때보다 자녀에 대한 관심과 교육열이 높다. 그래서 자녀에 대한 교육관이나 교육방법도 확고한 편이다. 그러다 보니 교사의 교육방법을 못마땅하게 생각하거나 자신의 교육적 철학과 맞지 않을 때 학교에 민원을 제기하는 학부모가 종종 있다. 그 이유를 자세히 들여다보면 학부모가 담임교사의 교육철학이나 교육방침을 제대로 이해하지 못한 데서 출발할 때가 많다.

예를 들어, 아이들의 계산력을 길러 주기 위해 매일 수학 학습지를 풀어 오도록 숙제를 내 주는 학급이 있다고 하자. 그런데 이러한 교육적 의도가 전달되지 않으면 매일 나가는 수학 학습지에 대해 숙제가 많다고 불만을 가지는 부모가 있을 수 있다.

아무리 좋은 교육적 활동이라 할지라도 교사의 교육철학이나 방침이 부모에게 제대로 전달되지 않을 경우 오해를 가져올 수 있다. 그러므로 담임교사는 학부모 총회를 빌어 자신의 교육철학이나 학급을 이끌면서 중점적으로 할 활동, 특별한 교육활동에 대한 안내와 협조를 구할 것에 대해서 꼭 전달할 필요가 있다. 그리고 학부모총회에 참석하지 못한 학부모를 위해서는 교사의 의도가 잘 전달될 수 있도록 유인물을 보낸다.

교사의 교육철학과 교육방침이 확고하고 합리적이라면 대부분의 학부모는 그것이 자신의 교육관과 다소 맞지 않다고 생각할지라도 충분히 받아들일 수 있다.

6. 학부모와 교사 간의 상호 존중을 부탁한다.

학교교육이 학생에게 효과를 나타내기 위해서 필요한 밑거름은 교사와 학부모 간의 신뢰일 것이다. 아이들은 부모가 교사에 대하여 신뢰하는 모습을 보일 때 그 선생님을 더 좋아하고 잘 배우게 된다. 또한 교사도 학생을 대할 때 어린 학생이라고 쉽게 생각하기보다는 아이 옆에 항상 부모가 있다는 생각으로 대한다면 행동에 더욱 신중해질 것이다.

예 아이 옆에 담임교사가 있다 생각하시고 말씀해 주세요. 저도 항상 아이 옆에 학부모님이 계시다고 생각하고 말하겠습니다.

양념 추가 〈기타: 학부모총회 때 당부할 사항〉

• 다른 아이나 부모에 대한 뒷담화를 절대 하지 말아 주세요.

학부모님들끼리 이야기하다가 다른 아이나 부모의 뒷담화를 하는 경우가 있고, 그로 인해 다툼이 생기는 경우도 종종 보았습니다. 같은 반 아이가 마음에 들지 않을 수도 있고 살아가다 보면 상대 부모가 마음에 들지 않을 수도 있습니다. 부모나 아이에 대하여 안 좋은 이야기를 들었다면 더더욱 그러하겠지요. 하지만 우리 반 학부모님들께서는 다른 아이에 대한 험담이나 다른 부모님에 대한 뒷담화를 절대 하지 말아 주세요.

험담하고 뒷담화하는 문화가 사라지지 않고 계속된다면 언젠가는 나와 우리 아이가 그 피해를 당할 수도 있습니다. 나부터 다른 아이나 부모에 대하여 험담하지 않아야 우리 아이도 안전할 수 있습니다. 각자 다름을 인정하고 서로 존중해 주어 우리 아이가 있는 곳을 안전한 곳으로 만들어 주는 데 우리 반 학부모님들이 먼저 앞장서 주세요. 그리고 아이들 사이에서도 절대 이런 일이 없도록 부탁드립니다.

• **문제를 해결하는 과정을 통해 성장할 수 있도록 도와주세요.**

여러 아이가 생활하다 보면 크고 작은 문제가 생기기 마련입니다. 아이들은 이런 과정을 통하여 자신들의 모습을 조금씩 가다듬으며 성장하게 됩니다. 아이들은 문제가 생겼을 때보다 문제를 해결하는 과정에서 더 많이 배우고 성장한다고 합니다. 학부모님들께서도 아이들 간에 문제가 생겼을 때 우리 아이 입장만 생각하지 마시고 우리 아이들이 성장하는 과정임을 알고 어떻게 해결해야 아이들이 함께 성장할 수 있을지에 초점을 맞추어 주시기 바랍니다.

한 아이를 키우기 위해서는 한 마을이 필요하다는 말이 있습니다. 우리 아이들이 건강하게 자라기 위해서는 우리 반 학부모님 모두의 도움이 필요합니다. 우리 반 모든 아이를 내 자식이라는 생각으로 사랑해 주시고 격려해 주세요. 우리 반 아이들을 함께 키운다고 생각해 주셨으면 합니다.

• **아이의 말을 듣고 의구심이 생기면 언제든지 연락 주세요.**

자녀의 학교생활에 의문이 생기더라도 혹 '담임선생님께 물어보면 담임선생님이 극성스러운 부모라 생각하지 않을까?' '물어봤다가 우리 아이가 잘못한 거면 어떡하지?' '우리 선생님이 귀찮아하시지 않으실까?' 등의 이유로 선생님에게 물어보는 것이 주저될 수 있습니다. 그래서 결국 같은 반 친구 혹은 같은 반 어머니에게 물어 보거나, 그것이 여의치 않으면 의구심을 가진 채 묻어 두는 경우가 있습니다. 하지만 아이의 말을 들으시고 의구심이 생기면 그냥 묻어 두지 마시고 언제든지 편하게 연락 주세요. (하지만 너무 밤늦은 시간에는 전화를 삼가 주세요. 급한 일이라면 문자 메세지를 보내는 것이 좋겠지요.)

• **부모와 교사가 한마음으로 서로 협력할 때 가장 좋은 교육이 이루어집니다.**

자녀의 올바른 성장을 위해서 가장 중요한 역할을 하는 분은 바로 부모님입니다. 그렇기에 학부모님과 협력할 때 가장 좋은 교육이 이루어집니다.

한 해 동안 저를 우리 아이의 올바른 성장을 위한 한 팀이라고 생각해 주시고 서로 긴밀한 협력을 했으면 합니다.

그래서 교사로서 아이에 대하여 제가 알아야 할 사항이 있다면 꼭 알려 주시고 의논해 주세요. 저도 아이의 성장을 위해 필요하다고 생각되면 학부모님께 연락하고 도움을 청하겠습니다.

공깃밥 추가 〈학부모 공개수업〉

공개수업에 학부모가 오는 가장 큰 이유는 자녀의 모습을 보기 위함이다. 그러므로 3월 학부모 공개수업은 학부모가 자녀의 모습을 잘 살펴볼 시간을 마련해 주도록 계획하는 것이 좋다.

자녀의 수업 참여를 관찰하고 싶어 하는 학부모에게 수업 대부분을 그리기, 만들기, 학습지 풀기 등 아이들의 정적인 활동만 보여 주는 것은 바람직하지 않다. 그렇다고 해서 아이들의 다양한 활동 모습을 보여 주기 위하여 기본 학습 태도가 아직 정착되지 않은 상태에서 수업을 하여 학생들과 호흡이 잘 맞지 않는 수업을 보여 주는 것은 교사가 학생을 잘 다루지 못한다는 편견을 줄 수 있으므로 주의해야 한다.

3월 학부모 공개수업은 교사의 설명보다는 학생 모두가 발표하고, 의견을 나누며, 경청하는 모습이 드러나는 수업을 계획하는 것이 좋다.

이때 다음의 '내 아이의 수업 관찰표' 같은 양식을 제공한다면 자녀의 수업 모습을 관찰하고 객관화하여 바라보는 데 도움을 줄 수 있다.

한편 공개수업 시 학부모를 수업에 참여시키는 경우가 있는데, 공개수업에 부모가 참석하지 못해 마음에 상처를 입는 학생은 없는지 특별히 유의해야 할 것이다.

내 아이의 수업 관찰표 예시

<table>
<tr><th colspan="4">관찰 내용</th><th>부모님 의견</th></tr>
<tr><th></th><th></th><th>예</th><th>아니요</th><th></th></tr>
<tr><td>1</td><td>책상 위에 학습 준비물은 잘 갖추고 있나요?</td><td></td><td></td><td rowspan="7"></td></tr>
<tr><td>2</td><td>바른 자세로 수업에 참여하고 있나요?</td><td></td><td></td></tr>
<tr><td>3</td><td>교사의 질문에 적극적으로 답하려고 노력하나요?</td><td></td><td></td></tr>
<tr><td>4</td><td>친구들과 협력하는 태도는 좋은가요?</td><td></td><td></td></tr>
<tr><td>5</td><td>선생님과 친구들의 말에 귀 기울이나요?</td><td></td><td></td></tr>
<tr><td>6</td><td>자신감을 가지고 발표하나요?</td><td></td><td></td></tr>
<tr><td>7</td><td>학습 내용은 잘 정리하나요?</td><td></td><td></td></tr>
<tr><td colspan="2" rowspan="4">수업 관찰을
마치고</td><td colspan="3">오늘 수업에서 자녀의 칭찬할 점</td></tr>
<tr><td colspan="3"></td></tr>
<tr><td colspan="3">앞으로 향상되었으면 하는 점</td></tr>
<tr><td colspan="3"></td></tr>
</table>

셰프에게 물어봐
〈학부모의 건의 사항 처리 방법〉

학부모 총회에서 학부모가 건의하는 것, 예컨대 '일기를 매일 쓰면 좋겠어요.' '받아쓰기 시험을 매일 보면 안 될까요?' 등이 저의 교육철학과 맞지 않을 경우 어떻게 하면 될까요?

교사의 교육철학과 맞지 않다고 하더라도 의견을 주신 것에 먼저 부모님께 감사드립니다. 그리고 부모님이 어떤 의도에서 그런 건의를 했는지 물어본 후 그 안에 담겨 있는 부모님의 좋은 교육적 의도를 칭찬해 줍니다. 그리고 교사의 교육철학 및 부모님의 건의 사항을 받아들일 수 없는 이유를 말합니다. 덧붙여 부모님이 제시한 의견대로 실행하지 못하지만 부모님의 의견이 다른 교육 내용에 반영될 수 있도록 최대한 노력하겠다고 말합니다. 마지막으로, 의견을 주신 것에 다시 한 번 감사를 드리면 좋습니다. 한 가지 유의해야 할 것은 학부모총회처럼 공식적인 자리에서는 건의 사항을 물어보지 않는 것이 좋습니다. 교사의 요청에 의해 건의를 했는데 그것이 받아들여지지 않았을 때 '그럴 거면 왜 물어보셨을까?'라는 불만을 표시하는 등의 부작용이 있을 수 있기 때문에 건의 사항을 받는 것에 주의합니다.

참고문헌

김성효(2013). 학급경영멘토링: 초등학교 교사를 위한 행복한 학급 운영 교과서. 남양주: 행복한 미래.
우리교육(2004). 빛깔이 있는 학급운영 2. 서울: 우리교육.
이보경(2013). 진짜 평범한 학급운영 이야기. 파주: 교육과학사.
이현진(2011). 저학년 학급 경영: 학급에 바로 적용하는 깨알 같은 비법. 서울: I-scream.
한영진, 박미향, 이정희, 김민정(2014). 매직워드77: 콕! 집은 선생님의 한마디 교실을 바꾼다. 서울: 학지사.

22 소통이 만사형통

셰프! 도와주세요!

어느 날 버스를 타고 가는데 초등학생을 둔 어머니처럼 보이는 두 사람이 내 뒤에 앉았다. 아이들의 학교생활에 대해 이야기를 나누고 있는데 그 소리가 내 귀에까지 들렸다.

어머니A: 서진이 엄마는 좋겠다. 그 반 담임선생님은 애들 사진도 올려 주고 친절하다며.

어머니B: 애들 사진도 학급 홈피에 잘 올려 주시고 애들 활동에 대한 설명도 잘해 주셔.

어머니A: 좋겠다. 우리 애는 학교에서 있던 일을 도통 말을 안 해서 모르겠어. 애 담임선생님도 열심히는 하시는 것 같은데, 도대체 학교에서 어떤 걸 하는지 모르니 너무 답답해. 애한테 물어봐도 남자애라 그런지 잘 대답도 안 하고….

두 어머니가 주고받는 이야기를 들으니 '우리 반 학부모들은 나에 대해 어떻게 생각하고 있을까?' '과연 사진을 올려야만 소통을 잘하는 것일까?' '학부모와 소통하는 다른 방법은 없을까?' 라는 생각들이 들었다.

레시피 1. 소통이 만사형통

학교에서 민원을 제기하거나 문제를 크게 확대시키는 학부모의 상황을 들여다보면 일맥상통하는 부분이 있다. 교사와 평상시 소통이 별로 이루어지지 않은 경우가 많다. 그리고 자녀의 학교생활에 대해 잘 모르거나 다른 부모에게 전해 듣는 경우가 많아 객관적으로 알기 어렵고 편견이나 오해를 가지기 쉽다.

교사가 학급 소식을 정기적으로 전하거나 알림장이나 쪽지 등을 통하여 지속적으로 학부모와 소통을 한 경우에는 교사를 신뢰하게 된다. 그러므로 학부모와의 관계에서 지속적인 소통은 굉장히 중요하다. 그렇다면 학부모와 어떻게 소통하면 좋을지에 대하여 함께 알아보자.

레시피 2. 학급 소식 전하기

1. 학급 홈페이지나 커뮤니티에 학급 소식 올리기

학급 홈페이지에 아이들의 활동 사진을 꾸준히 올리거나 아이들의 학교생활을 알려주는 글을 꾸준히 올리는 것은 학부모와의 소통에 매우 도움이 된다.

교사가 올린 사진을 통해 부모는 자녀의 학교생활에 대한 많은 정보를 얻을 수 있다. 자녀의 짝이 누구인지, 같은 모둠원은 누구이며 그리고 어떤 활동을 했는지, 그 활동을 할 때 아이는 어떤 역할을 하고 있는지 등을 알 수 있다. 그리고 이 사진들은 자녀와의 대화를 풍요롭게 하여 자녀의 학교생활에 대하여 다른 부모의 말에 의존하지 않아도 된다.

학급 홈페이지 외에 스마트폰에서 곧바로 사진을 올릴 수 있는 다양한 커뮤니티도 있다. 예를 들면, 클래스팅(classting), 클래스123, 스쿨맘(가정통신문), 밴드나 블로그 등이 있다.

물론 수업 연구와 학교 업무만으로도 바쁜 교사에게 학급 홈페이지나 커뮤니티를 운영하는 것은 또 다른 업무가 될 수 있다. 하지만 학부모와의 소통에 어려움을 겪는 교사에게 권하고 싶다.

이때 유의할 점은 글을 올리거나 아이들의 작품이나 사진 등을 올릴 때 모든 아이의 작품과 사진이 골고루 실리도록 하고 특정 아이의 사진만 너무 많이 나오지 않도록 하는 것이다. 또한 아이들의 사진도 올리기 전에 반드시 살펴서 이상한 장면(예: 앞 아이를 찍었는데, 뒤의 아이가 코를 파는 모습이 우연히 찍힘)이 나온 사진이 올라가지 않도록 한다.

학급 밴드

6 - 2반
게시글
학급 공지
앨범
더 보기
이정희
2014년 12월 25일
빛내기
답글
나누기
이정희
2014년 12월 25일

클래스팅

2. 학급 소식지 보내기

인터넷을 활용한 학급 홈페이지나 스마트폰을 활용한 커뮤니티에 접근하기 어려운 일부 부모가 있을 수 있다. 이러한 점을 보완한 방법으로 일정한 간격으로 학급 소식지를 만들어 부모에게 보낼 수 있다. 이 소식지는 사진을 다양하게 싣지 못하지만 대신 학급의 소식을 자세히 전하거나 아이들의 글이나 그림들을 싣기에 좋다. 처음에는 만들기 어렵고 시간도 많이 걸리지만, 일단 틀을 만들고 나면 그다음에는 내용만 바꿔서 입력하면 되므로 훨씬 수월해진다. 그리고 고학년의 경우에는 학급 소식지를 만드는 역할을 학생들에게 맡길 수 있다.

학급 소식지에는 우리 반에서 있었던 일, 아이들이 활동을 하고 난 후의 소감문, 생일 축하, 아이들의 작품 및 일기뿐만 아니라 부모에게 전하고 싶은 말도 함께 싣는다.

부모는 정기적으로 발행되는 학급 소식지로 학급의 소식뿐만 아니라 자녀의 작품, 그리고 선생님의 학급경영에 대하여 자세히 알 수 있게 된다. 하지만 부모에게 중요한 것은 학급 소식도 있지만 내 아이에 대한 정보다. 그러므로 모든 아이의 글이나 작품이 빠짐없이 들어가도록 하고 이번에 못 들어갔다면 다음에 들어가도록 특별히 신경 써야 할 것이다.

감사와 배려가 넘치는
행복한 5학년 O반 학급신문

3호
발행일: 20○○년 6월 15일
발행인: 5학년 ○반 담임 ○○○

서울시 ○○구 ○○로 서울○○초등학교 본관 4층 서쪽 세 번째 교실

학부모님께

3월의 꽃샘추위로 시작한 5학년이 벌써 6월, 장마철이 되었네요. 학급신문을 좀 더 일찍 내야 하는데 이러저러한 핑계로 이제야 빛을 보게 되었습니다. 아이들의 글을 매일 조금씩 타이핑해 가면서 제가 몰랐던 아이들의 생각과 마음을 엿볼 수 있었고 아이들의 글을 보며 내내 미소를 머금었습니다.
이 학급신문이 훗날 우리 반 아이들에게 소중한 추억이 되었으면 하는 바람으로 늦었지만 6월 학급신문을 세상 밖으로 내보냅니다. 학급신문을 보시며 남은 6월도 아이들을 많이 격려해 주시고, 이번 달은 특별히 '30년 후의 나에게 보내는 편지'가 있으니 아이들의 미래에 대해서도 이야기 나눠 보시는 계기가 되었으면 좋겠습니다.

20○○년 6월 15일 5학년 ○반 담임 ○○○ 드림

친구들이 나에 대해 이렇게 말해 주면 좋겠어

○○는 춤을 잘 추고 노래도 잘해, ○○랑 친해지고 싶어.
○○이는 테니스를 엄청 잘하고 체육을 잘해.
○○이는 성실하고 배려를 잘해.
○○이는 뭐든 잘해.
○○는 친구들의 마음을 잘 알아주고 항상 친절해. ○○는 나를 배려해 줘, ○○랑 하자.
○○이는 친절하고 착해. ○○이는 성격이 좋아.
○○이는 친구들의 마음을 잘 이해해줘.
○○아 고마워.
○○아 너는 착하고 너의 인생은 행복할거야.
○○이는 성격도 좋고 착해.
○○이 너는 성격이 정말 좋아, 너는 친구들의 마음을 잘 이해해.
○○는 종이접기를 잘하는 멋진 친구야. 주희는 친절해.
○○는 성격도 괜찮고 착해. 친구들하고도 잘 어울리고, 또 친구들의 말도 잘 들어주고 상황을 잘 이해해 줘.
○○이 너는 운동을 잘하는구나.
○○아, 넌 할 수 있을 거야.
○○, 참 잘했어
○○이는 이야기를 잘 들어 줘.
○○이는 운동을 잘하고 불사신이고 천재야.
○○이는 게임을 잘 하는구나.
○○이는 친구의 마음을 정말 잘 이해해주는 착한 친구야.
○○아, 넌 정말 활발하구나, 열심히 하면 이룰 수 있어. 같이 놀자! 난 너랑 놀고 싶어. 우리 친하게 지내자.

선생님 감사합니다.

우리 선생님의 좋은 점, 칭찬할 점, 감사한 점 등
(스승의 날 받은 세상에서 가장 귀한 선물)

○○○: 저희를 사랑으로 대해주셔서 감사합니다.
저희의 의견을 존중해 주셔서 감사합니다.
저희를 위해 헌신해 주셔서 감사합니다.
항상 최선을 다해주셔서 감사합니다.
최대한 우리의 생각과 모든 것을 존중해 주려고 노력해 주셔서 감사합니다.

○○○: 친절하고 유머감각이 조금 있다.
컴퓨터를 잘 이용하신다.
종을 때 맞추어 쳐 주신다.
우리를 가르쳐 주셔서 감사하다.

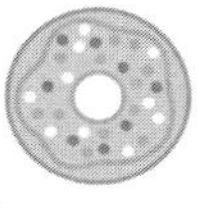

○○○: 무척 재미있게 수업을 해 주신다.
우리를 많이 존중해 주신다.
공부를 잘 가르쳐 주신다.
우리를 뭐든지 잘 챙겨 주신다.
우리 심정을 잘 이해해 주신다.

○○○: 이벤트를 많이 해 주신다
(예: 어린이날 보물찾기 이벤트)
화를 많이 안 내신다.
항상 의견을 존중해 주셔서 감사합니다.
선생님께서 동안이시다(30대 초반 같음).
수업을 해 주실 때 항상 열정적이게 수업하시고, 재미있게 하신다.

○○○: 착하신 5학년 ○반 쌤
우리를 정성을 다해 가르쳐 주십니당.
블링블링한 눈으로 저희를 가르쳐 줍니다.

○○○: 아이를 키우셔서 우리들의 마음을 아신다.
수업을 재미있게 하신다.
혼날 때 무섭지 않아서 학교 오기가 좋다.
수업을 재미있게 하셔서 학교 오기가 좋다.
가끔 책을 읽어 주신다.
관대하시다.
우유 놓을 곳을 만들어 주셨다.

○○○: 모르는 문제가(?) 있으면 즉시 알려 주심.
고민상담!
재미있고 착하신 선생님을 만난 것
항상 재미있으셔?!
착하신 것, 밝으신 것?
자상하신 분이시다.

기분 좋은 상상, 우리의 속마음

나에게 1억이 생긴다면…

○○○: 나 혼자 비행기(최고급)타고 하와이, 말레이시아, USA를 간다. 35%를 어려운 사람들에게 기부한다.

○○○: 아파트에서 살거다. 혹시 남은 돈이 있다면 최신 3사 핸드폰을 살거다.

○○○: 엄마, 아빠가 원하는 것을 먼저 사 드린 후 동생이 원하는 것을 1개 사준 뒤 남은 돈은 저금을 하고 기부도 할 것이다.

○○○: 부모님한테 주고 불우이웃을 위해 기부한다.

○○○: 부모님께 효도할 것이다.

○○○: 가난한 사람을 위해 봉사하고 직업으로 간호사가 될 것이다.

○○○:비상으로 가족에게 필요한 약(무서운 병을 고칠 수 있는 약(의료기술)과 나만의 포장용품과 남은돈으로 고양이 3마리나 4마리와 용품을 살 것이다.

○○○: 이색동물을 분양해야 겠다.

○○○: 일단 1000만 원으로 하고 싶은 것을 두고두고 다 할 것이다. 그리고 2000만 원은 엄마, 아빠, 할머니께 드리고 남은 7000만 원은 통장에 저금할 것이다. 미래를 위해~저금할 것이다. 미래를 위해~

○○○: 하와이를 가서 가족과 즐거운 시간을 보낸다.

○○○: 난 3000만 원은 은행에 저금하고, 2000만 원은 못사는 나라에 기부할 것이다. 그리고 5000만 원은 만화책을 살 것이다. 토토로가 그려져 있는 학용품이나 생활용품을 살 것이다.

○○○: 차를 사고, 천만 원은 기부한 뒤, 남은돈은 부모님을 드릴 것이다.

○○○: 5천만 원은 내가 하고 싶은 것은 하고 4천만 원은 저축을 하고, 천만 원은 기부할 것이다.

○○○: 일단 사고 싶은 것을 몇 가지 사고, 부모님과 함께 외국 여행도 가고 부모님을 기쁘게 해드릴 것이다. 그리고 남은 돈은 꼭 필요할 때를 대비해 저금을 해 놓을 것이다.

○○○: 5천만 원은 부모님께 드리고 천만 원은 내가 쓰고, 천만 원은 가난한 사람들에게 기부할 것이다. 나머지 3천만 원은 저금할 것이다.

○○○: 태블릿을 하나 2백만 원짜리 하고, 백만 원짜리 컴퓨터를 사고, 그러면 9700만 원이 남네… 그러면 저축이다. 필요할 때 꺼내 쓰자.

○○○: 저축해서 나중에 쓴다.

30년 후의 나에게 보내는 편지

○○○
30년 뒤의 나에게
안녕! 나는 30년 전에 너야. 바로 30년 전에 ○○○지. 나는 지금 꿈은 선생님이지만 30년 뒤에 내가 지금 내 꿈처럼 학교 선생님이면 좋겠어.
만약 30년 뒤에 내가 초등학교 선생님이 아닐지 몰라도 멋진 사람이 되어 있길 바래. 꼭 멋진 사람이 되어 있어.
나는 30년 뒤에 이 편지를 내 생일인 ○월 ○일에 열어서 확인할 거야. 왜냐하면 나는 내 자신한테 이 편지를 주고 싶거든. 그러니 꼭 30년 뒤에 내 생일 때 이 편지를 열어서 확인해 줘.
20○○년 ○월 ○일 월요일, 30년 ○○○가

○○○
안녕, 나는 ○○○이야. 아참 너도 ○○○이지. 30년이란 많은 시간이 지나고 나는 아마도 과학자라는 그 꿈을 이루었겠지. 또 결혼을 해 아들딸을 낳았을 거야. 그리고 세상 모든 것은 바뀌어 있을 거야.
바퀴로 굴러다니던 자동차는 어느덧 하늘을 나는 자동차로 되어 있을 거야. 또 누구나 우주에 나가서 다닐 수 있고 어쩌면 지구라는 행성이 아닌 다른 행성에서 살고 있을지도 모르지. 그리고 여러 가지가 바뀌어 있을 거야. 그리고 몇몇의 직업은 로봇이 다하고 있을 거야.
또 집에서는 청소는 청소로봇, 요리는 요리로봇 그리고 직접 병원에 가지 않아도 화상 통화로 어디가 아픈지 체크해 주고 어쩌면 자동차가 아닌 순간이동으로 또 몸이 안 보이는 투명망토 등이 있을 거야. 아, 미래가 기다려진다. 미래는 과연 어떠한 모습일까? 미래로 빨리 가자.

○○○
멋지게 40대를 보내고 있을 ○○○아 안녕!
나는 초등학교에서 열심히 공부하고, 생각하고, 노는 태중이야. 20○○년도에는 세상이 발전했겠지? 하지만 30년 후의 너와 지금 나의 변하지 않는 점이 있어 그런 바로 최고의 노력이야. 지금도 나는 꿈을 이루기 위해 노력하고 있어. 무엇이든지 최선을 다하고 열심히 해서 멋진 축구선수가 될 거야. 30년 후의 너는 최고의 축구선수가 되어 많은 사람들에게 기쁨을 주는 선수가 되어 있을 거라 믿어.
나는 30년 후의 미래를 몰라 어떤 성격을 가지고 있을지 몰라. 또 어떤 모습으로 변할지도 모르기 때문에 나는 너무 궁금해. 그래서 빨리 30년이 지나서 내 모습을 보고 싶어. 그리고 내가 힘들고 어려울 때 친구가 함께 있어 주어서 힘을 낼 수 있었어. 40대가 되었을 때 나도 좋은 친구를 만들었으면 좋겠어, 항상 건강하길 바라고 있을게. 잘 있어.
12살 ○○가

○○○
○○아! 안녕, 난 30년 전의 ○○○이야.
너는 30년 뒤 42살이니까. 쇼트트랙 국가대표 선수를 은퇴하고 국가대표 선수들을 가르치고 있다고 생각해. 네가 더 유명한 코치 감독이 돼서 선수들을 더 열심히 가르쳐주면 좋겠다. 난 지금 스케이트 타는 것도 재밌지만 많이 힘들어. 그런데 국가 대표 선수가 됐을 때 더 힘들지? 네가 꼭 유명한 국가대표가 되고 유명한 코치, 유명한 감독이 돼서 사람들이 날 잘 알아주는 그런 사람이 되길 바래. 30년 뒤 미래에 보자. ○○아 안녕.

○○○
사실 이건 내가 뭐라고 단정 지을 수 없다. 그때 내가 어떻게 되어 있을지 모르기 때문이다. 난 10년 후로 고쳐 본다. 안녕, 10년 후의 나. 그때는 대학생, 백수, 취업 준비생, 일러스트레이터 중 하나일지도 모르겠네. 아니면 다른 직업이거나. 그때 꿈을 이룬 채로 있다면, 꼭 성공한 일러스트레이터가 되면 좋겠다. 오랫동안 원한 직업이잖아. 그러면, 만약 그때도 편지가 남아 있다면 소감 보내 주길 바랄게.
2016년의 너가 보내.

○○○
안녕, 난 ○○이야. 알고 있지. 넌 요리사였으면 좋겠다. 넌 세계적인 요리사는 아니어도 요리사가 되어 있겠지? 만약에 요리사면 요리를 많이 잘하겠지? 한식, 중식, 아니면 일식이면 좋겠다. 많이 만들고 좋은 음식이라면 좋겠다. 손님도 많고, 직원도 많고, 돈도 많으면 좋겠다. 그리고 군대는 안전하게 돌아왔으면 좋겠다. 그리고 결혼도 했으면 좋겠다. 좋은 사람과 같이 살았으면 좋겠다. 그럼 바이바이~

○○○
안녕, 난 30년 전의 너야. 나는 너에게 물어보고 싶은 게 많아. 애완동물은 키우고 있을까? 부모님이 안 돌아가셨을까? 결혼을 했을까? 내가 원하는 일을 할 수 있을까? 등 애를 낳았다면 아이에게 무조건 화를 내지 않고 내가 잘못한 건 아닌지 나 자신을 되돌아 봐. 아이에게 부끄러운 엄마가 되지 않도록 그리고 내가 말투가 화내는 말투인지 거울을 보면서 말을 해보고 아이를 존중해주고 친절하게 대하는 엄마가 돼야 해. 알았지?
아이에게 이 일기를 보여 주면 좋아할 거야.

그럼 안녕. 30년 전의 내가

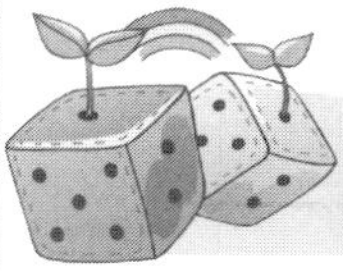

5월의 반성 및 6월의 새로운 다짐과 각오

○○○: 5월에는 여러 행사들이 많았다. 어린이날 등… 정말 재미있었다. 항상 이렇다면 좋겠다. 정말 5월은 빨리 가는 것 같다. 5월이 안 지나갔으면 좋겠다. 5월아, 가지마~

○○○: 5월 한 달 동안 친하지 않던 친구들과 더 친하게 지내게 되었다. 또 내가 수학문제를 가르쳐 줄 때 친구들이 잘 들어주어서 고마웠다. 그리고 보난자를 할 때 고마웠고, 미안한 상황도 있었다. 이번 1인 1역은 열심히 한 것 같아 내가 뿌듯했다. 다음 나의 1인 1역도 열심히 해서 내가 날 뿌듯하게 만들어야 겠다. 그리고 커리어 플랜을 만들어 보았는데 나의 미래를 한 번 생각해보는 시간이었다, 나의 미래 모습을 생각해 보니 정말 감동스러웠고 기분이 좋았다. 꼭 그 꿈을 이루었으면 좋겠다는 생각을 했다. 5월은 정말 재미있는 달이었던 것 같다.

○○○: 5월 달에는 1인 1역을 소홀히 했던 것 같은데 6월은 1인 1역에 최선을 다하는 내가 되고, 친구들과 좀 더 가까이 친하게 지내 수 있도록 노력해야겠다. 또 ○○○, ○○○이와 좀 더 가까워진 달이었던 것 같다.

○○○: 5월에 1인 1역을 너무 안한 것 같다. 이번 6월 달에 1인 1역 특별실 청소(화)는 더 열심히 꾸준히 청소해야겠고, 6월 달에는 친구들과 사이좋게 지내고 우리반 모두가 즐겁게 지낼 수 있도록 더욱더 노력해야 겠다.

○○○: 5월은 행복한 달이었다. 날씨가 마지막엔 좀 더웠지만 초반에는 덥지도 춥지도 않은 딱 좋은 날이어서 좋았다! 6월은 굉장히 더울 것 같다. 아 또 더운 여름을 어떻게 견딜까… 막막하다. 그래도 좋은 6월이 되길~

○○○: 별로 빨리 가진 않았지만 이랑 연속 두 번으로 모둠이 돼서 다행이다. 왜냐면 첫 모둠 때 ○○○의 성격을 알아서 익숙했다.

○○○: 5월은 무지 더웠지만 재미있었고 즐거웠다. 제일 재미있었던 것은 보드게임을 한 것이다. 6월 달엔 더욱더 많이 많이 많이 재미있게 더 즐겁게 친구들과 놀고 싶다. 공부를 열심히 해서 엄마를 기쁘게 할 거다. 6월 달엔 무지무지무지 재미있을 거 같다.

○○○: 5월은 굉장히 더웠지만 재미있었다. 왜냐하면 친구와 보난자, 경도 뱅을 하며 재미있었다. 6월에 대한 새로운 다짐은 앞으로 책을 더 많이 읽고 공부를 열심히 하겠다. 또 친구와 더 사이좋게 지내겠다.

○○○: 4월보다는 공부를 더 열심히 했던 것 같다. 수업시간에 친구들과 떠들기도 했지만 6월 달에는 조금 더 수업에 집중할 수 있도록 노력해야겠다. 시험도 열심히 보고 맡은 1인 1역도 열심히 잘 해야겠다. 친구들과 말할 때도 항상 친구들의 마음을 배려해 말해야겠다.

○○○: 5월에는 어린이날 이 있어 참 좋았다. 6월에는 현충이라도 있어서 참 다행이다. 5월에는 모둠 친구와 잘 맞지 않아 힘들었는데 6월에는 친구들과 잘 지낼 수 있을 것 같다. 6월에는 5월보다 재미있으면 좋겠다.

○○○: 1인 1역을 많이 못한 것 같다. 그리고 수학성적도 별로인 것 같다. 그래서 수업시간에 딴 짓이나 그림, 떠들지 않고 선생님의 말을 집중할 것이다. 그리고 필독 도서를 다 읽어서 6월 달에 하는 독서의 달 행사를 잘 했으면 좋겠다.

○○○: 5월엔 친구들과 정말 친해져서 기분이 정말 좋고 이번 5월 짝궁 모둠이랑 많이 떠들었는데 앞으로 떠드는 걸 줄여보도록 노력해 보겠다. 그리고 100점을 맞도록 노력을 해봐야겠다. 그리고 6학년이 되기 8달 남았는데 그 8달의 시간 동안 내가 그동안 부족했던 점을 채워가고 내 부족한 점을 충전하는 게 아니라 좋은 점을 충전하고 하루하루 내가 정말 소중하고 특별하고 사랑을 받기 위해 태어난 사람인 걸 알고 날 특별하게 생각하자. Alawys~

6월의 1인 1역

우유담당	○○○	생활공책 담당	○○○
독서록, 일기, 학습일기 담당	○○○	급식 확인	○○○
수학문제집 검사(2명)	○○○ ○○○	앞 쓸고 닦기 B	○○○ ○○○
앞 쓸고 닦기 A	○○○ ○○○	청소기 돌리기 B	○○○ ○○○
청소기 돌리기 A	○○○ ○○○	수학문제 출제 및 채점	○○○ ○○○
뒤 쓸고 닦기	○○○ ○○○	특별실 청소 (화-3명)	○○○ ○○○ ○○○
폐휴지, 쓰레기 주변 청소	○○○ ○○○	특별실 청소 (목-3명)	○○○ ○○○ ○○○

레시피 3. 학부모에게 감사 표현하기*

1. 학부모의 수고를 당연한 것이라 여기지 않기

감사의 기본은 어떤 일을 당연한 것으로 받아들이지 않는 것이다. 학부모의 학교 활동(봉사)이 당연한 것이 아님을 이해하는 것에서 감사는 시작된다. 교사의 입장에서는 학부모의 학교활동(봉사)이 자식을 위해 당연히 하는 것으로 여길 수 있을 수 있으나 학부모의 입장에서 살펴보면 그렇지만은 않다. 다른 학부모들은 하지 않는데 이 학부모는 학교와 학급을 위해 자신의 시간과 노력을 기꺼이 할애한 것이다.

어느 교사가 휴직을 하면서 부모로서의 역할에 충실하고자 녹색 어머니 봉사를 자처했다. 아침에 아이에게 학교 갈 준비를 시키고 일찍 나와서 봉사를 하는 것이 결코 쉬운 일이 아님을 직접 경험해 보고서야 느꼈다고 한다. 그래서 그 교사는 이후로 학급을 위해 봉사하는 학부모에게 진심 어린 감사를 표현했다. 이처럼 학부모의 수고와 노력을 당연한 것으로 여기지 않는 태도가 필요하다.

2. 표현하지 않으면 모른다

우리는 살아가면서 감사함을 일일이 표현하지 않아도 상대방이 알 것이라고 생각하기 쉽다. 마찬가지로 내가 학부모에게 일일이 감사하다는 말을 하지 않아도 학부모들이 교사의 마음을 알 것이라고 생각할 수 있다.

학부모는 자신이 대가를 바라서 한 것은 아니지만 교사가 수고를 인정해 주고 감사함을 표현해 준다면 더없이 신이 나고 행복할 것이다. 감사를 받는 입장에서 왠지 쑥스러워 감사를 사양할 수도 있지만 속마음은 다를 것이다. 그러므로 쑥스러운 느낌이 들더라도 자꾸 표현하여 학부모에게 감사의 마음이 전달되도록 한다.

* 출처: 한영진, 박미향, 이정희, 김민정(2014), pp. 398-401을 재구성.

양념 추가 〈아이에게 감사 표현 전하기〉

감사 표현을 학부모에게도 할 수 있지만 학급의 아이에게 표현할 수도 있다.

"너희 어머니 덕분에 아이들이 안전하게 학교에 왔어. 그래서 선생님은 너의 어머니께 정말 감사하구나."

학부모가 학교에서 봉사활동을 하는 많은 이유 중에 하나가 자녀의 교육에 도움이 될 것이라는 믿음이다. 그러므로 교사가 이처럼 자녀에게 감사함을 직접 표현해 준다면 학부모의 입장에서는 기쁠 것이다. 그뿐만 아니라 아이도 부모의 행동에 자랑스러움을 느낄 수 있으므로 일석이조의 효과를 거둘 수 있다. 하지만 여기에서 주의해야 할 것은 다른 학생이나 부모에게 오해의 소지가 없도록 개별적으로 불러서 표현하거나 객관적인 입장으로 칭찬해 주어야 한다는 점이다.

3. 학기 말이나 학년 말에 감사 카드 보내기

학급을 위해 한 학기 혹은 일 년 동안 애쓴 학부모에게 교사가 간단한 감사 카드나 편지를 보내는 것도 좋다. 특히 학년 말은 감사 편지를 보내는 교사나 받는 학부모나 어느 때보다 진심 어린 마음이 전달되는 때다. 이런 감사 카드나 편지를 받는다면 학부모의 입장에서도 보람을 느끼게 된다.

레시피 4. 학부모의 필요에 민감하게 반응하기

학부모는 교사의 큰 교육 활동보다 오히려 작은 것으로 교사를 평가하기도 한다. 자녀에게 건네는 말 한 마디나 부모에게 보내는 몇 줄의 답 문자 메시지 등으로 교사를 평가하는 것이다.

나에게 소중한 아이가 교사에게도 소중한 아이가 됐으면 하는 것이 학부모의 바람이다. 그러므로 자녀가 교사에게도 소중한 아이라는 것을 기회가 있을 때마다 표현하여 신뢰를 쌓는 것이 중요하다. 또한 학부모가 부탁하고 염려하던 상황을 교사가 먼저 알아차리고 알려 주거나 학부모의 필요를 모른 체하지 않고 민감하게 반응하는 것은 학부모와 좋은 관계를 형성하는 데 중요하다. 이렇게 형성된 신뢰는 결정적인 문제가 발생했을 때 문제를 원만히 해결하는 밑거름으로 작용한다.

1. 아이가 아플 때

아이가 아파서 학교에 못 오는 경우, 아이가 아프지만 직장 때문에 아픈 아이를 학교에 보낸 경우, 아파서 아이를 조퇴시켜야 하는 경우 대개 부모는 교사에게 자녀의 상황을 알리는 전화를 하거나 문자를 보낸다. 이때 그냥 지나치지 말고 부모의 마음을 헤아려 아이의 건강을 걱정하고 쾌유를 비는 문자 메시지를 보낸다. 그러면 특히 아픈 아이를 학교에 보낸 부모는 걱정을 덜고 좀 더 일에 집중할 수 있을 것이다. 교사의 작은 배려가 학부모에게는 그 어떤 때보다 감사하게 느껴질 것이다.

1) 아파서 학교에 못 온 경우

예
- 건강이 제일이죠. ○○가 빨리 오기를 기다리겠습니다.
- ○○가 많이 아픈가요? 걱정이 많이 되네요. 어서 나아 학교에 오기를 기다리겠습니다.
- 반 아이들도 그렇고 저도 걱정을 많이 하고 있다고 ○○에게 전해 주세요. 빨리 얼굴 보고 싶네요.
- 많이 아픈 건 아니죠? 하루빨리 친구들과 함께 어울려서 웃는 ○○가 보고 싶네요.

2) 아픈데도 등교한 아이

예
- 오늘 학교에서 잘 살피겠습니다.
- 오늘 ○○를 주의 깊게 살펴보고, 걱정할 만한 상황이 생기면 바로 연락드리겠습니다.

- 다른 때보다 더욱 유심히 살피겠습니다. 걱정하지 마세요.
- ○○가 열도 내리고 지금은 아이들과 잘 어울려 공부하네요. 혹 무슨 일이 있으면 연락드리겠으니 걱정하지 마세요.

3) 아파서 결석한 아이

예 지금은 좀 어떤가요? ○○이가 없으니 교실이 텅 빈 것 같았습니다. 꼭 회복하여 내일 학교에서 보면 좋겠네요. 오늘 알림장 내용은 ~이고, 내일 ○○ 활동이 예정되어 있습니다.

2. 교육여행이나 수련활동을 갔을 때

자녀가 멀리 교육여행이나 수련활동을 가게 되면 부모는 걱정이 된다. 특히 자녀의 나이가 어릴수록 더욱 그러할 것이다. 이때 교사가 먼저 아이들의 상황을 알려 주는 문자 메시지를 보낸다. 교사가 보내 준 문자 메시지에 부모의 걱정이 많이 줄어들 것이다.

예
- 지금 아이들이 잘 도착해서 박물관에 들어가 관람하고 있습니다.
- 아이들이 숙소에 잘 도착하여 씻고 취침에 들어갔습니다. 부모님들도 걱정하지 마시고 편히 주무세요.

3. 전학 온 아이가 있을 때

자녀를 새로운 학교에 전학시킨 부모의 마음은 어떨까? 어느 때보다 걱정되고 불안할 것이다. '아이가 새로운 학교에 적응은 잘 할까?' '친구들은 잘 사귈 수 있을까?' 등 많은 것이 걱정이 된다. 이런 부모의 마음을 알아차리고 문자 메시지를 보낸다면 새로운 학교에서 천군만마를 얻은 기분일 것이다.

예
- ○○ 어머니, ○○가 새로운 학교에 잘 적응하고 있습니다.
- ○○가 새로운 학교에 잘 적응할 수 있도록 신경 쓰겠습니다.

4. 문자 메시지의 답이나 연락이 늦었을 때

부모가 교사에게 문자 메시지를 보냈는데 답이 늦으면 부모로서 많이 답답하고, 교사가 문자 메시지를 받고도 답을 안 하는 것으로 오해할 수도 있다. 그러므로 학부모의 문자 메시지에 바로 답을 못 했을 경우에는 그 이유를 알려 준다.

예
- 답이 늦어서 죄송합니다. 제가 휴대폰을 교실에 놓고 회의를 하러 갔다가 지금에야 문자 메시지를 봤네요.
- 어머니의 문자 메시지를 받고서 상황을 좀 더 알아보느라 이제야 답을 하게 되었습니다. 늦어서 죄송합니다.

양념 추가 〈학부모와 소통을 잘하는 교사〉

초등학교 1학년의 어느 교사가 교원능력평가 학부모만족조사에서 학부모와 소통을 잘한다는 피드백을 많이 받았다고 한다. 이러한 피드백을 받고 특별히 학부모와 이야기를 많이 하거나 그런 것이 아닌데 왜 그런 피드백을 받았을지 생각해 보았다.

학기 초 아이들이 다툼이 있을 때 항상 양쪽 부모에게 전화해서 상황을 잘 설명한 것이 그런 피드백을 받은 이유가 아닐까 생각되었다. 초등학교 1학년 아이들은 자신의 상황을 잘 설명하지 못하고, 자기 입장만 이야기하는 경우가 있는데, 선생님이 일어난 상황을 전화를 통해 자세히 알려 준 것이 아이의 학교생활을 이해하는 데 도움이 된 것이다. 특히 초등학교 1학년의 부모의 최대 관심사는 자녀의 학교 적응이기에 더욱 그러하였을 것이다.

공깃밥 추가 〈학부모에게 효과적으로 감사 표현하기〉

• 감사 표현의 세 가지 요소

사람은 감사의 말을 들을 때 쑥스러워하면서도 진심에서 우러난 인정과 감사를 받고 싶어 한다. 그런데 감사 표현 뒤에 자기에게서 무언가를 얻어 내려 하는 숨은 의도가 전달되면 그 순간부터 감사의 가치와 아름다움은 손상된다. 감사는 무엇인가를 돌려받기를 원해서가 아니라 순수한 마음으로 그들 덕분에 충만해진 삶을 함께 기뻐하는 것이 되어야 한다.

감사를 표현할 때 몇 가지 요소를 넣어 표현하면 좀 더 풍요로운 감사 표현이 된다.

① 학부모가 우리 학급을 위해 기여한 행동
② 학부모의 행동으로 우리 반이나 교사가 얻게 된 것
③ ②로 인하여 교사나 아이들이 받은 즐거운 느낌

예: ① 어머니께서 어제 도서실 청소 봉사를 해 주셔서 ② 도서실의 책이 아주 잘 정돈되어 있네요. ③ 덕분에 저와 우리 반 아이들이 원하는 책을 쉽게 찾아 즐겁게 책을 읽었습니다. 감사합니다.

출처: Rosenberg (2011), pp. 297-298를 재구성.

셰프에게 물어봐
〈너무 자주 전화하거나 문자 메시지를 보내는 학부모〉

학부모와의 원만한 소통을 위해 홈페이지에 학급 소식을 자주 올리고 SNS에도 학급 소식을 자주 알렸습니다. 그런데 일부 학부모 중에서 저를 너무 편하게 생각하셨는지 너무 사소한 문제로 전화를 하거나 문자 메시지를 자주 보내 와서 불편함을 겪고 있습니다. 어떻게 하는 것이 좋을까요?

학부모의 잦은 연락으로 마음이 불편하다면 학부모에게 교사의 생각을 전달할 필요가 있습니다. 하지만 최대한 예의를 갖춰 정중하게 이야기해야 합니다. 제시된 표현처럼 자녀에 대한 학부모의 관심을 긍정적으로 표현한 후에 교사가 전달하고자 하는 것을 말합니다.

이때 교사의 입장에서 학부모에게 어떻게 말해야 할지에 대한 부담감, 학부모가 자신의 말을 오해하지 않을지에 대한 걱정 등을 진솔하게 표현하는 것도 도움이 됩니다.

"제가 어머니께 드릴 말씀이 있다고 하여 어떤 이야기인지 궁금하셨지요? 저도 어머니께 이 말씀을 드리면 혹시 기분 상하시지 않을까, 제 말씀을 오해하시지는 않을까 걱정이 많이 되었습니다. 하지만 어머니께 말씀드리는 것이 더 나을 것 같네요. **항상 어느 분보다 ○○에 대하여 관심을 가지시고 애쓰시는 모습이 참으로 대단하다는 생각이 듭니다. 하지만 ○○ 부모님께서 너무 자주 연락을 하시니 제가 마음이 불편하게 느껴지네요. 다른 아이들에게 어떻게 비칠까 염려도 되고, 부모님께서 저의 의견에 너무 의존하시니 다소 부담이 됩니다. 앞으로 부모님께서 생각하실 때 저에게 의논이 꼭 필요한 것이나 제가 꼭 알아야 할 일에 대하여 연락을 해 주시면 정말 감사하겠습니다.** 제 말씀을 들으셨는데 어머니는 어떻게 생각하세요? 제 말이 혹시 실례가 되지 않았는지 모르겠습니다."

출처: 한영진, 박미향, 이정희, 김민정(2014), pp. 411-412를 재구성.

참고문헌

한영진, 박미향, 이정희, 김민정(2014). 매직워드77: 콕! 집은 선생님의 한마디 교실을 바꾼다. 서울: 학지사.

Rosenberg, M. B. (2011). 비폭력대화: 일상에서 쓰는 평화의 언어, 삶의 언어[*Nonviolent communication: A language of life*]. 캐서린 한 역. 서울: 한국NVC센터. (원저는 2003년에 출판).

23 학부모 상담 준비 완료!

셰프! 도와주세요!

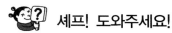

김 선생님은 올해 처음 담임을 맡은 새내기 교사다. 그런데 다음 주부터 학부모 상담주간이어서 어떻게 상담을 해야 할지 답답하기만 하다. 첫 담임이라 모든 것이 서툴긴 하지만 아이들을 가르치는 것에 대해서는 대학에서도 배우고 교생실습도 했다. 하지만 학부모 상담은 어디에서도 배우지 않았기에 어떻게 해야 할지 막막하기만 하여 평소 신뢰하는 부장선생님을 찾아갔다.

김 교사: 부장님, 시간 괜찮으세요?

부장교사: 김 선생님인데 시간이 없어도 만들어야죠. 무슨 일이에요?

김 교사: 다음 주부터 학부모 상담주간인데 어떻게 해야 할지 막막해요.

부장교사: 많이 답답하지요? 나도 처음 담임 맡았을 때 애들도 힘들었지만 학부모 상담하는 게 제일 어렵더라고요.

김 교사: 학부모님들이 대부분 저보다 나이가 많으시니 어렵네요.

부장교사: 그렇지요. 어떤 부모들은 교사가 어리다고 가르치려 하시는 분도 계시지요.

김 교사: 학부모 상담을 위해 무엇을 준비해야 할지 모르겠어요. 자리 배치는 어떻게 해야 하는지, 자료는 무엇을 준비해야 할지….

부장교사: 학부모 상담에 앞서, 김 선생님은 학부모에 대해서 어떻게 생각하나요?

김 교사: 내가 가르치는 학생의 부모님…. 깊게 생각해 본 적이 없는 것 같아요.

부장교사: 김 선생님은 학부모 상담이 경험이 적어 부담이 된다고 생각하지만 학부모 상담은 어느 교사나 부담스러워요. 나도 마찬가지예요. 그럼 학부모 상담에 대하여 함께 살펴봐요.

레시피 1. 학부모 상담에 임하는 교사의 태도

상담을 하기 전 교사가 어떤 마음을 가지고 상담에 임하느냐에 따라 상담의 결과는 많이 달라진다. 어떤 마음을 가지고 학부모 상담에 임할 때 상담이 효과적으로 이루어질지 살펴보자.

1. 학생 개인을 가장 잘 아는 사람으로 학부모를 존중하기

한 아이에 대하여 가장 많이 알고 있는 사람은 누구일까? 교사일까? 아니면 학부모일까? 물론 학교에서의 생활은 교사가 많이 알고 있지만 그 외의 모든 것은 학부모가 가장 많이 알고 있을 것이다. 아이가 자라면서 어떤 일이 있었고 그 일이 아이에게 어떤 영향을 미쳤으며 아이가 무엇을 좋아하고 싫어하는지, 부모와의 관계는 어떤지 형제와의 관계는 어떤지, 친한 친구는 누구인지 알고 있는 사람은 다름 아닌 학부모다.

아이들을 가르치다 보면 '그 아이에 대해 좀 더 일찍 알았더라면 아이를 가르치거나 이해하는 데 도움이 되었을 텐데.' 하는 생각이 드는 경우가 종종 있다.

교사의 전문성과 부모만이 알고 있는 자녀에 대한 전문성이 만난다면 보다 효과적인 교육이 이루어질 수 있을 것이다. 아이를 이전에도 양육해 왔고 앞으로도 누구보다 고민하여 양육해야 할 사람이 부모이기 때문이다.

교육에 대한 전문가(교사) + 자녀에 대한 전문가(부모) = 효과적인 교육

2. 상담에 오는 학부모의 부담감을 이해하기

상담을 하러 학교에 오는 학부모의 마음은 어떨지 생각해 보면 대부분의 학부모는 교사를 만나는 것이 부담스럽다. 학교생활을 잘하는 아이의 부모도 교사 앞은 어렵기 마련인데, 학교생활에 문제가 있는 학생의 부모 마음은 여러 가지로 편치 않다. 부모 역할을 제대로 못 했다는 죄책감과 자녀의 잘못을 또 듣지 않을까 하는 불안함도 있을 것이다. 그러므로 교사는 부모의 이러한 마음을 알아주고 최대한 편안하게 상담하도록 배려한다.

3. 학부모의 이야기를 평가 없이 충분히 들어 주고자 하는 마음 갖기

상담을 하다 보면 학부모의 이야기를 들으면서 교사의 기준에 따라 평가하거나 학부모의 말로부터 아이의 문제행동의 원인을 찾으려고 하기 쉽다. 그리고 어떤 경우에는 '다음에 무슨 이야기를 하지?' 라는 생각에 학부모의 이야기에 집중하지 못하기도 한다. 교사가 학부모의 말에 공감해 주지 않거나 집중하지 않으면 학부모도 그것을 느끼게 되어 상담에 진실되게 임하지 않고 형식적으로 말을 하게 된다. 그러므로 학부모의 이야기를 들을 때는 판단하거나 비판하지 않고 학부모의 이야기를 충분히 들어 주고자 하는 자세가 필요하다.

4. 학부모의 입장이 되어 보기

학부모 상담에 임하기 전에 자신이 아이의 부모라면 교사가 어떻게 상담해 주기를 바랄지를 생각해 본다. 교사로서 말하려고 한 학생의 문제, 학부모에게 하려고 한 조언이나 학부모에게 요청하고자 한 도움 등을 학부모 입장에서 다시 한 번 생각하고 정리해 보면 보다 효과적인 학부모 상담이 될 것이다.

5. 다양한 학부모가 있음을 인지하기

사람은 대부분 자신이 알고 있는 것, 자신이 경험한 것을 토대로 다른 사람을 바라보게 된다. 교사도 학부모를 바라볼 때 마찬가지로 자신이 생각하는 범주에 학부모가 있을 것이라고 생각한다. 하지만 어떤 학부모는 교사가 살아온 방식과 전혀 다르게 살아오고, 전혀 다른 방식으로 생각하여 해당 교사의 상식으로 이해할 수 없는 경우도 있다. 예를 들면, 교사는 자녀교육에 대한 책을 학부모에게 추천해 주면 고마워할 것이라 생각하는데 '책 읽는 시간이 어디 있냐.'며 화를 내는 학부모도 있을 수 있다.

그러기에 학부모 상담에 임할 때는 다양한 학부모가 있다는 전제하에 교사가 제시한 방법이나 교육방식을 좋아하지 않을 수 있다는 열린 관점에서 접근하다.

레시피 2. 학부모 상담 준비하기

1. 상담 일정 조정 및 안내

학부모 상담주간이 되면 대부분 학교에서 담당교사가 학부모 상담주간을 계획하고 가정통신문을 발송한다. 학부모 상담주간을 계획하거나 가정통신문을 작성할 때, 상담 일정을 조정할 때 참고할 만한 사항들을 함께 알아보도록 하자.

1) 상담 기간 및 시간

학교마다 다르지만 대개 한 학기에 1~2주 정도 운영하며 야간 상담도 함께 이루어지는 학교도 많다. 하루에 3명을 넘지 않는 범위에서 상담을 하는 것이 좋으나 저학년의 경우 상담을 신청하는 학부모가 많아 그것을 지키기 어려울 때도 있다.

요즘 직장에 다니는 학부모를 위해서 야간상담을 실시하는 학교가 많은데, 상담 기간 내내 야간상담을 하는 것은 힘들고 1~2일을 정해서 한다(이는 학교 여건에 따라 융통성 있게 운영하면 된다). 상담 시간은 대개 20~30분씩 운영하며, 좀 더 긴밀한 상담이 필요한 학생의 경우에는 더 시간을 할애할 수 있도록 상담 시간을 조정한다.

전화 상담은 방문 상담이 끝난 후에 교사가 좀 더 편안한 마음이 들 때 하는 것이 좋다. 교사에 따라 다를 수 있겠지만 방문 상담과 전화 상담을 번갈아 가면서 하다 보면 상담에 집중이 잘 안 될 수 있기 때문이다.

2) 상담 절차 안내

상담 절차는 보통 다음과 같이 이루어진다.

상담 일시 및 방법 결정(학부모) → 담임에게 신청서 제출 → 상담 일시 조정 → 상담 일시 통보 → 상담 실시

3) 상담 일시 및 방법 선택

상담 희망 시간은 보통 3개 정도 적어서 회신하도록 한다. 이렇게 하면 담임교사가 학부모에게 전화를 하지 않고도 상담 일정을 짜는 데 도움이 된다.

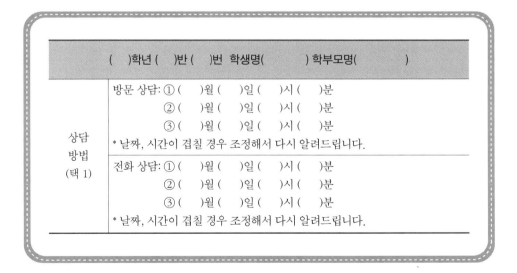

〈상담 신청서 예시 1〉

( )학년 ( )반 ( )번 학생명( ) 학부모명( )	
상담 방법 (택 1)	방문 상담: ① ( )월 ( )일 ( )시 ( )분 ② ( )월 ( )일 ( )시 ( )분 ③ ( )월 ( )일 ( )시 ( )분 * 날짜, 시간이 겹칠 경우 조정해서 다시 알려드립니다.
	전화 상담: ① ( )월 ( )일 ( )시 ( )분 ② ( )월 ( )일 ( )시 ( )분 ③ ( )월 ( )일 ( )시 ( )분 * 날짜, 시간이 겹칠 경우 조정해서 다시 알려드립니다.

〈상담 신청서 예시 2〉

(　　)학년 (　　)반 (　　)번 학생명(　　　　) 학부모명(　　　　)

- 가능한 시간을 3개 표시해 주세요.
  (가장 원하는 시간은 ◎, 그다음 가능한 시간은 ○로 표시해 주세요)
- 부득이하게 원하는 시간에 상담이 어려운 경우 연락드린 후 조정하도록 하겠습니다.

시간	월	화	수	목	금
2:00-2:30					
2:30-3:30					
3:00-3:30	◎				
3:30-4:00			○		○
4:00-4:30					
4:30-5:00					
5:00-5:30					
5:30-6:00					
6:00-6:30					
6:30-7:00					

4) 상담 일정 조정하기

상담 신청서를 받으면 담임교사는 우선 1순위를 위주로 상담 일정을 표에 기록하고 만약 겹치는 경우에는 2, 3지망을 순차적으로 적용하여 상담 일정을 짠다. 만약 2, 3지망을 적용했는데도 상담 일정이 맞지 않을 경우에는 학부모에게 정중히 전화하여 다른 시간으로 정한다.

5) 상담 일정 회신문 보내기

상담 일정이 확정되었으면 반드시 사전에 회신문이나 문자를 보낸다. 직장에 다니는 학부모의 경우 미리 휴가를 내야 하는 경우가 많기 때문이다.

〈학부모 상담일 안내문 예시〉

학부모 상담일 안내

(　　)의 상담 시간을 다음과 같이 알려드립니다.

3월 (　　　)일 (　:　~　:　)

※ 학부모님께서는 정해진 날짜에 상담이 이루어질 수 있도록 협조해 주시고, 개인 사정으로 정해진 시간에 상담이 불가능할 경우에는 미리 담임교사에게 연락 주시기 바랍니다. 상담 예정 시간 3분 전에 교실에 도착할 수 있도록 해 주십시오.
그럼 상담 때 뵙겠습니다.

- 담임 ○○○ 올림 -
(연락처: ○○○-○○○○-○○○○)

6) 상담할 내용 미리 조사하기

학부모 상담주간에 이루어지는 상담일 경우 부모가 무엇을 상담하고 싶은지 미리 간단한 설문을 통하여 조사하여 미리 준비한다. 이때 상담할 내용을 자녀가 보지 않도록 밀봉하여 보내도록 한다.

〈상담 내용 조사 예시〉

( )학년 ( )반 ( )번 학생명( ) 학부모명( )	
담임교사와 상담하기를 원하는 내용이 있으면 다음 항목에 체크해 주세요. 시간이 한정되어 있어 부모님께서 작성하신 내용 위주로 상담을 진행할 예정이오니 꼭 기록하여 주시기 바랍니다.	
상담 내용(원하는 항목에 ✓해 주세요)	기타
( ) 진로문제 ( ) 진학문제 ( ) 교우관계 ( ) 이성문제 ( ) 성적문제 ( ) 적응문제 ( ) 게임중독 ( ) 가정문제	
구체적인 내용:	

〈학년 초에 상담이 이루어질 경우 예시〉

학부모님께
다음 주 상담에 앞서 몇 가지 부탁을 드리려 합니다.

♡ 시간을 꼭 지켜 주세요. 만약 늦거나 못 오시게 되면 다음 분을 위해 미리 연락 부탁드립니다.

♡ 아이의 칭찬거리(잘하는 것, 장점 등)를 다섯 가지 준비해 주세요.
아이들을 지도하다 보면 아이의 장점이나 잘하는 것을 미리 알았으면 할 때가 많습니다. 미리 말씀해 주시면 아이를 파악하는 데 드는 시간을 줄이고 아이의 장점에 주의를 기울여서 좀 더 빨리 지도할 수 있으리라 생각됩니다.

♡ 상담 시간이 짧은 것에 대하여 양해 부탁드립니다. 1주일이라는 짧은 상담주간에 비해 많은 학부모님을 상담하다 보니 20분이라는 짧은 시간밖에 뵙지 못하게 되었습니다. 양해 부탁드리며, 상담은 이번이 아니어도 언제든지 가능하오니 부족하신 분은 추후에 다시 만나는 것으로 하겠습니다.

♥ 이번 상담에서는 부모님을 자녀에 대한 전문가로 모신다는 생각으로 부모님의 이야기를 들으려 합니다. 자녀가 어떻게 태어나고 자랐는지, 무엇을 좋아하고 싫어하며, 그동안 친구 관계는 어떠하였고, 어떠한 상처가 있었는지, 어떠한 자랑스러운 일이 있었는지 등 자녀가 자라면서 경험한 모든 것을 가장 잘 알고 있는 분이 부모님이시기 때문입니다.
학부모님의 자녀에 대한 전문성에 저의 교육적 전문성을 더한다면 자녀를 위한 더 좋은 교육이 되리라 생각됩니다. 그럼 다음 주 상담 때 뵙겠습니다.

– 담임 ○○○ 드림 –

7) 문자로 상담 일시 안내해 주기

학부모 상담이 있음을 알고 있으나 날짜를 착각하거나 깜빡 잊어 상담에 못 오는 학부모가 종종 있다. 이런 학부모를 위해 상담 하루 전이나 상담 당일 아침에 간단한 문자 메시지를 보낸다.

예 ○○ 부모님. 내일(오늘) 오후 3시 30분에 학부모 상담이 예정되어 있습니다. 시간에 맞춰 교실(교무실)로 오세요. 그럼 내일(오늘) 뵙겠습니다. 담임 ○○○ 드림.

2. 학부모 상담주간을 위해 준비할 것

1) 상담에 필요한 자료 준비

(1) '문장완성검사'를 통한 아이의 마음 읽기

문장완성검사를 통하여 아이의 마음을 조금은 엿볼 수 있다. 이 검사를 통해 아이의 욕구나 부모 및 교사, 친구에 대한 태도를 파악할 수 있다. 또한 성격이나 전반적인 심리적 적응을 판단하는 데 도움이 된다.

문장완성검사를 실시할 때는 너무 오래 생각하지 않고 솔직하게 바로바로 떠오르는 생각을 적게 한다. 아이가 답한 것에서 중복되는 단어, 일치되지 않는 문장, 답하지 않은 문항, 너무 좋은 말만 썼거나 극단적 표현 등이 많은지 확인한다.

문장완성검사를 교실에서 실시할 때 반드시 유의해야 할 점은 이 검사는 전문가들이 일대일로 내담자를 면담하면서 그 과정까지 포함하는 검사라는 점이다. 그러므로 검사지에 적혀 있는 내용만으로 아이의 상태를 속단하지 말고 반드시 아이와의 이야기를 통하여 정확한 정보를 얻으며 이 자료를 절대적인 자료가 아닌 참고자료로만 활용한다.

나를 표현해 보세요

○○학교 (　　)학년 (　　)반 이름:

이제부터 여러분에게 간단한 글쓰기를 부탁합니다. 다음의 낱말로 시작되는 문장을 완성해 보십시오. 반드시 자기의 솔직한 마음을 그대로 말해야 하며, 하나도 빠뜨리지 말고 모두 써 넣으십시오.

1. 내가 가장 행복한 때는 ______
2. 내가 좀 더 어렸더라면 ______
3. 나는 친구가 ______
4. 다른 사람들은 나를 ______
5. 우리 엄마는 ______
6. 나는 ______
7. 나에게 가장 좋았던 일은 ______
8. 내가 제일 걱정하는 것은 ______
9. 대부분의 아이들은 ______
10. 내가 좀 더 나이가 많다면 ______
11. 내가 가장 좋아하는 사람(은) ______
12. 내가 가장 싫어하는 사람(은) ______
13. 우리 아빠는 ______
14. 내가 가장 무서워하는 것은 ______
15. 내가 가장 좋아하는 놀이는 ______
16. 내가 가지고 있는 것 중에서 제일 아끼는 것은 ______
17. 내가 가장 가지고 싶어 하는 것은 ______

18. 여자애들은 ______________________________
19. 나의 좋은 점은 ______________________________
20. 나는 때때로 ______________________________
21. 내가 꾼 꿈 중에서 제일 좋은 꿈은 ______________________________
22. 나의 나쁜 점은 ______________________________
23. 나를 가장 슬프게 하는 것은 ______________________________
24. 남자애들은 ______________________________
25. 선생님들은 ______________________________
26. 나를 가장 화나게 하는 것은 ______________________________
27. 나는 공부 ______________________________
28. 내가 꾼 꿈 중에서 제일 무서운 꿈은 ______________________________
29. 우리 엄마 아빠는 ______________________________
30. 나는 커서 ______________________________
    왜냐하면 ______________________________
31. 나의 소원이 마음대로 이루어진다면 ______________________________
    첫째 소원은 ______________________________
    둘째 소원은 ______________________________
    셋째 소원은 ______________________________
32. 내가 만일 외딴 곳에 혼자 살게 된다면 __________와 같이 살고 싶다.
    왜냐하면 ______________________________
33. 내가 만일 동물로 변할 수 있다면 __________이(가) 되고 싶다.
    왜냐하면 ______________________________

(2) 아이의 성적 파악하기

중간고사나 기말고사 성적이 통지표를 통해 가정에 이미 전달되었더라도 아이의 성적, 잘하는 과목, 부진한 과목 등에 대해 파악해 둔다. 간혹 성적의 상대적 위치를 알려 주지 않는 초등학교의 경우 학부모가 아이의 상대적 위치를 매우 궁금해하며 묻는 경우가 있다. 이럴 경우 교사는 단정적으로 이야기하지 않으며 현재 발달선상에 있음을 강조하여 말한다.

초등학교의 경우에는 성적과 관계하여 아이의 기초 학력 수준을, 중·고등학교의 경우에는 진학과 관련된 자료, 특수목적고등학교 진학, 변화하는 입시제도 등 학부모의 필요를 미리 알고 준비한다.

(3) 교우 관계 파악하기

많은 학부모가 자녀의 학교생활에 대해 궁금해하는 것은 친구 관계다. 평소에 꾸준히 조사하여 아이들의 교우 관계를 파악해 놓으면 학부모 상담에 많은 도움이 된다.

저학년의 경우에는 학생의 이름을 적고 색깔로 표현하여 조사할 수 있는데, 친한 친구는 연두색, 별로 친하지 않은 친구는 노란색으로 칠하게 한다. 여기에서 색깔은 특별한 의미가 없다. 고학년의 경우에는 생일에 초대하고 싶은 친구 등을 활용하여 교우 관계도를 작성할 수 있다. 이때 주의할 것은 싫어하는 친구나 초대하고 싶지 않은 친구를 적게 하여 학생들이 특정 친구에 대한 부정적인 시각을 강화하도록 해서는 안 된다는 점이다. 또한 이 자료는 친구 관계가 걱정되는 학생의 부모에게만 알려 주되 아이들이 적은 것을 직접 보여 주는 것은 피하고 담임교사가 따로 작성한 것을 보여 준다.

또한 친구 관계에서 동등한 관계인지, 힘의 불균형은 없는지도 유심히 살펴볼 필요가 있다.

(4) 행동 관찰하기

평상시 부정적인 내용뿐만 아니라 긍정적 내용을 꾸준히 기록해 놓는다. 수업에 임하는 태도, 수업 집중 정도, 역할에 대한 책임감, 과제 제출 여부 등을 관찰하여 누가 기록해 놓는다. 이를 위하여 매일 몇 명씩(한 모둠 정도) 정해서 관찰하는 것이 좋다. 전체를 관찰하다 보면 항상 문제를 일으키는 아이나 특별히 잘하는 아이만 눈에 띄게 되므로 교사는 의도적으로 하루 몇 명씩 관찰할 아이를 정하고 좀 더 세밀히 관찰하면 아이에 대한 많은 자료를 얻을 수 있다.

(5) 학습 결과물 준비하기

가정에 보내지 않은 아이의 학습 결과물을 준비한다. 평소에 아이의 특별한 재능이 돋보이는 작품에 대해서는 일일이 보관하고, 별도로 보관하기 어려울 경우에는 사진으로 찍어 두었다가 보여 주는 방법도 있다.

(6) 기타: '부모님께 듣고 싶은 말' 조사하기

'부모님께 듣고 싶은 말'을 조사한 후 부모에게 알려 준다. '내가 듣고 싶은 말'을 조사해 보면 가정에서 자녀와 부모의 관계를 어느 정도 파악할 수 있는 이점도 있다. 학부모는 이 자료를 통해 평소 몰랐던 아이의 속마음에 놀라기도 한다.

2) 상담 장소 준비하기

상담을 위한 장소는 다음과 같이 준비한다.

(1) 교실 문 앞

'지금은 학부모 상담 중입니다.'라는 문구를 교실 문 앞에 붙여 놓는다. 이는 교사가 학부모 상담에 집중하겠다는 간접적인 의사를 나타내는 것이므로 학부모에게 긍정적인 인상을 줄 수 있다. 그리고 학부모 상담 일정도 필요하다면 같이 붙여 놓는다.

이때 교실 문 앞에 기다리는 학부모를 위한 의자를 놓고, 그 위에 기다리는 동안 자녀 교육에 도움이 될 만한 책을 읽어 보도록 올려놓는 방법도 있다. 상담이 연이어 계속 있을 경우에는 문 앞에 '기다리시다가 상담 시간이 되면 노크를 하고 들어오세요.'라고 적어 놓으면 상담 시간을 서로 조절하는 데 도움이 된다.

(2) 앉는 자리

학부모가 앉는 위치는 출입문 쪽 방향은 피하고, 교실에서 가장 정돈이 잘 되고 자신 있는 부분이 보이는 곳으로 한다. 학생의 책상을 이용할 경우 마주 보는 것보다는 'ㄱ'자로 앉는 것이 좋다. 마주 보는 자세는 왠지 대치되는 느낌을 줄 수 있지만 'ㄱ' 자 구도는 협력의 관계라는 느낌을 줄 수 있기 때문이다.

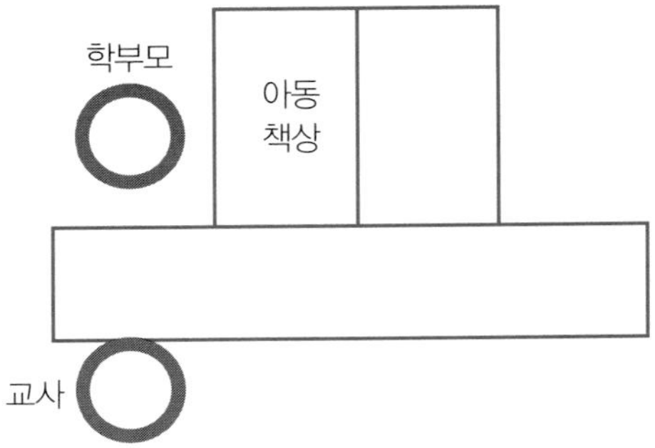

〈상담 시 자리 배치〉

테이블보가 있다면 이 기간을 위해 하나 준비했다가 쓰는 것도 분위기를 부드럽게 하는 데 도움이 된다. 여기에 작은 화분이나 꽃병을 올려놓으면 더 좋다.

양념 추가 〈교사의 권위를 확고히 해야 할 경우〉

- 교사의 권위를 확고히 할 필요가 있는 상황, 즉 교사에 대한 존중의 태도가 부족한 학부모나 비협조적인 학부모를 만나는 경우라면 교사의 책상을 사이에 두고 앉는 것이 더 적절하다.
- 교사의 책상을 사이에 두고 학부모가 앉을 의자를 준비한다.
- 하지만 평상시 일반 학부모를 상담할 때는 이 배치를 권하지 않는다.

(3) 시계를 보이는 곳에 놓기

시간을 염두에 두고 진행해야 한다면 교사가 잘 보이는 곳에 시계를 걸어 두는 것이 좋다. 상담 도중에 시간을 확인하기 위해 교사가 시계(요즘은 핸드폰)를 보는 것은 상담에 집중하지 않는다는 느낌을 학부모에게 줄 수 있으므로 시계는 교사가 쉽게 확인할 수 있는 곳에 둔다.

(4) 음료 준비하기

학부모를 위한 따뜻한 차나 음료를 준비해 놓도록 한다. 이는 상담 분위기를 부드럽게 하고 차나 음료를 권하면서 학부모 상담을 자연스럽게 시작할 수 있다.

(5) 학생의 활동 결과물 펼쳐 놓기

책상 위에 학부모가 볼 수 있도록 활동 결과물을 올려놓는다.

(6) 교실 환경 점검하기

교실은 깨끗이 정리하고, 작품 게시판이나 사물함, 이름표, 책상 등에 해당 학생의 이름이 혹 빠지지 않았는지 미리 확인한다.

레시피 3. 학부모 상담 노하우 배우기

1. 상담의 시작

1) 먼저 반갑게 인사하며 상담 자리 안내하기

학부모가 교실(상담실) 밖에 서 있다면 교사가 먼저 교실문을 열어 인사를 하며 안내하고, 학부모가 교실(상담실) 문을 열고 들어온다면 일어서서 맞이하면서 인사한다. 이때 교사로서 자신감 있는 태도로 여유를 보이며 따뜻한 시선과 표정으로 인사말을 건넨다.

학부모 상담에 시간을 맞춰 온 것, 직장에 출근했다가 어렵게 온 것, 작은 아이를 맡기고 상담에 온 것, 학부모 상담에 온 불편함 등 학부모 상담에 오기 위해 기울인 학부모의 노고나 마음 등을 지나치지 말고 언급해 준다.

예
- 바쁘실 텐데 이렇게 학부모 상담에 와 주셔서 감사합니다.
- 학교에 온다는 것이 쉬운 일이 아닌데 어려운 걸음 하셨습니다.
- 출근하셨다가 이렇게 시간 맞춰 오시느라 많이 바쁘셨죠?

• 어제 제가 전화로 말씀 드린 것 때문에 마음이 불편하시진 않았을지 염려됩니다.

간단히 인사를 나눈 후 상담할 자리로 교사가 직접 안내한다.

예 여기에 앉아서 이야기를 나눌까요?

2) 상담 시간을 부드럽게, 그러나 확실하게 언급하기

학부모 상담을 시작하기 전에 끝나는 시간을 미리 언급한다. 그래야 학부모도 정해진 시간 안에 준비해 온 것을 말할 수 있다.

예 • 아이에 대해서 긴 시간 함께 이야기하면 좋을 텐데 30분 정도밖에 이야기할 수 없겠네요.

• 부모님께서 ○○의 학교생활에 대해 궁금한 게 많으실 텐데, 학부모 상담 시간이 30분씩으로 정해져 있어서 준비해 오신 것 위주로 이야기하면 좋겠습니다.

3) 학생에 대한 긍정적인 이야기로 시작하기

학생의 상태와 상관없이 상담은 항상 긍정적인 이야기로 시작한다. 이렇게 함으로써 학부모의 입장에서는 자녀에 대한 교사의 시선이 긍정적인 것에 마음을 놓게 되고 상담 내용에 좀 더 집중하게 된다. 특히 자녀가 학교생활에 잘 적응하지 못해 걱정을 안고 온 학부모의 경우라면 더욱더 그러하다.

예 ○○는 어쩜 그렇게 인사를 잘하는지 몰라요. 어머니께서 인사하는 예절을 잘 가르치셨나 봐요. 아침에 ○○의 인사를 받을 때마다 선생님으로서 자긍심이 생겨요.

2. 학부모 상담의 실제

1) 교사가 모든 답을 줄 수는 없다

일부 교사는 학부모가 자녀교육에 대하여 조언을 구할 때 적절한 답을 해 주지 못하였을 경우, 자신의 전문성에 대하여 의심받지 않을까 하는 두려움이 있다.

하지만 아무리 훌륭한 교사라 할지라도 학부모의 모든 질문에 답을 해 줄 수는 없다. 교사가 반드시 모든 답을 해 줘야 한다는 생각에서 벗어나면 학부모 상담을 좀 더 편안히 받아들일 수 있을 것이다.

2) 예전에 학부모가 학생의 성장 및 문제 해결을 위해 시도한 노력들을 알아본다

교사가 무조건 답을 주려 하지 말고 학부모가 그 문제를 해결하기 위해 시도한 노력들을 살펴보면 해결의 실마리를 찾기가 쉽다. 학생의 문제는 과거부터 있던 문제일 경우가 많으므로, "그동안 문제를 해결하기 위해 어떻게 해 오셨나요?"라는 질문으로 학부모가 시도한 노력들을 들어 본다. 교사가 열심히 설명했는데 학부모가 이미 그 방법을 알고 있을 수도 있고, 교사보다 학부모가 더 많은 정보와 지식을 알고 있을 수도 있기 때문이다.

때로 어떤 학부모는 조언을 듣기보다 자녀 문제에 대해 자신이 얼마나 많은 노력을 기울였는지에 대해 교사에게 알리고 격려를 듣고 싶어 하기도 한다.

3) 부모가 답한 이야기를 토대로 함께 이야기해 나간다

교사가 처음부터 답을 주기는 어렵지만 학부모의 이야기를 토대로 하여 함께 이야기해 나가는 것은 그리 어렵지 않다.

예
- 그중 비교적 효과가 있던 방법은 무엇인가요?
- 효과가 없다고 하셨는데 효과가 없던 이유가 뭐라고 생각하세요?

이와 같이 학부모가 주로 사용하는 방법이 무엇인지, 어떤 문제에 그 방법을 적용해 보았는지, 어떤 효과가 있었는지를 듣는다. 그리고 부모가 말한 것 중에서 교육적으로 부적절하다고 생각되거나 효과적일 것 같다고 생각하는 것 등에 대하여 함께 이야기해 나간다. 이때에도 교사가 '좋다, 나쁘다' 와 같이 단언적으로 평가하는 것보다는 학부모 스스로 평가하고 되돌아볼 기회를 주는 것이 좋다.

4) 형식적으로 묻는 질문에 대한 진위를 알아본다

대부분의 학부모는 교사에게 정말 궁금하여 질문한다. 하지만 어색한 분위기를 깨기 위해서 또는 자녀교육에 관심이 많은 부모로 비치고 싶은 생각에, 또는 드물지만 교사의 교육적 역량을 시험해 보기 위해 질문을 하는 경우도 있다.

예
- ○○의 ________에 관하여 많이 걱정이 되시나 봐요.
- 어머님(아버님)께서는 ________에 관하여 어떻게 생각하세요?

이럴 때 "어머님(아버님)께서는 어떻게 생각하세요?" 라는 질문을 함으로써 학부모의 진위를 파악할 수 있다. 학부모의 질문이 정말 답을 구하는 질문인지, 형식적인 질문인지를 파악함으로써 불필요한 답을 위해 쏟는 교사의 노력을 줄일 수 있다.

5) 열린 질문을 사용한다

'예/아니요' 나 하나의 답을 요하는 닫힌 질문은 교사가 대화를 계속하여 이끌어 가기도 어렵고, 학부모도 충분한 이야기를 할 수 없게 한다. 반면에 열린 질문은 학부모가 자기 이야기를 충분히 할 수 있게 하는 질문이다. 교사는 가급적 열린 질문을 통하여 학부모가 자기 생각과 이야기를 충분히 할 수 있도록 한다.

예
- 어떻게 생각하세요?
- 어떠세요?

이러한 열린 질문을 통해 학부모의 생각을 이끌어 내고 학생 교육에 대한 정보를 수집한다.

3. 학부모 상담 마무리하기

1) 시간 끊어 주기

예 이제 3분이 남았는데 지금까지 이야기한 것을 정리해 볼까요?

2) 상담을 통해 약속한 것을 다시 한 번 확인하기

예 이번 상담에서 ○○가 과제를 할 때 다소 느리고 서툴러도 화내거나 너무 재촉하지 않고 여유를 가지고 말씀하기로 하셨지요?

3) 추후에 상담할 수 있음을 안내하기

예 언제든지 ○○에 대하여 상담하실 일이 있으시면 미리 연락 주시고 오세요.

4) 격려하기

예 바쁘신 중에도 ○○를 위해 이렇게 기꺼이 상담에 와 주신 것에 다시 한 번 감사합니다. 이런 부모님이 계시기에 ○○에게도 분명히 좋은 변화가 있을 것입니다.

5) 학부모 배웅하기

상담이 끝났다면 학부모를 복도까지 배웅하며 끝까지 예의를 갖춘다.

예 오늘 나눈 이야기들이 앞으로 ○○를 지도하는 데 많은 도움이 된 것 같습니다. 그럼 안녕히 가세요.

6) 학부모 상담 정리하기

상담이 끝난 후에는 상담의 진행 사항이나 중요한 내용 등을 기록으로 남긴다. 특히 쟁점이 된 말이나 민감한 내용에 대해서는 대화 내용을 가능한 한 그대로 기록해 놓는 것도 도움이 된다.

상담 일지에 포함되어야 할 내용은 다음과 같다.

- 학생명, 내담자, 학생과의 관계, 연락처
- 일시: 날짜, 시간
- 상담 장소
- 상담 동기: 상담주간, 학부모 요청, 담임 요청, 기타(　　)
- 상담 방법: 면담, 전화, e-mail, 알림장, 기타(　　)
- 문제 유형: 학습, 생활태도, 교우관계, 이성문제, 적응문제, 진학문제, 가정 문제, 기타(　)
- 상담 내용 및 결과
- 추후 상담 일정

7) 학부모 상담 되돌아보기

학부모와의 상담이 끝난 후에는, 교사는 자신의 상담이 어땠는지 되돌아보고 더 발전시킬 부분은 무엇인지 생각해 보는 시간이 필요하다.

다음 항목들을 하나하나 살펴보면서 학부모 상담을 되돌아본다.

- 학부모가 편안함을 느끼도록 했는가?
- 학부모의 질문에 대해 잘 대답했는가?
- 학부모가 말할 시간을 적절히 주었는가, 아니면 주로 자신만 말했는가?
- 학생의 고쳐야 할 점뿐 아니라 강점에 대해서도 충분히 이야기했는가?
- 면담에서 학부모나 학교가 아닌 학생에게 중점을 두고 이를 잘 유지했는가?
- 계획을 잘 수립하였는가?
- 중요한 점을 잘 요약하였는가?
- 잊고 말하지 않아서 다음에 언급해야 할 사항은 없는가?

출처: Kottler & Kottler (2011), p. 142.

양념 추가 〈학부모 상담을 마치고 학급 홈페이지에 정리하기〉

1학기 학부모 상담을 마치며

학부모 상담을 통해 예쁘고, 멋진 우리 반의 부모님들을 뵙게 되어 무엇보다 기뻤습니다. 이번 상담을 통해 부모님들이 우리 반 아이들을 얼마나 사랑하고 걱정하고 있는지 다시 한 번 알게 되었고, 제가 몰랐던 아이들의 장점을 알게 되어 좋았습니다. 부모님들께서 말씀해 주신 장점들은 더욱 부각되도록 지속적으로 격려하고 발전시키도록 하겠습니다. 그리고 부모님들께서 저에게 부탁하신 것을 정리하면 다음과 같습니다.

1. 아이가 편식이 심해 음식을 골고루 먹었으면 좋겠다.
2. 공부에 대한 동기 부여를 해 주었으면 좋겠다.
3. 책을 많이 읽게 했으면 좋겠다.
4. 글씨를 잘 썼으면 좋겠다.
5. 글을 성의 있게 잘 썼으면 좋겠다.
6. 눈이 많이 나빠지고 있어 걱정이 된다.
7. 친구들 사이에 다툼이 있을 경우 즉시 알려 줬으면 좋겠다.
8. 수학 문제집을 풀게 했으면 좋겠다.
9. 여자아이들 사이의 미묘한 감정을 잘 살펴봐 줬으면 좋겠다.
10. 친구들과 어울려서 잘 놀았으면 좋겠다.
11. 숙제를 하고(할 것을 하고) 놀았으면 좋겠다.
12. 시험 볼 때 문제를 잘 읽었으면 좋겠다.
13. 자기 물건을 소중히 여겨 잘 챙겼으면 좋겠다.
14. 발표를 잘했으면 좋겠다.
15. 칭찬을 많이 해 주셨으면 좋겠다.

(그 외 더 있지만 부탁 내용으로 누구인지 식별이 가능한 내용은 비밀 유지를 위해 생략하였습니다.)

우리 반에 다양한 아이들이 모여 있듯이 부모님들의 욕구도 저마다 다르고 다양하였습니다. 어떤 것은 당장 실행에 옮길 수 있지만 어떤 것은 그렇지 못한 것도 있을 수 있습니다. 그리고 부모님들의 욕구가 다 다르기에 모든 부모님의 욕구를 충족할 수 없음도 이해해 주시기 부탁드립니다. 하지만 부모님들께서 말씀하신 내용은 잊지 않고 1년 동안 항상 염두에 두고 아이들을 지도하도록 하겠습니다.

또한 부탁하신 내용 중에는 학교에서뿐만 아니라 가정에서도 관심을 가지고 지속적으로 함께 해야만 효과가 있는 것도 있습니다. 저도 노력하겠지만 가정에서도 함께 노력해 주시길 부탁드립니다.

공깃밥 추가 〈학부모 전화 상담 시 주의할 점〉

- 전화를 할 때에는 먼저 자기소개로 대화를 시작하고 밝은 어조로 말을 하는 것이 중요하며 상냥하고 정중한 태도를 보인다.
- 전화가 예정된 시간에 전화를 하고, 혹시 예정된 상담이 아니라면 자기소개를 한 후에 전화를 한 시간이 상담하기에 혹은 전화를 받기에 좋은 시간인지 확인할 필요가 있다. 예를 들면, 학부모가 중요한 회의에 참석하고 있거나 바쁘게 저녁 식사를 준비하고 있을 수도 있기 때문이다. 만약 학부모가 전화받기가 곤란하다면 언제 통화할 수 있는지를 정중하게 물은 후 끊는다.
- 대화를 어떻게 할 것인지 할 말을 미리 준비하고, 꼭 전달해야 할 핵심 요점들은 미리 적어 놓는다.
- 일반적인 학부모 전화 상담 시에는 특별히 얘기하고 싶은 것이 있는지 물어보고, 얼굴을 보고 이야기하는 것이 아니기에 한 번에 한 가지씩 이야기한다.
  "특별히 얘기하고 싶으신 게 있으세요? 우리가 얼굴을 보고 하는 게 아니라 한 번에 한 가지만 얘기를 했으면 좋겠습니다. 어머니 생각은 어떠신가요?"

- 최근 아이의 상황에 대해 설명할 때는 객관적인 용어를 사용한다.
  예를 들면, "요즘 철민이가 숙제를 잘 안 해 오네요." (×)
  → "이번 주에 네 번의 과제가 있었는데 철민이가 두 번 숙제를 해 오지 않았네요." (○)
- 학부모의 이야기를 잘 듣고 있음을 말로 표현한다. 예를 들면 "아. 그렇군요, ~ 네." 등이 있다.
- 전화 상담에서는 의견을 전해 주고 정보를 얻는 시간이 불과 몇 분밖에 되지 않으므로 부모에게 짧은 시간에 좋은 인상을 줄 수 있도록 노력해야 한다.
- 상담 내용이 복잡한 상황으로 이어져 학부모가 감정적이고 방어적인 반응을 보인다면, 학부모의 감정을 반영해 주고 학부모의 말을 요약하거나 재진술해 줄 수 있다. 그리고 학부모의 말을 끊지 않고 자신의 생각을 충분히 말할 시간을 주는 것이 필요하다.
- 만약 대화에서 뜻이 서로 대립하거나 불편하고 비생산적이라고 여겨진다면 전화 통화를 마무리 한다. 이때에는 시간이 다 돼서 통화를 더 이상 하기 어렵다고 말하고, 직접 면담을 하기 위한 약속을 잡는 것이 좋다.
- 통화가 종료된 후에는 통화 내용과 의견이 일치된 부분, 다음 약속 시간 등에 대해서 간단히 정리해 놓는다.

출처: Kottler & Kottler (2011), pp. 131-134를 재구성.

셰프에게 물어봐
〈메일이나 인터넷 게시판을 이용하여 상담할 때〉

학부모들과 메일이나 학급 홈페이지의 상담 게시판 등을 통하여 글로 상담할 때 어떤 점에 주의해야 할까요?

상담 게시판이나 이메일 상담은 시간에 구애받지 않고 상담을 할 수 있다는 장점이 있지만 다음과 같은 사항을 주의하여야 합니다.

1. 맞춤법에 주의하여 씁니다.

학부모와의 관계가 아무리 좋다고 하더라도 학부모와의 적절한 거리를 유지하는 것이 좋습니다. 그러므로 공식적인 언어를 쓰고 맞춤법도 틀리지 않도록 주의합니다.

2. 상담 글이나 이메일을 바로 확인하지 못할 수도 있다는 것을 항상 염두에 두어야 합니다.

3. 이메일의 내용이 나중에 전혀 생각지도 못한 목적으로 사용될 수 있다는 것을 기억해야 합니다.

학생에 대하여 쓴 글을 학부모가 일부만 복사하여 인용할 수도 있고 교사가 쓴 의도와 달리 해석하여 이용하는 경우도 있을 수 있기 때문입니다. 그러므로 이메일 상담에서는 가능한 한 학생의 잘못된 내용이나 심각한 내용은 주고받지 않도록 유의해야 합니다.

출처: Kottler & Kottler (2011), pp. 134-135를 재구성.

참고문헌

김혜숙, 최동욱(2015). 교사를 위한 학부모 상담 길잡이. 서울: 학지사.

티처빌원격교육연수원(2013). 상담으로 풀어가는 교실이야기: 학부모 상담편. 티처빌원격교육연수원 연수 교재. 미간행 자료.

한영진, 박미향, 이정희, 김민정(2014). 매직워드77: 콕! 집은 선생님의 한마디 교실을 바꾼다. 서울: 학지사.

Kottler, J. A., & Kottler, E. (2011). 교사를 위한 상담기술: 생활지도와 상담[*Counseling skills for teachers*]. 김은향, 김영조, 이동궁, 이정희, 장현일, 심정희, 황애현 역. 서울: 시그마프레스. (원저는 2006년에 출판).

24 진로지도 이렇게 해 보세요

셰프! 도와주세요!

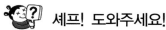

6학년 1학기 말을 앞두고 준호 아버지가 선생님에게 상담을 요청했다. '웬일로 아버지가 오실까?' 선생님은 기대되기도 하고, 은근히 긴장되기도 하였다. 준호 아버지는 고민이 있다고, 선생님의 조언을 얻고 싶다고 하였다.

준호 아버지: 준호가 초등학교 마지막 학년이 되고 중학교에 진학하게 되니 마냥 놀게만 하기에는 마음이 바빠집니다. 그 이유를 따져 보니 공부만이 문제는 아닙니다. 애가 중학생이 되는데 나중에 뭐 하는 사람이 될지 대략 방향이라도 정해야 하지 않을까 하는 생각이 요즘 들어 자주 듭니다. 그러자면 준호에게 도움이 되는 활동들을 지원하고 격려해 주고 싶은데 뭘 해 줘야 할지 너무 막연합니다. 한편으로는 준호가 자랐을 때 취업 문제도 솔직히 걱정이 됩니다. 문과 계열보다는 이공 계열이 취업이 잘된다고 하는데, 준호가 이과 쪽이 성향에 맞는지 잘 모르겠습니다. 그리고 준호의 적성이 이공 계열이라고 해도 걱정입니다. 저는 IT 관련 쪽에 근무하는데, 이쪽 일이란 게 하루가 다르게 기술과 표준 등이 변하기에, 저 역시 끊임없이 변화하지 않으면 업계에서 살아남기가 어렵습니다. 겉으로는 적당한 수입에 안정적으로 살고 있는 것 같은데, 이 업계에서 계속적으로 살아남는 것이 버겁기도 합니다. 준호의 삶도 저처럼 때로는 힘들 수 있으리라 예상합니다. 그래도 자기가 좋아하는 일을 하게 되면 그나마 삶이 행복하지 않을까 싶어서 아빠로서 어떻게

해야 자녀의 진로를 준비할 수 있는지 전문가이신 선생님께 도움을 구하고 싶습니다.

너무나 절절한 준호 아버지의 얘기에 선생님은 공감이 됐다. 한편으로는 담임교사에게 도움을 구하러 온 준호 아버지가 고마웠다. 서로 머리를 맞대고 어떻게 준호의 진로에 도움을 줄지 함께 이야기하기 시작했다.

레시피 1. 학부모에게 무엇을 알려 줄까?

1. 진로를 대하는 우리나라 부모의 특성

자녀의 진로 선택에 절대적인 영향력을 미치는 존재는 부모다. 그래서 부모의 관점은 자녀에게 많은 영향을 미치게 된다.

우리나라는 노동 현장에 종사하는 사람들 간의 임금 격차가 적게는 몇십만 원부터 많게는 수억 원에 이르기까지 그 차이가 매우 큰 편이다. 이런 사회 구조에서는 사람들의 시선은 보수를 많이 받게 되는 상위의 몇몇 직업에만 몰리기 쉽다. 더구나 외환위기를 겪으면서 고용의 안정성이 개인의 삶에 미치는 영향을 경험한 사회이다 보니 부모의 입장에서는 자녀의 진로 선택에 마냥 너그러울 수만은 없다. 자녀의 재능과 잠재력을 키워 주어야 한다고 생각하면서도 안정성과 사회적 지위, 보수 등도 무시할 수 없기에 부모는 딜레마에 빠지게 된다. 이런 현실로 인해 자녀의 미래가 불안하여 부모 역시 조급하고 불안한 것이 우리나라 부모의 특성이다.

이런 불안을 부모가 객관적으로 인식하고 있으면, 오히려 자녀의 진로 관련 문제에 좀 더 마음을 열고 여유 있게 대처할 수 있게 된다.

2. 진로 발달단계 이해하기

자녀의 꿈은 항상 바뀐다. 작년에는 화가가 되고 싶다고 했다가 올해는 작가를 하고 싶다고 한다. 부모로서는 자녀가 말할 때마다 '내 아이가 그런 부분에 재능이 있나?' 하며 다소 솔깃한 마음으로 자녀를 바라보게 된다. 그런데 해마다 자녀의 꿈은 달라지며, 이를 계속 지켜보던 부모는 어느새 자녀에 대한 기대가 희미해지고, 혼란스러워지는 자신을 보게 된다.

그러나 이러한 잦은 변화는 아이의 진로 발달단계상 당연한 것이다. 도널드 슈퍼(Donald E. Super)에 따르면 초등학교 시기는 진로 발달단계상 환상기와 흥미기에 포함된다. 환상기(4~10세)에 보이는 두드러지는 특징은 현실 여건, 자신의 능력이나 가능성 및 시간관념이 무시되고, 욕구가 지배적이며 환상적인 역할 수행이 중요시된다. 자신의 충동이나 욕구가 자의적으로 직업 선택으로 전환된다. 이 시기의 아이는 원하면 무엇이든지 될 수 있다고 생각한다. 흥미기(11~12세)에는 개인의 취향이 곧 활동의 목표 및 내용을 결정하는 요인이 된다. 능력기(13~14세)에는 비로소 능력을 보다 중요시하며 직업의 요구 조건을 고려하게 된다. 좀 더 자란 잠정기(15~17세)의 아이는 직업 선택에서 흥미, 능력, 가치와 같은 주관적인 요소를 고려하기 시작한다. 그러나 청소년은 자신의 진로를 고려할 때 현실적인 요인들을 적절하고 효과적으로 통제하지 못하기 때문에 진로 선택이 잠정적일 수밖에 없다. 부모가 이런 진로 발달단계를 이해하면 자녀의 잦은 변화를 볼 때 좀 더 마음에 여유를 가질 수 있을 것이다.

〈Super의 진로 발달단계(0~17세 사이를 중심으로)〉

환상기(4~10세)	• 욕구가 지배적이며 환상적인 역할 수행이 중요시되는 시기
흥미기(11~12세)	• 개인의 취향이 곧 활동의 목표 및 내용을 결정하는 요인이 되는 시기
능력기(13~14세)	• 능력을 보다 중요시하며 직업의 요구 조건을 고려하게 되는 시기
잠정기(15~17세)	• 욕구, 흥미, 능력, 가치, 직업적 기회 등을 고려하기 시작하며, 잠정적인 진로를 선택하고 그것을 환상, 토의, 일, 기타 경험을 통해 시행해 보는 시기

출처: 김봉환, 정철영, 김병석(2006), pp. 85-86.

3. 시기별 진로교육 내용 이해하기

자녀의 성장 시기에 따라 부모가 개입할 진로 관련 영역은 다르다. 초등학교 시기에는 진로에 대해 인식하게 돕고, 중학교 시기에는 탐색을 하는 것이 필요하다. 고등학교 때는 진로계획을 세울 필요가 있으며, 대학교나 취업 준비 시기에는 본격적으로 진로 준비를 해야 한다. 성인이 되어서는 진로를 유지하며 개선해야 한다.

〈시기별 진로교육 목표〉

초등학교	중학교	고등학교	대학교/취업 준비생	성인
진로 인식	진로 탐색	진로 계획	진로 준비	진로 유지 및 개선

부모의 영향력이 큰 초 · 중등학교 시기에 부모는 자녀에게 다양한 활동을 적극 권장할 필요가 있다. 특히 두드러지는 무언가가 없을수록 더 다양한 체험이 필요하다. 다양한 활동 경험 가운데 자녀에게 있는 특성들이 나타날 수도 있고, 계발될 수도 있다. 일상적인 활동 범위에서 다양한 활동을 할 수 있게 지원한다(예: 예체능 관련 학원 보내기, 가족 모임 성격의 다양화). 또는 진로를 염두에 둔 특정 장소를 방문해도 좋다[초등 저학년: 키자니아(민간진로탐색기관), 초등 고학년~중학생: 잡월드(고용노동부산하진로탐색기관)]. 마땅한 체험 활동이나 체험 장소를 찾기 어려운 경우, 크레존(http://www.crezone.net)을 이용하면 다양한 영상을 선정하여 시청하거나 원하는 체험활동을 시도해 볼 수 있다. 활동 형태 외에 문헌 자료 등을 검색할 수 있으며, 관심 있는 영역에 대한 홈페이지 탐색을 시도할 수 있다. 특히 자녀가 관심 있는 중 · 고등학교의 홈페이지, 더 나아가 희망하는 대학교의 홈페이지를 탐색하고 구체적으로 살펴보는 것은 자녀와 동행하는 진로 탐색 과정으로 적극 권장할 만한 활동이다.

한편, 부모는 자녀 시기에 누구나 보일 수 있는 특성을 확대 해석하여 지나친 기대를 표현해 자녀에게 부담을 주는 것은 경계해야 한다.

4. 직업의 정의

나(의 재능) + 너(의 필요 채우기)

직업은 사회 속에서 나와 너의 관계에서 발생한다. 나의 재능이 세상의 필요와 만나 서로 결합하여 일정한 활동 형태로 수입을 창출할 때 그것을 직업이라 할 수 있다. 그런 의미에서 좋은 직업인이 되기 위해 필수적인 것은 자신을 잘 이해하고, 타인의 필요에 민감한 사람으로 자라는 것이다.

초등학생이나 중학생인 자녀가 자기 자신을 잘 이해하는 것은 쉽지 않은 일이다. 가정에서 자녀의 자기이해를 돕는 가장 좋은 방법은 '경험의 포트폴리오를 축적'하는 것이다. 예를 들어 보자.

- 자녀가 받은 상장을 지속적으로 정리하기. 자녀가 강점을 보이는 부분이 보일 것이다.
- 자녀가 놀러가기를 선호한 체험 장소를 지속적으로 기록하기. 자녀의 흥미가 보일 것이다.
- 자녀를 매일 두 가지씩 꾸준히 칭찬하며, 그 칭찬 내용을 기록하기. 자녀의 특성이 보일 것이다.
- 자녀가 선호하는 책 목록을 기록하기. 자녀가 관심 있어 하는 부분이 드러날 것이다.

자기이해 못지않게 중요한 것은 타인의 필요에 민감한 사람으로 양육하는 것이다. 부모가 평소에 잦은 질문을 통해 세상의 필요에 민감한 아이로 자라도록 관점을 키워 준다. 질문은 기술적 필요를 포함해 다양한 관점에서 물어보는 것이 좋다. 다음은 질문의 예다.

- 남자와 여자는 어떤 차이가 있을까? 그 차이가 어떤 필요를 발생시켜 새 직업을 만들게 될까?
- 아이를 키우는 사람에게 가장 아쉬운 것이 무엇일까? 그것을 어떤 방식으로 채워 줄 수 있을까?
- 핸드폰을 사용하는 사람에게 가장 불편한 점은 무엇일까? 그걸 대체할 다른 방법은 없을까?
- 컴퓨터가 더 발달하면 사람들에게 어떤 필요가 생길까?
- 게임 때문에 사람들의 관계가 멀어지고 있다. 다시 친밀해지게 할 방법은 없을까?

5. 자녀의 특성 알아보기

성격유형검사, 흥미검사, 적성검사 등 검사를 활용하여 자녀의 특성을 알아볼 수 있다.

1) 성격유형검사

성격유형검사는 타고난 기질 등을 확인하는 검사다. MBTI 검사, DISC 검사, 에고그램 등이 있다. 대표적으로 MBTI(Myers-Briggs Type Indicator) 검사는 칼 융(Carl Jung)의 심리이론을 바탕으로 마이어스와 브릭스(Myers & Briggs)가 만든 비진단 유형 검사다. 사람을 크게 4개 지표에 따라 총 16개 유형의 인간으로 나눈다.

〈MBTI 검사의 네 가지 선호 경향〉

네 가지 지표		선택의 방향
EI	E 외향성 I 내향성	인식과 판단이 주로 외부세계로 향하는가 또는 주로 내부세계로 향하는가
SN	S 감각적 인식 N 직관적 인식	인식하려고 할 때 어떤 종류의 인식을 선호하는가
TF	T 사고적 판단 F 감정적 판단	의사결정을 내릴 때 어떤 종류의 판단을 더 신뢰하는가
JP	J 판단 P 인식	외부세계에 대처해 나갈 때 판단적 태도를 취하는가 또는 인식적 태도를 취하는가

출처: Myers & McCaulley (1995), p. 2.

이 검사를 통해 유형의 특성과 강점으로 발전할 수 있는 잠재성, 진로 경향성 등을 파악할 수 있다. 통상 시 · 군 · 구 소속 청소년 상담실을 방문하면 성격유형검사를 받을 수 있다.

2) 흥미검사

흥미검사는 좋아하는 것을 확인하여 직업 흥미로 연결하여 살펴볼 수 있는 검사다. 홀랜드(Holland)의 직업흥미검사를 가장 많이 활용한다. 중등학생은 홀랜드 직업흥미

〈직업흥미 유형에 의한 사람과 작업 환경〉

홀랜드 직업흥미 유형	사람의 특징	작업 환경의 특징
현장형 (Realistic)	• 정직한, 충직한 • 기계 조작, 정신운동, 신체운동에 능함 • 옥외 활동을 좋아함 • 기계, 도구 및 동식물 분야 선호	• 구조적 • 명확한 목표와 수직 구조 • 손, 기계 또는 도구로 작업 • 보이는 결과에 초점을 둠 • 캐주얼한 옷 • 엔지니어링, 군대, 숙련된 산업
탐구형 (Investigative)	• 혼자 일하는 것 선호, 말수가 적음 • 문제 해결력과 분석력이 뛰어남 • 수학적인 경향 • 관찰, 학습, 평가하는 것을 좋아함 • 아이디어 뱅크	• 비구조적, 탐구 지향적, 지적 • 아이디어나 데이터 수집 및 분석 • 수학, 과학, 의학, 컴퓨터 분야 • 연구실, 대학, 첨단 산업, 병원
예술형 (Artistic)	• 창의적, 복합적, 감정적, 직관적, 이상주의적 • 자신의 생각, 감정 및 아이디어를 표현하고 전달하려는 경향 • 독립적으로 일하는 것 선호 • 창조적으로 노래하고, 글 쓰고, 연기하고, 생각하는 것을 좋아함	• 비구조적, 창의적, 융통성이 있음 • 관습적이지 않으며 심리적인 가치를 중시 • 개념과 작품을 창조하는 분야 • 예술기관, 영화/TV, 출판, 광고, 박물관, 극장, 미술관
사회형 (Social)	• 친절함, 외향적 • 타인을 돕는 것에 만족함 • 강한 언어 기술과 대인관계 기술 • 가르치는 능력, 고무적임	• 사람들과의 조화, 친절함 • 다른 사람에게 정보를 제공하고, 훈련하고 개발, 치료 또는 계몽하는 분야 • 팀 지향적, 인적 자원 및 사람과 관련된 일 • 훈련, 교육, 사회봉사, 병원, 보건, 비영리
진취형 (Enterprising)	• 확신함, 강한 자신감, 사교적 • 언어구사력과 지도력 • 영향력 발휘 • 강한 대인관계 기술 • 강한 신분 의식	• 확실한 기업 환경 선호 • 결과 중시, 강제적임 • 높은 수준의 서비스와 제품 선호 • 기업가적임 • 높은 명성과 권력에 초점을 둠 • 판매, 경영, 정치, 재정, 리더십
사무형 (Conventional)	• 신뢰할 수 있음, 잘 훈련됨 • 정확함, 끈기 있음, 질서 정연 • 효율적, 실용적 • 세부사항을 중시 • 사무 능력과 계산 능력	• 정돈됨, 명확한 규율과 방침 선호 • 데이터의 체계적인 조직과 처리 • 돈의 관리와 운용 • 높은 잠재 소득 • 회계, 사업, 재정, 경영 관리

출처: Montress, Kane, & Ginn (2008), p. 76.

검사를 권장하며, 초등 저학년의 경우 홀랜드의 직업흥미유형을 기초로 만들어진 커리어넷(http:// www.career.go.kr/)에 탑재된 아로주니어를 권장한다.

3) 적성검사

적성은 어떤 분야의 일을 수행하는 데 필요한 개인에게 요구되는 특수한 능력이나 잠재 능력을 뜻하며 그러한 능력을 어느 정도 잘 발휘할 수 있는지를 나타내는 수준을 지적하는 말이다. 적성에 맞는 일을 할 때 사람은 성취감을 얻게 된다. 가드너(Gardner)의 다중지능이론에 근거하면 인간의 적성은 다음과 같이 분류할 수 있다.

〈가드너의 다중지능이론에 근거한 인간의 적성〉

적 성	내 용
신체운동	기초 체력을 바탕으로 몸을 움직이고 동작을 학습하는 능력 • 춤, 운동, 연기 등의 상징체계를 쉽게 익히고 창조하는 능력이다. 이 지능이 발달한 사람은 신체적 활동에 쉽게 몰입하여 즐길 수 있으며, 무용이나 연극 등에서 신체로 자신의 내면세계를 표현하는 데 뛰어난 재능을 보인다.
손재능	손으로 정교한 작업을 하는 능력
공간	머릿속으로 그림을 그리며 생각하는 능력 • 도형, 그림, 지도, 입체 설계 등의 공간적 상징체계에 소질과 적성을 보이는 능력이다. 물건을 보기 좋게 배치하거나 새로운 물건을 만들고, 낯선 곳에서 길을 찾는 데 필요한 능력이다.
수리논리	논리적으로 사고하여 문제를 푸는 능력 • 숫자나 규칙, 명제 등의 상징체계를 잘 익히고 그와 관련된 문제를 손쉽게 해결해 내는 능력을 말한다. 수학이나 사회 현상 등 여러 대상에 대한 관심을 가지고 탐구하면서 논리적으로 추론하여 규칙이나 법칙을 발견하거나 체계를 마련하는 능력이다.
창의력	새롭고 독특한 방법으로 문제를 해결하고 아이디어를 내는 능력
자기성찰	자기의 생각과 감정을 알며, 감정을 조절하는 능력 • 자기 자신을 느끼고, 자기감정의 범위와 종류를 구별해 내며 그런 감정에 이름을 붙이고, 자신과 관련된 문제를 잘 풀어내는 데 필요한 능력이다.
음악	노래 부르고 악기를 연주하며 감상하는 능력 • 가락, 리듬, 소리 등의 음악적 상징체계에 민감하고, 그러한 상징들을 창조하는 능력을 말한다. 노래를 부르거나 악기를 다루거나 새로운 곡을 창작하거나 감상하는 데 필요한 능력이 이에 해당한다.

언어	말과 글로써 생각과 감정을 표현하고 이해하는 능력 • 말과 글이라는 상징체계에 대한 소견과 적성이 뛰어난 사람이 갖고 있는 능력을 말한다. 이 지능이 높으면 글이나 말을 통해 자신의 생각이나 느낌을 잘 표현하고 탁월한 언어적 기억력을 보인다.
대인관계	다른 사람과 더불어 살아가는 능력 • 다른 사람의 기분이나 동기, 바람을 잘 이해하고 그에 적절하게 반응하는 능력, 즉 인간관계를 잘 이끌어 가는 능력을 가리킨다.
자연친화	자연에 관심을 가지고 탐구 · 보호하는 능력 • 식물이나 동물 또는 자신이 살아가는 환경에 관심을 가지고 그 인식과 분류에 탁월한 전문지식과 기술을 발휘하는 능력을 말한다.

출처: 서울특별시교육연구정보원(2007), p. 20.

4) 검사 해석의 유의점

검사는 제한적으로 받아들여져야 한다. 검사하는 과정에서 측정의 오류가 있을 수 있고, 검사의 성격에 따라 타당도와 신뢰도 문제가 있을 수 있기 때문이다. 또한 초등학교나 중학교 등 성장기에 측정한 흥미와 적성검사 결과는 추후 변화할 가능성도 있다. 그러므로 검사가 제공하는 정보로 자녀를 지나치게 단정 지어서는 곤란하다.

바람직한 것은 검사 과정 자체가 자녀에게 의미 있는 진로 탐색 과정이 되도록 유도하는 것이다. 그리고 검사 결과를 바탕으로 직업 탐색이 이어지도록 자녀와 많은 대화를 나누는 것이다.

6. 자녀 진로 코칭하기

자녀의 진로선택 시 부모는 다음과 같은 기준으로 코칭할 수 있다.

	좋아하는 일	좋아하지 않는 일
잘할 수 있는 일	유형 1	유형 2
잘할 수 없는 일	유형 3	유형 4

유형 1은 잘하고, 좋아하는 일을 하기 때문에 문제가 되지 않는다. 적극 지원하며 권장한다.
유형 4는 잘하지 않고, 좋아하지도 않기 때문에 버린다.
문제는 유형2와 유형3이 충돌할 경우다. 그럴 때는 가급적 유형2를 우선한다. 그것은 잘하는 일을 하다 보면 그 일을 수행하는 데서 인정받을 수 있고, 그러다 보면 좋아할 가능성이 커지기 때문이다. 반면, 유형3은 좋아는 하지만 막상 잘하게 되기까지 매우 시간이 걸릴 수 있기 때문에 그 과정에서 지칠 수 있는 문제가 있다.

진로 코칭 매트릭스

출처: 김희삼(2010), p. 60을 재구성.

7. 활용할 사이트 안내하기

교사가 모든 안내를 세세히 할 수는 없기에, 학부모에게 자녀와 함께 직접 접속하여 활용하거나 탐색할 수 있는 대표적인 진로 관련 사이트들을 안내한다.

〈진로 관련 대표 사이트〉

사이트명	특징
커리어넷 (http://www.career.go.kr)	• 진로심리검사, 진로상담, 직업 · 학과정보, 진로교육자료, 진로동영상 제공
고용노동부워크넷 (http://www.work.go.kr)	• 구인, 구직, 직업정보, 심리검사 제공 • 직업심리검사, 직업정보, 직업진로자료, 진로상담, 학과정보 검색 가능
서울진로진학정보센터 (http://www.jinhak.or.kr)	• 다양한 진학 및 진로 정보 자료의 효율적인 제공 • 맞춤식 서비스 제공을 위한 진학 · 진로 상담실 운영 ※ 진로적성검사 가능(성격유형검사, 직업흥미검사, 다중지능검사, 진로적성검사상담 등)

크레존 (http://www.crezone.net)	• 전국의 다양한 창의적 체험활동 정보와 창의 · 인성 교육 전문자료를 만나볼 수 있는 창의 · 인성 교육 플랫폼
잡월드 (http://www.koreajobworld.or.kr)	• 직업체험 프로그램의 개설 · 운영 • 직업 관련 자료 · 정보의 전시 및 제공 • 청소년 등에 대한 직업교육 프로그램 개설 · 운영 • 교사 등에 대한 직업지도 프로그램 개설 · 운영

8. 직업능력 개발의 중요성 알려 주기

자녀가 학생일 때 진로 계획을 세운다고 해서 곧장 직업 세계로 들어가게 되지는 않는다. 학령기에 선택한 진로는 자라면서 얼마든지 바뀔 가능성이 크고, 진입하게 되는 사회 또한 계속 바뀐다. 그래서 부모는 성장기의 자녀를 바라보며 직업선택보다 직업능력의 개발에 관심을 가져야 한다. 직업능력은 한순간에 습득할 수 있는 것이 아니기 때문이다. 모든 직업 현장에 두루 쓰일 수 있는 대표적인 직업 능력에는 의사소통 능력, 문제해결력, 대인관계 기술, IT 능력 등이 있다. 부모는 평소에 자녀와 자주 상호작용을 하면서 적절한 대인관계 기술을 알려 주고, 의사소통 능력을 신장시켜 주어야 하며, 문제 해결력을 키울 수 있게 노력해야 한다. 그리고 컴퓨터는 우리 생활과 불가분의 관계에 있기 때문에 IT 관련 기술에도 관심을 가지고 자녀를 양육해야 한다.

레시피 2. 학교에서 어떻게 지도하지?

1. 스스로 만드는 직업 찾기 활동

미래 사회의 변화는 정확히 예측할 수 없고, 학교현장에서 이뤄지는 전문 진로교육 또한 미래 상황을 정확히 예측할 수 없다. 오히려 학교의 진로교육이 전문적일수록 미래 사회의 불확실성을 준비하는 직업 능력 중심의 교육과 새로운 직업을 창출하는 창직(創職) 중심의 교육이 되어야 할 것이다.

• 미래 사회의 변화를 예측해 본다(예: 고령화사회).

- 그 예측에 따른 다양한 발생 직업을 만들어 본다(예: 노인 케어 종사자).
- 발생 직업과 관계 있는 나의 특성, 강점들을 연결하여 창직해 본다(예: 시니어 유머 프로그래머).

2. 미래 직업 경향에 따른 수업 방식의 변화: 공동 지식의 강조

몬트레스, 케인과 진(Montress, Kane, & Ginn, 2008)에 따르면, 직업 세계는 다음과 같은 새로운 경향으로 향해 가고 있다.

- 개인적 성취에서 팀제로 초점 대체 → 대인관계 능력이 중요한 고용 조건으로 변하고 있음
- 조직은 경쟁력을 유지하기 위해 끊임없이 적응하고 성장하는 고용인을 원함. 이에 대해 어떠한 예외도 없음
- 지속적인 평생 학습이야말로 필수가 되었고, 기업들은 일자리를 보장하는 대신 전문적인 자기계발의 기회와 학습 과제를 제공함
- 고용인은 자신의 흥미와 능력 및 가치를 알아야 하고, 그것에 대해 상호 의사소통할 수 있어야 함. 또 도전적 · 창의적인 사람이 높은 평가와 보상을 받게 될 것임
- 세계는 급속도로 기술과 컴퓨터에 의존해 가고 있음. 기술의 향상이 비숙련 노동력을 대체할 것임(Montress, Kane, & Ginn (2008), p. 60을 재구성)

이와 같은 직업 세계로의 진입을 준비하기 위해서는 경쟁보다는 협동으로 창출해 내는 공동 지식을 강조하는 수업 구조가 형성되어야 한다. 이를 위해서는 일방향 중심의 의사 구조를 가진 수업 유형보다 상호 소통이 원활하게 요구되는 모둠 중심의 협동 수업 구조가 필요하다.

공동 지식을 만드는 방법은 다음과 같이 진행할 수 있다.

- 질문을 제공한다.

• 각자 주어진 질문에 답을 한다.
• 모둠별로 각자의 답을 수합하여 모둠 단위의 답변을 만들어 낸다.
• 학급 내에서 모둠별 답변을 공유하며 첨삭을 덧붙이며 공동 지식을 창출해 낸다.

※ 시간이 없을 경우에는 질문의 내용을 수합하여 다시 학생들에게 나눠 주는 것만으로도 공동 지식의 창출을 느낄 수 있다.

다음은 공동 지식을 만든 하나의 예다.

배움과 성장이 있는 교실 6학년 1반 우리 반 공동 지식

※ 다음 표를 보고 물음에 알맞은 답을 쓰시오.

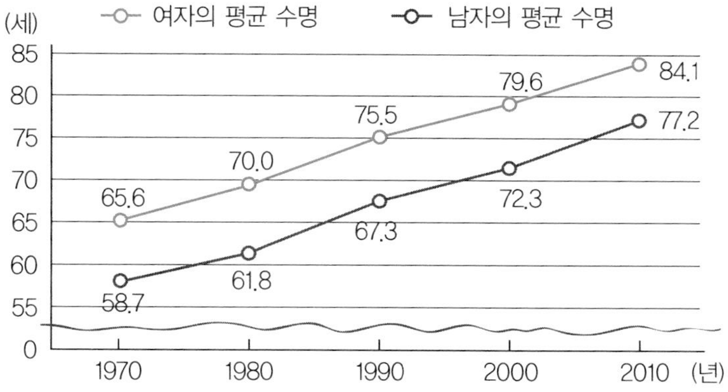

평균 수명의 변화

출처: 통계청 인구추계교실(http://kosis.kr/statPopulation/main.jsp).

1. 이 표를 보고 알 수 있는 사실을 자세히 분석하여 쓰시오.

• *1970년 때보다 남녀의 평균 수명이 여자는 약 10세, 남자는 약 14세 정도 올랐다.*
• *10년에 약 5년 늘어나므로 1년에 약 0.5년 늘어난다.*

- 여자가 7년에서 10년 정도 더 오래 산다.
- 평균 수명이 10년간 평균 5세씩 늘고 있다.
- 점점 늘어난다.
- 약 20년 동안 여자는 평균 나이가 20년 추가되었고, 남자는 약 18년 추가되었다. 즉, 사람들이 더 오래 살 수 있다.
- 옛날 1970년보다 현재 2010년 때의 남자, 여자 수명이 길어졌고, 여자가 더 평균 수명이 더 높다.
- 여자의 평균 수명과 남자의 평균 수명이 점점 늘어나고 있다.
- 남자와 여자의 평균 수명이 늘어나고 있다.
- 여자와 남자의 평균 수명이 40년 동안 약 20년 늘었다.
- 남자와 여자 모두 1970년부터 2010년까지 점점 수명이 높아지고 있다. 여자는 남자보다 평균 수명이 높고, 남자는 여자보다 평균 수명이 낮다.
- 점점 사람들의 평균 수명이 늘고 있다.
- 여자가 남자보다 오래 산다.
- 여자의 평균 수명이 남자의 평균 수명보다 길다.
- 여자들이 세월이 지날수록 나이가 많은 분이 많이 생긴다.
- 시간이 흐르면 흐를수록 평균 수명이 늘어난다.
- 남자는 평균 수명이 1970년대에서 2000년까지 약 1.3배 올랐다.
- 여자는 평균 수명이 1970년대보다 2010년에 약 1.2배 정도 올랐다.
- 남자가 여자보다 평균 수명이 짧다. 시간이 지날수록 평균 수명이 남녀 모두 늘어난다.
- 평균 수명이 늘어난다는 것에서 의료 쪽이 점점 발달하고 있다는 것을 알 수 있다.

2. 이 표를 보고 예상할 수 있는 50년 후의 사회 변화 모습을 예상하여 쓰시오.

- 정보와 서비스업이 발달하고 과학기술이 점점 뛰어나게 변화할 것이다.
- 노인복지시설이 늘어난다.
- 노인봉사활동도 늘어난다.
- 평균 수명이 늘어나서 초고령화 시대가 된다.
- 노인이 많을 것이고 고령화사회일 것이다.
- 앞으로 빨리 죽어도 100세 정도에 죽을 것이고(병사, 교통사고가 아닐 시), 복지

가 더 확대될 것이다. 그 대신 청장년층은 엄청난 세금을 내야 한다.

- 여자, 남자의 평균 수명이 더 늘어날 것이다.
- 아마 100세 넘게 살 것 같다.
- 남자와 여자의 평균 수명이 높을 것이다.
- 여자와 남자의 평균 수명이 100세 넘을 것 같다.
- 여자는 수명이 약 100세이고, 남자는 수명이 약 93~94세일 것이다.
- 2060년 즈음에는 평균 수명이 계속 늘어 100세 정도 될 것 같다.
- 여자가 110세까지 살고, 남자는 100세까지 산다.
- 여자의 평균 수명이 더 늘 것으로 평가된다. 한 120세까지는 살 수 있다.
- 사람들은 적어도 95세 정도가 평균 수명이 된다.
- 평균 수명이 남자와 여자 모두 올라갈 것 같다.
- 50년 후는 2010년보다 평균 수명이 늘어나 지금보다 더 오래 살 수 있을 것이다.
- 퇴직하려는 나이가 지금보다 높아질 것이다.

3. 이 표를 보고 추측할 수 있는 사회현상의 장점과 긍정적인 면을 부각하여 쓰시오.

- 사람들의 평균 수명이 10세 이상 늘어 더욱 오래 살 것이다.
- 과거에 비해 오래 살 수 있다.
- 오래 살 수 있으므로 하고 싶은 일을 더 할 수 있다.
- 사람들이 더 오래 살 수 있고, 의료기술이 발달한다.
- 연금제도 및 노인복지제도 발달, 노인 일자리 개발
- 노인에 관한 복지 증가로 미래에 대한 걱정이 줄어들 수 있다.
- 우리 사회가 발전되었다.
- 평균 수명이 늘어 할머니, 할아버지들이 오래 살아 자녀들이 좋아한다.
- 나이 드신 분들이 일을 하면 경제 발전에 도움이 된다.
- 더 오래 살 수 있어서 오랫동안 직업을 가질 수 있다.
- 사회는 발달하고 점차 환경오염이 심해진다.
- 의술이 발전해서 평균 수명이 늘어난다.
- 사회는 점점 편리해지고 점점 발달할 것이다. 그러므로 우리는 집에서 활동하는 시간이(재택근무 형태) 많을 것이다.

4. 위 3번에서 대답한 긍정적인 면이 부각되려면 전제되어야 할 조건들을 생각하여 쓰시오.

- 과학기술이 좋아짐과 동시에 의학기술도 발전해야 한다.
- 건강, 경제적 여유
- 젊은층이 세금을 많이 낸다. 초고령화사회가 되어서 독거노인이 늘어나기 때문에 복지를 더 늘려야 한다.
- 노인에 대한 편견을 버린다.
- 복지가 보편화되어야 하고, 정부가 노력해야 한다.
- 노인들 빼고, 세금 내는 사람에게 세금을 내면 많은 혜택을 준다.
- 돈을 많이 번다, 노인을 배려한다, 노인을 무시하지 않는다.
- 나이 드신 분들이 할 수 있는 직업이 늘어야 한다.
- 노인에게 일자리를 제공해 준다.
- 노인의 일자리를 더욱더 제공해 준다.
- 건강을 위한 무료 예방접종, 무료 진료를 실시하고, 일자리를 무료로 주어야 한다.
- 지속적 사회가 되기 위한 자원 절약을 실천해야 한다.
- 의학 쪽으로 많은 노력을 기울여야 한다.
- 의술을 발전시킨다.
- 여러 사람의 지식과 아이디어를 모은다.

5. 이 표로 예상할 수 있는 직업 세계의 변화를 쓰시오.

- 앞으로 농업 등보다는 기술 시대가 올 것이다.
- 요양보호사, 간호사가 많이 필요할 것이다.
- 회사에서 일하는 사람들의 나이대가 높아지고 젊은층을 위한 직업보다 노인을 위한 직업이 더 많아질 것이다.
- 노인이 할 수 있는 일이 많이 개발될 것이다.
- 노인을 도와주는 직업이나, 아니면 노인 관련 물품이 새롭게 발명되어 직업이 노인 관련 쪽이 많아질 것이다.
- 의학이 더 발전되어 있을 것 같다.
- 젊은 사람들이 노인들을 위해 많은 일을 할 것이다.

- 노인 보육교사가 늘어날 것이다.
- 80세 이상의 노인이 회사에서 일을 잘할 수 있을 것이고, 수명이 점점 길어져서 일을 오랜 시간 동안 할 수 있을 것이다.
- 노인의 직업이 생긴다.
- 많은 사람이 오래 살게 되므로 제대로 앉아서 일할 일자리가 늘 것이다.
- 점점 의학과 사회가 좋아진다.
- 의사 쪽 직업(의료 관련 직업)이 많아질 것 같다. – 직업 세계는 점점 다양해지고 IT 쪽 직업이 발달할 것이다.

출처: 서울행림초등학교 6학년 1반 학생들(2015).

또한 직업 환경에서는 주어진 문제에 대한 풀이 과정은 더 이상 적용하기가 어렵기 때문에 지필평가보다는 수행평가에 대해 적극적으로 강조해야 한다.

공깃밥 추가 〈사회 변화 이해하기〉

1. 평균 수명의 연장과 노동 기간의 장기화

평균 수명이 짧았던 시기에는 진로를 생각할 때 평생직장과 하나의 평생직업이 가장 이상적인 모습이었다. 그러나 지금과 같이 평균 수명이 늘고 있는 현실에서는 노동 기간 또한 길어야 함을 알려 준다. 그래서 부모가 하나의 뚜렷한 직업 선택을 염두에 두고 자녀에게 진로지도를 하는 것은 현명한 방법이 아니다. 생애주기(1차 입직기, 2차 입직기, 최종 입직기)에 따라 적어도 3개 이상의 직업을 선택할 확률이 높기에, 자녀가 이것도 하고 싶고 저것도 하고 싶을 때 하나에 집중하도록 부모가 자녀의 다른 열망들을 잠재울 필요가 없다. 오히려 부모는 직업 능력 개발을 염두에 두어야 한다.

2. 직업 능력의 기초가 되는 관리 능력, 관계 능력은 가정에서부터

평균 수명의 연장으로 생애 기간 중 직업을 가지는 기간은 더욱더 늘어나는 반면, 고용 형태는 좀 더 유연해져 고용과 해고가 아주 손쉽게 일어날 것이다. 그래서 사람들에게 중요한 것은 직업의 선택보다는 좀 더 오랜 고용 기간을 가능하게 하는 직업 능력의 보유일 것이다. 따라서 의사소통, 문제 해결력, 대인관계 기술, IT 활용 기술력 등과 같은 기초 직업 능력이 보다 중요해질 것이다. 그런데 이와 같은 직업 능력은 단기간에 습득하기는 곤란한 것이다. 그래서 평소 생활 장면에서 부모가 자녀와 많은 대화를 나누고, 사고를 자극하며, 지지하고 격려하며 좋은 관계를 유지하는 것 자체가 직업 능력의 향상을 위해 꼭 필요한 것이다.

3. 인구 조건의 변화

인구 조건에 변화가 생기면 직업 세계는 요동을 친다. 유소년 인구와 노령층이 전체 인구에서 차지하는 비중 등 인구 구성비의 형태에 따라, 또는 인구 총량의 변화에 따라 많은 직업이 소멸하거나 새로 탄생하기도 한다. 현재 우리나라 인구 구성의 변화를 생각할 때 유소년 쪽 인구 비중보다는 노령층 위주의 직업 선택이 훨씬 선택의 폭이 넓으리라 예측할 수 있다. 한편, 국내 총인구의 감소에 따라 유입되는 인구를 염두에 둔 다문화 관련 직업도 늘어날 확률이 높다.

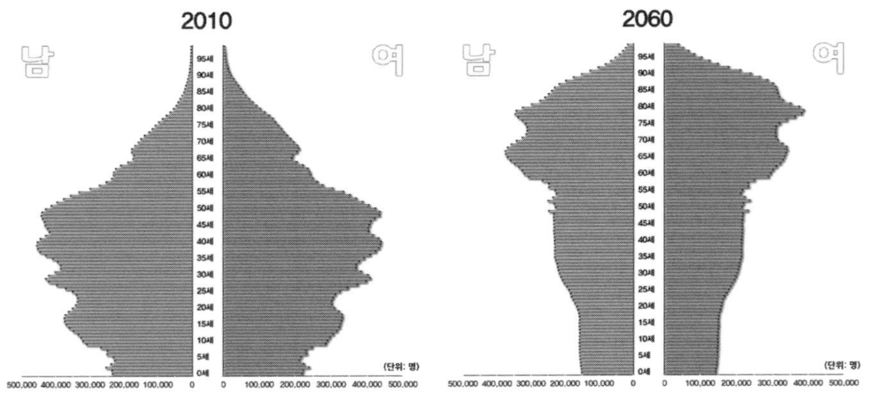

〈2010년과 2060년 인구피라미드〉

출처: 통계청 인구추계교실(http://kosis.kr/statPopulation/main.jsp).

4. 환경 문제, 자원 문제, 기술 개발

지구 기후 변화, 기존 자원의 고갈과 새 에너지원의 출현, 기술 개발로 직업 세계의 변화는 지금과 비교할 수 없이 빨라질 것이다. 특히 IT 관련 기술은 끝없이 진화하고 변화하여 향후 인류의 삶에 현재와 비할 수 없이 많은 영향을 미칠 것이다.

5. 로봇의 대두

산업혁명이 일어나던 시기, 기계로 인해 직장을 잃게 된 많은 노동자는 시대의 흐름을 거스르려고 했으나 결국 실패하고 말았다. 현재 로봇의 대두와 그로 인한 실직의 예상은 흡사 그 시절을 연상케 한다. 수많은 직업이 로봇으로 노동자를 대체할 것이다. 사람이 입력한 프로그램에 따라 움직이는 기존 로봇과 달리, 최근에는 로봇 스스로 판단하여 움직이는 수준까지 기술이 향상되었고, 이러한 움직임은 다수의 근로자를 일터에서 내쫓는 결과를 만들 것이다. 로봇으로 대체 가능한 직종으로의 진출은 부모가 자녀의 진로를 코칭해 줄 때 제외시키는 것이 좋다.

• 로봇이 빼앗을 가능성이 큰 20대 위험 직업

1. 텔레마케터
2. 세무 대리인
3. 각종 기계 시간조절기 조립공 및 조정자
4. 대출업무직
5. 은행원
6. 스포츠 심판
7. 납품 조달 담당 직원
8. 제품 포장 운반용 기계장치 운전자
9. 밀링 머신 및 플레이닝 머신 운영 관리자
10. 신용분석가
11. 차량 운전사
12. 패션 모델
13. 법률회사 비서
14. 회계 장부 담당자
15. 계산대 점원
16. 원자재 연마 가공사
17. 레스토랑 요리사
18. 보석 가공 연마사
19. 우편 업무 종사자
20. 전기전자제품 조립공

출처: 전자신문(2015. 6. 1.).

셰프에게 물어봐
〈자녀의 진로인식을 북돋는 방법〉

진로 관련 상담을 받다 보면, 많은 학부모님이 차라리 이것저것이라도 원하는 것이 있는 아이는 낫다고 말씀하세요. 진로에 아무 생각이 없는 자녀를 둔 학부모님들은 자녀의 진로를 생각할 때 아주 곤혹스러워하세요. 자녀에게 진로를 동기화할 방법이 있을까요?

맞습니다. 이것저것 의욕이 있는 아이들은 접근할 방법이 있지만, 아무런 계획이 없는 아이는 당황스럽지요. 아이들은 시간이 가면 어른이 됩니다. 아이와 어른의 가장 큰 차이는 아이의 경우 자신을 보호해 주는 보호막이 있다는 것이지요. 그래서 아이일 때 할 일은 보호막이 걷히게 되는 어른이 되기 전에 스스로 자생할 준비를 하는 것인데, 아이 스스로 그것을 인지하는 것이 때로는 쉽지 않은 경우도 있지요. 그래서 시간이 가면 모든 것이 바뀔 수 있다는 것을 아이 스스로 인지하게 하는 것이 필요하고, 그것을 돕는 가장 좋은 방법은 기록하여 눈으로 직접 보고 느끼게 하는 것입니다. 다음과 같이 20년 정도 기간을 정해 생활에서 일어날 수 있는 변화를 기입하게 하는 활동을 권장합니다. 많은 경우 진로를 준비해야겠다는 생각을 하게 됩니다.

• 20년 계획표

연도	내 나이	형제 나이		아버지 나이	엄마 나이	나에게 생기는 변화	가족에게 생기는 변화	기타
		형	제					
2016	13	없음	10	43	40			
2017	14		11	44	41	중학생		
2018	15		12	45	42			
2019	16		13	46	43			
2020	17		14	47	44	고등학생	동생이 중학생이 됨	
2021	18		15	48	45			
2022	19		16	49	46			
2023	20		17	50	47	대학생	동생이 고등학생이 됨	대학 등록금이 필요함
2024	21		18	51	48			
2025	22		19	52	49	입대		
2026	23		20	53	50		동생이 대학생이 됨	동생의 대학 등록금이 필요함
2027	24		21	54	51			자격증 공부
2028	25		22	55	52			취직 준비
2029	26		23	56	53		아버지의 퇴직	가족의 수입이 없어진다.
2030	27		24	57	54	취직		
2031	28		25	58	55			
2032	29		26	59	56			
2033	30		27	60	57			
2034	31		28	61	58	결혼		결혼 자금이 필요함

이것을 적으며 내가 느낀 점을 기록해 보세요.	어른들이 요즘 다들 취직이 안 된다고 그런다. 난 27살에 취직한다고 썼는데 정말 그렇게 될까? 계획대로 취직이 되면 좋겠다. 그러자면 더 열심히 공부해야겠지. 이것을 적다보니 미래를 준비할 시간이 너무 짧다는 생각이 든다. 이 짧은 시간에 내가 많은 것을 준비할 수 있을까? 내가 잘하는 것, 좋아하는 것을 좀 더 잘 알아야겠다. 그리고 시간을 아껴야겠다.

참고문헌

교육부(2015). 초등 5-1 사회교과서. 세종: 교육부.

김봉환, 정철영, 김병석(2006). 학교진로상담. 서울: 학지사.

김희삼(2010). 행복한 진로학교 자료집: 교육너머 노동시장. 서울: 사교육걱정없는세상. 미간행 자료집.

서울초중등진로교육연구회(2007). 하계직무연수자료집: 아이들과 함께 가꾸는 진로교육. 미간행 자료집.

서울특별시교육연구정보원(2007). 알롱달롱 엮어가는 우리의 꿈. 서울: 서울특별시교육연구정보원.

서울행림초등학교 6학년 1반 학생들(2015). 6학년 1반 공동 지식 창출 활동자료. 미간행 자료.

이범(2011). 아이들에게 공부의 즐거움을 허하라: 망가진 교육 체계에서 익사하지 않기. 그대 아직도 부자를 꿈꾸는가: 우리시대 부모들을 위한 교양 강좌. 박경철, 정태인, 이범, 나임윤경, 윤구병, 신영복, 조국, 이이화, 심상정 저. 서울: 양철북.

한국고용정보원(2015). 2015 우리들의 직업 만들기. 서울: 진한엠앤비.

Myers, I. B., & McCaulley, M. H. (1995). MBTI 개발과 활용: Theory, Psychometrics Application[*Guide to the development and use of the Myers-Briggs Type Indicator*(rev. ed.)]. 김정택, 심혜숙, 제석봉 역. 서울: 한국심리검사연구소. (원저는 1985년에 출판).

Montress, D. H., Kane, T. E., & Ginn, Jr. R. J. (2008). 자녀를 위한 커리어코칭[*Career coaching your kids: Guiding your child through the process of career discovery*]. 김명준, 김은주, 김태진 역. 서울: 어세스타. (원저는 2004년에 출판).

전자신문(2015. 6. 1.). 로봇이 빼앗을 가능성이 높은 20대 위험직업.

고용노동부워크넷 http://www.work.go.kr

서울진로진학정보센터 http://www.jinhak.or.kr

잡월드 http://www.koreajobworld.or.kr

커리어넷 http://www.career.go.kr

크레존 http://www.crezone.net

통계청 인구추계교실 http://kosis.kr/statPopulation/main.jsp

〈참고 자료 24-1〉 공동 지식 만들기: 사회 변화 예측해 보기

※ 다음 표를 보고 물음에 알맞은 답을 쓰시오.

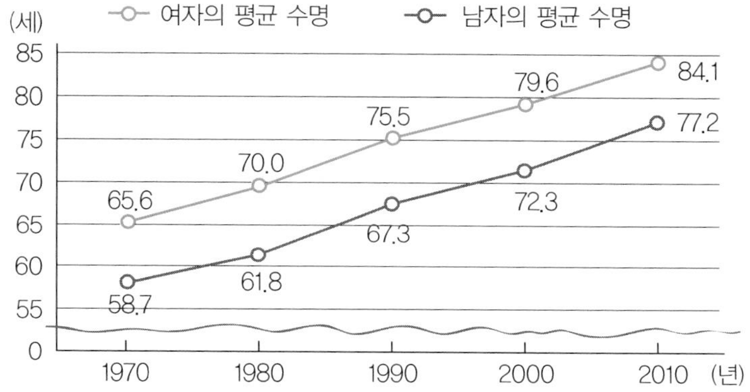

〈평균 수명의 변화〉

출처: 통계청 인구추계교실(http://kosis.kr/statPopulation/main.jsp).

1. 이 표를 보고 알 수 있는 사실을 자세히 분석하여 쓰시오.

2. 이 표를 보고 예상할 수 있는 50년 후의 사회 변화 모습을 예상하여 쓰시오.

3. 이 표를 보고 추측할 수 있는 사회현상의 장점과 긍정적인 면을 부각하여 쓰시오.

4. 3에서 대답한 긍정적인 면이 부각되려면 전제되어야 할 조건들을 생각하여 쓰시오.

5. 이 표로 예상할 수 있는 직업 세계의 변화를 쓰시오.

〈참고 자료 24-2〉 20년 계획표

연도	내 나이	형제 나이		아버지 나이	엄마 나이	나에게 생기는 변화	가족에게 생기는 변화	기타
		형	제					
2015								
2016								
2017								
2018								
2019								
2020								
2021								
2022								
2023								
2024								
2025								
2026								
2027								
2028								
2029								
2030								
2031								
2032								
2033								
2034								
이것을 적으며 내가 느낀 점을 기록해 보세요.								

25 책을 가까이 하는 아이로 만들고 싶다면

셰프! 도와주세요!

오늘은 민재 어머니와의 상담이 예정되어 있다. 민재는 학급에서 공부도 잘하고 친구들과도 사이가 좋다. 이렇게 민재처럼 문제가 없는 학생의 경우에는 담임으로서도 마음이 가볍다. 이런 저런 이야기를 나누다가 민재의 국어 실력에 관한 이야기가 나왔다.

민재 어머니: 선생님, 그런데요. 민재가 다른 과목에 비해 국어 성적이 좀 떨어지지 않나요? 글도 잘 못 쓰는 것 같고….

김 교사: 민재가 국어 성적이 탁월하게 좋은 건 아니지만 다른 아이들에 비해 나쁜 편은 아니에요. 국어 시간에 참여도도 괜찮고 국어 성적도 나쁘지 않고요.

민재 어머니: 그래도 다행이네요. 민재 누나는 어릴 때부터 책을 잘 읽어서 제가 그만 읽으라고 할 정도인데, 같은 배에서 나왔는데 민재는 책을 왜 이리 안 읽는지….

김 교사: 교실에서 보면 그래도 독서를 잘하던데요.

민재 어머니: 아마 학교에서는 읽는 흉내를 내는 걸 거예요. 민재가 학교생활은 모범적이잖아요. 그런데 집에 오면 책을 하나도 안 읽어요. 읽는다고 하는 게 만화로 된 것만 읽고요. 큰일이에요. 제가 보기엔 어휘력도 모자라는 것 같고. 앞으로 대학 가려면 독서가 그렇게 중요하다는데, 선생님 뭐 좋은 방법은 없을까요?

김 교사: 그렇군요. 독서 능력이 중요하지요. 책을 읽게 하려면….

김 선생님도 학급에 학급문고를 만들어 놓고 아이들에게 틈이 날 때마다 책을 읽게 하고 있다. 하지만 아이들이 어떻게 하면 책을 잘 읽게 할지 심각하게 고민해 본 적은 없었다. 민재 어머니뿐만 아니라 많은 학부모가 아이들이 책을 많이 읽기를 기대하는 것을 알고 있다. 이번 기회에 김 선생님도 어떻게 하면 책 읽기를 좋아하는 아이들로 만들지 고민해 보고 학부모에게 자신 있게 도움을 주길 희망해 본다.

레시피 1. 책 읽기의 중요성

1. 세상을 알아 가는 통로

아이들은 책을 통해 무엇을 얻게 될까? 아이들은 책을 통해 세상을 경험하고, 책을 통해 상상의 나래를 편다. 책을 통해 다른 사람의 삶을 이해하고, 과거와 현재를 넘나들며 지구촌 곳곳을 누빈다. 그뿐만 아니라 먼 우주까지 마음껏 날아다닌다. 아이들은 책을 통해 세상과 사람에 대해 더 많이 알게 되고 더 많이 사람을 이해하게 된다.

『하루 15분 책 읽어 주기의 힘』의 작가 짐 트렐리즈(Jim Trelease)는 아이가 옛날이야기를 통해 다음과 같은 것을 배운다고 말하고 있다.

양념 추가 〈옛날이야기를 통해 배우는 것〉

동화의 생명력은 아이의 마음과 영혼에 호소하는 힘이다. 동화는 부모와 교사가 애써 덮어 두고 회피하려는 사실을 보여 준다. 동화는 아이가 줄곧 생각해 온 것을 인정하고 이해해 준다. 그것은 울타리 밖의 차갑고 잔인한 세계가 아이를 산 채로 잡아먹으려고 기다리고 있다는 것이다.

이것이 옛날이야기를 말해 주는 전부라면, 벌써 오래전에 그 생명력을 잃었을 것이다. 그렇지만 옛날이야기는 여기서 한발 더 나아간다. 옛날이야기는 용기와 모험을 아이의 감성에 호소한다. 옛날이야기는 아이에게 용기를 내어 머리를 들고 밖으로 나가 세상을 만나라고 속삭인다. 브루노 베텔하임(Bruno Bettelheim)은 옛날이야기가 아이에게 "네가 용기를 내고 견뎌 내면 어떤 장애물도 극복할 수 있고, 어떤 적이라도 무찌를 수 있단다."하고 약속해 준다고 말했다.

아이의 공포감을 알아주고, 용기와 자신감에 호소하며, 희망을 보여 줌으로써 동화는 아이에게 세상과 자기 자신을 이해할 수 있게 해 주는 수단이 된다. 그러기에 옛날이야기를 무조건 부드럽게 윤색하는 것은 아이에게 쓸데없는 거짓말을 하는 것이다. 『반지의 제왕』의 작가 톨킨(Tolkien)은 이렇게 경고한다.

"당신이 사악한 용 근처에 사는데, 마치 그것이 없는 듯 염두에 두지 않는 것은 잘못이다." 신문의 머리기사들을 볼 때 우리는 용들로 가득 찬 세상에 산다. 그런데 그 용들을 염두에 두지 않는 것은 가정폭력, 아동학대, 아동 성폭행이 난무하는 세상에 아이를 준비 없이 내보내는 범죄를 저지르는 것이다.

이렇게 옛날이야기를 회피하는 것은 부모가 아이를 언제나 어리게만 취급하는 것이다. 문제도, 갈등도, 굴곡도 없는 책만을 선택해 주는 것은 심각한 잘못을 저지르는 것이다. 이런 부모는 어느 날 갑자기 아이가 책에 흥미를 잃고 나서야 그 까닭을 자문하게 된다. 좋은 책이 갖춰야 하는 덕목 중에 사실성만큼 중요한 것도 없다. 픽션 · 논픽션 · 전기 · 판타지 등을 통틀어 좋은 책에는 그것을 사실에 가깝다고 믿게 하는 힘이 있다. 작가 나탈리 배비트(Natalie Babbitt)의 말마따나, 항상 핑크빛인 세계는 영원할 수 없다. 아이가 결국 그 허상을 깨닫게 되기 때문이다.

출처: Trelease, J. (2013), pp. 138-140.

2. 현실적인 이유: 대학입시, 공부

독서를 통해 아이들은 많은 것을 누린다. 하지만 부모는 독서가 가져다주는 현실적인 면에 더 매력을 느끼는 것이 사실이다.

많은 연구에서 학업성취도에 영향을 미치는 가장 중요한 요소로 독서를 꼽고 있다. 독서는 교과 학습의 뿌리인 어휘력을 풍부하게 해 주고, 배경지식 뿐만 아니라 논리적 사고력을 키워 주는 데 많은 도움을 준다. 국어는 물론이며 영어 그리고 수학이나 과학처럼 독서와 무관해 보이는 과목에서도 좋은 성적을 내는 요인으로 중요한 것은 독서에 투자한 시간이라고 말한다. 또한 독서야말로 집안 환경이나 부모의 경제력보다도 학습 발달에 중요한 영향을 미친다고 말하고 있다.

공부의 핵심 역량은 독해력이다.

"독해력, 추론 능력, 논증 능력, 이 세 가지 핵심적인 역량이 있다고 치면, 그중에서도 가장 중요한 기본기는 뭘까요? 당연히 독해력이에요. 일단 이해가 돼야 그다음에 구워 먹든 삶아 먹든 하는 거니까. 아이들이 수능 언어영역 모의고사 문제를 고등학교 1학년 때 처음 보거든요. 그런데 언어 영역 모의고사 제시문에 나오는 글이 만만한 글이 아니에요. 수준 있는 글인데, 그런 글을 읽고 자연스럽게 이해하려면 생각보다 리딩이 많이 필요해요.

수능 외국어 영역 문제 중에 절반 정도는 번역하면 언어 영역하고 똑같이 독해, 추론 문제예요. 그러니까 영어의 탈을 쓰고 있느냐 한글의 탈을 쓰고 있느냐의 차이일 뿐이에요."

출처: 이범(2011), p. 85.

레시피 2. 부모가 빠지기 쉬운 오류

1. 독서는 무조건 좋다?

부모가 올바른 독서 방법을 모른 채 독서가 중요하다는 생각에만 몰두한 나머지 아이를 잘못된 길로 이끄는 경우도 있다. 예를 들면, 돌도 지나지 않은 아이에게 한글을 가르치고 아이가 스스로 책을 보는 것을 자랑한다. 그러면 다른 부모들은 혼자 읽히기에 성공한 아이를 부러워하는 댓글을 올리고, 부모는 이에 매우 뿌듯해하며 책 읽히기에 더욱 박차를 가한다. 또래와 어울려 뛰어놀며 사회성을 키워야 할 나이에 부모의 지나친 욕심으로 아이에게 책 읽기를 너무 강조하여 책에만 빠져 있는 아이를 가끔 보게 된다. 아이는 책이 좋아서라기보다는 부모에게 칭찬받고 인정받고자 하는 마음에 책을 읽게 되고, 그 결과 사회성이 결여되거나 심한 경우에는 정신적으로 문제를 겪는 사례도 종종 있다.

또한 청소년 자녀를 둔 부모의 경우에는 필독 도서나 입시 위주의 독서를 강조한 나머지 오히려 아이가 독서에 흥미를 잃게 되고, 독서를 하지 않는 자녀와 독서를 강조하는 부모 사이에 갈등이 생기기도 한다.

양념 추가 〈초독서증(Hyperlexia)〉

• 초독서증이란?

뇌가 성숙하지 않은 아이에게 무조건적으로 텍스트를 주입해 의미는 전혀 모르면서 기계적으로 문자를 암기하는 유아 정신 질환이다. 친구들이나 다른 사람들과 함께 어울려 놀면서 사회성을 배워야 할 시기에 너무 빨리 '문자'에 눈을 뜨면서 다른 사람들과의 소통을 거부하고 자신만의 세계에 빠진다.

• 초독서증의 증상

언어 상실, 사회성 결여, 난폭 행동, 사물에 대한 과도한 집착 등으로 나타난다. 이러한 증상이 자폐증과 유사하다고 해서 '유사자폐'로 불린다. 하지만 사람들과 눈 맞춤을 하고 신체 접촉이나 새로운 장난감을 두려워하지 않으며, 문장은 이해하지 못하지만 단어는 따라 발음할 수 있다는 것 등이 선천적 자폐와 다른 점이다.

유사자폐

태어날 때부터 보이는 선천적 자폐와 달리 부모의 양육 태도에 문제가 있을 때 서서히 나타나는 자폐 증세로 처음에는 말이 늦고, 주변 사람에게 무관심하거나 변화를 두려워하는 등 사소한 증상을 보이지만, 그대로 둘 경우 발달이 떨어져 단체 생활에 어려움을 겪는다. 세 돌 전에 부모의 사랑과 보호, 관심을 제대로 받지 못하면서 지속적 스트레스, 과도한 학습 강요 등에 노출되는 것이 원인이다.

출처: 여성중앙(2011. 9. 28.).

2. 책을 읽지 않는 부모

자녀가 책을 읽기를 간절히 원하지만 정작 자신은 책을 읽지 않고 감시만 하는 부모들이 있다. 책 읽는 아이를 만들고 싶으면 부모 스스로 틈날 때마다 책 읽는 모습을 보여 주는 것이 중요하다. 부모가 책을 읽는 모습을 보면 자녀는 책을 좀 더 친숙하게 생각하고 부모의 행동을 따라 할 가능성이 커진다.

양념 추가 〈가족 독서 시간 만들기〉

바쁜 일상을 살고 있는 부모 입장에서는 책을 읽기가 쉽지 않다. 이런 경우 하루에 30분 정도 가족 독서 시간을 정하고 그 시간에는 모두가 독서를 하도록 한다. 저녁 식사를 마친 후 가족이 편안하게 느끼는 시간으로 정하면 좋다. 형편상 매일 하기 어렵다면 일주일에 2~3번이라도 괜찮다.

가족 독서 시간은 책 읽기는 물론 부모와 자녀가 공동의 시간을 가짐으로써 보다 따뜻한 가족 문화를 형성할 수 있다는 또 다른 이점이 있다.

부모가 자신이 읽은 책을 말하거나 그 책 중에서 감동했거나 인상 깊은 부분을 자녀에게 이야기해 주는 것도 자녀의 독서 의욕을 불러일으키는 데 도움이 된다.

또한 어린 자녀를 둔 부모라면 아이에게 읽히고 싶은 책을 자신도 꼭 직접 읽도록 한다. 그래야 좋은 책을 추천할 수 있고, 자녀가 어려움을 겪을 때 책의 내용을 인용하여 도움을 줄 수 있을뿐더러 책에 대해 자녀와 즐겁게 이야기를 나눌 수 있다.

레시피 3. 독서 지도 방법 안내하기

1. 독서 환경 만들기

1) 독서를 방해하는 TV를 옮긴다.

책 읽는 환경을 만들기 위한 방법으로 많은 사람이 거실에서 TV를 없애라고 권한다. TV라는 물건이 단지 거실에 있는 것이 문제가 아니라 TV가 가족의 생활에 미치는 영향력 때문일 것이다.

거실에서 엄마는 드라마를, 아빠는 스포츠 중계를 열심히 보면서 아이에게는 책을 읽으라고 한다면 어떻게 될까? TV를 곁에 두고 독서를 할 수 있는 아이는 많지 않다. 그리고 거실에 TV가 있으면 심심하다고 생각될 때 책을 읽는 대신 TV를 켤 확률이 높다. 목적 없이 TV를 보는 것이다.

하지만 TV가 반드시 나쁜 것만은 아니다. 때로는 TV를 보면서 휴식을 취할 수도 있다. 재미난 프로를 보면서 한껏 웃고 나면 스트레스가 해소되기도 한다. 그리고 TV 프로그램 중에는 유익한 프로그램도 많다. 그러므로 TV를 없애야만 하는 것이 아니라 눈에 띄는 장소보다는 다른 장소에 놓는 것이 독서 환경을 위해 바람직하다.

2) 책의 위치를 바꿔 변화를 시도한다.

거실에서 TV를 치우고 그 자리에 책장을 놓으면 집안의 독서 분위기는 자연스럽게 형성된다. 하지만 한번 자리 잡은 책은 좀처럼 움직이지 않고 먼지가 쌓여 가는 경우도 있다. 아이가 책에 호기심을 갖게 하기 위해서는 정기적으로 책의 위치를 바꾸어 놓는 것도 효과가 있다. 평소에 잘 보지 않는 책은 손이 잘 닿는 곳에 놓고, 아이가 읽었으면 하는 책은 표지가 잘 보이도록 꽂아 놓는다. 그리고 일부러 책 표지가 보이게 거실 바닥에 늘어놓는 방법도 있다. 그렇게 되면 호기심에 책을 펼쳐 보는 경우가 있다.

책의 위치가 바뀌면 평소에 관심이 없던 책도 눈에 띄어 관심을 가지고 읽게 되면서 책장이 장식장이 되어 가는 것을 막을 수 있다.

양념 추가 〈책 정리에 자녀를 참여시키기〉

책 정리에 자녀를 동참시키면 자연스럽게 책에 관심이 가게 할 수 있다. 책 정리에 자녀를 참여시키는 방법은 다음과 같다.

- 책 놓을 자리에 대한 선택권 주기
  "네가 좋아하는 책을 네가 좋아하는 자리에 놓아 줄게."라고 선택권을 주는 것도 책에 관심을 갖게 하는 데 도움을 준다.

- 번호가 있는 책이라면 가끔 책을 번호대로 정리하게 하기
  책의 번호대로 맞추다 보면 책을 정리하면서 평상시 관심을 갖지 않았던 책을 보게 되어 관심을 갖게 된다.

2. 발달단계에 맞는 독서

자녀에게 책을 읽히겠다고 마음먹은 많은 부모가 가지는 궁금증이 있다. 자녀에게 어떤 책이 적합한지, 자녀의 나이나 학년에 어떤 책을 읽게 하는 게 좋은지 궁금해한다.

『초등적기독서』의 저자 장서영은 아이에게는 보통 책의 70%가 아는 내용이고 모르는 어휘가 10% 이하여야 가장 효율적인 책이라고 한다. 한 페이지에 모르는 낱말이 2~3개만 있어도 내용을 이해하지 못하므로, 아이의 수준을 벗어나는 책은 아무리 많이 읽혀도 전혀 효과가 없다. 오히려 독서에 대한 흥미를 떨어뜨릴 뿐만 아니라 학습 동기마저 앗아가게 되므로 아이의 발달단계와 이해력 수준에 맞는 책 읽기를 해야 한다. 그러므로 가장 중요한 것은 무조건 단계에 맞추어 읽는 것보다 우리 아이의 발달단계를 잘 파악하고 그에 맞는 독서 지도를 하는 것이다.

양념 추가 〈학년별 읽기 수준에 따른 적기 독서 코칭법〉

• 1학년: 그림책이 답이다.

1학년은 독서 초보 단계다. 모르는 어휘가 많아 읽는 속도가 대단히 느리며 문장을 통째로 이해하기보다는 낱말 하나하나에 초점이 맞춰지다 보니 글 해독력이 매우 낮다. 따라서 이 시기에 독서량을 지나치게 늘리거나 아이 수준보다 높은 수준의 책을 읽히지 않도록 유의해야 한다. 또한 상상력이 활발하게 발달하는 시기이므로 내용이 비교적 짧고 재미있으며, 어휘가 쉬운 그림책을 읽게 해야 한다.

• 2학년: 생활동화가 사회성 발달을 돕는다.

2학년은 1학년과 달리 한층 어휘력이 발달하고 읽기가 안정된다. 익숙한 내용이나 비교적 쉬운 읽기 자료는 능숙하게 읽고 이해할 수 있어서 점차 높은 단계의 독서로 옮겨 가는 시기다. 또한 환상의 세계에서 벗어나 조금씩 현실 세계에 입문하는 시기이기도 하다. 서서히 타인의 관점을 이해하게 되지만 아직은 사회화가 미숙해 다른 사람을 배려하는 것이 자연스럽지 못하다. 이 시기의 아이들에게는 가족의 소중함, 우정과 우애, 어른을 존경하는 마음, 지켜야 할 규칙, 갈등을 해소하는 방법 등을 다룬 책이 좋다.

• 3학년: 그림책에서 이야기책으로 거뜬히 넘어가는 방법

3학년은 교과과정뿐만 아니라 독서에서도 급격한 변화가 일어나는 시기다. 아이들이 어려워하는 사회와 과학 과목을 배우게 되면서 수준 높은 독서력이 요구된다. 사회와 과학은 관련 주제의 책을 읽혀 해당 과목에 대한 이해를 높여 주는 일이 최선이다. 이를 통해 잘할 수 있다는 자신감을 심어 주어야 한다. 또한 3학년은 그림책에서 이야기책으로 넘어가야 하는 시기로, 이 시기에는 환상과 현실이 결합된 이야기가 좋다. 대표적인 것이 신화와 전설인데, 다소 긴 분량이라도 판타지 요소가 읽기에 대한 흥미를 불러일으켜 상상하는 즐거움이 동반되기 때문에 끝까지 읽을 수 있다.

• 4학년: 추상어에 강한 아이가 학습 능력을 높인다.

본격적으로 학습이 시작되기 때문에 단순히 정보를 얻는 책 읽기에서 벗어나 생각하

는 힘을 기르는 책 읽기로 넘어가야 하는 시기이며, 논리적이고 비판적인 사고가 조금씩 싹트는 시기다. 아직은 스스로 생각하는 것이 어려운 만큼 다양한 생각을 해 볼 수 있도록 책을 읽은 뒤 아이와 자연스럽게 대화를 나눌 필요가 있다. 또한 4학년은 교과서나 책에 한자어와 추상어가 많아지면서 어휘력 부족으로 흥미 위주의 독서에만 머물러 있는 아이가 생기곤 한다. 추상어에 대한 개념이 잡혀 가는 시기인 만큼 이를 정확히 습득할 수 있도록 도와주어야 한다.

• 5학년: 위인전 읽기의 적기

논리적 사고가 발달하여 비판하고 따지기 좋아하는 한편 아직 자신의 생각에 대한 확신이 없어 주변 분위기에 휩쓸려 행동하는 경향이 있다. 이 시기의 아이에게는 멘토 역할을 해 줄 사람이 필요하며, 특히 책 속의 인물들은 아이에게 긍정적인 영향을 미친다. 5학년 사회 교과의 가장 큰 특징은 '역사'를 배우기 시작한다. 이 시기의 역사책 읽기는 이후 역사에 대해 아이의 흥미를 좌우하기 때문에 암기식 접근보다 역사를 흥미롭게 소개한 다양한 책을 읽게 해 배경지식을 쌓아 주는 것이 좋다. 또한 5학년은 명작을 권하기에 좋은 시기다. 5학년이 완역본으로 읽을 수 있는 명작으로 『작은 아씨들』『소공자』『소공녀』『하이디』『키다리 아저씨』『빨간 머리 앤』『비밀의 화원』 등이 있다.

• 6학년: 목적이 있는 책 읽기로 꿈의 의미 알아 가기

6학년은 아이에서 청소년으로 넘어가는 시기이자 진로를 고민해야 할 중요한 시점이기도 하다. 이 시기의 아이들은 부모를 조금씩 멀리하고 반항하는 모습을 보인다. 하지만 마음속으로는 미래에 대한 불안과 자신에 대한 의문으로 가득하므로 부모의 손길이 필요하다. 주인공의 성장을 모티프로 하는 성장 소설이나 올바른 가치관을 쌓고 삶의 지혜를 배울 수 있는 고전을 읽는 것이 좋다. 또한 6학년은 중학교 진학을 앞둔 만큼 아이의 꿈에 대한 방향을 잡아 줄 필요가 있다. 따라서 무엇이 되고 싶은지, 어떤 사람이 되고 싶은지, 어떤 일을 해야 행복할지 등을 고민해 볼 수 있는 다양한 책을 읽는 것도 도움이 된다.

출처: 석간내일신문(2013. 7. 22.).

3. 가정에서의 독서지도 방법

1) 책 읽는 것을 즐거운 경험과 연관시킨다

불행히도 지금의 아이들에게 읽기가 좋지 않은 경험으로 연관되어 있는 경우가 많다. 독서록이나 독서 감상문을 쓰기 위한 읽기, 학습지 문제를 풀기 위한 읽기, 관심사와는 아무 관련 없는 시험 문제들. 이처럼 독서가 즐겁지 않은 경험과 연관되면 아이가 책을 싫어하게 되는 것은 시간문제다.

책 읽는 경험이 즐거운 경험과 연관될 때 아이가 기꺼이 책을 사랑하고 책을 읽게 될 것이다. 예를 들면 다음과 같은 활동들이 있다.

- 책으로 집을 짓는 등 책을 가지고 놀기
- 부모의 무릎에 앉아 책 읽기

양념 추가 〈세계 명문가의 독서 교육〉

1. 역사책을 즐겨 읽고 외국어로 독서하는 습관을 키워라. – 처칠 家
2. 책만으로는 부족하다. 신문으로 세상을 보는 안목을 넓혀라. – 케네디 家
3. 200통의 편지로 독서 교육을 하면 누구나 큰 인물로 만들 수 있다. – 네루 家
4. 어릴 때 역할모델을 정하고 독서법을 모방하라. – 루스벨트 家
5. 한 분야의 전문가가 되려면 다른 사람보다 다섯 배 더 읽어라. – 버핏 家
6. 어린 시절에 듣는 이야기들도 독서만큼 중요하다. – 카네기 家
7. 추천 도서 리스트에 너무 연연해하지 마라. – 헤세 家
8. 사람마다 취향이 다른 법, 끌리는 책을 먼저 읽어라. – 박지원 家
9. 고전을 중심으로 읽고 반드시 토론하라. – 밀 家
10. 아이의 재능에 따라 맞춤형 독서로 이끌어라. – 이율곡 家

출처: 최효찬(2010).

- 잠들기 전 부모가 책 읽어 주기
- 온 가족이 서점으로 외출하여 책을 읽고 마음에 드는 책을 한 권씩 사서 돌아오기
- 친구, 가족과 책 읽고 토론하기 등

부모는 자녀에게 책에 대한 어떠한 경험을 주고 있는지 곰곰이 생각해 보고, 부모의 지나친 욕심으로 오히려 아이가 책 읽기가 싫어지게 하는 일은 없는지 생각해 보아야 할 것이다.

2) 아이에게 책을 읽어 준다

책 읽어 주기의 효과는 많은 부모가 알고 있기에 이미 실천하는 부모 역시 많을 것이다. 『쿠슐라와 그림책 이야기』(김중철 역, 2006)를 보면 책 읽어 주기가 어떠한 효과가 있는지 분명하게 보여 주고 있다.

> 쿠슐라는 태어날 때부터 장애가 있었다. 염색체 이상으로 손발의 움직임이 부자연스럽고 눈의 초점을 제대로 맞추지 못했다. 쿠슐라는 신체장애뿐만 아니라 정신장애까지 있다고 진단받았지만 쿠슐라의 부모는 이에 포기하지 않고 태어난 지 4개월부터 쿠슐라를 품에 안고 책을 읽어 주었다. 부모의 이러한 노력으로 아이는 조금씩 반응을 보였고 3년 8개월 후에 받은 검사에서 쿠슐라의 지능은 평균 이상으로 나왔다.

출처: Butler (2006).

『아이의 두뇌를 깨우는 하루 15분 책 읽어 주기의 힘(The read-aloud handbook)』의 저자 짐 트렐리즈는 아이가 책을 좋아하게 하는 가장 좋은 방법 중 하나는 부모가 아이에게 책을 직접 읽어 주는 것이라고 말하고 있다. 그리고 매일 일정한 시간을 정해 꾸준히 읽는 것이 매우 중요하다고 한다.

그에 따르면, 책 읽어 주는 방법은 다음과 같다.

- 잘못 선택한 책이 아니라면 한 권을 끝까지 꾸준히 읽어 준다.
- 아이의 상상력과 집중력을 감안하여 너무 길고 서술적인 구절은 피한다.
- 한 장이 너무 길거나 시간이 모자라면, 긴장이 고조되는 순간에 멈춘다. 그러면 아이가 다음 날 책 읽어 주는 시간을 손꼽아 기다리게 된다.
- 여러 번 읽어 주더라도 그때마다 제목, 저자, 삽화가를 알려 준다.
- 책을 처음 읽어 줄 때 표지 그림을 보며 "무슨 이야기일까?" 하고 물어 본다.
- 책을 읽어 주기 전에 약간의 시간을 내어 아이가 자리를 잡고 마음을 가라앉히도록 한다. 소설의 경우에는 전날 읽은 부분에 대해 물어보는 것도 좋다.
- "하던 일을 멈추고 제자리에 앉아! 자세 똑바로 하고, 책에 집중해." 하는 식의 권위적인 명령은 아이가 이야기를 받아들이려는 마음을 닫게 한다.
- 그림책을 읽어 줄 때는 아이가 그림을 볼 수 있게 해 준다.
- 아이에게 편한 곳에서 책을 읽어 준다.
- 책을 읽어 준 후 이야기를 나누는 시간을 갖는다. 단, 이 시간을 문답 시험이나 교훈 습득의 기회로 삼지 않는다.
- 책을 싫어하거나 활동적인 아이는 가만히 앉아 듣는 것이 어려울 수도 있다. 그런 경우에는 종이, 크레용, 연필 등을 주어 아이가 손을 움직일 수 있도록 해 준다.

3) 고학년 아이에게도 책을 읽어 준다

부모는 아이가 글을 혼자 읽게 되면 더 이상 읽어 줄 필요가 없다고 생각할 수 있지만 고학년 아이에게도 책을 읽어 주는 것이 좋다.

고학년 아이에게 책을 읽어 주면 좋은 이유는 다음과 같다.

첫째, 더 높은 수준의 내용을 듣고 이해할 수 있다. 전문가들은 듣기와 읽기 수준이 중학교 2학년 무렵에 같아진다고 한다. 그 전까지는 읽는 것보다 높은 수준의 것을 듣고 이해할 수 있다. 아이가 혼자서 읽을 때에는 이해하지 못할 복잡하고 재미있는 이야기도 들어서는 이해할 수 있다. 1학년 아이는 4학년 수준의 책을 즐길 수 있고, 5학년 아이는 중학교 1학년 수준의 책을 즐길 수 있다.

둘째, 읽어 주면서 대화의 연결고리를 만들 수 있다. 청소년기의 자녀와 이야기를 나누는 것은 부모로서 쉽지 않다. 하지만 책을 통해 대화의 연결고리를 만들 수 있다. 특히 사춘기 아이들은 신체적 변화, 성적 호기심, 친구 문제, 자기 정체성 등의 문제로 혼란을 겪고 힘들어하지만 정작 그러한 문제를 부모와 잘 나누려고 하지 않는다. 이러한 자녀와 함께 책을 읽는 것은 쉽지 않지만 독서와 관련해서 굳이 동기를 부여하려 하거나 교육적인 측면을 내세우지 않고 아이가 잠깐 빈둥거리는 시간에 아이에게 잡지책이나 신문기사를 간단히 읽어 줄 수 있다.

"엄마가 오늘 아침 신문기사를 읽었는데 꽤 흥미롭던데 들어 볼래?"

"아빠가 잡지책에서 읽은 건데 네가 관심 있을 것 같은데 한번 들어 볼래?"

"너는 이 기사에 대해 어떻게 생각하니?"

이와 같이 읽을거리를 통해 아이와의 대화의 연결고리를 만들 수 있다.

셋째, 아이에게 책을 선택하고자 하는 욕구를 심어 줄 수 있다. 아이들은 책을 선택할 때 이전에 들어 본 책이거나, 혹은 본 적이 있는 영화와 관련된 책을 선택한다고 한다. 먼저 대상을 인식해야만 욕구가 생긴다는 것이다. 읽어 주기는 훗날 아이가 책을 선택할 욕구를 심어 줄 수 있다.

4) 아이의 도서 목록을 작성한다

아이가 읽은 책을 정리하는 것은 때로 도움이 된다. 책 제목, 읽은 기간, 책을 읽고 난 간단한 소감 등을 적는다. 책이 쌓여 갈수록 아이 스스로 자신감과 자긍심을 가질 수 있고, 독서 목록은 상급생의 경우에는 이러한 자료가 대학 입학 자료에 활용되기도 한다. 특히 진로를 정했다면 그 진로에 관련된 자료를 꾸준히 읽게 하고 관리하면 진학에 도움이 될 때도 있다.

〈독서이력카드 예시〉

인적 사항	학교 학년 반 번 이름:
독서 기간	
도서명	
저자(역자)	
줄거리(요약 정리) (명대사)(명문장)	
읽고 난 소감	

5) 감동 깊은 구절이나 문장은 적게 한다

책을 읽다 보면 감동한 문구, 가슴에 새기고픈 문장이 있다. 그런데 그냥 스치고 지나가면 이 책을 읽었을 때의 감동이나 생각은 사라지고 잊힌다. 그래서 이런 구절이나 문장은 밑줄을 긋거나 공책에 옮겨 적는 것이 좋다.

구절이나 문장을 적을 때 날짜와 발췌한 책의 제목이나 쪽수, 그 내용이 왜 인상 깊었는지를 간단히 남긴다. 이렇게 공책에 적은 내용만 보아도 책을 다시 읽은 효과가 있고 자신의 생각을 되돌아볼 수 있다. 그리고 공책은 모아 놓았다가 훗날에 보게 되면 자신이 어떤 생각을 하며 자랐는지 알 수 있고, 현재와는 다른 해석과 감동이 생각의 폭을 넓히는 데 도움을 준다.

6) 책은 아이 스스로 선택하게 하고 그 책이 만족스럽지 않을 때는 과감하게 내던지도록 한다

아이가 스스로 책을 선택하는 것은 책 읽기에서 매우 중요하다. 이런 아이들은 어른이 되어서도 책을 읽는 어른이 될 가능성이 크다. 어떤 사람은 자녀에게 책을 골라 주

는 것은 아이들이 자라서 누구와 결혼할지 정해 주는 일만큼 황당하다고 말하기도 한다. 부모는 아이가 책을 읽을 수 있도록 이끄는 사람이지 아이가 읽을 책을 정해 주는 사람이 아니다. 하지만 부모가 보았을 때 아이가 읽어서는 안 되는 책이 있다면 그 이유를 분명히 설명해 주어야 한다.

재미없는 책을 읽기에 시간은 너무나 부족하고 좋은 책은 너무나 많다. 지겨운 책을 들고 오랜 시간을 그저 앉아만 있다면 아이는 독서의 즐거움을 알지 못하게 될 것이다. 아이에게 만족스럽지 않다면 얼마든지 책을 내던질 수 있도록 한다. 부모가 기꺼이 그래도 좋다고 응원해 주면 아이는 독서를 할 때 편안함을 느낄 수 있을 뿐만 아니라 독서의 즐거움에 빠질 책을 더 빨리 발견할 수 있게 될 것이다.

양념 추가 〈다시 생각해 볼 독서 활동〉

1) 공부가 되어 버린 독서 퀴즈대회, 독서 골든벨

학생들의 책 읽기를 장려하기 위하여 많은 학교에서 독서 퀴즈대회나 독서 골든벨을 실시하고 있다. 학생들에게 유익한 책을 소개하고 책을 읽게 하는 것은 좋다. 하지만 독서 퀴즈대회나 독서 골든벨을 준비하는 과정에서 독서가 공부가 되어 가는 경우가 종종 있다.

독서 퀴즈대회나 독서 골든벨에서 좋은 성적을 얻기 위해서는 한 번만 읽어서는 안 된다. 책을 여러 번 읽어야 할 뿐만 아니라 때로는 책의 내용을 외워야 하는 경우도 있다. 어떤 경우에는 예상 문제를 뽑아 풀기도 한다. 이렇게 되면 책 읽기를 싫어하는 학생은 책을 더욱 싫어할 수 있다.

그러므로 학교에서는 독서 퀴즈대회나 독서 골든벨을 실시할 때 이런 문제가 발생하지 않도록 신중을 기해야 할 것이다.

2) 책을 싫어하게 만드는 독서록

책을 읽고 난 후의 독후 활동은 중요하다. 단순히 책을 읽고 그치는 것이 아니라 책을 읽고 난 후 자신의 생각을 적거나 느낌을 기록함으로써 독서가 더욱 풍요로워진다.

하지만 초등학교에 입학하면서부터 아이들은 본격적으로 독서록을 쓴다. 그런데 이러한 독서록으로 인하여 아이들에게 독서가 싫어하는 것이 되고 있다. 초등학교 저학년의 경우 대부분 책 읽기를 좋아한다. 하지만 독서가 독서록과 결합하면서 독서도 하기 싫은 것이 되고 있는 것을 경계해야 한다. 저학년의 경우에는 책을 읽는 것만으로도 족하고, 한 줄 느낌만으로 족하다고 생각한다. 그러므로 저학년의 경우에는 그냥 책 읽기가 즐거운 활동이 될 수 있도록 독서록 쓰는 것을 강요하지 않았으면 한다.

그 대안으로 학급에서 밑줄 독서모임을 할 수 있다. 먼저 책을 읽으면서 인상 깊은 구절을 밑줄 그며 읽는다. 그리고 책을 다 읽고 난 후 둥그렇게 모여 앉아 그 구절들과 그 구절을 선택한 이유를 편안하게 말한다.

3) 읽은 책의 권수로 보상할 때의 주의할 점

독서를 장려하기 위한 활동으로 유 · 초등 교실에는 독서 나무, 독서 마라톤 등의 이름으로 읽은 책의 수를 나타나는 환경물을 볼 수 있다. 가정에서도 독서 스티커 제도를 활용하는 부모가 많다.

독서를 많이 하게 하기 위하여 읽은 권수로 보상을 할 경우에는 몇 가지 부작용이 있을 수 있다. 아이들은 책을 많이 읽어 선생님이나 부모님에게 칭찬받기를 원하고 친구들에게도 자신이 돋보이길 원한다. 그래서 일부 아이 중에는 책의 권수를 늘리기 위해 자신의 수준보다 낮은 수준의 책을 읽거나 책을 대충 읽어 권수를 늘리는 아이가 있다. 이렇게 될 경우 지속적인 낮은 수준의 독서로 독서 발달을 저해하게 되는 문제가 있다.

이를 보완하기 위한 방법으로 교사가 꼭 읽히고 싶은 책, 학년 수준에 맞는 비슷한 분량의 책을 정한 후 이 책으로 스티커 제도를 도입하여 운영할 수 있다. 또는 권수가 아닌 책 읽는 시간으로 할 수 있는데, 이는 아이들에게 책의 페이지나 종류에 제한받지 않고 자신이 읽고 싶은 책을 자유롭게 선택하여 읽게 하는 이점이 있다.

그러므로 학교에서나 가정에서 책의 권수로 보상을 할 경우에는 한 번 더 생각할 여지가 있다.

공깃밥 추가 〈책 읽어 주기의 구체적인 방법〉

1. 책의 선택

- 부모 자신이 좋아하지 않는 내용은 읽어 주지 말자. 읽어 줄 때 싫어하는 마음이 드러나서 독서의 즐거움을 전하려는 원래의 목적이 손상된다.
- 책의 내용이 좋지 않으면 그만 읽어 주자. 실수를 인정하고 다른 책을 고르자(최소한 책의 일부분을 미리 읽어 봄으로써 이 문제를 해결할 수 있다).
- 아이가 이미 들어서 내용을 알고 있거나 TV에서 본 책은 피하자. 소설의 줄거리를 미리 알면, 거의 흥미를 느끼지 못한다.
- 읽어 줄 소설을 선택할 때, 대화가 너무 많은 책은 피하는 것이 좋다. 아이가 읽어 주는 것만을 듣고는 이해하기가 어렵기 때문이다. 그러한 책은 혼자 읽기에 더 적합하다.
- 책의 수상 내역에 현혹되지 말자. 잘 쓰인 책이 유명한 상을 받지만 그 상이 읽어 주기에 좋은 책에 주어지는 것은 아니다.

2. 읽어 주기 기술

- 읽어 주기는 처음부터 저절로 되는 일이 아니다. 익숙하게 잘 읽으려면 꾸준히 읽어 주어야 한다.
- 읽어 주며 다양한 표현을 사용하자. 가능한 한 대화에서 음색을 바꾸어 보자.
- 이야기에 맞춰 읽는 속도를 조절하자. 긴장된 순간에는 천천히 낮은 음색으로 읽어 주자. 적절한 순간에 목소리를 낮추어 아이의 긴장을 고조시키자.
- 아이가 이야기를 들으면서 상상할 수 있도록 충분히 여유를 갖고 천천히 읽어 주자.
- 아이에게 읽어 주기 전에 미리 혼자서 책을 읽고 내용을 검토하자. 미리 책을 읽음으로써 줄일 곳, 생략할 곳, 더 설명하고 표현할 곳을 찾아내게 된다.
- 책뿐만 아니라 그 작가에 대해 소개하자.
- 책의 내용에 생명을 불어넣을 기회를 만들자. 예를 들어 딸기 이야기를 읽는다면

딸기 한 접시를 옆에 가져다 놓자.

- 아이가 글에 대해 질문을 하면, 백과사전을 찾아 설명을 읽어 보자.
- 얼마나 읽어 주었는지를 보여 주는 독서 진도표를 벽이나 문에 붙이자.
- 아이가 도서관에서 빌린 책과 자기 것을 구별하게 되면 책을 읽을 때 연필을 준비하자. 책을 읽으며 '아름다운 구절'을 찾아내는 것이다.
- 비상용 책을 항상 가지고 다니자. 가방이나 자동차 트렁크에 넣어 두어 길이 막히거나, 병원에서 기다리거나, 음식점에서 시간이 남을 때 읽도록 하자.

3. 읽어 줄 때 주의할 점

- 아이의 질문을 귀찮아하지 말자. 책은 언제라도 읽어 줄 수 있지만 아이의 궁금증은 시간이 지나면 사라져 버린다. 참을성 있는 대답으로 아이의 호기심을 키워 주고 나서 책을 읽어 주는 것이 좋다.
- 이야기를 듣는 아이에게 형식적인 해석을 강요하지 말자.
- 읽어 줄 시간이 너무 짧다면, 차라리 읽어 주지 말자. 달랑 한두 쪽만 읽어 주고 그만두는 것은 책에 대한 흥미를 자극하는 것이 아니라 오히려 꺾는 것이다.
- 책을 읽어 줄 때 지나치게 풀어진 자세는 취하지 않는다. 눕거나 기댄 자세는 졸음을 부르기 쉽다.
- 책을 협박용으로 사용해서는 절대 안 된다. "방 안 치우면 오늘 밤 이야기는 없다!" 이렇게 부모가 책을 무기로 사용하는 것을 아이가 알게 되면, 책에 대한 긍정적인 자세가 부정적인 것으로 바뀌게 된다.
- TV와 경쟁해서는 안 된다. "책을 볼까, 아니면 TV를 볼까?"라고 물으면 아이는 TV를 택한다. 아이에게 TV를 못 보는 이유가 책이 되어서는 안 된다.

출처: Trelease (2013), pp. 166-176을 재구성.

셰프에게 물어봐
〈아이들이 만화만 읽는데 괜찮을까요?〉

학급에서 책 읽기를 강조하면서 여러 활동을 하고 있습니다. 그런데 책을 자유롭게 읽게 할 경우에는 반 이상이 '만화로 된 책'을 읽고 있습니다. 학부모님들도 이 점에 대하여 많은 질문을 하십니다. 과연 아이들이 '만화로 된 책' 을 읽게 하는 것이 괜찮을까요?

결론부터 말하면 '좋다, 나쁘다' 라고 단정적으로 말할 수 없습니다. 그리고 이에 대하여서도 학자들마다 의견이 다릅니다. 요즘 많은 아이가 '만화로 된 책' 을 읽고 있습니다. 어느 도서관에서 어린이들이 가장 많이 대출한 책 순위를 1~10위까지 발표했는데 모두 '만화로 된 책' 이었습니다. 한편, 부모님들도 학습만화이니 만화를 보면서 공부를 하겠지 하는 생각에 사 주시는 분도 많이 있습니다.

만화에 대한 긍정적인 예를 보자면 IEA(32개국, 어린이 20만 명 조사)에서 핀란드의 어린이가 읽기 성적이 가장 높았는데 핀란드의 10살 아이들, 59%가 매일같이 만화책을 보고 있습니다. 만화는 책에 흥미를 가지고 있지 않은 아이에게 혼자 읽기의 출발점으로 유용할 수 있습니다.

- 학습만화의 장점
  - 단순 지식 습득에 좋음
  - 이해가 쉽고 재미있음
  - 그림으로 나와 있어서 생각하지 않아도 됨
  - 독서에 흥미가 없는 아이에게 흥미를 갖게 하는 출발점이 됨

- 학습만화의 제한점
  - 정보체계를 잡거나 추론, 분석하는 능력이 계발되지 않음(고등 사고기능 계발이 어려움)

– 짧은 글에 익숙해져서 긴 글이 나왔을 때 아예 읽고 싶지 않음

즉, 짧은 시간 안에 정보를 습득하고자 할 때는 만화가 유리하나, 장기적인 학습을 위해서는 만화만 읽는 것은 제한할 필요가 있음

그런데 이때 주의할 점은 최근 일본 만화와 영상 소설의 범람으로 만화책에 충격적인 섹스와 폭력적인 내용이 담겨 있는 경우가 많다는 것입니다. 그러므로 부모는 아이가 보는 만화에 대하여 미리 알아보아야 할 필요가 있습니다.

한편으로는 만화에 치중된 독서에 걱정하는 분도 많이 있습니다. 만화가 아이들의 상상력이나 생각의 힘을 제한한다는 것입니다. 줄글을 읽으면 중간 중간 생각하게 되는데, 만화는 그러한 작용이 없다는 것이지요. 이러한 것이 걱정된다면 자녀에게 만화책 1권을 읽으면 줄글로 된 것을 1권 읽게 하여 줄글과 만화를 읽는 정도를 적절히 조절할 수도 있습니다.

참고문헌

구근회, 김성현(2013). 초등 독서 바이블. 서울: Denstory.
송재환(2011). 초등 읽기 혁명. 서울: 글담출판사.
어린이도서연구회(2005). 동화, 이렇게 보세요. 서울: 웅진지식하우스.
장서영(2013). 초등 적기독서. 서울: 글담출판사.
책으로 따뜻한 세상 만드는 교사들(2005). 독서 교육 길라잡이. 파주: 푸른숲.
최효찬(2010). 세계 명문가의 독서교육. 서울: 바다출판사.

Butler, D. (2006). 쿠슐라와 그림책 이야기[*Cushla and her books*]. 김중철 역. 파주: 보림. (원저는 1979년에 출판).
Trelease, J. (2013). 아이의 두뇌를 깨우는 하루 15분 책 읽어 주기의 힘[*The read-aloud handbook*].

눈사람 역. 서울: 북라인. (원저는 2006년에 출판).

Fok, M. (2002). 현명한 아이로 키우는 독서 육아법[*Reading magic: Why reading aloud to our children will change their lives forever*]. 공경희 역. 서울: 중앙 M&B. (원저는 2001년에 출판).

Atwell, N. (2009). 하루 30분 혼자 읽기의 힘[*The reading zone: How to help kids become skilled, passionate, habitual, critical readers*]. 최지현 역. 서울: 북라인. (원저는 2007년에 출판).

석간내일신문(2013. 7. 22.). 아이의 성장속도에 맞는 책읽기 중요.

여성중앙(2011. 9. 28.). 어린이 과잉 독서 부작용 '초독서증'.

26 사춘기 자녀들 때문에 힘드시죠?

셰프! 도와주세요!

매사에 반항적인 행동으로 교사를 긴장하게 하는 6학년 여학생이 있다.

사사건건 선생님의 지도에 튕기는 반응을 하며 비아냥거린다. 수업 자세가 바르지 않아서 똑바로 앉으라고 하면 "싫은데요." 하며 삐죽인다. "여러분은 초등학교에서 최고 학년이죠?" 하면, "아닌데요, 그냥 6학년인데요."라며 딴지를 건다. 수시로 빗을 꺼내어 머리를 빗거나 거울을 보며 수업에 집중을 안 해서 주의를 주면 또 입을 삐죽이며 성가시게 참견 말라는 듯 귀찮은 표정을 짓는다. 교사가 보기에 건방지기 짝이 없는 행동인데, 지도하려고 해도 교사의 권위를 인정하지 않으니 힘만 빠져서 이제는 건드리지 말아야겠다고까지 생각했으나 마음이 편치 않다. 쉬는 시간에는 끼리끼리 몰려 화장실에 가서 새로 산 화장품을 꺼내 구경하거나 다른 반 남자아이들 이야기로 수다꽃을 피우다 늦게 들어온다.

지도에 한계를 느낀 담임교사는 어머니와 상담을 해야겠다고 생각했다. 집에서는 어떻게 하는지도 알아보고, 학교에서 하는 몇몇 행동이나 태도들이 걱정된다는 내용으로 이야기를 나눠 볼 생각으로 전화를 한 것이다.

마침 어머니와 바로 통화가 되었다.

"선생님, 이렇게 관심을 가져주셔서 감사합니다. 걔 오빠도 중2인데 두 애들 때문에 저도 요즘 머리가 지끈지끈 아프답니다. 언제 가면 좋을지 알려 주세요."

전화기를 내려놓은 담임선생님은 '사춘기 학생들도 몸살을 앓느라고 힘들겠지만 그 자녀들과

늘 함께 생활해야 하는 부모도 힘들겠구나. 막상 학교에 오면 어떤 도움을 드릴 수 있을까?' 하는 생각이 들었다. 그래서 학부모에게 뭔가 도움이 될 정보나 지식을 알려 줘야겠다는 부담감을 갖고 자료를 찾아보기 시작했다.

레시피 1. 사춘기 자녀를 둔 부모 이해하기

사춘기 자녀가 속을 썩이기 시작하면 부모는 힘들어진다. 이전까지는 부모의 말을 비교적 고분고분 잘 듣던 아이가 반항하고 대드는 언행을 하기 때문이다. 대화를 하기 싫으면 입을 다물고 방문도 걸어 잠그면서 소통을 거부하는 행동도 한다. 그렇게 되면 방문 뒤에 남은 부모는 소외감, 거절감, 배신감 등으로 더 화가 나고 심리적으로는 불안해진다.

자녀가 사춘기가 되면 부모는 새롭게 눈을 떠야 하는 시기다. '내가 저를 어떻게 키웠는데….' 이런 생각은 버리고 사춘기에 적합한 부모 역할을 해야 한다. 그러기 위해 먼저 부모 자신의 사춘기를 돌아본 후에 사춘기가 되면 어떤 변화들이 나타나는지를 알아보도록 한다.

1. 부모의 사춘기 시절을 회상하도록 질문하기

지나간 시절은 잊기 쉽다. 특히 자녀를 기를 때 부모 자신의 어린 시절은 공부나 생활에서 거의 모범생이었던 것처럼 착각(?)한다. 그래서 더욱 사춘기 자녀의 거칠고 뻣뻣한 행동을 견뎌 내기 힘들어한다. 하라는 공부는 안 하고 친구들과 몰려다니며 중요하지도 않은 일에 시간을 낭비하는 자녀가 나중엔 미워지기까지 한다. 부모의 잔소리가 늘어나 자녀와의 관계가 나빠지면 아무리 옳은 소리를 해도 자녀는 잔소리로 알아듣는다. 부모가 중요하게 생각하는 것이 뭔지 잘 알고 있는 사춘기 자녀는 그것을 일부러 외면하는 것으로 보복을 한다. 그게 바로 공부가 될 수도 있다.

이렇게 되면 그야말로 '지끈지끈' 골치가 아파 온다. 이런 상황까지 되는 것을 예방하려면 일단 부모 자신의 사춘기 시절을 되돌아보는 것이 도움이 된다. 다음과 같은 질문들을 중심으로 학부모와 대화를 나눠 보자.

- 사춘기 때 정서적인 변화는 어땠나요?
- 신체적인 변화는 어땠나요?
- 관계 상황은 어땠나요? (부모 관계, 형제 관계, 친구 관계, 교사와의 관계 등)
- 특별히 힘들었던 일이 있다면 무엇이었나요?
- 그 힘들었던 일은 어떻게 극복했나요?
- 자녀의 사춘기 증상을 보면 어떤 느낌이 드나요?
- 혹시 사춘기 관련 책을 읽어 보신 것은 있나요?

이런 질문을 중심으로 이야기를 나누다 보면 자녀의 문제가 객관적으로 보일 수 있고 몸살을 앓는 듯이 힘들게 지내는 사춘기 자녀를 도와주고 싶은 생각이 들 수도 있다. 때로는 지금 자녀가 통과하는 사춘기가 인생에서 다시 돌아오지 못하는 아름다운 시기라고 새롭게 바라보는 마음도 생길 수 있다. 이렇게 되면 관계 회복에 도움이 되고 부모의 관점이 달라져서 지끈지끈 무겁던 마음이 날아오르듯 가벼워질 수도 있다.

2. 사춘기의 특성 알려 주기

사춘기 청소년의 충동적이고 무례한 언행을 이해하는 것은 쉽지 않다. 청소년보다 어린 아이나 또래는 청소년의 이러한 행동을 보면 멋있게 여기겠지만, 부모는 골치가 지끈지끈 아프다. 사춘기 청소년은 감정 조절이 불안정하여 이성적이거나 논리적인 언행을 하기가 어렵다. 이것은 뇌의 기능이나 호르몬과 관계가 있다.

사춘기 청소년은 자기를 특별한 존재로 생각하여 세상의 주인공으로 착각하기도 하는데, 이런 착각이 가정에서는 부모의 권위를 인정하지 않고 순종하지 않는 행동으로, 사회에서는 질풍노도 같은 거친 행동으로 주변 사람에게 위협적인 행동으로 나타난다. 그래서 '위기의 10대'라는 말도 듣게 되는 것이다.

1) 상상적 청중과 개인적 우화

발달학자 데이비드 엘킨드(David Elkind)는 청소년기 자아중심성의 대표적 특성으로 상상적 청중과 개인적 우화를 말하고 있다. 상상적 청중은 '모두 나를 지켜보고 있다.'는 생각이며 자신이 마치 스타가 된 느낌을 갖고 지나치게 외모에 신경을 쓰기도 한다. 집 앞 슈퍼마켓에 갈 때도 옷을 차려입어야 하고, 어떤 여학생은 수업 중에도 빗과 거울을 꺼내 놓고 수시로 들여다보는 행동을 하기도 한다.

개인적 우화란 '나는 특별하다.'는 생각을 말한다. 이에 빠져 있는 청소년은 부모가 걱정하는 위험한 행동들을 자주 한다. 자신은 특별한 사람이라 음주운전을 하거나 오토바이를 타고 폭주를 해도 자신에게는 사고가 나지 않을 것이라고 생각한다. 높은 곳에서 떨어져도 다치지 않을 것이며, 심한 경우는 성관계를 해도 임신이 되지 않을 것이라고까지 생각한다. 상상적 청중과 개인적 우화는 청소년기 자기중심적 사고의 대표적 특성이며, 정도의 차이는 있지만 마치 동전의 양면처럼 함께 나타나는 경우가 많다.

2) 공사 중인 뇌

(1) 사춘기 뇌의 폭풍 성장

10대 청소년의 뇌를 마치 공사 중인 작업 현장의 어수선함에 빗대어 말하기도 한다. 뇌과학자들은 뇌 구조의 발달이 10대 아이들의 행동 변화의 주요 원인이라고 말한다. 몸이 이미 성인처럼 성장한 10대 자녀에게 부모는 생각이나 행동도 성인처럼 해 주기를 기대한다. 하지만 아직 10대의 뇌는 완성된 것이 아니기에 성인처럼 생각하도록 요구를 받는 것은 청소년 입장에서는 매우 버거운 일이다. 학자들은 11세부터 18세 사이에 유아기에 버금가는 제2의 회백질 성장이 뇌에서 폭풍처럼 일어난다고 한다. 회백질은 대뇌피질의 대부분을 차지하는 것으로서 추론, 논리적 사고, 이성적 판단 등을 관장하는 영역이다. 회백질이 성장하면 회백질의 밀도가 높아진다. 밀도가 높아진다는 것은 신경세포의 가지치기가 활발하게 일어나는 것을 말하며, 가지치기를 통해 신경세포와 세포 사이의 네트워크 형성이 촉진된다.

뇌에서 일어나는 이러한 작업은 10대 때 최고조에 달하다가 어른이 되면서 서서히 안정된다고 한다. 따라서 회백질 성장이 안정되게 이루어지도록 하기 위해서는 부모의 인내와 기다림이 필요하다. 이 시기를 잘 넘기면 안정감을 갖고 건강하게 성장할 수 있다. 마치 공사 중이었던 무질서하고 어수선한 현장이 어느 날 말끔히 정리가 되어 멋진 건물이 들어선 것처럼 말이다. 하지만 청소년의 충동적인 행동을 참지 못하고 지나치게 억압을 하며 자녀의 무례한 행동을 윤리적인 문제로 속단하여 관계가 틀어지게 되면 10대 청소년의 일탈 행동을 촉진하는 셈이다.

(2) 변화무쌍한 정서

청소년기에는 정서적으로 안정이 안되어 이유 없이 짜증을 내거나 반항하는 일이 잦다. 사소한 일에도 급격하게 화를 내기도 하니 그 무례하고 건방진 태도를 괘씸하게 생각하는 부모는 실망감이 커져 관계가 매우 안 좋아진다. 내적으로도 미래에 대한 불안감이나 막연한 두려움을 갖고 혼란스러움을 느낄 때가 많다.

이런 모습을 안타깝게 바라보던 부모가 진지하게 대화를 하려고 모처럼 시도하면 아예 말문을 막아 버리거나 화부터 내서 대화하기가 어렵다. 어른의 관심을 간섭이라고 여기며 철벽을 쳐 버린다. 이렇게 감정적으로 불안정하고 조절이 잘 안 되는 것은 뇌가 리모델링되는 과정이기 때문이다. 감정은 분출되는데 그것을 조절하는 전두엽의 기능

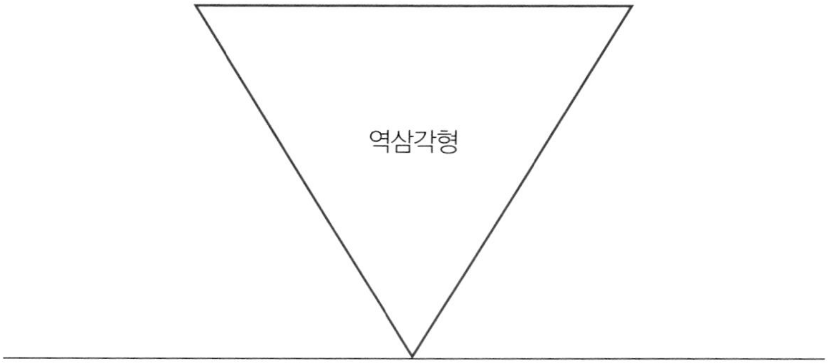

사춘기 자녀의 정서적 특성

* 사춘기 아이들은 역삼각형처럼 조금만 자극을 줘도 쓰러질 정도로 정서가 불안정하다.

이 미성숙하여 균형이 깨지므로 생기는 정서적인 불균형 현상이다.

3) 호르몬의 변화

(1) 도파민의 증가

사춘기가 되면 아동이나 성인에 비해 뇌에서 도파민이 많이 분비된다. 도파민 호르몬은 기분을 좋게 유지시켜 주는 호르몬이다. 쾌감을 더 얻기 위해 강한 자극이나 새로운 경험과 모험을 추구한다. 이것이 지나치다 보면 일탈행동까지도 서슴지 않는다. 뇌의 전두엽이 공사 중이기 때문에 위험한 행동 앞에서 이성적인 제어가 어렵다. 남자 청소년의 경우 친구가 보고 있으면 도파민 분비는 더 활발해진다. 모험적인 활동을 즐기고 자극을 추구하며, 친구들과 함께 있으면 더욱 공격적이 되어 함께 몰려다니며 위험한 행동을 저지르는 빈도도 증가하게 된다.

(2) 성 호르몬의 증가

남성 호르몬인 테스토스테론과 여성 호르몬인 에스트로겐이 증가한다. 특히 남성 호르몬 테스토스테론은 사춘기 이전보다 1000% 더 증가하는데, 이것은 사춘기 여자아이의 20배에 해당한다. 테스토스테론은 사고와 판단의 기능을 담당하는 전두엽의 기능을 떨어뜨린다. 이런 이유로 사춘기 남학생은 성충동을 자제하기가 쉽지 않다. 남학생의 경우는 수시로 자위행위를 하며 성적인 충동을 해소하기도 한다. 또한 포르노 영상을 학급 친구들과 돌려보며 여학생과의 스킨십 경험을 영웅담처럼 과장하기도 한다.

사춘기 아이들이 성적인 충동을 자제하지 못하여 결정적인 실수를 하지 않도록 깨우쳐 주는 적절한 표현이 있다. 바로 "육체 관계에는 후진 기어가 없다."는 말이다. 이 말을 평소에 강조하면서 가슴에 새기도록 해야 한다. 이미 실수를 한 후에는 걷잡을 수 없는 혼란과 윤리적인 갈등 속에서 자신의 인생 문제가 심각하게 얽힐 수 있기 때문이다. 부모나 교사는 사춘기 아이들의 이러한 성적 특성을 이해하고 가벼운 스킨십부터 시작하여 점점 빠져들기 쉬운 육체적 접촉의 수준에 대해 미리 분명하고 엄격한 가이드라인을 제시해야 한다.

이처럼 사춘기 청소년들의 행동 정서상의 특성을 비롯한 성적인 변화는 뇌의 성장과 변화 및 호르몬의 변화와 깊은 관계가 있다. 부모가 이러한 내용을 잘 알고 있느냐, 모르느냐는 때로 자녀의 인생 문제를 좌우할 만한 중대한 사유가 되기도 한다. 그러므로 사춘기 자녀를 둔 부모는 미리부터 대비하고 자녀양육의 지침으로 삼도록 해야 한다.

레시피 2. 사춘기 자녀의 부모 역할 안내하기

고분고분 말을 잘 듣던 자녀가 반항하고 공격적인 언행을 하게 되면 부모나 교사는 상처를 입는다. 이런 태도를 보고 걱정스러워 지도하려고 하면 아이들은 되레 반발한다. 자기들은 전혀 잘못이 없고 부모나 교사가 잘못된 것이라고 대드니 부모와 교사는 더욱 어이없어 아예 건드리지 않는 것이 상책이라 생각하며 회피하고 싶어진다.

이런 사춘기 자녀와 관계 맺기가 어려운 것은 당연하다. 그럼에도 관계를 유지하여 좋은 부모 역할을 하기 위해서는 다음과 같은 몇 가지를 기준으로 삼고 지키도록 안내한다.

1. 지나가는 과정이라고 생각하자

자녀가 무례한 언행을 하는 것을 바라보는 부모는 실망하고 속상하여 때로 자녀에게 화를 내 보기도 하고 과격한 말도 내뱉게 된다. 이로 인해 관계는 더욱 악화되고, 부모-자녀 관계는 긴장되고 팽팽하다. 이렇게 되면 악순환만 되풀이된다. 사춘기 자녀도 일부러 그러는 것이 아니라 뇌 기능과 호르몬의 불균형으로 어쩔 수 없이 그러는 것이기 때문이다. 전두엽이 활성화되고 뇌의 리모델링이 끝나면 반항적인 행동은 끝난다. 그러므로 부모는 이 팽팽한 긴장 관계가 일시적이며 지나가는 과정이라고 생각을 하면서 관계가 깨어지지 않도록 인내하며 기다리는 지혜가 필요하다.

2. 훈계나 설득을 줄이는 대신 신뢰 표현을 자주 하자

이 시기의 아이는 훈계나 설득을 하면 고분고분 받아들이지 않는다. 그 반응 때문에 부모는 더 화가 나게 된다. 고분고분하지 않는 태도를 마치 부모를 거역하는 것으로 오해하다 보면 관계는 더 악화된다. "내가 너를 어떻게 키웠는데…." 식의 상투적인 표현은 자녀가 깨달음이 없을 때에는 "내가 봤어? 지금 보니까 그 말을 믿을 수 없어."라는 또 다른 반항행동만 하게 한다.

사춘기 자녀의 뇌는 변연계의 감정 기능은 활성화되지만 이성적인 사고나 논리적인 설득을 하는 전두엽의 기능은 미약하다. 따라서 논리적인 훈계나 설득은 줄이고, 대신 "언제까지나 너를 사랑해. 너는 나의 사랑스러운 자녀야." "우리 집의 보물이야. 너를 낳고 나서 온 가족과 친척이 감동했단다."와 같이 자녀를 신뢰하며 사랑한다는 표현을 자주 하도록 한다.

양념 추가 〈반항하는 사춘기 아이, 어떻게 대해야 할까요?〉

대부분의 청소년이 부모에게 자기 고민을 말하지 않습니다. 수치심 때문에 말하지 않는 아이도, 야단 맞을까 봐 말하지 않는 아이도, 어차피 들어 주지 않을 테니 말하지 않는 아이도 있지만, 의외로 많은 아이가 부모에게 부담이 될까 봐 말하지 않아요. 자기가 고민을 털어놓으면 부모가 속상해할 텐데 자기에게 그럴 자격이 있나 생각하지요. 자신감이 부족한 아이일수록 이런 마음은 더욱 깊어집니다. 결국 그게 부모에게 더 큰 부담을 지우는 것임을 아이들은 모르지요. 예방책은 한 가지뿐, 평소 아이와 잡담을 많이 나누세요.

가벼운 말을 나누다 보면 진지한 이야기로 이어지기 쉬우니까요.

출처: 서천석(2013).

3. 감정 코칭을 하자

부정적인 감정은 유리 플라스크를 다루듯이 조심해서 다루어야 한다.

자녀가 화가 났을 때 부정적인 감정이 폭발하면서 부모에게 대들거나 상스러운 말을 내뱉을 수 있다. 이런 행동에 화가 나지 않을 부모가 있겠는가? 당연히 부모도 화가 난다. 이 상황이 되면 부모와 자녀 간에 예상치 않은 감정이 악순환된다.

이런 상황까지 되지 않으려면 부모가 감정 코칭을 할 줄 알아야 한다. 감정 코칭의 핵심은 감정은 모두 수용하되 행동의 제한은 명확히 하는 것이다. 자녀의 감정은 모두 수용하고 행동을 제한하는 방법은 다음과 같다. 이때의 감정은 거의 부정적인 감정이다.

1) 감정을 수용하기

예
- 화를 많이 내는 자녀에게: 화가 많이 났구나.
- 반항하는 자녀에게: 지금 그렇게 반항하면 네 마음이 좀 풀리겠니?
- 말을 안 하는 자녀에게: 말하고 싶지 않은가 보구나. 네가 하고 싶을 때 하렴. 기다려 줄게.

이런 식으로 말을 해 주는 것만으로도 자녀의 감정이 풀린다. 감정이 풀려야 대화가 가능하다.

2) 행동을 제한하기

예
- 사춘기라고 모든 행동이 용납되는 것은 아니야.
- 모든 것을 사춘기 탓으로 돌리지는 마.
- 네 언행이 자신을 해치지 않고 남도 해치지 말아야 한다.
- 염색하는 것은 허용할게. 하지만 술을 마시는 것은 안 돼!

감정 코칭에 대해 더욱 구체적으로 알고 싶으면 『내 아이를 위한 감정코칭』(Gottman, J. M., 최성애, 조벽, 2011)을 참고하기 바란다.

4. 매직워드를 사용하자

매직워드란 짧고 간결한 말에 핵심 메시지를 담은 것으로 적절한 순간에 전달하면 말하는 이와 듣는 이가 모두 기분 좋게 행동 변화를 일으킬 힘이 있다. 상황에 따라 적절히 사용할 수 있는 매직워드를 소개해 본다.

예
- 네 나이에는 그럴 수 있어.
- 사춘기가 되면 감정 기복이 심할 수 있어. 이상한 게 아니야.
- 너도 너를 어쩌지 못할 때가 있지? 자라면서 그런 일을 겪기도 하지.
- 사춘기에는 우리 몸이 전면적인 수리에 들어가지. 그래서 더 아껴 주어야 해.
- 어른이 되기 위해 꼭 필요한 과정을 거치는 중이란다. 아끼고 사랑해 주렴.
- 감정 조절을 잘 못해서 상대방의 기분을 상하게 했거든 꼭 사과를 하거라.
- 인생은 선택과 책임의 연속이야. 항상 책임질 결과를 의식하고 행동하거라.
- 지금 내 말을 듣지 않은 것에 대해 몇 년 후 후회하는 말은 하지 말거라.
- 사춘기라고 모든 게 용납되는 것은 아니야. 아닌 것은 아니란다.
- 사춘기를 핑곗거리로 삼지 마. 사춘기를 우아하게 잘 보내는 사람도 있어. 너 자신을 진정으로 사랑하도록 해.
- 사춘기 때 순간 선택을 잘못하면 평생 후회할 수도 있어.

매직워드를 하는 이유는 상황을 반전시키는 데 꼭 필요한 말을 결정적인 순간에 사용하기 위해서다. 적시 안타를 기대하는 것이다. 거의 모든 인간관계의 문제는 말을 잘못 사용해서 생기는 문제들이다. 한 번 뱉으면 주워 담을 수 없는 말! 이 말 때문에 얼마나 많은 인간관계가 깨어지고 틀어지고 서로 등을 돌리며 힘들어하는지 주위에서 경험하지 않는가?

어느 부모가 사춘기 자녀와 틀어지는 것을 원하겠는가? 마음은 그렇지 않은데 순간적으로 잘못 튀어나온 말 때문에 그만 서로 간에 상처를 입는다. 가장 사랑하는 관계인데 원수처럼 여기며 후회하는 일도 부모-자녀 간에 발생한다. 관계가 깨어지고 나면 회복하기가 어색하고 힘들어진다.

그러므로 평소에 매직워드에 관심을 갖고 연습해 두어야 한다.

비법 한 스푼 ① 〈주어진 상황과 매직워드 사용의 예〉

중학교 2학년인 아들 방에 청소하러 들어간 어머니가 컴퓨터 모니터를 보고 깜짝 놀랐다. 모니터에는 음란한 영상을 본 흔적이 있었다. 충격을 받은 어머니는 순간 아들이 불결하다는 생각이 들었다. 하라는 공부는 안 하고 이런 더러운 영상만 본다는 불쾌한 생각으로 '어디 학원에서 돌아오기만 해 봐라.' 하고 벼르고 있는 참에 현관문을 열고 아들이 들어온다.

반응 1: 너, 이리 좀 와 봐! 이게 다 뭐니? 너 이런 아들이었어? 컴퓨터 사 달래서 사 주었더니 하라는 공부는 안 하고 이런 거나 보려고 그랬던 거야? 믿었던 아들에게 속았구나…. 당장 나가! 너 같은 아들, 더럽고 창피해서 함께 못 살겠다.

반응 2: 우리 아들이 이런 데에 관심 둘 정도로 많이 컸구나. 티슈는 질이 좋은 것을 써라.
정상적인 남녀 관계에서 이루어지는 것인지 엄마와 함께 볼까?
이런 장면을 보고 나면 어떤 느낌이 들어?
이런 영상을 어떤 사람들이 만들었을까? 배우들은 왜 촬영에 참여했을까?
한 번 보면 자꾸 더 보고 싶어지지? 이거 청소년기에 중독성 있는 거야.

순간적으로 화가 나면 반응 1처럼 말할 수 있다. 엄마에게 '더러운 아들'이라는 표현을 들은 아들의 마음이 어떻겠는가? 하지만 매직워드를 사용하려고 노력하는 엄마는 반응 2처럼 말하게 된다. 이렇게 말하면 비록 충격적인 상황이 벌어졌더라도 그 상황을 중심으로 서로의 기분이 상하지 않으면서 대화를 진지하게 진행할 수 있다. 즉, 문제 상황을 서로를 성숙시키는 계기로 삼을 수 있다.

이것이 매직워드의 힘이다.

5. 선택의 자유를 주되 책임지도록 하자

선택의 자유를 무조건 제한하면 자녀가 반발한다. 사춘기 자녀의 부모는 자녀의 미래를 위한다는 명분으로 부모가 중시하는 가치를 선택하도록 강요한다. 이 과정에서 자녀는 자유를 제한하는 부모를 원망스러워한다. 자녀를 존중하는 부모는 자녀로부터도 존중받는다. 선택의 기회에 항상 심사숙고하여 선택하도록 자유를 준 후에 그 선택의 결과를 책임지도록 양육하면 독립적인 자녀로 키울 수 있다. 그리고 선택을 신중히 하는 습관을 들일 수 있다. 결과까지 내다보면서 여러 경우의 수를 생각하다 보니 자연히 충동적인 행동이 줄어들고 실수를 줄이게 되는 것이다. 이런 반복적인 연습 경험이 있어야 사려 깊은 태도가 형성된다.

비법 한 스푼 ② 〈행동 선택의 원리는 지사선책(止思選責)〉

행동 선택을 하기 전에 '지사선책(止思選責)'의 원리를 적용하는 습관을 형성하면 실수를 줄이고 충동적인 행동을 자제할 수 있다(한영진, 2005, p. 183). 지사선책의 단계는 다음과 같다.

지(止): 멈춘다 → 사(思): 생각한다 → 선(選): 선택한다 → 책(責): 책임진다

〈예시〉

수업이 끝나고 집에 가는데 같은 반 친구가 pc방에 함께 가지고 제안한다.

선택 1: 너무 신나서 '좋아!' 하고 따라갔다. 30분만 하고 나오려 했는데, 게임에 빠져 정신없이 하다 보니 두 시간이 훌쩍 지났다.

선택 1의 결과: 집에 가니 어머니가 잔뜩 화가 나셨다. "너, 아침에 엄마와 약속한 것 잊었어? 치과 예약이 3시니까 끝나고 빨리 오라고 했잖아? 다음 주 용돈은 이제 없어!"

다음 절차대로 한다.

선택 2: 친구의 제안이 반갑긴 하지만,

지(止): “그래? 반가운 소리네? 그런데 잠깐만!” 하고 선택을 멈춘다.

사(思): ‘혹시 오늘 하교 후에 다른 일은 없던가?’ 하고 생각해 본다

선(選): “함께 못 가서 미안해, 오늘 엄마와 치과에 가기로 약속한 것을 깜빡 잊을 뻔했어.”

책(責): 책임질 일이 아무것도 없다.

선택 1에서는 다음 주 용돈을 받지 못하는 것이 자신의 행동 선택과 그 결과에 대한 책임이다. 하지만 선택 2에서는 심사숙고의 과정이 있었기에 아무런 책임을 질 상황이 벌어지지 않았다.

이와 같은 과정으로 행동을 선택하도록 훈련하면 충동적인 선택으로 후회하게 되는 일을 줄이게 되고 자연스럽게 사려 깊은 태도가 형성된다.

6. 스위치 대화를 하자

스위치 대화란 당위적인 말과 욕구를 인정하는 말의 순서를 바꾸어 말하는 것이다. 부모나 교사가 아이들에게 하는 말의 대부분은 당위적인 말을 먼저 명령 · 지시 · 강요식으로 하는 것이다. 예를 들면, ‘빨리 세수하고 밥 먹어라, 숙제부터 해라, 왜 그렇게 꾸물거리니? 시험이 며칠 남지 않았는데 놀기만 하니? 어른에겐 공손하게 말해라, 빨리 안 해?’ 등이다. 마땅히 강조해야 하지만, 사춘기같이 민감한 시기가 되면 이런 당위적인 훈계를 더욱 싫어한다. 나중엔 잔소리라고 여기며 아예 귀를 막아 버린다.

그런데 같은 메시지를 순서를 바꾸어서 욕구를 인정하는 말을 먼저 하면 아이는 이해받았다는 느낌을 받고 마음을 열게 된다. 마음을 열고 나면 라포(친밀감)가 형성되고, 부모가 말하고 싶은 메시지가 자녀(학생)의 마음속으로 쏙 들어가게 된다. 이것이 스위치 대화의 효과다.

다음과 같이 말해 보자.

예 • 빨리 세수하고 밥 먹어라.

→ 조금 더 자고 싶은가 보구나. 그래, 조금만 더 자고 세수하고 밥 먹거라.

예 • 숙제부터 해라.

→ 학교에서 힘들게 지내고 와서 먼저 좀 놀고 싶구나. 그래, 좀 놀고 나서 숙제 하렴.

예 • 왜 그렇게 꾸물거리니?

→ 할 일을 하기 전에 좀 여유를 즐기고 싶은가 보구나. 그래, 어차피 네 할 일이니 네가 알아서 할 줄 믿는다.

예 • 시험이 며칠 남지 않았는데 놀기만 하니?

→ 시험공부가 부담 되지? 네가 알아서 하리라 믿는다. 먼저 놀고 나서 네가 하고 싶을 때 공부하기를 기대할게.

예 • 어른에겐 공손하게 말해라.

→ 불손하게 말하는 것을 들으니 내 기분이 매우 안 좋아지는구나. 지금보다 좀 공손하게 말해 주면 좋겠다. 내 아들(딸)아!

스위치 대화를 사용해 본 부모는 처음에는 명령이나 지시를 하지 않으면 자녀가 움직이지 않아 기다리기가 답답했다고 한다. 그래도 참고 계속 사용하니 나중에는 자녀가 "엄마가 달라졌어요."라고 하면서 말을 잘 듣더라고 한다. "구슬이 서 말이라도 꿰어야 보배"라는 속담이 떠오르는 이야기다.

7. 존재 자체만으로 귀하다는 메시지를 자주 주자

긍정적인 내용을 담아 축복하는 말을 자주 해 줌으로써 존재감을 확실히 해 주고 자신을 소중하게 생각하도록 기회를 주어야 한다.

예 • 누가 뭐래도 넌 우리 가정의 소중한 아들(딸)이야.

• 네(너희)가 지금 얼마나 아름다운 청소년기인지 아니?

- 나에겐 다시 돌아가고 싶은 시절이란다. 네가 부러워.
- 넌 하나밖에 없는 나의 아들(딸)이야.
- 비록 속상할 때는 있지만 넌 그동안 내게 기쁨을 더 많이 준 아들(딸)이야.
- 이 진통의 시기가 지나가면 넌 훌쩍 성숙해질 것을 믿는다.

8. 자조모임을 갖자

자조모임은 동일한 문제를 가진 사람들이 모여 스스로를 돌아보고 관찰하여 서로에게 힘과 의지가 되는 성격의 모임이다. 친구나 선배들 모임에 나가서 자녀양육에 관한 스트레스를 풀어 놓을 기회를 가져 보자. 서로 속상한 이야기를 나누다 보면 자신만 힘든 것이 아님을 깨닫게 되고 이해의 폭이 넓어진다. 이미 자녀를 다 키운 선배들에게서 사춘기 자녀를 어떻게 키웠는지, 부모 스트레스는 어떻게 극복을 했는지 등을 들으면서 마음이 풀리고 자녀가 이해되기 시작한다. 그뿐만 아니라 사춘기 자녀와의 관계 형성에 관한 노하우도 배운다.

9. 부모 자신을 돌아보는 시간을 따로 갖자

자녀로 인해 화가 났을 때 그 화를 말로 풀면 자녀가 상처를 받고 관계는 험악해진다. 그 화를 일기에 적거나 여행을 하거나 책을 읽다 보면 화도 풀리고 자녀를 이해하게 된다. 자녀가 자신에게 행복감을 준 성장 경험 등을 회상해 보면 자녀를 축복해 주고 싶은 마음을 가지게 되고, 비로소 자기를 돌아보며 여유를 가질 수 있게 된다.

사춘기 자녀를 둔 부모가 되면 부모 역할이 달라져야 한다. 여전히 품안에 두고 통제하려 든다면 자녀는 성숙해질 기회가 없다. 성장해서도 여전히 부모 품에서 헤어 나오지 못하는 자녀는 스스로 무언가를 선택하거나 결정하기를 두려워하면서 친구들과도 자연스럽게 어울리지 못하게 된다.

언제나 자녀가 부모 말만 고분고분 듣는다면 부모가 과연 행복하겠는가? 진정으로 자녀가 행복하기를 바란다면 사춘기의 몸살을 긍정적으로 지켜봐 주면서 독립된 성인으로 자라나는 과정을 격려해야 한다. 그리고 그 자녀가 부모 품을 떠날 준비를 하는 것에 대해 감사하는 마음까지 가질 수 있어야 한다. 날아갈 준비를 하는 새라고 생각하며 독립시킬 마음의 준비를 하도록 한다. 사춘기 자녀의 몸살 앓는 행동으로 부모가 힘들어질 때 부모는 홀로 설 마음의 준비를 시작해야 한다.

비법 한 스푼 〈그림동화로 위로받기〉

자녀로 인해 화가 나거나 속이 상할 때 읽으면 도움이 되는 책을 소개한다. 로버트 먼치(Robert Munsch)의 『언제까지나 너를 사랑해』라는 그림동화는 어른이 읽어도 감동적이다. 사춘기 자녀로 힘든 어머니라면 이 책을 통해 상한 마음을 위로받기 바란다.

품에 안고 키우던 사랑스러운 아기가 점점 자라면서 말썽을 부린다. 그래도 잠이 든 모습을 보면 사랑스럽다. 발달단계마다 말썽의 내용이 달라진다. 점점 골치 아파지는 엄마는 외친다. "이 아이 때문에 미쳐 버릴 것 같아!"

밤이 되어 잠든 아들의 모습을 보면서 그래도 어머니의 노래는 반복된다.

너를 사랑해 언제까지나
너를 사랑해 어떤 일이 닥쳐도
내가 살아 있는 한
너는 늘 나의 귀여운 아기-

이제 그 어머니가 늙어서 힘이 없어졌다. 이젠 다 자란 성인 자녀가 침대에 누운 어머니에게 와서 노래를 대신 불러드린다. 어머니를 두 팔로 감싸 안고서…

사랑해요 어머니 언제까지나
사랑해요 어머니 어떤 일이 닥쳐도

내가 살아 있는 한
당신은 늘 나의 어머니-

그날 밤, 자기 집으로 돌아온 성인 아들은 갓 태어난 자신의 아기를 품에 안고 가만히 노래를 불러 준다. 평생 어머니에게서 들은 그 노래를….

사춘기는 부모의 품안에 있던 자녀가 그 품을 떠나 독립하려고 몸부림을 치는 시기다. 그 몸부림을 보는 것이 부모에게는 고통스러운 일이다. 자녀는 지극히 정상적인 발달을 하는 것인데 부모가 생각을 바꾸지 않아서 생기는 갈등의 시기다. 그래서 자녀가 사춘기가 되면 부모는 '특별훈련학교'에 입학하는 것이라는 말까지 있다. 특별훈련학교의 교육과정인 특별훈련의 내용이란 기다림과 인내하기, 마음 내려놓기, 미래를 낙관하기, 화 다스리기, 3초 후에 말하기, 믿음과 신뢰를 유지하기 등이다.

공깃밥 추가 〈사춘기의 이성교제! 한 번 더 생각하기〉

1. 사춘기 이성교제

사춘기 자녀가 부쩍 관심을 갖는 대상이 이성이다. 남녀공학이 많은 요즈음 학교마다 이성교제로 골머리를 앓을 정도라고 한다. 쉬는 시간 복도에서 만나 진한 스킨십을 하거나, 수업 중에도 자리를 바꿔 앉으며 사귐을 갖는 모습도 종종 눈에 띈다고 한다. 애정 표현에 적극적인 요즘 청소년은 사람이 많이 모이는 공공장소(예: 지하철)에서도 스킨십에 대해 남의 눈을 의식하지 않는다.

학교에서는 이성교제에 대한 가이드라인을 제시해서 면학 분위기가 흐트러지지 않도록 하는 데에 신경을 써야 한다. 그렇지 않으면 충동적이고 후진 기어가 없을 정도로 제어가 어려운 이성 간의 스킨십으로 인해 책임지지 못할 일들이 발생할 것이다.

예 학교생활 가이드라인

- 이성끼리 손잡고 다니는 것 금지
- 얼굴 접촉 금지
- 여학생이 남학생의 바지 뒷주머니에 손을 넣고 다니는 행위 금지
- 빈 교실에 단 둘이 있지 않기
- 교실에서 좋아하는 이성과 앉기 위해 자리 바꾸지 않기 등

2. 청소년의 성교육

성교육의 내용이 실제적이어야 한다. 일부 남학교에서는 교실에서 하는 자위행위도 늘어 가고 있다. 자기 신체를 소중하게 생각하며 씨앗주머니(생명주머니)가 잘 보존되도록 해야 한다고 깨우쳐 주는 것이 중요하다. 이 시기에는 '책임지는 성'에 집중해서 육체 접촉으로 인한 후유증을 생각하도록 해야 한다. 건전한 자위행위, 확실한 피임법 등으로 실제적인 교육이 이루어지도록 해야 한다.

양념 추가 〈10대의 성, VR우동*〉

10대는 이성에 대한 관심이 증폭되고 성충동을 절제하기 어려운 시기다. VR우동은 야한 동영상이란 뜻을 가진 청소년들의 은어다. 요즘 10대들은 컴퓨터 모니터로 음란동영상을 보는 것이 아니라 고글(또는 헤드셋)을 끼고 음란 동영상을 감상하기도 한다. 학교에서는 쉬는 시간에, 집의 거실에서는 가족과 있는데도 태연하게…. 교사도 부모도 눈치채지 못하게 혼자서 즐기는 것이다.

그런 영상을 보던 청소년이 강한 성충동을 절제하지 못하면 어떤 일들이 생기겠는가? 경찰청 사이버안전팀이 관심을 갖고 단속을 하지만 개인이 결단하지 않으면 음지의 문화는 독버섯처럼 자라게 되어 있다. 이러한 변화는 부모의 역할이 점점 신중해져야 함을 생각하게 한다. 자녀가 성 지식을 어디서 습득하는지 관심을 갖고 적극적으로 대화해야 한다. 왜곡된 지식을 바탕으로 형성한 성정체성은 이후의 행복한 결혼생활이나 다른 인간관계에 좋지 않은 영향을 미칠 수 있다.

* VR우동: 일인칭 시점의 가상현실 체험용 성인물을 일컫는 은어.

셰프에게 물어봐
〈말 안 하는 자녀로 답답함을 호소하는 학부모〉

학부모 한 분이 중학생 딸이 집에 와서는 통 말을 안 해 답답하다면서 자녀와 자연스럽게 시간을 갖고 대화를 나눌 방법을 알려 달라는데, 어떤 도움을 줄 수 있을까요?

친구들과는 끊임없이 수다를 잘 떨면서 집에 와서는 입을 꾹 다물어 버리는 자녀 때문에 답답하다는 학부모들이 많이 있지요. 그 학부모에게 다음과 같이 안내를 해 주는 것이 좋겠어요.

1. 캐묻기 식의 대화를 중단하기

혹시 그동안 자녀를 키우면서 캐묻기 식의 대화를 하지 않았는지 돌아보도록 하십시오. 예를 들면, "너 요즘 수업 시간에 졸지는 않니? 숙제는 다 해 가니?" "시험공부는 다 했니?" "왜 그렇게 말했니?" "왜 그런 친구를 사귀니?" 식의 질문은 특히 사춘기 자녀에게는 부담을 주는 말입니다. 이런 일들은 스스로 하도록 분위기를 조성해 주는 일이 부모의 역할인데, 자녀가 성장했어도 일일이 캐묻는 식의 말을 하면 자녀는 말을 하고 싶지 않아지지요. 더욱이 대답하기 곤란하거나 자신에게 불리한 질문을 받으면 자녀는 그런 질문을 받을 분위기나 자리를 아예 피하려고 하지요.

2. 학업과 관련한 질문은 자제하기

이렇게 부모에게 입을 다물어 버린 자녀와 대화를 시작하려면 학교, 학업, 성적과 관련한 이야기는 피해야 합니다. 부모의 최대 관심이 자녀의 성적이다 보니 아무래도 그 주제를 피하긴 어려울 것이라는 점은 이해합니다.

그러면 도대체 무슨 주제로 대화를 해야 할까요?

자녀가 관심 있는 것에 부모도 관심을 갖고 대화의 실마리를 잘 찾아야 합니다. 예를 들어, 자녀가 관심을 보이는 아이돌 그룹, 탤런트 등의 연예인, 패션, 드라마나 영화 등을 소재로 삼아 보세요. 특히 드라마를 함께 보면서 맞장구를 쳐 주면 자녀는 부모를 친구처럼 가깝게 생각할 수도 있지요. 부모가 생각하기에는 쓸데없는 이야기이고 시간낭비라고 여기겠지만 사춘기에는 자녀와 공감대 형성이 잘 되려면 어쩔 수 없지요. 그래야 관계가 부드러워지니까요. 이 시기가 지나면 함께할 시간이 점점 줄어든다는 생각으로 조급한 마음을 내려놓고 충분히 즐기다 보면 자녀도 마음을 열게 되지요.

3. 정기적인 가족 모임을 갖기

모든 문제는 누적적이지요. 무슨 말이냐 하면, 하루아침에 변화가 일어난 것은 아니라는 말이에요. 아마 자녀가 어린 시절에도 그렇게 입을 다물어 버리진 않았을 거예요. 점차 부모와 대화하는 것이 부담스러워져서 피하고 싶어진 것이지요.

이런 일을 예방하기 위해서는 정기적인 가족 모임으로 민주적인 가정 분위기를 조성하는 것이 필요하지요. 초등학교 고학년만 되어도 민주적인 분위기가 아니면 반발하는 현상을 볼 수 있지요. 시켜서 억지로 하거나 강압적으로 하는 일은 반드시 부작용이 일어나게 되지요.

아이들은 가족 구성상 비록 가장 작고 어려도 가정에서부터 존중받으며 성장해야 하지요. 민주적인 분위기가 되려면 아이에게 뭔가 부탁하거나 요청할 때도 반드시 그 의견을 물어보는 것이 중요하지요.

"지혜야, 지금 두부가 한 모 필요한데 혹시 사다 줄 수 있겠어?"가 "지혜야, 가서 두부 한 모 사 와!" 보다 훨씬 민주적이지요.

그러면 가족 모임은 어떻게 가지면 좋을지 다음 안내를 참고하세요.

- 일주일에 한 번 또는 한 달에 한 번 모임 갖기: 가족의 정례 행사로 정해 놓으면 각자의 스케줄을 조정하는 데 도움이 된다.
- 자녀의 말을 듣는 날로 정하기: 자녀가 무엇을 바라는지 주로 부모가 들어 주는 시간이 되어야 한다. 그래야 이날을 기다린다.
- 가족 모임 후에는 외식이나 특별식을 준비하기: 아이들이 좋아하는 메뉴로 외식을 하거나 아버지가 만들어 주는 음식으로 식사를 한다. 의미를 부여한 추억은 오랫동안 가족의 결속력을 높여 준다.
- 가족 생활의 정보를 공유하기: 가능하면 경제적인 상황까지 자녀에게 공개하면, 막연히

아껴 쓰라고만 하는 것보다 자녀가 용돈 사용도 알뜰하게 할 수 있다. 자녀의 성숙 수준에 따라 어느 수준까지 공개할지는 부모가 합의하면 된다. 더불어 일과 노동의 가치 등에 대해서도 은연중 교육을 할 수 있고 근실한 삶의 자세를 가지게 할 수 있다.

- 기록으로 남기기: 가족 모임을 기록하는 공책을 준비해서 모일 때마다 기록으로 남기면 소중한 가족의 역사가 된다. 가족이 함께 공유하는 추억은 돈으로 살 수 없는 가치를 지닌 보배다. 때로 가족의 힘이 될 수 있다.
- 평소에 원칙을 심어 주기: 자녀양육에서 꼭 심어 주고 싶은 말은 평소에 강조해 두어야 한다. 예를 들어, '친구에게 돈을 빌리지 말아라.' '11시 이전에 귀가해라.' '카드 빚을 지지 말아라.' '싸구려 화장품을 쓰지 말아라.' '종교가 같은 이성 친구를 사귀어라.' '네 주관 없이 덩달아 따라 하는 행동을 하지 말아라.' '어른에게는 먼저 인사해라.' 등 가정마다 철학이나 가치관에 따라 다양하게 강조할 수 있다.
- 감사의 말, 칭찬과 격려의 말을 꼭 해 주기: 서로에게 감사하다는 표현을 나누고 칭찬과 격려의 말을 나누면서 가족 간의 사랑을 전달하자. 습관이 되면 대단한 가족이 될 수 있다.

이와 같이 안내해 주면서 학부모가 자녀와 편안하게 대화를 할 수 있게 되기를 바랍니다.

참고문헌

Gottman, J. M., 최성애, 조벽(2011). 내 아이를 위한 감정코칭. 서울: 한국경제신문.

서천석(2013). 아이와 함께 자라는 부모. 파주: 창비.

정옥분(2005). 아동발달의 이해. 서울: 학지사.

한영진(2005). 부자자효(父慈子孝) 교육프로그램 개발 연구. 숙명여자대학교 대학원 박사학위 논문.

한영진(2014). 스위치 대화의 힘. 서울: 에듀니티.

한영진, 박미향, 이정희, 김민정(2014). 매직워드77: 콕! 집은 선생님의 한마디 교실을 바꾼다. 서울: 학지사.

27 스스로 공부하는 아이로 키우고 싶다면

셰프! 도와주세요!

진영이는 두각을 나타내지도, 그렇다고 말썽을 피우지도 않는, 교실에서 조용히 지내는 아이다. 진영 어머니가 진영이의 이런저런 학교생활에 대해 상담하러 왔는데, 상담 중 어렵게 입을 열었다.

"실은 진영이 아빠가 몇 달 전 실직을 했어요. 겨우겨우 재취업에는 성공했는데, 이전과는 비교할 수 없이 수입이 줄었어요. 애들 학원 보낼 돈도 도무지 나올 상황이 안 되고요. 이참에 학원에 맡기기보다는 스스로 공부할 수 있게 되면 좋겠는데, 가만 보니 학원 끊고 집에서 별로 공부를 하는 것 같지도 않고요. 진영이하고 얘기해 보니, 공부는 해야겠다는 생각이 드는데 어떻게 해야 할지 모르겠다고 하네요. 그런데 저도 어떻게 해야 할지를 모르겠어요. 제가 집에서 진영이한테 사용할 방법이 없을까요? 좀 도와주세요!"

매달리는 듯한 간곡한 진영 어머니의 눈빛에 선생님은 마음이 아팠다. 학원에 길들여진 아이가 갑자기 혼자 공부하려니 진영이도 나름 힘들었을 테다. 그런 아이를 보는 어머니의 마음도 당황스러웠을 게다.

선생님도 이 기회에 학습의 원리에 대해 먼저 진영 어머니께 설명한 다음, 가정에서 도울 수 있는 구체적인 학습방법을 안내해야겠다고 결심했다.

레시피 1. 학부모에게 자기주도 학습 이해시키기

1. 학습의 3요소: 예습, 본시학습, 복습

학습의 3축은 예습-본시학습-복습이다. 예습은 본시학습에서 배울 내용을 미리 살펴보고, 뇌에 본시학습을 준비하기 위한 자극을 주는 것이다. 인간관계로 치면 '안면 트기' 정도다. 뇌는 익숙한 정보를 더 선호하여 인식하고 받아들이는 경향이 있기 때문이다.

본시학습에서 가장 중요한 것은 '눈 맞춤(eye contact)' 이다. 인간이 감각을 통해 정보를 얻을 때 시각, 청각, 촉각, 미각, 후각 중 가장 많은 정보가 시각을 통해서 들어오기 때문이다. 교사의 설명을 듣고 있지만, 시선이 책상 위의 볼펜에 가 있는 아이가 있다고 하자. 현재 그 아이의 뇌는 교사의 설명보다는 볼펜으로 연상되는 생각들이 펼쳐지기 쉽다.

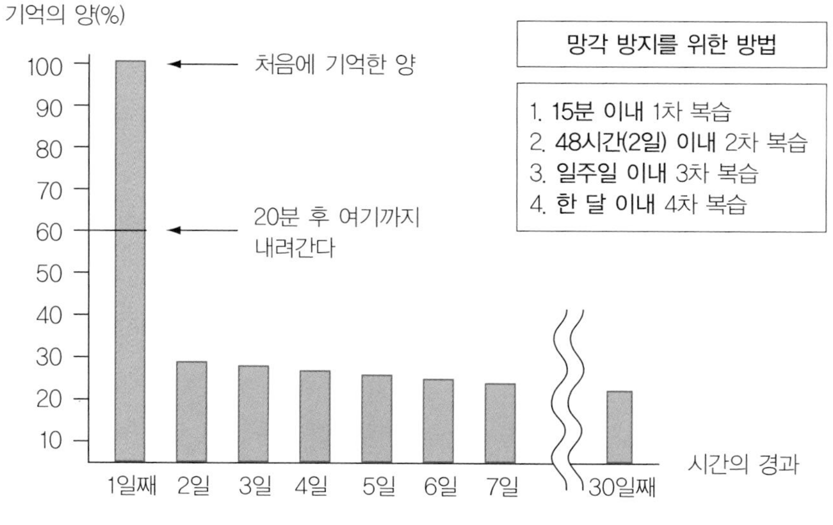

〈시간 경과에 따른 망각도〉

출처: 이동재(2007).

공부를 '잘' 한다는 의미는 '자주' 한다는 의미로 바꿀 수 있는데, 복습에서 가장 중요한 것은 반복이다. 특히 에빙하우스(Ebbinghaus)의 연구에 따르면, 시간의 경과에 따라 망각은 급속히 일어나기 때문에, 학습 직후에 곧장 다시 보는 것이 중요하다. 그리고 일회성으로 끝나서는 곤란하며, 반복적으로 보아야 한다.

부모는 자녀가 공부할 때 예습-본시학습-복습의 3축을 잘 활용하고 있는지 살펴보고 조언해 줌으로써 자녀의 자기주도 학습을 도울 수 있다.

2. 학습의 진행 과정

자기주도 학습방법을 알기 위해서는 먼저 학습의 전체적 구조를 살펴볼 필요가 있다. 자기주도 학습이 어떤 구조로 진행되는지에 대한 이해가 필요하다.

학습이 일어나는 형태는 학(學)과 습(習)이다. 학(學)은 가르치는 사람이 있어 배우는 것을 의미하며, 습(習)은 스스로의 힘으로 익히는 것이다. 배우기만 하고 스스로 익히는 습(習)의 과정이 약하면, 학습 내용을 내 것으로 만들기 어렵다. 영어회화를 잘하는 법을 배웠다고 해서 곧장 잘할 수 있는 것이 아니라 무한한 노력이 병행되어야 제대로 할 수 있는 것처럼, 학(學) 과정만 거치고 습(習) 과정을 거치지 않으면 학습 내용이 온전한 본인 몫이 되기 어렵다. 학교나 학원 등에서 배우는 시간만 많으면 스스로 공부하고 있다고 착각할 뿐 실제 스스로 뇌를 활용해서 익히는 습(習) 단계가 없기 때문에 학습 효율이 떨어지는 것이다.

배우거나 익히고 나면, 다음 단계로 중요한 것은 학습 내용에 대한 구조화다. 구조화는 대단히 중요한 과정인데, 아이들의 공부 효율성과 학력이 이 단계에서 판가름이 난다. 구조화란 주어진 정보를 분류하며, 학습 내용을 체계화하고 위계를 설정하는 것이다.

학습 내용은 처음부터 끝까지 똑같이 중요하지는 않다. 학습이 효율적이려면, 중요한 내용과 그렇지 않은 내용을 판별하여 중요한 내용을 중심으로 공부해야 한다. 또 이해한 부분을 반복하기보다는 이해하지 못한 부분을 집중적으로 파고들어야 한다. 암기해야 할 것과 그렇지 않은 것을 구분하여, 암기할 요소에 노력을 들여야 한다. 애매하

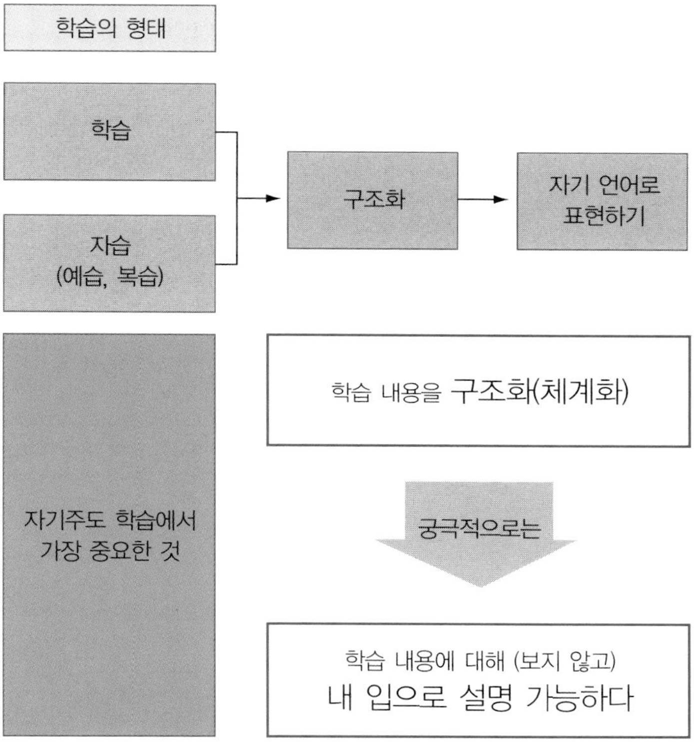

〈자기주도 학습 관련 학습 진행 과정 구조도 1〉

고 혼란스러운 것 중심으로 공부해야 능률이 오르지, 이미 잘 알고 있는 내용을 반복해서 공부할 필요는 없는 것이다. 학습의 구조화 과정이 효율적이어야 공부한 노력에 대해 적절한 성과를 거둘 수 있다.

마지막으로 중요한 것은 학습한 내용을 자기 언어로 표현할 수 있어야 한다는 점이다. 공부한 내용을 보지 않고 자기 입으로 말하거나 타인에게 설명할 수 있어야 한다.

구조화된 학습 내용을 보지 않고 자기 입으로 말할 수 있기까지는 이해와 암기 그리고 반복적인 재생훈련이 필요하다. 필요할 때 활용할 수 있도록 반복적으로 기억나게끔 하는 재생훈련은 의외로 많은 학습자가 놓치지 쉬운 부분이다.

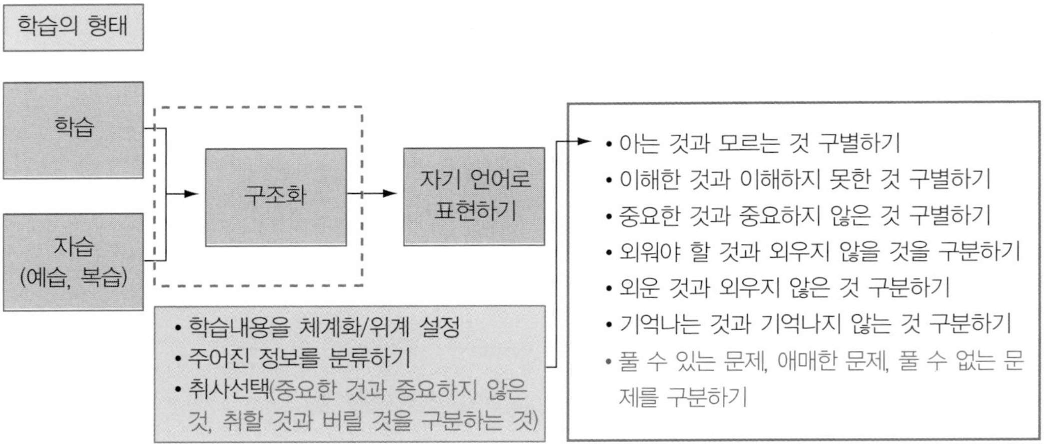

〈자기주도 학습 관련 학습 진행 과정 구조도 2〉

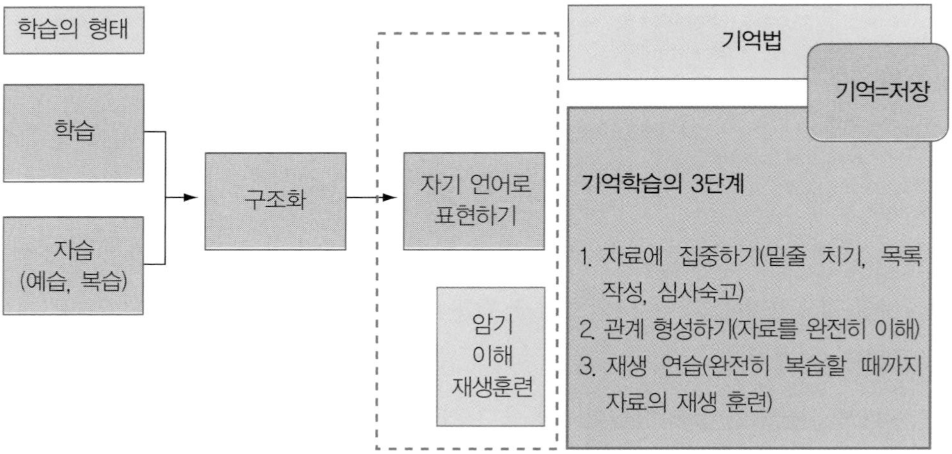

〈자기주도 학습 관련 학습 진행 과정 구조도 3〉

레시피 2. 부모가 도울 수 있는 자기주도 학습 방법 안내

1. 습관 기르기

습관이란 어떤 행동을 특정 상황에서 반복하여 하다가, 점차 그 행동이 익어 나중에는 아무런 노력을 하지 않아도 기계적으로 행하게 되는 것이다.

부모가 노력할 점은 자녀에게 공부 습관을 들이는 것이다. 습관을 들이는 가장 좋은 방법은 매일, 꾸준히, 일정한 시간에, 일정한 장소에서, 일정한 분량을 공부하게 하는 것이다. 이때 중요한 것은 그 학습량이 자녀가 느끼기에 부담스러운 양이 되어서는 곤란하다는 점이다. 가급적 자녀가 집중해서 할 수 있는 최대량의 80% 이하로 제시하여, 자녀가 공부할 때 부담을 느끼지 않게 한다. 자녀의 학습 소화량은 자녀와의 빈번한 상

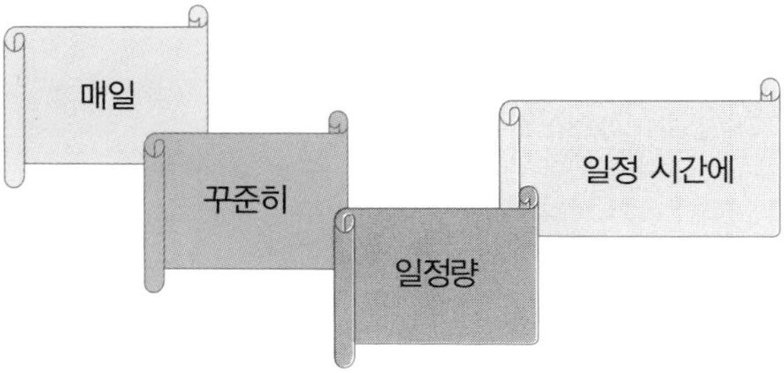

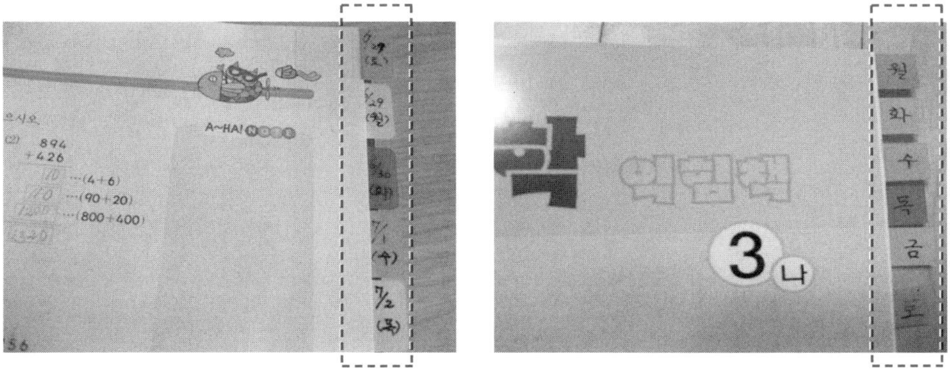

〈자기주도 학습 습관 기르기(학습량 눈으로 확인하기)〉

호작용을 통해 파악해야 한다. 부모는 사교육의 학습량과 단순히 비교할 때가 많으나, 자기주도적으로 스스로 목표를 정해서 하는 양은 상대적으로 적어 보이더라도 장기적 측면에서 자녀의 자생력을 키울 수 있다는 점에서 신뢰를 보여야 할 것이다. 한편, 학습량을 시각화하여 제시하면 스스로 해야 할 양을 시각적으로 확인할 수 있어 학업 수행에 도움이 된다.

2. 학습 내용 파악하기

한 학기에 배울 내용 또는 특정 시기에 배울 내용을 목차나 항목별로 적어 눈에 띄는 장소에 붙여 두게 한다. 그러면 자녀는 현재 내가 학습하는 내용이 어느 지점인지 쉽게 확인하고, 다음 학습 진도 내용도 가늠할 수 있다. 자연스럽게 예습 · 복습의 효과도 기대할 수 있다.

〈초등학교 6학년 2학기 수학과 교과서 내용〉

1. 쌓기나무	2. 비례식과 비례배분	3. 원기둥, 원뿔, 구
쌓기나무의 수 구하기(1,2) 위, 앞, 옆에서 본 모양 그리기 전체 모양을 알기 조건에 따라 모양 만들기 여러 가지 모양 만들기	비례식 알기 비의 성질 알기 간단한 자연수의 비로 나타내기 비례식의 성질 알기 비례식을 이용하여 문제 해결하기 비례배분 알기 비례배분을 이용하여 문제 해결하기	원기둥 알기 원기둥의 전개도 알기 원기둥의 겉넓이 구하기 원기둥의 부피 구하기 원뿔 알기 구 알기 여러 가지 모양 만들기
4. 비율 그래프	**5. 정비례와 반비례**	**6. 여러 가지 문제**
띠그래프 알기 띠그래프 그리기 띠그래프 해석하기 원그래프 알기 원그래프 그리기 원그래프 해석하기 조사한 자료를 그래프로 나타내기 자료를 그래프로 나타내고 활용하기	두 수 사이의 대응관계 알기 정비례 알기 정비례를 활용하여 문제 해결하기 반비례 알기 반비례를 활용하여 문제 해결하기 정비례와 반비례를 구별하기	분수와 소수의 계산(1,2) 규칙에 따라 사각형 안에 숫자 배열하기 신기한 종이접기 도형을 똑같은 모형으로 나누기 규칙에 따라 선분으로 여러 가지 모양 만들기 종이를 접어서 간단한 각도기 만들기 팬파이프 만들기 문제 만들기(1,2)

〈중학교 수학교육과정의 예〉

영역	중학교 1학년	중학교 2학년	중학교 3학년
집합	집합: 연산		
수	자연수:기수법, 약수, 배수, 정수 유리수: 근사값	순환소수	무리수: 제곱근
문자와 식	문자와 식	식의 계산: 다항식과 부등식	다항식의 곱셈 인수분해
방정식	일차방정식: 해	연립방정식	이차방정식: 근의 공식
함수	함수: 좌표평면	일차함수: 그래프와 활용	이차 함수: 최대, 최소
통계	통계: 상대도수	확률	통계: 상관관계
도형	평면도형: 다각형, 작도 입체도형: 부피와 겉넓이 도형의 관찰: 오일러의 공식	삼각형의 성질 사각형의 성질 닮음	피타고라스 원리와 활용 원과 직선, 원주각, 원과 비례, 삼각비
명제		명제	

3. 시간 계획 세우기

자녀와 함께 시간 계획을 세우고, 세운 계획을 잘 실천할 수 있게 격려한다. 다음은 중학교 2학년을 가정하여 자녀의 학습 계획을 짜는 단계별 과정이다. 자녀의 사정에 따라 충분히 변용 가능하다.

1) 깨어 있는 하루의 총량의 시간을 계산한 뒤 필요 시간을 제외한 순수 학습 가용 시간을 산출한다

- 자녀가 일어나서/하교 후부터 취침하기까지의 총 시간을 계산한다.
- 총 시간에서 일상 활동 시간을 빼고 남은 시간을 계산한다.

〈순수 학습 가용 시간 산출 예시〉

총시간 계산하기 (A)	일상생활에 대한 시간 계산하기 (B)	학습 가용 시간 찾기 (C=A-B)
하교 ↓ … 7시간 … ↓ 취침 PM 3:30 … PM 10:30	1. 저녁 식사 시간(40분) 2. 옷 갈아입기, 가방 풀기(10분) 3. 애완견 산책(30분) 4. 운동(40분) 5. 밤 세수, 취침 완료(20분) … 총 2시간 20분	7시간 - 2시간 20분 = 4시간 40분

2) 순수 학습 시간을 종류별로 나눈다

- 매일 해야 할 공부: 학교 진도에 맞춘 예습 및 복습
- 장기적으로 학습할 공부(기초 쌓기): 수학, 영어
- 단기간에 암기하기 어려운 것: 한자, 중국어 등
- 학습 관련 기초 독서(※ 폭넓은 독서는 교과 관련 여러 기초 지식을 얻을 수 있음)

〈순수 학습 시간 종류 나누기 예시〉

매일 해야 할 내용	장기적으로 해야 할 내용	
	기초가 필요한 과목(예: 영어, 수학)	단기간에 암기하기 어려운 과목
• 복습 (공책 정리/자습서 읽기, 문제집 풀이) … 과목당 40분×6과목 = 240분(4시간) • 예습 (자습서 읽기) … 과목당 10분×6과목 = 60분(1시간)	• 영어 단어 암기(30분) … 1일 1챕터: 영어 단어 • 수학 문제집(30분) … 1일 4쪽 • 영어 독서(30분) • 학습 관련 독서(1주일에 2권)	• 한자(20분) … 무조건 쓰기

3) 하루 일과표를 시간대에 따라 구체적으로 짠다

- 종류별로 나눈 학습 내용을 적정 시간대에 배치한다.

〈하루 일과표 예시〉

6:00 ~ 6:10 (10분) …… 세수
6:10 ~ 6:30 (20분) …… 한자
6:30 ~ 7:00 (30분) …… 영어 단어 외우기
7:00 ~ …… 머리 감기, 준비, 식사, 등교

학교에서 할 일: 앞 시간 직후 복습, 복습장 기록, 차시 예습

~ 3:30 까지 …… 하교
3:30 ~ 3:40 (10분) …… 옷 갈아입기, 가방 풀기, 휴대폰 반납
3:40 ~ 4:00 (20분) …… 과목1 복습
4:00 ~ 4:40 (40분) …… 과목2(주요 과목1) 복습
4:40 ~ 5:20 (40분) …… 과목3(주요 과목2) 복습
5:20 ~ 6:00 (40분) …… 과목4(주요 과목3) 복습
6:00 ~ 6:20 (20분) …… 과목5 복습
6:20 ~ 6:40 (20분) …… 과목6 복습
6:40 ~ 7:10 (30분) …… 애완동물 산책
7:20 ~ 8:00 (40분) …… 저녁식사
8:00 ~ 8:30 (30분) …… 수학 초석 다지기: 문제집 활용
8:30 ~ 9:10 (40분) …… 운동
9:10 ~ 9:50 (40분) …… 내일 과목 예습: 6과목 자습서 읽기
9:50 ~ 10:20(30분) …… 영어 reading
10:20 ~ 10:40(20분) …… 씻기, 취침 완료 + 하루 총 복습(누워서 잠들기 전 재생 연습)

4) 주말 계획을 세운다

- 주중과 주말을 구분하여 토요일 계획을 별도로 세운다.

〈주말 계획 예시〉

토요일 계획
오전: 독서(학습 관련 또는 일반 독서) 집중 읽기(주1권) 오후: 영어 문법 공부하기 저녁: 자유시간

5) 계획 실행에 방해가 되는 요소와 해결책을 찾는다

- 전체적으로 계획 실행에 방해가 되는 요소를 찾아 해결책을 생각해 본다.

〈방해 요소 및 해결책 찾기 예시〉

계획 실행에 방해가 되는 요소 찾아보기		해결책
1. 휴대폰	→	1. 휴대폰을 거실에 두고 사용하기
2. 멍 때리고 앉아 있기	→	2. 집중 문구 붙이기(해야 할 일이 뭐지? → 하고 있나? → 지금 시작하기)
3. 지저분한 책상 주위	→	3. 공부를 마친 후 '책상을 떠날 때' 정리하기
4. TV, 게임 생각	→	4. 주말에는 1~2개 프로그램 시청하기

6) 계획 세울 때 주의할 점

- 주중 하루는 반드시 쉰다. 자녀의 일상이 '월화수목금금금'이 되어서는 곤란하다. 휴식이 있어야 다시 학습할 힘이 생긴다. 일주일에 하루는 반드시 온전히 쉬게 한다.
- 부모가 일방적으로 계획을 짜는 것은 절대 피한다. 아이는 부모와의 관계가 악화되면 공부를 안 하는 것으로 나름의 소심한 복수를 실천한다. 계획을 세울 때 자녀의 동의를 구하고, 요소마다 자녀에게 물어보아 계획을 세워야 한다. 부모는 큰 틀을 제시하고, 내용의 세부적인 것은 자녀가 직접 세워야 한다. 예를 들면, 수학 문제집

을 푸는 것이 자녀와 부모가 합의한 큰 틀이면, 어떤 문제집을 선택할지는 자녀에게 선택권을 주어야 한다는 의미다.

• 부모가 자녀보다 과잉 몰입되어서는 곤란하다. 어디까지나 공부하는 주체는 자녀가 되어야 한다. 자녀가 학습의 주체가 되게끔 하는 가장 좋은 방법은 선택할 기회를 제공하고, 선택권을 주는 것이다.

4. 시험 계획 도와주기

초등은 정기적인 시험에 대한 부담이 덜하지만, 중등은 학기당 평균 2회 이상의 시험을 치르게 된다. 평소에는 학습 진도에 맞춰 예습, 수업, 복습에 충실하되, 시험이 다가오면 2주 전부터는 시험 계획을 세워 공부하는 것이 필요하다.

1) 시험의 목표를 정한다

가급적 구체적으로 과목별 목표 점수를 설정하는 것이 좋다. 그리고 학습 내용에 대해서도 목표를 정하는 것이 필요하다.

> 예 이번 시험 공부 목표: 시험 범위까지는 모든 문제집을 '다 풀고' 시험 치르기
> 목표 점수: 평균 90점 이상(국어: 90, 수학: 85, 사회: 90, 과학: 85, 기술가정: 95, 영어: 90, 음악: 90, 체육: 85, 미술: 100)

2) 남은 기간에 매일 시험 공부를 위해 할애할 시간을 확인한다

〈시험공부 계획표 예시〉

월/D-14	화/D-13	수/D-12	목/D-11	금/D-10	토/D-9	일/D-8	월/D-7	화/D-6	수/D-5	목/D-4	금/D-3	토/D-2	일/D-1
4~7시: (3시간) 8~10시: (2시간)	8~10시: (2시간)	3~7시: (4시간) 8~10시: (2시간)	3~7시: (4시간) 8~10시: (2시간)	4~7시: (3시간) 8~10시: (2시간)	9~1시: (4시간) 2~6시: (4시간) 8~10시: (2시간)	쉬는 날	3~7시: (4시간) 8~10시: (2시간)	8~10시: (2시간)	3~7시: (4시간) 8~10시: (2시간)	3~7시: (4시간) 8~10시: (2시간)	4~7시: (3시간) 8~10시: (2시간)	9~1시: (4시간) 2~6시: (4시간) 8~10시: (2시간)	쉬는 날
5시간	2시간	6시간	6시간	5시간	10시간		6시간	2/30	6시간	6시간	5시간	10시간	

3) 과목별로 무엇으로 시험 내용을 공부할 것인지 정한다

〈과목별 시험 공부 예시〉

국어	수학	사회	과학	영어	음악	기술·가정	체육	미술
문제집 자습서 교과서 수업 인쇄물	문제집A 문제집B 교과서 오답 노트 수업 인쇄물	교과서 문제집 자습서 공책 수업 인쇄물	문제집 자습서 교과서 수업 인쇄물	문제집 자습서 교과서 단어 본문 외우기	교과서 복습장	문제집 시험 대비 교과서 학습지	교과서	교과서

4) 남은 일정 동안 확보한 시간에 따라 학습량을 적절히 배분한다

매일 시험을 치르는 모든 과목을 공부할 필요는 없다. 확보한 공부 시간이 많은 날은 학습량을 많이 계획하고 그렇지 않은 날은 적게 설정하여 계획한 대로 시험 날까지 실천하며 실행 유무를 점검한다.

〈과목별 학습할 요소 계획 예시〉

과목별 학습할 요소 / 남은 기간 공부할 시간	국어	수학	사회	과학	영어	음악	기술 · 가정	체육	미술
	문제집 자습서 교과서 수업 인쇄물	문제집A 문제집B 교과서 오답 노트 수업 인쇄물	교과서 문제집 자습서 공책 수업 인쇄물	문제집 자습서 교과서 수업 인쇄물	문제집 자습서 교과서 단어 본문 외우기	교과서 복습장	문제집 시험 대비 교과서 학습지	교과서 인쇄물	교과서
월/D-14(5시간)	교과서	문제집 (~172까지)	교과서 읽기	수업 인쇄물	본문 외우기	교과서1	교과서	인쇄물	-
화/D-13(2시간)	수업 인쇄물	문제집 (~196까지)	-	-	자습서	-	-	-	-
수/D-12(6시간)	자습서	오답 노트	문제집	자습서	단어	교과서2		-	교과서
…	…	…	…	…	…	…	…	…	…
토/D-2(10시간)	총정리	총정리	마지막 복습	문제집 총복습	총정리	복습장 보기	총정리	총정리	교과서

5) 자녀가 계획대로 실천했으나 성취 결과가 목표만큼 나오지 않을 수 있다

부모는 성취 결과에 민감할 자녀의 마음을 이해하고, 이때 자녀를 최대한 격려해야 한다. 꾸준한 노력은 반드시 성취 결과를 낸다. 쉽게 좌절하지 않게 격려한다.

레시피 3. 교사가 학교에서 활용할 수 있는 자기주도 학습 제공 전략

1. '꼬리에 꼬리를 무는 공부 공책' 만들기

자기주도적 학습 습관을 정착시키기 위해 가장 중요한 것은 본인이 흥미 있어 하는 주제를 찾아 그 부분을 바탕으로 스스로 공부하는 습관을 들이는 것이다. 관심 있는 나만의 주제를 정해 공부하고, 그 학습 내용을 기록하는 공부 공책을 만든다. 주제는 매일 바뀌어도 좋고, 일정 기간 똑같아도 좋다. 이것은 초등 저학년부터 성인까지 다 적용이 가능하다. 원칙은 **'스스로 할 것, 매일 할 것, 꾸준히 할 것'** 이다.

〈초등학교 2학년이 실천한 '꼬리에 꼬리를 무는 공부 공책' 예시〉

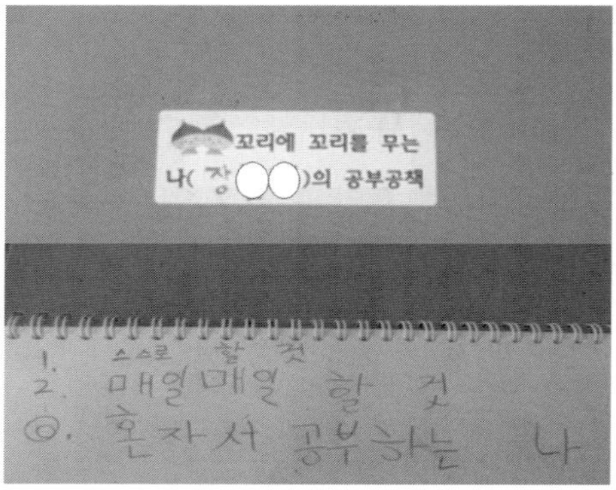

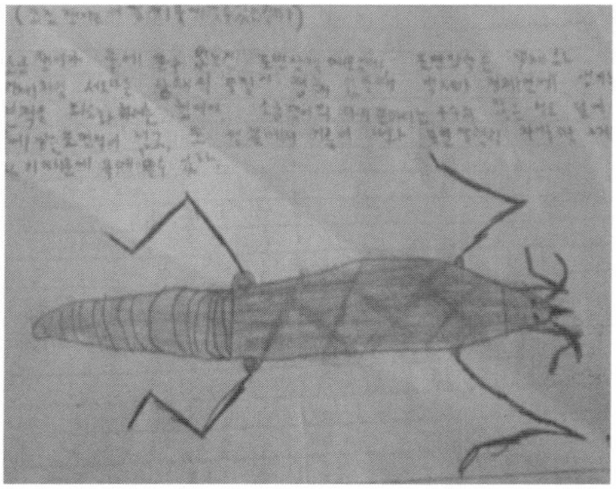

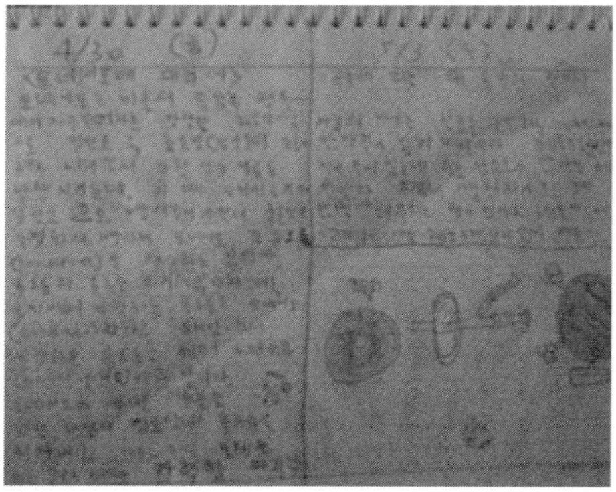

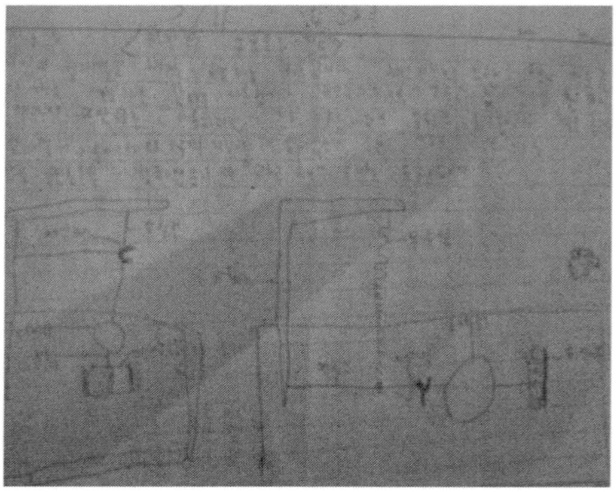

2. 예습 · 복습장으로 숙제 내기

매일매일 예습 · 복습을 해 오게 숙제를 낸다. 꼼꼼한 예습 · 복습장을 기대하는 것은 학생에게 과한 학습 부담을 주게 되기 때문에 최소한의 한도에서 습관이 될 수 있게 돕는다. 예습은 학습할 범위를 살핀 후 나오는 주요 등장 단어만 기록하는 것으로도 충분하다. 복습의 경우는 하루에 적어도 한 차시 정도는 꼼꼼하게 정리하게 한다.

〈예습장 예시〉

배움과 성장이 있는 자신을 위한 예습장	
단원	단원명
교과목명	학습 내용에 나오는 주요 단어(개념) 적기
	예습 내용 중 가장 중요한 개념 정리하여 다시 적기

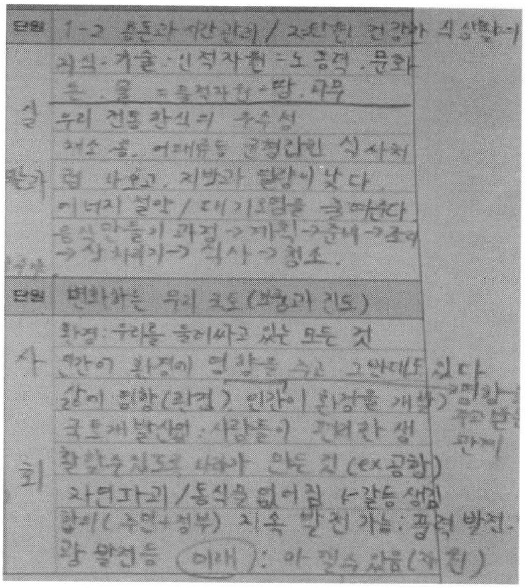

〈복습장 예시〉

배움과 성장이 있는 교실을 위한 '코넬식 공책 정리' 복습장	
날짜	
단원	
주제	
핵심 단어	학습 내용 요약 정리하는 칸
쓰는 칸	
	핵심 단어로 만드는 요약 정리
1일후 :	
1주일후:	
1달 후 :	
마인드맵 또는 씽킹맵 사용 정리	

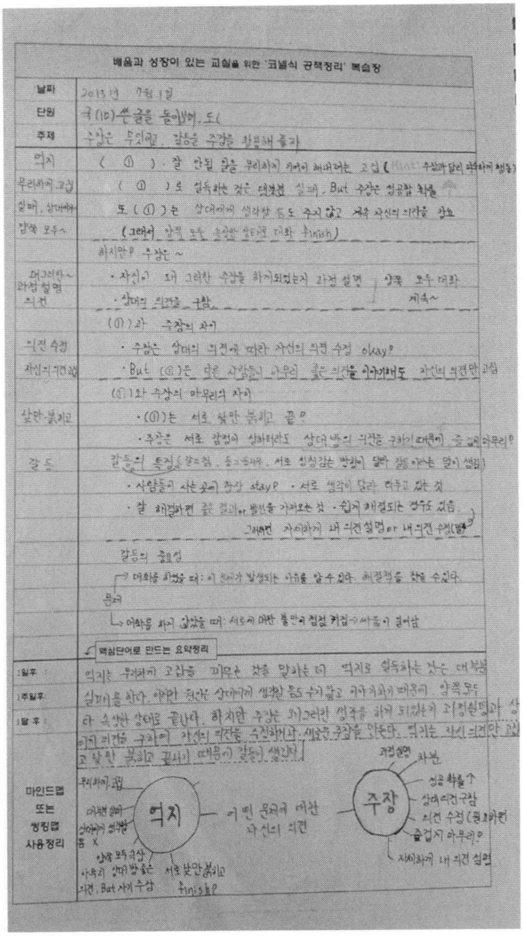

3. 수업 내용 나눔 시간 가지기

매 시간 수업을 마치기 전 2분 정도를 남겨 두고 짝끼리 그 시간에 학습한 내용을 서

비법 한 스푼 〈초등 저학년을 위한 주 단위 시간계획표 예시〉

어제보다
나은 오늘

좋은 습관을 만들어봐요

좋은 습관을 만들기 위한 행동의 예(내 계획표에 넣으면 좋아요)

아침 시간	• 책가방 정리 • 지퍼 잠그고 걸기 • 시간표 순서대로 책 서랍에 넣기 • 아침 독서	공부 시간	• 선생님 '눈, 입' 보기 • 활동이 끝나면 '조용히' 검산하거나 책 읽기 • 책을 읽다가도 설명이 시작되면 선생님께 집중하기	쉬는 시간	• 앞 시간에 한 것 정리정돈하기(책상 위 깨끗이) • 다음 수업 시간 책 펴기 • 화장실 다녀오기	집에 와서	• 소금물로 목 헹구기 • 손발 씻기 • 하고 놀기!(놀고 하기 안 됨)

• 일주일 동안 할 일을 계획하고 실천해 봅시다.

	이렇게 할래요.	월 3	화 4	수 5	목 6	금 7	토 8
학교에서	아침 책 읽기	●○○	○●○	●○○	○○●	●○○	●○○
	선생님과 눈 맞추기	●○○	●○○	○●○	●○○	●○○	○○○
		○○○	○○○	○○○	○○○	○○○	○○○
		○○○	○○○	○○○	○○○	○○○	○○○
		○○○	○○○	○○○	○○○	○○○	○○○
가정에서	동생과사이좋게지내기	●○○	●○○	●○○	○●○	●○○	○○●
	숙제하고 놀기	●○○	●○○	●○○	●○○	●○○	●○○
	수학 문제집 1쪽	●○○	●○○	●○○	○●○	●○○	●○○
	손발 씻기	○●○	○●○	●○○	●○○	●○○	●○○
		○○○	○○○	○○○	○○○	○○○	○○○

로 나누게 한다. 이때 학습 내용을 보지 않고 서로 짝나눔을 하며 수업 내용을 복습하게 한다. 시간이 촉박할 경우에는 혼자서 허공에 그 시간에 배운 학습 내용을 소리 지르게 해도 좋다.

가정에서 학습 내용을 자기 언어로 복습할 때, 마땅한 대상이 없으면 인형이나 베개, 쿠션 등을 앉혀 두고 설명하는 방법도 있다. 학생들에게 안내해 준다.

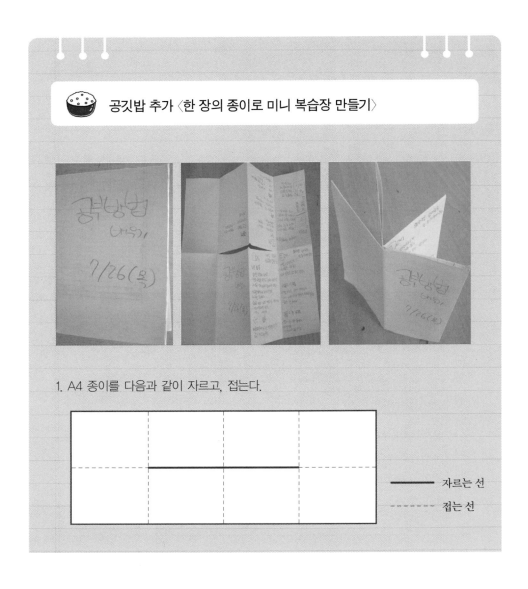

공깃밥 추가 〈한 장의 종이로 미니 복습장 만들기〉

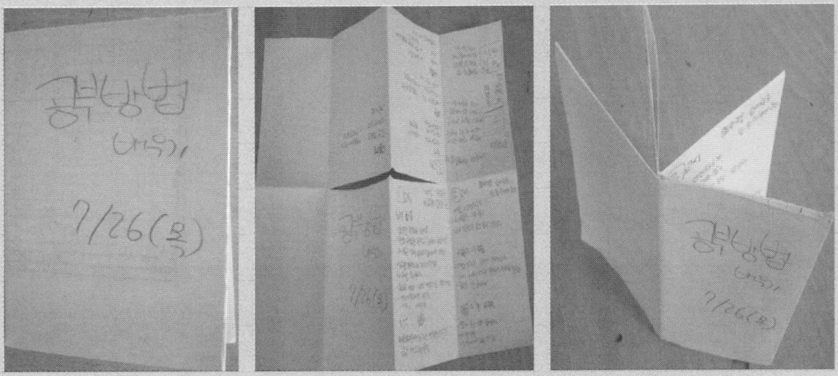

1. A4 종이를 다음과 같이 자르고, 접는다.

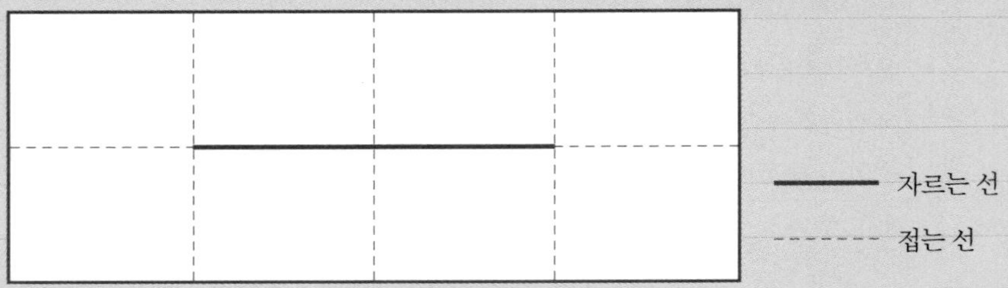

2. 표지에는 날짜와 그날의 교과 시간을 기록한다. 표지를 제외하면 총 7차시를 기록할 수 있다.
3. 보관통에 보관하되, 오늘 소책자를 넣으며 어제 것을 꺼내 한 번 복습한 후 넣는다.
4. 시험 기간 등에는 시험 범위만큼 보관통에서 꺼내 복습한다. 내가 직접 기록한 내용이기 때문에 복습할 때 기억이 훨씬 손쉬운 이점이 있다.

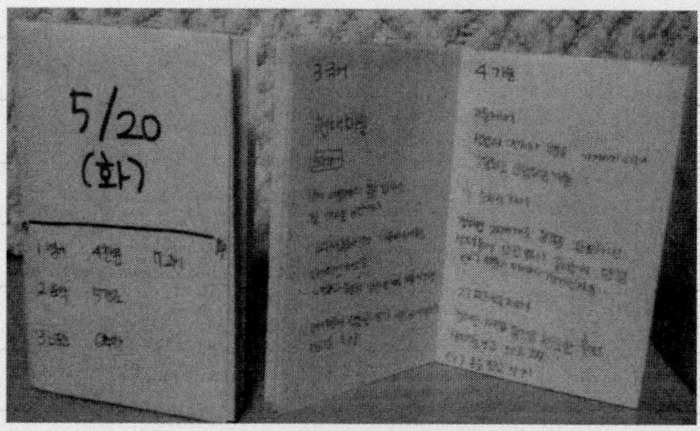

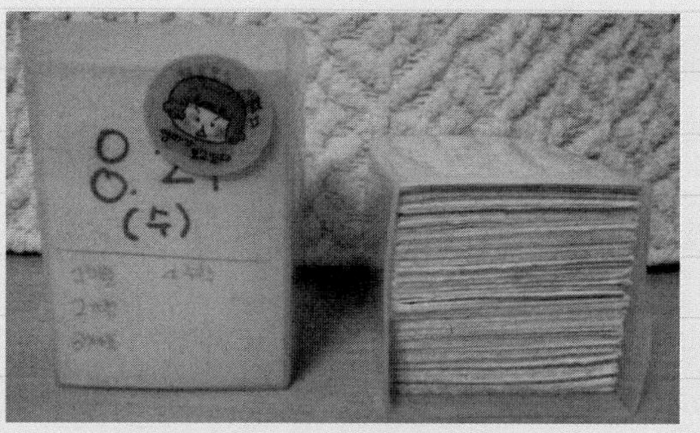

셰프에게 물어봐
〈시간 계획을 간단하게 세우려면?〉

의욕이 있고 이해 수준이 높으면 자기주도 학습을 자녀에게 적용할 수 있지만, 대부분의 학부모는 스스로 공부하는 것이 좋다는 것은 알고 있더라도 실제 자녀에게 방법을 제시하는 것에 부담을 느낍니다. 아무래도 학부모를 도울 수 있는 것은 교과 내용보다는 시간 계획을 세우고 실천하는 과정을 뒷받침하는 것으로 생각됩니다. 시간 계획을 세울 좀 더 간편한 방법이 없을까요?

하루 일과를 크게 4등분을 합니다. 아침 시간-학교 시간-오후 시간-저녁 시간입니다. 시간대별로 꼭 해야 할 일을 정하고, 몇 시부터 몇 시 사이에 할지 시간을 정합니다. 그 목표 행동을 달성하는 데 걸리는 시간과 구체적으로 달성하고 싶은 목표를 정합니다. 그런 다음 매일 평가를 합니다.
초등학생의 경우 꼭 학업 관련 목표가 아니어도 좋습니다. 예를 들어 아침 시간 목표가 '아침밥 다 먹고 가기' 등과 같이 본인이 목표를 세울 수 있는 것을 권장합니다. 중학생은 좀 더 나아간 목표가 필요하겠지만, 궁극적으로 자녀의 상황과 동기 수준에 맞추어야 합니다.

또는 책상 위에 앉아 공부할 시간만큼만 계획을 짜서 붙임딱지로 책상 앞에 붙이는 것입니다. 붙임딱지에 적을 내용은 공부 시작 시간과 끝 시간, 그리고 소요되는 총시간의 분량과

시간대 구분	할 일	시간대	소요 시간 및 목표량		월	화	수	목	금	토
아침 시간										
학교 시간										
오후 시간										
저녁 시간										
나의 평가										

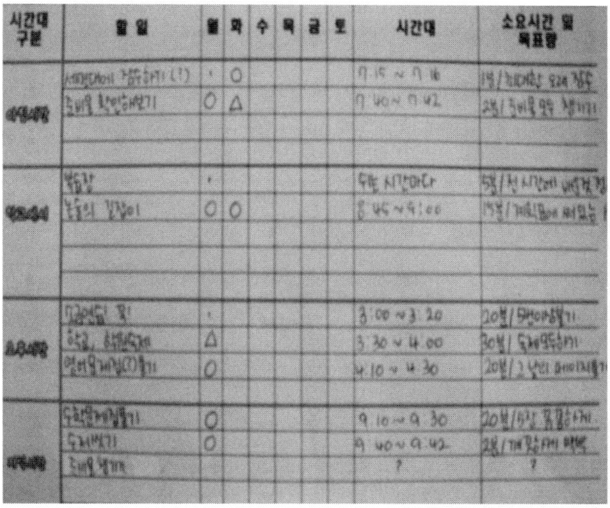

그 시간 동안에 해야 할 일입니다. 붙임딱지를 붙이는 장점은 책상 앞에 해야 할 일을 붙여 둠으로써 앉아 있는 동안 흐트러지지 않고 계속 집중할 수 있게 한다는 점입니다.

> 예
> - 3:00 ~ 4:30(90분) 수학 교과서 141~145쪽(5쪽) 풀이
> - 4:30 ~ 4:45(15분) 휴식
> - 4:45 ~ 5:30(45분) 사회 교과서 135~147(12쪽) 2번 읽기

또 요즘은 시간 관리를 도와주는 앱이 많이 나오기 때문에 일정 시간 집중하고 일정 시간 쉬게 하는 앱을 활용해도 좋습니다. 단, 스마트폰을 활용할 때는 자녀에게만 맡겨 두면 휴대전화를 만지작거리며 공부에 집중하지 않을 수 있기 때문에 부모가 곁에 있으면서 함께 활용하도록 권합니다.

참고문헌

서울특별시교육청(2005). 공부가 재미있어요. 미간행 자료.
서울특별시교육청(2010). 초등 1, 2학년 자기관리 능력신장 지도자료 GPS. 미간행 자료.
이동재(2007). 성적을 팍! 올려 주는 각 과목 노트 필기법. 서울: 큰나.

28 자녀의 정리정돈 습관을 기르게 하고 싶다면

셰프! 도와주세요!

진호의 자리는 늘 너저분하다. 4교시쯤에는 1교시부터 3교시까지 공부한 책이 바닥이나 책상 위에 흩어져 있고, 필통에서 나온 연필이랑 지우개는 아예 집에 찾아갈 생각을 잊은 것처럼 아무 데나 놓여 있다. 책가방은 제자리가 바닥인 것처럼 누워 있고 진호는 그 자리에 아주 편안한 얼굴로 앉아서 수업을 듣는다. 선생님은 진호의 자리를 볼 때마다 가슴이 답답해서 요즘에는 수업 시간에 일부러 그쪽으로 눈길을 돌리지 않을 때도 있다. 자기 자리만 어지러우면 그나마 다행인데, 사물함 위에도 쓰던 화장지, 칫솔 등을 편안하게 올려놓고 있다.

김 교사: 1학기에 비해 성적도 오르고 친구들과도 사이좋게 지냅니다. 수업 시간에 집중력도 높아졌어요. 그런데 이게 참… 고치기 어렵네요.

진호 어머니: 정리정돈이 잘 안 되지요? 워낙 집에서도 엉망이거든요. 학교에서는 좀 나을 줄 알았는데 공개수업 때 와서 사물함 열어 보고 정말 부끄러워서 금방 닫고 싶더라고요. 제가 매번 치워 줘 버릇 해서 그런가 봐요. 집에서 어떻게 하면 진호가 정리정돈을 좀 잘할 수 있을까요?

정리정돈은 습관이기 때문에 학교에서만 지도를 한다고 해서 나아질 수가 없다. 가정에서 습관을 들이는 것이 중요한데…. 김 선생님은 진호 어머니에게 어떤 도움을 줄 수 있을지 생각해 보았다.

레시피 1. 정리정돈의 필요성 알려 주기

1. 내가 원할 때 필요한 것을 바로 찾을 수 있다

정리정돈의 가장 중요한 목적은 내가 원할 때 필요한 것을 바로바로 찾아 쓰는 것이다. 정리정돈을 해 놓지 않으면 쌓여 있는 물건 사이에서 정작 필요할 때 그것을 찾지 못해 우왕좌왕하게 된다. 비단 물건에 국한된 이야기는 아니다. 컴퓨터로 작업한 파일도 정리해 놓지 않으면 정작 필요할 때 그것을 찾을 수 없게 되고 어떤 경우에는 작업한 내용이 통째로 사라져 난감한 상황에 처하기도 한다. 어른이나 아이나 정리정돈이 중요한 이유다.

2. 필요 없는 것을 구입하지 않게 된다

정리정돈을 하다 보면 자연스럽게 필요 없는 것은 버리고 필요한 것은 남기게 된다. 내가 생활한 시간만큼 사용한 물건들도 쌓이게 되기 때문에 주기적으로 정리하지 않으면 집의 주인이 사람이 아닌 물건이 될 수도 있다. 이렇게 정리하는 과정에서 내가 지금 가진 것이 무엇인지 파악할 수 있어 집에 있는 비슷한 용도의 물건은 추가로 구입하지 않게 된다. 가진 것을 파악하지 못하면 마트나 홈쇼핑 등에서 물건을 보았을 때 집에 없는 줄 알고 다시 구매할 확률이 높다.

3. 심리적인 안정감을 주고, 집중력을 높여 준다

정리가 잘 된 깔끔한 공간은 보는 사람으로 하여금 안정감을 준다. 인테리어를 잘 해 놓은 곳에 들어가면 기분이 좋아지는 것은 꼭 필요한 것만 보이기 때문이다. 책상 위에 물건이 흩어져 있으면 공부나 일을 하다가도 그 물건에 눈이 가서 집중하기가 어렵다. 산만한 사람들의 경우 흐트러진 물건을 보면 일이나 공부를 하다가도 물건을 정리하거나 만지작거리다가 정작 해야 할 것을 제때 못 하는 경우를 종종 볼 수 있다. 정리정돈된 공간은 그 순간 해야 할 일에 집중하는 데 도움을 준다.

4. 공부나 일에 체계가 생긴다

학교에서 정리정돈을 못하는 아이들의 특징은 이전에 수업한 책이나 공책을 책상 위에 그대로 올려놓은 채 다른 것을 또 꺼내어 쌓아 놓는 것이다. 이것이 반복되면 지금 하는 것에 집중하는 게 어렵고 때로는 한눈을 파는 원인이 되기도 한다. 정리정돈이란 이전에 하던 것을 정리하고 새로운 일을 시작하기 위해 하는 것이다. 그래서 정리정돈 습관을 기르면 공부나 일에 체계를 갖는 데 도움을 준다.

5. 자기 물건에 대한 애착이 생긴다

정리정돈하는 습관이 몸에 배어 있지 않으면 자기 물건에 대한 애착이 줄어들 수 있다. 보이면 쓰고 안 보이면 마는 식이 되면서 자기 물건을 챙기지 않게 되고 그러다 보면 물건이 없어져도 잠깐 아쉬울 뿐 별로 신경 쓰지 않게 된다. 심지어 무언가가 없어져도 모르고 한참을 지내기도 한다. 정리정돈을 하면서 자신의 것을 챙기다 보면 자연스럽게 물건에 대한 애착이 생기고 그런 만큼 더 잘 관리하려고 노력하게 된다.

레시피 2. 자녀가 정리정돈을 못하는 이유 알아보기

1. 엄마가 다 해 준다

아이가 어릴 때는 아이 물건은 부모가 정리해 주는 것이 당연하다. 하지만 아이가 자라서 자기 물건을 정리할 만한 때가 되면 스스로 하게끔 해야 한다. 부모의 눈으로 보기에는 아이가 정리한 것이 어설프고 답답해도 그런 이유로 계속 부모가 정리를 해 주다 보면 아이의 정리정돈 능력은 발전하지 않는다. 아이 입장에서는 정리하기 귀찮은데 부모가 해 주니 굳이 스스로 정리할 필요가 없다.

2. 제자리가 없다

정리정돈을 잘하기 위해서는 집 안의 모든 물건에 자기 자리가 있어야 한다. 물건을 제자리에 두면 그것이 정리정돈이기 때문이다. 그런데 물건의 제자리를 정하지 않고 여기저기 필요에 따라 빈자리에 놓아 두다 보면 어느 순간 물건이 뒤죽박죽 섞이게 되고 정작 필요할 때 물건을 찾을 수가 없다.

어느 날은 아이에게 물통을 식탁 위에 두라고 하고, 다음 날은 싱크대 선반, 또 다음 날은 설거지통…. 이런 식으로 엄마 내키는 대로 물건의 위치를 바꾸면 아이 입장에서는 제자리가 어디인지 알 수가 없다. 그렇다고 "네가 알아서 갖다 놔."라고 하면 아이도 자기 마음대로 아무 곳에나 물건을 놔 둘 확률이 높다. 아이에게 제자리를 알려 주지 않고 정리하기를 바라는 것은 욕심이다.

3. 제자리에 두지 않는다

물건을 둘 자리를 정해도 그곳에 두지 않으면 소용이 없다. 뭐든 사용하면 제자리에 갖다 놓는 것이 습관이 되어야 하는데 귀찮다고 그냥 두거나 눈에 띄는 가까운 곳에 놓아 버리면 점차 물건들은 제자리를 잃고 만다. 이렇게 어지럽혀지면 나중에 정리하는 데 더 많은 시간이 들기 때문에 더더욱 정리를 하지 않게 된다 아이가 제자리를 알고 있는데도 귀찮아서 아무 데나 물건을 두면, 부모가 치워 주기보다는 아이 스스로 다시 제자리에 갖다 놓도록 계속적으로 지도해야 바른 습관이 형성된다.

4. 버리지 못한다

물건에 애착이 많아 버리지 못하는 아이도 있다. 학교에서 만들어 온 작품, 이전에 가지고 놀던 장난감 등은 아이 입장에서는 애착이 가는 물건이다. 하지만 새 물건이 생기면 이전의 것을 정리해야 새 것을 둘 곳이 생긴다. 그래서 아쉬워도 자기 물건을 버리거나 동생에게 주는 등 정리하는 작업이 필요한데, 물건에 대한 애착이 강한 아이는 이를 힘들어하고 고집을 부리기도 한다. 어른 중에도 언젠가는 쓰겠지 하며 물건을 버리지 못하는 사람들이 있다. 이렇게 하다 보면 한정된 공간에 물건이 쌓여 정리한 것은 금세 엉망이 된다.

5. 정리하라고만 말하지 방법을 알려 준 적이 없다

부모가 아이에게 말로만 정리하라고 하고 따로 정리 방법을 알려 주거나 함께 정리를 해 본 적이 없으면 아이는 어떻게 정리하는지 잘 모르게 된다.

6. 완벽하게 정리하려다 지친다

기질적으로 완벽을 추구하는 아이는 정리도 그렇게 하려고 한다. 그런데 이 아이들은 꼼꼼한 만큼 정리에도 오랜 시간이 걸린다. 그러다 보면 정리하는 사이 지치게 되고, 정리하는 것이 더 부담으로 느껴진다.

7. 부모가 정리정돈을 못한다

부모가 정리정돈을 못하여 늘 집이 어지러우면 아이도 굳이 정리정돈의 필요를 못 느낄 수도 있다. 정리하지 않아도 사는 데 불편함이 없어 굳이 정리하는 데 에너지를 쓸 이유가 없고, 매일 집에서 보는 풍경이 어지러우니 그게 오히려 편하게 느껴지기까지 한다.

8. 기질적으로 정리정돈이 어렵다

정리정돈의 기본은 물건의 제자리를 정하고, 사용하고 나서는 제자리에 갖다 놓는 것이다. 그런데 기질적으로 이것이 어려운 아이들이 있다. 예를 들어, 산만한 아이는 정리를 하려다가도 금세 다른 곳에 관심이 가서 정리하는 것을 잊어버린다. 집중력이 좋아서 책상 위가 정리되어 있지 않아도 공부하는 데 지장이 없는 아이는 굳이 정리할 필요성을 못 느끼기도 한다.

양념 추가 〈산만한 아이에게 정리정돈이란?〉

아이가 산만하면 정리정돈을 하는 게 쉽지 않다. 이걸 정리하려면 저게 보이고 저걸 정리하다 보면 이걸 만지고 싶기 때문이다. 특히 ADHD처럼 산만함이 일반적인 선을 넘는 경우 아이에게 정리정돈을 강요하는 것은 부모나 아이 모두에게 힘든 일이다. ADHD 아동은 정리정돈을 하는 데 다른 사람들보다 훨씬 많은 에너지를 소비한다. 정리정돈를 하다가 다른 곳에 한눈을 팔아 일을 끝마치기가 어렵고, 굳이 정리할 이유를 찾지 못할 때도 많은 까닭이다. 어떤 아이들은 정리를 하고 나서 자신의 물건을 어디에 두었는지 기억하지 못하는 경우도 있다. 자신의 물건을 잘 정리하는 건 누구에게나 필요한 일이지만 아이에게 너무 많은 스트레스를 준다면, 정말 필요한 것만 연습을 통해 습관화하고 나머지는 아이의 상황에 맞추는 것도 필요하다. 집에 돌아오면 열쇠와 같이 중요한 것들은 정해진 자리에 놓기, 더러워진 옷은 벗어서 세탁기에 넣기 등 아이와 상의하여 생활에 꼭 필요한 것부터 반복적으로 연습하여 습관화시킨다. 정리정돈에 부모와 아이가 지나치게 스트레스를 받기보다는 부모와 자녀 사이에 좋은 관계를 유지하는 것이 더 중요하다.

레시피 3. 가정에서 정리정돈 습관 기르는 방법 안내하기*

1. 제자리를 정한다

물건의 제자리를 정하는 것이 정리정돈의 시작이다. 아이가 혹시 집에서는 정리정돈이 안 되는데 학교에서는 정리정돈을 잘한다면, 집에서는 물건의 제자리가 어딘지를 모르고 학교에서는 제자리가 명확하기 때문이다.

* 辰巳渚(2009)를 참고하여 수정함.

1) 아이와 함께 물건의 위치 정하기

- 힘들게 움직이지 않으면서도 일일이 찾지 않아도 되는 손쉬운 곳에 물건을 종류대로 분류한다.

예 공부에 관련된 것은 책상 주변, 옷이나 양말은 옷장, 장난감은 장난감 정리함

- 아이와 함께 위치를 정해야 이후 정리를 할 때 정확한 물건의 위치를 기억하거나 새 물건이 들어와도 분류 기준대로 물건의 위치를 아이 스스로 정하여 놓게 된다.
- 부모의 분류 기준과 아이의 기준이 다르다면 부모 입장에서는 못마땅해도 아이의 생각을 존중해 준다. 그래야 이후 아이가 주도적으로 자기 물건을 정리하게 된다.
- 가족 구성원이 함께 사용하는 물건은 온 가족이 제자리를 알고 있어야 정리가 된다. 엄마만 알고 있다면 정리도 엄마 혼자 해야 하므로 반드시 물건의 위치는 공유하는 것이 필요하다.
- 초창기에는 물건의 이름을 쓴 붙임딱지를 붙여 제자리를 표시해 놓는 것도 도움이 된다.

2) 보기 좋은 것보다 알맞은 곳에 제자리 정하기

- 보기에 좋은 것보다 알맞은 곳에 제자리를 확보하는 것이 중요하다.

예 책가방은 보통 아이의 방에 있어야 제 위치라고 생각한다. 하지만 아이가 자기 방은 있지만 숙제도 공부도 거실에서 한다면, 책가방의 위치를 거실로 옮겨 가방을 걸 수 있는 고리를 이용해 필요한 곳에 거는 것이 더 낫다. 대부분의 아이들은 초등학교 고학년이 되면 자기 방에 대한 애착이 생겨 자연스럽게 자기 방으로 동선이 움직인다.

3) 꺼내기 쉬운 곳보다 갖다 놓기 쉬운 곳으로 제자리 정하기

제자리를 정해도 물건을 사용한 다음 제자리에 갖다 놓지 않는다면 아무 소용이 없다. 그래서 물건의 위치를 정할 때는 꺼내기 쉬운 곳보다는 갖다 놓기 쉬운 곳으로 해

양념 추가 〈아이 방을 아이에게 전적으로 맡길 수 있는 연령은?〉

정해진 기준은 없지만 대략 만 10세 정도가 적당하다. 발달심리학에서는 만 10세를 아이들의 자아가 완전히 형성되고, 어른이 되기 위한 새로운 자아를 형성해 나가기 시작하며, 자신의 세계관이 본격적으로 넓어지는 시기라고 한다. 가정에서 만들어지는 다양한 습관, 즉 인사 등의 생활습관, 심부름 등의 가사, 정리정돈쯤은 10살 무렵이 되면 어느 정도 몸에 배어 있다. 어른처럼 항상 완벽할 수는 없겠지만, 기본적인 것들은 몸에 배어 있어 따로 가르쳐 주지 않아도 자연스럽게 움직일 수 있는 상태를 말하는 것이다. 어른이 되기 위한 첫 관문에 해당하는 10살이 되면 자기 방에 대해서 아이에게 어느 정도는 책임을 지게 할 수 있다.

출처: 辰巳渚(2009), p. 128.

야 정리정돈 상태가 유지될 수 있다. 물건을 이중 삼중으로 두면 갖다 놓을 때 귀찮아지므로 물건이 적게 들어가더라도 손쉽게 갖다 놓을 수 있도록 정리한다.

2. 쓰고 난 물건은 제자리에 놓는다

쓰고 난 물건은 반드시 제자리에 갖다 놓는다. 제자리에 놓는 것은 생각보다 어렵다. 습관이 되지 않으면 귀찮아서 대충 가까운 빈 곳에 두거나 아무 데나 두고 싶어진다. 습관화하는 과정에서 어느 정도의 잔소리는 필요하지만 그것이 부모-자식 사이의 관계에 나쁜 영향을 미치지 않도록 주의한다.

1) 차근차근 정리하게 하기

하나부터 열까지 잔소리를 하는 것보다는 "지금부터 다섯 개만 치워 보자."라고 말하고, 아이가 다 치우면 또 다섯 개, 또 다섯 개… 이런 식으로 하면 치울 물건의 개수가 적어 아이가 손쉽게 치우며 성취감을 느낀다. 책상이 깨끗해질 때까지, 방바닥에 물건이 없어질 때까지 반복한다.

2) 잔소리 듣는 아이 입장을 배려하기

좋은 말도 여러 번 들으면 듣기 싫은 게 사람 마음인데 잔소리는 말할 것도 없다. "양말 치워!" 보다는 "양말은 어디에 놓을까?" "양말 갖다 놔."가 좀 더 듣는 사람을 배려한 표현이다. 아이가 어리다면 약속 단어를 정하는 것도 도움이 된다. 예를 들어, '매미' 가 양말을 빨래통에 넣으라는 신호라고 약속하고, '매미' 라고 말해 보자. 아이가 듣기에는 암호 놀이 같아서 좀 더 기분 좋게 자기 할 일을 한다.

3) 영역을 나누어 정리하기

특정 영역을 정해 놓고 아이가 정리하게 하는 것도 좋다.

예
- 아이: 책상 위 / 엄마: 방바닥
- 아이: 책가방, 필요 없는 것 버리기, 연필 깎기 / 엄마: 청소기 돌리기

3. 필요 없는 것은 버린다

아이의 경우 어른보다 자신의 것에 대한 애착이 강하다. 고장 난 장난감도 버리지 않고 '언젠가' 갖고 놀 것이라며 고집을 부린다. 그러면 '언젠가' 가지고 놀 것은 '언젠가' 상자에 넣어 정리하는 것도 한 방법이다. 또 자신이 만든 것에 애착이 있어 잘 버리지 못하는 경우도 있다. 이럴 때는 공간에 제약이 있어 계속 둘 수 없음을 아이에게 이해시키고 사진을 찍어 남겨 놓은 후 버리면 된다. 그림 같은 경우 얼마간의 거실 전시회 후 처리할 수 있고(사전에 아이와 약속을 한다), 정말 소중히 간직하고 싶은 것이 있다면 따로 모아 둔다.

필요 없는 물건은 버릴 수도 있지만 기증을 하거나 필요한 사람에게 팔 수도 있다. 아이와 함께 기증할 물건을 정리해 보거나 벼룩시장 같은 곳에서 팔아 보는 것도 아이

가 물건을 바라보는 새로운 눈을 갖는 데 도움이 된다.

4. 물건을 쉽게 사 주지 않는다

아이에게 물건을 쉽게 사 주지 않는다. 쓰지도 않으면서 물건을 계속 사는 것은 미련한 행동임을 알지만 아이가 사 달라고 하면 사 주고 싶은 게 부모 마음이다. 그래서 비싸지 않으면 사 줄 때가 종종 있다. 스티커, 지우개, 머리끈 등이 대표적이다. 어떤 아이는 쓰지도 않으면서 이런 것들을 사 모은다. 이럴 때는 아이와 상의하여 구매하는 물건의 개수를 제한하거나 다 쓸 때까지 사 주지 않아야 한다.

요즘 아이들은 학용품을 많이 갖고 있다. 그래서 그런지 잃어버려도 잘 찾지 않는다. 집에 얼마든지 있기 때문이다. 그러므로 쓰지 않은 새 학용품은 필요할 때까지 한군데에 모아 놓고 관리하는 것도 좋다. 지우개를 잃어버리면 새로 사기보다 먼저 찾아보게 하고, 못 찾으면 학용품 보관함에서 꺼내어 쓴다.

5. 청소는 정리정돈을 한 다음에 한다

흔히 청소와 정리정돈을 같은 것으로 보지만 둘은 엄밀히 말해 전혀 다른 것이다. 정리정돈이 물건을 제자리에 놓는 것이라면 청소는 먼지와 더러움을 제거하는 것이기 때문이다. 그래서 동시에 이루어질 수 없다. 쓰레기를 버리고 물건을 제자리에 두고 마지막에 청소를 해야지, 막연하게 정리하라고 하고 나서 청소를 하지 않았다고 타박을 해서는 안 된다. 어린아이일수록 이에 대해 구체적으로 이야기해 주어야 한다. 청소를 함께하며 그 과정에서 정리정돈을 먼저 한 후 청소하는 것을 알려 준다.

- 정리: 필요한 것과 필요 없는 것을 나누는 것
- 정돈: 물건을 쓰기 편리하게 두는 것
- 청소: 더러움을 제거하는 것

6. 아이가 혼자 정리할 수 있다고 믿는다

아이가 어리거나 정리정돈 습관이 전혀 자리 잡지 않은 경우 많은 부모가 아이에게 "네가 정리해."라고 말은 하지만 아이가 혼자서 할 수 있다는 것을 믿지 않는다. 어린이집에 다니는 네 살 아이도 자기가 가지고 논 것은 스스로 정리할 수 있다. 하물며 초등학교 이상의 아동은 말할 것도 없다. 아이가 스스로 할 때까지 부모가 아이 방의 어지러움을 참을 수 있어야 아이에게 스스로 할 수 있는 힘이 생긴다. 엄청나게 어지럽혀진 방을 치우면서 성취감을 느껴 정리하는 습관이 생겼다는 사람들도 있으니 당장 자녀의 방이 정신없는 것에 대해 너무 연연하지 말자.

7. 가족이 함께한다

아이의 정리정돈 습관을 기르는 것은 아이 한 명뿐 아니라 온 가족이 함께해야 한다. 아빠는 매번 양말을 아무 데나 벗어 두면서 아이에게는 세탁기에 넣으라고 할 수는 없는 노릇이다. 가족이 함께 '제자리에'를 실천하다 보면 서로가 서로를 견제하고 격려하게 되므로 습관화에도 도움이 된다.

공깃밥 추가 〈학교에서 정리정돈 습관 기르기〉

1. 학기 초 정리정돈 방법 알려 주기

중학생 이상의 경우 아이들이 알고 있다고 생각하기 때문에 교사가 따로 정리정돈 방법을 알려 주지 않는다. 하지만 초등학생은 교사가 미리 알려 주어 습관화를 돕는 것이 좋다. 책상 서랍 안에 교과서는 왼쪽, 필요한 기타 학용품은 바구니에 넣어 오른쪽에 놓는다(〈사진 28-1〉 참조). 교과서는 그날의 시간표를 확인하여 미리 사물함에서 꺼내 놓고, 시간표 순서대로 넣어 놓으면 수업을 준비할 때 더 빠르고 쉽게 할 수 있다. 사물함(〈사진 28-2〉 참조)에는 교과서 및 공책을 꽂아 놓을 수 있는 바인더를 넣어 놓고 나머지 공간에 물티슈, 두루마리 휴지와 같은 필요 물품들을 정리한다.

〈사물함 정리정돈〉

〈책상 서랍 정리정돈〉

2. 이번 시간이 끝나면서 다음 시간 준비시키기

다음 수업은 쉬는 시간에 준비하는 것이 아니라 이번 시간이 끝날 때 준비하는 것이다. 이것을 학기 초에 주지시켜 습관화하면 이전에 공부한 책이 다음 시간에도 책상 위에 어지럽게 널려 있는 일을 막을 수 있다.

3. 한 번에 하나씩 차근차근 하기

정리를 잘 못하는 아이가 갑자기 정리를 잘하게 되는 것은 어렵다. 정리는 습관이기 때문이다. 아이가 정리를 잘 못한다면 말로만 아이에게 정리하라고 하지 말고 직접 아이의 자리로 가서 무엇 때문에 정리가 안 되는지를 살펴본다. 책상 서랍에 불필요한 책이 많다면 사물함에 넣도록 하여 정리할 수 있는 공간을 만든다. 답답한 마음에 교사가 해 주기보다는 이번 주에는 책가방 제자리에 걸기, 다음 주에는 지난 수업시간에 사용한 것은 수업 끝날 때 집어넣기 등으로 목표를 잡아 차근차근 스스로 할 수 있도록 기다려 준다. 초등학교 저학년의 경우에는 체크리스트를 만들어 스티커를 붙여 주는 것도 정리정돈을 효과적으로 지도하는 데 도움이 된다.

셰프에게 물어봐
〈정리정돈 못하는 우리 아이, 공부는 제대로 할 수 있을까요?〉

우리 아이 책상 위가 항상 엉망인데 공부는 제대로 할 수 있을까 걱정이에요.

정리정돈을 잘한다고 해서 꼭 공부를 잘하는 아이가 되는 것은 아닙니다. 공부 잘하는 아이가 모두 정리정돈을 잘하는 것도 아닙니다. 하지만 책상 위가 잘 정리되어 있다면 공부에 집중하기 좋은 것은 사실입니다. 책상 위에 다른 물건들이 있으면 공부하다가도 물건들에 정신이 팔려 산만해질 수 있습니다.

책상 위에는 딱 그 시간에 공부하는 데 필요한 것만 두어야 합니다. 수학 공부를 하는데 한쪽에 영어 단어장이 놓여 있으면 수학 문제를 풀다가 영어 단어를 외우고, 그러다가 또 국어 문제집을 푸는 것처럼 정신없이 공부를 하기가 쉽습니다. 그러다 보면 공부의 맥이 끊겨 책상 앞에는 앉아 있지만 뭘 공부했는지 모르는 상태가 됩니다.

또 책상 정리는 책상에서 떠날 때 하는 것이 좋습니다. 공부를 시작할 때 책상 정리를 하는 아이들이 많은데 그러면 아이는 공부를 시작하기도 전에 치우는 행위를 통해 성취감을 느낍니다. 이미 배가 부르면 다른 음식이 안 당기는 것처럼 성취감을 한 곳에서 느끼면 굳이 공부를 통해 성취감을 느낄 이유가 없지요. 한 가지를 이루었으니 공부도 하기 전에 쉬어 볼까 하는 생각이 듭니다. 그래서 더 공부가 하기 싫어지는 것입니다. 그래서 책상 정리는 책상에서 떠날 때 하고, 책상 앞에 앉으면 바로 공부를 시작하도록 해야 합니다.

참고문헌

辰巳渚(2009). 정리만 잘해도 성적이 오른다: 머리가 좋아지는 정리정돈[親子で片づけが上手になる!: 整理のコツを覺えれば頭もよくなる]. 김숙 역. 인천: 북뱅크. (원저는 2008년에 출판).

29 자녀가 친구들과 잘 지내도록 돕고 싶다면

셰프! 도와주세요!

하은이는 누구보다 똑똑하고 예쁜 아이인데 아이들과 잘 어울리지 못한다. 작년에 하은이가 많이 힘들었다며 하은이 어머니가 학기 초에 특별히 부탁을 하여 김 선생님도 어느 아이에게보다 많은 신경을 썼다. 하지만 하은이는 여전히 친구들과 잘 어울리지 못한다.

하은 어머니: 선생님, 요즘 하은이가 학교에서는 어떤가요? 학기 초에 선생님이 신경 써 주셔서 그런지 잘 지내고 있다고 말하던데. 요즘 다시 친구가 없다고 하네요.

김 교사: 네, 저도 어머니 부탁을 받고 하은이가 친구들과 잘 지내도록 여러 가지 노력을 했는데…. 제가 요즘 느끼기에도 친구들과 잘 어울리지 못하는 것 같아요. 쉬는 시간에도 혼자 있을 때가 종종 있어요. 하은이를 도와주려고 특별히 모둠도 배려를 잘하는 아이들로 구성했는데…

하은 어머니: 선생님, 제가 어떻게 하면 될까요?

하은이처럼 아이들과 어울리지 못하는 아이가 있으면 교사로서 난감하다. 교사로서 많은 애를 쓰지만 아이들 간의 관계 양상을 바꾸기는 쉽지 않다. 이렇게 학급에서 친구들과 잘 어울리지 못하는 아이를 돕기 위해 학부모님에게 어떠한 조언을 줄 수 있을지 함께 생각해 보기로 하자.

레시피 1. 많은 부모의 고민, "우리 아이의 사회성이 걱정이에요…."

과거에는 아이를 학교에 보내면서 아이가 공부만 잘해 주길 바랐다. 하지만 요즘 부모는 공부 외에도 자녀가 친구들과 잘 지내고 있는지, 혹시 따돌림을 당하지는 않는지 걱정한다. 더군다나 자녀가 조금 내성적이거나 몸이 허약할 경우 더욱 그러하다.

그래서 많은 부모가 교사를 만날 때 학교에서 아이가 친구들과 잘 지내고 있는지 궁금해한다. 최근에는 따돌림의 문제가 대두되면서 중 · 고등학교 학부모도 걱정하게 되었다.

1. 건강한 발달을 위한 필수조건인 친구 관계

아이들이 학교에 다니기 시작하면서 세상의 중심이 조금씩 가족에서 친구로 옮겨간다. 아이는 친구를 사귀게 되면서 비로소 자신만 아는 이기심을 버리고 남을 존중하고 배려하는 마음을 갖게 되며, 사회적인 예절과 규칙을 터득하고 갈등을 해결하는 방법을 배운다. 힘들고 어려운 상황에 있을 때에도 친구가 보내 주는 우정이 그 무엇보다도 큰 힘이 된다.

하지만 많은 아이가 친구를 사귀고 우정을 키워 나가는 데 어려움을 느끼고, 실제로 적지 않은 아이들이 친밀한 우정 관계를 경험하지 못한다고 한다. 학교에 다니며 친구들 사이에서 어려움을 겪는 아이는 이후 대인관계 문제, 학업 부진, 비행, 성인기 부적응을 나타낼 수 있다. 특히 학령기에는 친밀하고, 상호적이며, 신뢰할 수 있는 한두 명의 '단짝' 친구를 갖는 경험이 매우 중요하다. 이는 환경적 스트레스로부터 완충 역할을 해 주어 학업에도 열중할 수 있고 자신감이나 사회적 유능감 발달에도 도움을 준다.

2. 발달 가능한 사회성

친구들과 잘 어울리지 못하고 거부당하는 아이는 일시적인 경우도 있지만 대부분 비교적 그 상태가 오랫동안 지속되는 경향이 있다. 잘 어울리지 못하는 아이가 새로운 또래 집단으로 옮기더라도 다시 거부당하는 경우가 일반적이어서 부모나 교사가 적극적으로 도와줄 필요가 있다.

하지만 지금 우리 아이가 친구들과 잘 지내지 못한다고 실망할 필요는 없다. 사회성은 얼마든지 발달 가능하기 때문이다. 그러므로 부모가 관심을 가지고 사회성 기술을 가르치고 연습해서 아이의 사회성 발달을 도와줄 수 있다.

그렇다면 학부모가 자녀의 사회성을 걱정하고 조언을 구할 때 교사는 어떤 도움을 줄 수 있을까? 아이의 사회성을 길러 주기 위해 어떻게 해야 할지 함께 알아보자.

레시피 2. 자녀의 사회성 파악하게 하기

1. 세심하게 관찰하기

아이가 친구들과 어떻게 어울리고 상호작용하는지 파악하기 위해서는 부모의 세심한 관찰이 필요하다. 아이가 다른 친구들에게 초대받지 못하고 다른 아이를 초대하지도 않을 때, 한 번 집에 놀러 온 친구들이 두 번 다시 놀러오지 않을 때, 전화 통화를 하는 친구가 없을 때와 같은 경우 친구 관계의 어려움을 예상해 볼 수 있다.

저학년의 경우 친구들에게 거부당하는 아이라도 친구와의 문제를 인정하는 예가 드물다. 때로는 자신의 인기에 대해 과장하여 말하기도 하고 스스로 친구라고 생각하는 몇몇 아이의 이름을 언급할 때도 있다. 하지만 최근에 함께 논 것에 대해서 물어보면 거의 대답하지 못하는 경우가 많다. 그래서 아이의 말을 참고하되 부모의 세심한 관찰이 필요하다.

2. 자녀가 잘 어울리지 못하는 이유는?

자녀가 친구와 잘 어울리지 못하고 또래 아이들이 자녀와 잘 어울리려 하지 않는다면 우선 아이의 행동에서 원인을 찾아본다.

친구와 잘 어울리지 못하는 특성으로는 지나치게 소극적인 성격, 공격적인 행동, 자기중심적 행동, 사회적 기술들의 결핍, 분별없이 나대는 행동, 미성숙함, 눈치 없음, 밉살스러운 행동 등이 있다. 그리고 특히 주의가 산만하거나 활동이 부산하고, 지시와 규칙을 따르지 않는 등의 행동 문제가 있는 경우에는 친구와 잘 어울리지 못하기도 한다.

그러므로 친구와 어울리지 못하는 이유가 무엇인지 찾아보고 그에 맞는 적절한 계획을 세워야 한다.

3. 사회적 기술 습득 여부

자녀가 사회적 기술을 얼마나 갖고 있는지 파악하기 위해 '사회적 기술 척도 체계(social skills rating systems: SSRS)'를 활용할 수 있다.

이 질문지는 그레셤과 엘리언(Gresham & Ellion, 1990)이 개발한 도구로 3세에서 18세 아동의 사회적 행동에 관한 정보를 수집할 수 있다. 여기에서는 아이의 사회적 결함은 사회기술의 결함과 수행의 결함으로 나누고, 협동, 자기주장, 자기통제, 책임감의 네 가지 하위 척도로 분류된다.

질문지의 점수는 점수화하지 않고 아이의 상태를 파악하기 위한 자료로 활용한다.

사회적 기술 질문지(초등학생 부모용)

안내

이 질문지는 당신의 자녀가 어떤 사회적 기술들을 가지고 있으며, 그러한 기술들이 자녀의 성장에 얼마만큼 중요한지 측정하기 위해 제작되었습니다. 또한 문제행동들에 관한 평가도 포함되어 있습니다. 당신과 자녀에 관한 정보를 적어 주세요.

학생 정보

이름:	성별: (남/여)	생년월일:	년 월 일
학년:	형제 관계:		

부모 정보

이름:	아동과의 관계:
전화번호:	주소:

다음의 1~38번 항목을 읽고 자녀의 현재 행동에 관해 생각해 보세요. 그다음에 자녀가 그러한 행동을 얼마나 자주 보이는지 체크해 주세요.

자녀가 그러한 행동을 전혀 보이지 않는다면, 0에 동그라미 해 주세요.

자녀가 그러한 행동을 가끔 보인다면, 1에 동그라미 해 주세요.

자녀가 그러한 행동을 매우 자주 보인다면, 2에 동그라미 해 주세요.

또한 1~38번 항목에서는 자녀의 발달에 그러한 행동들이 얼마나 중요하다고 생각하는지 체크해 주세요.

〈보기〉

문 항	얼마나 자주?			얼마나 중요한?		
	전혀	가끔	매우 자주	중요하지 않은	중요한	매우 중요한
유머 감각이 있다.	0	1	2	0	1	2
전화에 적절하게 대답한다.	0	1	2	0	1	2

여기에서는 맞고 틀린 답이라는 것이 없습니다. 한 항목도 빠지지 않게 체크해 주세요.

문항				사회적 기술	얼마나 자주?			얼마나 중요한?		
C	A	R	S		전혀	가끔	매우 자주	중요하지 않은	중요한	매우 중요한
				1. 집에 있을 때 여가 시간을 적절하게 사용한다.	0	1	2	0	1	2
				2. 자발적으로 방을 깨끗이 한다.	0	1	2	0	1	2
				3. 집에서 너무 크지 않게 알맞은 목소리로 얘기한다.	0	1	2	0	1	2
				4. 자발적으로 집단 활동에 참여한다.	0	1	2	0	1	2
				5. 처음 본 사람에게 자발적으로 자기 소개를 한다.	0	1	2	0	1	2
				6. 다른 아동이 때리거나 밀 때 적절하게 대응한다.	0	1	2	0	1	2
				7. 물건을 살 때 점원에게 정보나 도움을 부탁한다.	0	1	2	0	1	2
				8. 종교나 단체 모임 시 말하는 사람에게 주목한다.	0	1	2	0	1	2
				9. 타인의 비합리적인 요구를 공손하게 거절한다.	0	1	2	0	1	2
				10. 친구를 집에 초대한다.	0	1	2	0	1	2
				11. 가족의 성취에 대해서 축하해 준다.	0	1	2	0	1	2
				12. 쉽게 친구를 사귄다.	0	1	2	0	1	2
				13. 많은 일에 관심을 보인다.	0	1	2	0	1	2
				14. 문제 발생이 예상되면 상황을 피한다.	0	1	2	0	1	2
				15. 장난감이나 집안의 물건을 정리한다.	0	1	2	0	1	2
				16. 가족의 일을 자발적으로 돕는다.	0	1	2	0	1	2
				17. 비난을 잘 받아들인다.	0	1	2	0	1	2
				18. 전화를 적절하게 받는다.	0	1	2	0	1	2
				19. 당신이 부탁하지 않아도 집안일을 돕는다.	0	1	2	0	1	2
				20. 공정하지 못한 집안의 규칙에 대해 적절하게 질문한다.	0	1	2	0	1	2

문항				사회적 기술	얼마나 자주?			얼마나 중요한?		
C	A	R	S		전혀	가끔	매우 자주	중요하지 않은	가끔중요한	매우 중요한
				21. 도움을 요청하지 않고 집안일을 시도해 본다.	0	1	2	0	1	2
				22. 다른 아동과 싸울 때 화를 참는다.	0	1	2	0	1	2
				23. 사람들이 아동을 좋아한다.	0	1	2	0	1	2
				24. 다른 사람이 먼저 말하기를 기다리기보다는 아동이 시작하는 편이다.	0	1	2	0	1	2
				25. 당신과의 의견 불일치에 침착하게 대처한다.	0	1	2	0	1	2
				26. 당신과의 갈등 상황에서 화를 잘 참는다.	0	1	2	0	1	2
				27. 형제나 친구에게 칭찬을 한다.	0	1	2	0	1	2
				28. 적당한 시간 내에 집안일을 마친다.	0	1	2	0	1	2
				29. 가족의 물건을 사용하기 전에 허락을 구한다.	0	1	2	0	1	2
				30. 모임이나 소풍과 같은 사회적 상황에서 자신감이 있다.	0	1	2	0	1	2
				31. 외출하기 전에 허락을 받는다.	0	1	2	0	1	2
				32. 친구나 자기 또래의 친척이 놀릴 때 적절하게 대처한다.	0	1	2	0	1	2
				33. 숙제나 다른 일에서 당신의 도움을 기다리는 동안 적절하게 시간을 활용한다.	0	1	2	0	1	2
				34. 놀이를 할 때 친구의 의견을 받아들인다.	0	1	2	0	1	2
				35. 한 활동에서 다른 활동으로 쉽게 바꿀 줄 안다.	0	1	2	0	1	2
				36. 자발적으로 가족과 협조한다.	0	1	2	0	1	2
				37. 친구의 감사의 말이나 칭찬을 잘 받아들인다.	0	1	2	0	1	2
				38. 사고 발생 시 어른에게 가서 소식을 알린다.	0	1	2	0	1	2
C	A	R	S		0	1	2	0	1	2

* C: Coperation(협동), A: Assertion(자기주장), R: Responsibility(책임감), S: Self-ccontrol(자기통제).

4. 자녀의 갈등 대처 방법 안내하기

자녀가 갈등을 어떻게 대처하는지 살펴보는 것도 아이의 친구관계를 도와주는 데 도움이 된다.

아이들은 친구 간에 갈등이 발생했을 다음 세 가지 방식으로 대처한다.

첫째, 소극적으로 대처한다. 갈등을 피해 버리거나 아무 말 못 하고 속상해하며, 변명이나 마음에 없는 사과를 하는 방식이다. 이 방법은 관계를 단절시키는 결과를 가져올 수 있다.

둘째, 공격적으로 대처한다. 자기 입장을 고집하고, 화나 짜증을 내거나 상대방을 무시하고 헐뜯는 방법은 친구 관계를 악화시키는 결과를 낳는다.

셋째, 주장적으로 대처한다. 상대방의 다른 점을 인정하고, 화내기보다는 나의 입장을 설명하며 서로 합의할 수 있는 점을 찾으려 한다. 직접 비난하기보다는 서운한 그 행동에 대해서만 이야기한다. 좋은 친구 관계를 지속하고 발전시키기 위해서는 이 방법이 적절하다.

갈등 대처 방법

대처 방식	양 상	결 과
소극적 대처	• 피해 버린다. • 아무 말 못 하고 속상해한다. • 변명이나 마음에 없는 사과를 한다.	관계 단절
공격적 대처	• 자기 입장을 고집한다. • 직접 화를 내거나 짜증을 부린다. • 상대방을 무시하고 헐뜯는다.	관계 악화
주장적 대처	• 상대방과 다른 점을 인정하며, 자기 입장을 화내지 않고 설명한다. • 서로 합의할 수 있는 점을 찾고자 한다. • 직접 비난하거나 화를 내기보다는 서운한 그 행동에 대해 이야기한다.	관계 지속 관계 발전

출처: 한국청소년상담원(2001), p. 35.

레시피 3. 자녀의 사회성 향상을 위한 부모의 태도 및 역할 안내하기

1. 자녀를 존중해 준다

아이는 부모가 자신을 대하는 모습을 보고 친구를 대한다. 부모가 자녀를 존중했을 때 아이도 타인을 존중하고 배려한다. 자녀가 말할 때 귀 기울여 들어 주고, 아이의 의견을 무시하지 않는다. 이런 모습을 보고 자란 아이는 다른 친구의 말에 귀 기울이게 된다.

2. 다른 사람에게 무례하게 했을 경우에는 반드시 훈계해야 한다

자녀가 다른 사람에게 무례하게 행동했을 경우에는 지체 없이 훈계해야 한다. 공공장소에서 다른 사람에게 피해를 주는 행동에 대해서도 마찬가지다. 예의 바른 아이는 어디서든 환영받을 것이며, 처음에는 익숙해지기까지 힘들겠지만 습관은 조금씩 아이에게 스며들어 대인관계를 편안하게 만들어 줄 것이다.

3. 사과하는 방법을 가르친다

친구와 갈등이 생겼을 때 손쉽게 해결하는 방법은 사과를 하는 것이다. 사과는 의외로 큰 힘을 가진다. 그러므로 아이가 친구와 다퉜을 때 사과하는 방법을 가르치는 것이 매우 필요하다. 역할극을 통해 연습하고 부모가 직접 시범을 보인다. 부모가 아이에게 잘못을 했을 때 직접 사과하고, 부부 관계에서도 서로 잘못한 것이 있으면 사과하는 법을 보여 준다.

예 • 아들아, 아까 엄마가 너에게 숙제 안 했다고 화내서 미안해. 사실은 엄마가 회사에서 스트레스를 받는 일이 있었는데 네가 숙제 안 하고 있는 모습을 보니 네가 엄마 힘든 것도 모르고 그런 것 같아서 화가 났어. 다음부터는 엄마가 차분하게 말하도록 할게.

- 여보, 낮에 당신이 집안일을 도와주지 않는다고 짜증 난 소리로 말해서 미안해요. 다음부터 어투를 조심할게요.

이렇게 사과하는 모습을 보여 주면 자녀는 잘못했을 때에는 누구나 사과할 수 있다는 것을 자연스럽게 익히게 된다. 그리고 사과를 가르칠 때 벌로 사과를 하도록 하면 안 될 것이다. 그렇게 되면 아이는 사과를 벌로 받아들이고 부정적인 것으로 생각하기 쉽기 때문이다.

4. 친구와 어울릴 수 있는 충분한 시간과 기회를 준다

아이가 사회성을 기르기 위해선 친구들과 어울려 놀 수 있는 충분한 시간과 기회를 주어야 한다. 많은 부모가 자녀에게 친구와 놀 기회는 만들어 주지 않고, 어쩌다가 놀 때 자녀가 잘 어울려 놀기를 바란다. 이는 과정 없이 결과만 기대하는 것과 같다. 아이는 친구와 놀면서 그 과정에서 사회성을 배운다. 이는 책을 통해서 배울 수 있는 것이 아니기에 직접 부딪히며 배울 수밖에 없다.

친구들과 어울리는 방법으로 친구를 집으로 초대하는 방법이 있다. 아이는 자기 집을 좀 더 편안히 여긴다. 편안한 환경에서 여유 있게 좀 더 적극적으로 친구 관계에 임할 수 있다. 초대할 때는 자녀와 성향이 잘 맞는 아이를 집으로 초대하거나 그 아이의 부모에게 부탁하여 함께 놀 수 있는 시간을 갖게 한다. 또한 친구의 가족이 함께 어울리는 자리도 마련하면 좋다. 그러면서 서서히 친구들과 어울리는 방법을 익혀 나가도록 해 보자.

5. 함께 공부할 수 있는 공간으로 집을 제공한다

초등학교 고학년이나 중학생의 경우 모둠 과제를 해야 할 일이 많이 생긴다. 이때 함께 모여서 과제를 해결해야 하는 경우가 많아 모임 공간이 필요하다. 하지만 선뜻 자신의 집을 모임 공간으로 제공하는 일은 쉽지 않다. 이럴 때 활동 공간으로 자기 집을 제공하면 아이들은 감사한 마음으로 친구의 집을 이용하며 그 친구에게 우호적인 감정을 가질 수 있다.

6. 모든 아이에게 인기가 많아야 한다는 생각을 버린다

아이마다 각자 가지고 있는 성향이 다르다. 어떤 아이는 많은 아이와 두루 친하고 잘 지낸다. 또 어떤 아이는 자기와 맞는 한두 명의 아이와 친하다. 부모는 자녀가 모든 아이와 두루 친하길 바라지만, 그것은 쉬운 일이 아니다. 부모는 자녀의 성향에 따라 친구 관계를 고려해야 한다. 친구 관계에서 중요한 것은 친밀함을 나눌 수 있는 한두 명의 친구로도 충분하기에 모든 아이에게 인기가 많아야 한다는 생각을 버리는 것이다.

7. 자녀가 친구를 사귀어 가는 과정을 존중하며 격려해 준다

처음부터 친구와 잘 어울리는 아이도 있지만 대부분의 아이는 서로 만나는 과정에서 조금씩 친구들과 어울리는 방법들을 익혀 나간다. 지금은 서툴러도 강약을 조절해 가며 배우고 있는 과정임을 알고 부모가 기다려 줄 수 있어야 한다. 부모가 너무 조바심을 내면 아이는 더 불안해할 수 있다. 함께 친구들에 대해 이야기하고, 놀 기회를 충분히 만들어 줘야 한다. 그 과정에서 갈등이 생긴다면 부모가 문제에 대해 들어 주고 같이 해결책을 찾아본다. 갈등을 잘 해결했다면 격려하고 칭찬해 주어야 한다. 조바심 내지 않고 자녀를 믿고 지지해 주고 격려하며 기다려 주는 지혜가 필요하다.

아이의 노력에도 친구 관계가 원만하지 않은 아이에게는 "너와 맞는 친구를 앞으로 만날 수 있을 거야."라는 희망과 지속적인 지지를 해 주는 것이 매우 중요하다. 부모는 자녀의 친구 관계가 안정될 때까지 당분간 좋은 친구 역할을 해 줄 수 있다.

레시피 4. 상황별 사회성 기술 지도 방법

사회성 기술이 부족한 아이는 사회성 기술을 배우고 연습할 필요가 있다. 이때 부모는 다양한 역할을 해야 한다. 아이에게 기술을 가르쳐 주는 교사의 역할, 아이가 기술

들을 사용할 수 있도록 사회적 상황들을 만들어 주는 연출가의 역할, 아이가 습득한 기술들을 연습해 볼 수 있는 놀이 친구의 역할, 아이가 기술들을 사용한 것에 대해 강화를 해 주는 지원자의 역할, 생활 속에서 사회적 기술들을 직접 시범 보이는 역할을 하는 것이다. 이 중에서 특히 지원자로서의 역할이 중요하다.

그리고 자녀의 행동이 일상생활로 일반화되기 위해서 자녀가 보이는 여러 가지 친사회적 행동들에 대해 지속적인 관심을 가지고 다양한 칭찬과 보상을 제공해 주는 것이 중요하다.

1. 학기 초 친구 사귀기

학기 초 어떻게 친구를 사귀고 또래집단을 형성하느냐에 따라 아이의 1년 학교생활이 결정되는 경우가 많다. 특히 여학생일수록, 학년이 올라갈수록 그 양상은 더욱 뚜렷하다. 작년에 같은 반이었던 친구가 있다면 다행이지만 그렇지 않다면 적극적으로 나서서 친구를 사귀어야 한다. 친구의 이름이나 몇 반에서 왔는지를 물어보거나 또는 적극적으로 친구가 되고 싶다는 것을 표현해야 한다.

친구를 사귀기 위해서는 어떻게 하면 될지 알아보도록 하자. 친구 관계에서 어려움을 겪는 자녀의 경우 부모가 역할극을 통해 연습할 수 있도록 자녀에게 기회를 제공하고 꾸준히 함께 연습한다.

어떻게 하면 친구들과 친해질 수 있을까요?

- 먼저 인사하기
  연습하기: 아침에 만났을 때 "○○야, 안녕!"

- 친구에게 먼저 말 걸기
  연습하기: "난 3반에서 온 ○○야. 넌 몇 반에서 왔니?"

• 친구에게 전화번호 물어보기

연습하기: "내가 혹시 물어볼 일이 있으면 전화하려고 하는데 네 전화번호 알 수 있을까?" "내 번호는 ○○○-○○○○-○○○○야. 네가 물어볼 일 있으면 전화해도 좋아."

• 이동수업에 함께 가기(도서실, 과학실, 컴퓨터실, 운동장 등)

연습하기: "○○야! 같이 가자"

• 친구의 좋은 점 말해 주기

연습하기: "오늘 수업 시간에 보니 너 엄청 집중 잘하던데?"
"머리핀, 너한테 정말 잘 어울린다."

• 점심 같이 먹자고 제안하기

연습하기: "○○야! 나랑 같이 점심 먹자."

• 같이 놀자고 제안하기

연습하기: "우리 '얼음 땡' 할 건데 같이 놀자."
"우리 카드게임 할 건데 같이 안 할래?"

• 친구에게 준비물 빌려 주기

연습하기: "너 오늘 도화지 못 가지고 왔구나. 내가 두 장 가지고 왔으니까 한 장 빌려 줄까?"

• 결석한 친구에게 전화하기

연습하기: "○○야, 오늘 많이 아파서 학교에 못 나왔다며, 몸은 괜찮니? 오늘

학교에서는~. 그리고 알림장은~. 빨리 나왔으면 좋겠다."

- 서로의 생각이나 느낌 이야기하기
  연습하기: "우리 선생님 인상 참 좋지. 넌 어떤 것 같아?"

- 어려울 때 친구 도와주기
  연습하기: "배가 많이 아프니? 나랑 같이 보건실 가자."

- 몸이 불편한 친구를 도와주기
  연습하기: "○○야, 내가 가방 들어 줄게. 너 오늘 다리 다쳐서 가방 들기 힘들잖아."

이와 같은 표현법은 학기 초뿐만 아니라 친구를 새로 사귈 때 유용하며, 학년 말에 학생들에게 미리 안내하여 새 학기에 활용할 수 있도록 한다.

지금부터 소개하는 2~5번의 사회성 기술은 『주의력결핍 장애아동의 사회기술훈련』(안동현, 김세실, 한은선, 2004)에 제시된 방법으로, 사회성이 부족한 일반 학생들에게도 유용하여 그 방법을 간단히 요약 제시한다.

2. 친구와 어울리기

친구와 자연스럽게 어울리는 아이도 있지만 그렇지 못한 아이일 경우 부모가 자녀에게 그 방법을 안내할 수 있다.

1) 친구들을 가까이에서 지켜본다

친구들과 잘 어울리지 못하는 아이는 친구들이 어떤 놀이를 하고 있는지, 규칙이 무엇인지도 잘 알아보지도 않고 무턱대고 중간에 자신도 끼워 달라고 하는 경향이 있다. 그럴 경우 거절당하기 십상이다. 그러므로 놀이에 끼어들기 전에 다른 아이들을 관찰할 필요가 있다. 친구들과 떨어져 무슨 놀이를 하고 있는지, 규칙은 무엇인지, 어느 팀이 이기고 있는지 등을 자세히 관찰한다.

2) 친구들에게 칭찬의 말을 해 준다

놀이에 어울리려면 우선 놀이를 하고 있는 아이들에게 함께 어울리고 싶은 마음을 자연스럽게 표현해야 한다. 그러기 위한 한 가지 방법은 그들을 칭찬해 주는 것이다. 부모는 놀이하는 친구에게 사용해 볼 수 있는 간단하며 듣기 좋은 칭찬의 말(예: "잘 해." "파이팅." "와! 잘한다.")을 함께 생각해 본다.

3) (끼어들기 전에) 놀이가 잠깐 멈춰질 때까지 기다린다

놀이에 끼어도 되는지 물어보기 좋은 때는 놀이가 잠시 중단되거나 한 차례씩 순서가 돌아간 이후가 가장 적당하다. 그래야만 놀이의 흐름을 방해하지 않게 되고, 아이들은 끼고 싶어 하는 아이를 사려 깊은 아이라고 생각하기 때문이다.

4) 같이 놀아도 되는지 물어본다

놀이에 끼어들기 전에 항상 먼저 허락을 구한다. 그런데 누구에게 허락을 구하는지도 매우 중요하다. 대개 게임에서 지고 있는 편에게 말한다. 지는 편은 상황의 변화를 위하여 누군가가 필요할지도 모르기 때문이다. 그리고 놀잇감의 주인인 아이에게 말하는 것이 좋다. 아이에게 허락을 구하는 말로 "나도 하고 싶은데 괜찮니?" "나도 같이 하면 안 될까?" 등이 있다.

5) 끼워 주지 않으면 그냥 다른 데로 간다

친구들이 놀이에 끼워 주지 않을 수도 있다는 것을 사전에 알려 주는 것은 중요하다. 또래 관계에 문제가 없는 아이의 경우에도 '어울리기' 시도에서 반 이상은 실패하기 때문이다. 아이가 실패한 이유는 예전에 그 아이들에게 한 나쁜 행동, 끼어드는 방법이 잘못 되어서, 그 아이들이 새 친구를 원치 않아서, 때를 잘못 골라서일 수도 있다.

거절당할 수 있으며 거절당했을 때는 속상해하거나 위축되지 말고 곧 다른 친구들을 찾아보도록 하는 것도 괜찮다.

〈부모의 역할〉 '친구들과 어울리기'를 연습하기 위해서 처음에는 놀이터와 같이 친구들이 많이 모여 있는 곳에 자녀를 데리고 나간다. 자녀와 함께 또래 아이들의 놀이를 관찰하며 그 아이들이 무슨 놀이를 하고 있는지, 어느 편이 이기고 있는지, 놀이의 규칙이 무엇인지 등에 대해 차근차근 물어보며 이야기를 나눈다. 아이가 어울릴 준비가 되면 시도하게 한다. 부모는 다른 아이들이 눈치채지 못하게 멀리서 지켜본다. 이 다섯 가지 기술을 잘 사용하는지 관찰하고, 부족한 면은 나중에 자녀에게 말해 준다. 혹 친구들에게 거절당하고 돌아올 경우 위로해 주고, 다른 친구들을 찾아 다시 적용해 보게 한다. 때로는 가족 내에서도 연습해 보는 시간도 필요하다.

3. 좋은 놀이 친구 되기

아이가 성공적으로 놀이 집단에 어울렸다 하더라도 좋은 놀이 행동을 보이지 않으면 결국 친구들에게 다시 거부당하게 될 것이다. 좋은 놀이 행동이란 놀이에 대해 진지한 태도를 가지고 임하며 정정당당히 규칙을 준수하고 친구들을 배려하며 승리나 패배를 흔쾌히 받아들이는 것이다. 아이들은 또래와의 지속적인 놀이 경험을 통해 이 같은 행동들을 익히게 되며, 초등학교 저학년 이상이 되면 친구들이 나타내는 긍정적 · 부정적 놀이 행동들에 대해 매우 민감해진다. 그래서 좋은 놀이 행동을 가지고 있지 않는 아이는 자연히 친구들 사이에서 나쁜 평판을 얻게 되고 점점 놀이에서 배척된다. 잘 어울리지 못하는 아이는 승패에 집착하는 과도한 경쟁심에서 비롯되어 차례를 지키지 못하거나 규칙을 지키지 않고 언쟁을 벌이는 경우가 많다. 이런 아이에게는 놀이의 결과보다는 과정을 더 즐기며 다른 아이들의 호감을 얻을 수 있게 하는 것이 필요하다.

1) 내 멋대로 행동하지 않는다

친구들이 놀고 있을 때 공을 빼앗거나 발을 걸어 넘어뜨리는 등 방해하는 등의 행동을 하지 않는다. 아이는 재미있게 하기 위해 그런 행동을 하지만, 오히려 친구들에게 나쁜 인상을 줄 수 있으므로 차분하고 진지하게 놀이에 참여한다. 그리고 친구들이 싫어하는 행동을 하지 않는다.

2) 규칙은 반드시 지킨다

규칙은 게임을 더 재미있게 해 주고 아이들 간의 다툼을 막아 주는 중요한 역할을 한다. 하지만 규칙을 습관적으로 무시하고 제멋대로 바꾸곤 하는 아이가 있으면 친구들은 놀이에 끼워 주고 싶지 않을 것이다. 그러므로 규칙을 존중하며 정정당당히 게임을 하는 아이를 친구들이 좋아한다는 것을 꼭 기억하고 규칙은 꼭 지킨다.

3) 자기 차례가 아니면 나서지 않는다

자신이 다른 친구들보다 게임을 더 잘하더라도 자기 차례가 아니면 나서거나 절대로 참견하지 않는다. 게임은 모두 재미있어야지 혼자만 재미있어서는 안 되기 때문이다.

4) 말싸움은 하지 않는다

친구가 규칙을 어긴 것이 잘한 행동은 아니지만, 그 친구에게 "너 선 밟았잖아, 아웃이야." "너 파울이야, 빠져." "넌 그것도 못하냐?" 와 같이 위반을 지적하는 것을 넘어서 강한 어조로 비난하는 말로 시비를 걸지 않는다. 화를 내면서 높은 목소리로 잘못을 지적하면 싸움이 벌어진다. 그러면 좋은 친구가 되기를 기대하기는 어렵다.

5) 다른 친구들을 칭찬한다

사람은 누구나 칭찬에 약하다. 칭찬받은 사람은 당연히 칭찬해 준 사람에게 좋은 감정을 가지게 된다. 함께 노는 친구가 잘했을 때 놓치지 않고 꼭 칭찬(예: "잘했어." "짱!" "멋진 플레이야." 등)의 말을 해 준다. 친구들은 우쭐한 마음을 가지게 되고 자신의 좋은 기분이 전이되어 칭찬해 준 아이에 대한 호의를 가질 것이다.

〈부모의 역할〉 '좋은 놀이 기술의 중요성에 대하여 자주 설명해 주고, 자녀가 잘했을 때 즉각적이고 구체적으로 칭찬해 준다. 자녀의 친구를 집으로 초대하여 자녀가 어떻게 노는지 관찰하여 잘한 점은 칭찬하고 부족한 점은 보완할 수 있게 도와준다. 또한 온 가족이 함께 참여할 수 있는 놀이를 하며 바람직한 행동 모델을 보여 준다.

4. 친구와 이야기하기

1) 말하는 아이의 눈을 쳐다본다

말하는 사람을 쳐다보는 것은 내가 이야기에 주의를 기울이고 있으며 이해하려고 노력한다는 중요한 의미를 전달하는 것이다.

2) 열심히 듣는다

상대편이 잘 들어 줄 때 말하는 사람은 신이 나서 이야기를 더 잘한다. 들을 때는 열심히 잘 듣고 있다는 표시로 고개 끄덕이거나 기분 좋은 표정 등을 나타낸다.

3) 이야기 중간에 끼어들지 않는다

사회적 기술이 부족한 아이는 이야기 중간에 양해 없이 끼어들고 이야기를 주도하려는 경향이 있다. 상대방이 하던 이야기가 끝날 때까지 기다려서 말한다. 그리고 혼자 계속해서 이야기를 하지 않는다.

4) 관련 질문을 한다

질문은 세 가지 의미가 있다. 상대방의 이야기에 대한 적극적인 관심의 표현이며 이야기를 이어 나가는 방법이자 새로운 주제로 대화를 시작하기 위한 방법이다. 이야기를 들으며 친구에게 궁금한 것은 질문한다. 질문을 들은 상대방은 자신의 이야기에 관심 있어 한다고 생각하고 더 신나서 이야기하게 된다.

5) 상관없는 말을 하지 않는다

이야기하는 내용과 상관없는 말을 하면 대화가 방해되고 상대방에게 좋지 않은 인상을 주므로 하지 않으며, 대화에 집중하여 흐름을 놓치지 않도록 한다.

〈부모의 역할〉 평상시 자녀와 대화하거나 가족끼리 대화할 때 부모가 좋은 모델을 보여 주며, 충분한 연습이 될 수 있도록 평상시에 자녀와 많은 시간을 갖는다.

5. 나의 생각을 이야기하는 방법

사회성이 부족한 아이는 친구에게 부당한 대우를 받았을 때 쉽게 화를 내거나 흥분하여 말하는 경우가 많다. 그래서 옳은 말임에도 아이들에게 싸움꾼, 시비꾼의 인상을 준다. 정반대인 경우도 있는데, 거부당할까 봐 자기표현을 억누르는 소극적인 행동을 보이는 아이도 있다. 그래서 침착하게 자신의 생각과 감정을 전달하는 기술을 가르칠 필요가 있다.

1) 마음속으로 '다섯' 까지 센다

말하기 전에 마음속으로 천천히 다섯을 세며 마음을 진정시키고 생각할 시간을 갖는다. 이때 다섯까지 세는 것은 소리를 내지 않고 속으로 말한다.

2) 상대방의 눈을 쳐다보고 이야기한다

눈을 쳐다보는 것은 상대방에게 신뢰감을 주게 되고 설득력을 갖게 된다. 눈을 피하면 자신감이 없어 보이거나 거짓말을 한다는 느낌을 줄 수 있으므로 가능한 한 눈을 쳐다보고 말한다.

3) 짜증을 내지 않는다

사회성이 부족한 아이는 자기주장을 할 때 부적절한 말투로 하는 경우가 많다. 하지만 이런 말투는 상대방의 감정을 더욱 상하게 할 수 있으므로 부드럽고 당당한 어조로 표현한다.

예 (짜증 내며) "어, 왜 그래요? 내가 그런 게 아니라니까."
→ (담담한 어투로) "미안해. 그렇지만 내가 그런 게 아니야."

4) 또박또박 이야기한다

힘없는 말투, 너무 빠른 말투로 말하지 않고 '천천히 한 단어씩 또박또박' 힘을 주어 말한다.

5) 표정 관리를 한다

기분 나쁜 표정은 상대방의 기분을 상하게 하므로 가능한 한 편안한 표정을 짓는다.

〈부모의 역할〉 목소리 톤에 대해 조언하고 형제나 부모에게 부탁할 때 또박또박 이야기를 건네 보도록 시킨다. 매일 조금씩 연습하며 부모도 먼저 적절한 자기 생각을 말하는 모델이 되어 준다. 잘했을 경우, "네가 또박또박 침착하게 이야기하니까 아주 듣기 좋구나."와 같이 칭찬해 준다.

공깃밥 추가 〈정서 지능〉

친구들과 잘 지내는 아이는 다른 사람의 마음을 잘 헤아리고 공감하는 능력이 발달해 있다. 이러한 능력을 정서 지능(Emotion Intelligence: EQ)라고 한다.

정서 지능이 높은 아이와 낮은 아이

정서 지능이 높은 아이	정서 지능이 낮은 아이
• 자신의 정서를 잘 이해하고 조절할 수 있다. • 친구 관계 및 사회적 관계를 잘 형성한다. • 학습 능력이 좋다.	• 자신의 정서를 잘 이해하지 못하고 조절하지 못한다. • 새로운 상황에서 지나치게 수줍어한다. • 친구를 못 사귄다.

정서 지능 발달을 위한 부모의 전략

1. 아이가 느끼는 있는 감정을 구체적인 언어로 표현해 준다.
2. 아이가 다른 사람의 감정을 알 수 있도록 도와준다.
   1) 일상생활에서 느끼는 감정들을 짧게 표현한다.
      예 "밥도 해야 하고 청소도 해야 하는데 할 일이 너무 많아 정신이 없네."
   2) 아이와의 관계에서 느끼는 감정들을 적절하게 표현한다.

예 "엄마는 지금 밥도 해야 하는데 네 방이 정리가 안 되어 있어서 화가 난다. 엄마가 다 해야 한다고 생각하니 너무 정신이 없어. 엄마를 좀 도와줄 수 있겠니?"

3) 부부간의 대화를 잘 활용한다.
부부간의 대화를 잘 활용하여 상대편과 마음을 나누고 협상해서 문제를 해결하는 방법을 간접적으로 훈련시킬 수 있다.

4) 다양한 상황을 경험시킨다.
다양한 경험은 다른 사람의 행동과 감정에 대해 배울 수 있게 하고, 이를 통해 다른 사람을 이해하고 인정하게 된다.

5) 안심하고 표현할 수 있게 한다.
부모가 자신의 부정적인 감정까지도 받아 준다고 느낄 때 아이는 좀 더 편안하게 자기표현을 할 수 있다. 화나고 속상한 감정을 받아 주면 격앙된 감정은 가라앉게 되고, 이때 잘잘못을 지적해 준다. 아이는 부모가 자신의 마음을 알아주었을 때 느낀 따스함을 기억하고 다른 사람과도 이런 따뜻함을 나누게 된다.

출처: 이영애(2012), pp. 109-114.

셰프에게 물어봐
〈친구들이 오히려 자신의 아이를 괴롭힌다고 생각하는 학부모〉

자녀의 사회성 문제를 인정하지 않고 오히려 친구들이 우리 아이를 괴롭힌다는 피해의식을 가진 부모가 있습니다. 이럴 때 어떻게 하면 좋을까요?

이런 경우에는 행동 관찰을 통해 객관적인 자료를 제시해 주는 것이 필요합니다. 어떤 상황에서 아이가 어떻게 행동하고, 다른 아이들은 어떻게 행동하는지 객관적으로 알려 줍니다. 예를 들면, 다음과 같이 알려 줍니다.

"어머니께 최근에 있었던 두 가지 일을 말씀드리겠습니다. 첫 번째 일은 지난주 화요일 3교시 후 쉬는 시간에 있었던 일입니다. 다음 시간이 영어 시간이어서 이동 수업을 위해 아이들이 뒤에 책을 들고 서 있는데 경민이가 갑자기 철민이 앞으로 끼어들면서 팔꿈치로 쳤습니다. 그래서 철민이가 경민이에게 내가 먼저 와서 섰으니 너는 뒤에 가서 서라고 말했다고 합니다. 그런데 철민이가 '앞에 안 끼워 주면 그만이지 뭔 말이 많아!' 하면서 철민이를 확 밀쳐 버리고 뒤에 가서 섰습니다. 이 과정에서 철민이가 넘어졌는데도 사과하지 않고 그냥 모른 척하고 뒤에 가서 서 있었습니다. 다른 아이들은 이런 상황이었을 때 새치기한 것이 겸연쩍어서 미안하다고 말하며 뒤에 서곤 하지요. 그리고 두 번째 일은 지난 점심시간에 급식을 받기 전에…."

이때 자칫 객관적으로 자료를 제시한다는 명목으로 아이의 잘못된 행동만 나열해서 말하다가 학부모에게 아이에 대하여 부정적인 시각으로 본다는 오해를 받을 수도 있습니다. 그러므로 다른 아이들과 다르게 반응하거나 아이들이 싫어하는 행동에 대하여 한두 사례만 명확하게 설명합니다.

참고문헌

김민화(2010). **행동은 멋지게**. 서울: 해와나무.
남미숙(2010). **사회성 우등생**. 서울: 글담어린이.
안동현, 김세실, 한은선(2004). **주의력결핍 장애아동의 사회기술훈련**. 서울: 학지사.
이영애(2012). **아이의 사회성**. 서울: 지식채널.
한국청소년상담원(2002). 초, 중, 고 또래상담지도자지침서. 미간행 자료집.

Begun, R. W. (2002). **사회적기술 향상프로그램**[*Ready-to-use social skills lessons & activities for grades preK-K*]. 응용발달심리연구센터 역. 서울: 시그마프레스. (원저는 1995년에 출판).

30 함께 가요
함께 가야 할 동반자, 학부모

함께 만들어 가는 레시피

여름방학식 날이다. 1학년 아이들과 함께 지낸 시간이 결코 쉽지는 않았지만 그런 만큼 보람도 있어 김 선생님은 뿌듯하고 홀가분한 마음으로 방학을 맞았다. 아이들이 한 학기 동안 무탈하게 지낸 것도 고맙지만 그만큼 학부모님들이 아이들을 뒷바라지해 준 덕분이라는 생각이 들어서 감사 편지를 썼다.

안녕하세요 ^ ^

학교에 입학시키면서 어느새 자녀가 자라 초등학생이 되었다는 생각에 기특하기도 하고, 한편으로는 적응은 잘 할지, 친구들이랑은 잘 지낼지 등 염려도 하셨을 것입니다. 부모님의 관심과 염려 덕분에 우리 아이들은 학교에 성공적으로 적응하며 한 학기를 보냈습니다. 1학기 동안 가정에서 뒷바라지해 주시느라 정말 수고 많으셨습니다.

우리 반 아이들은 마음씨도 곱고, 자신이 해야 할 일을 잘 챙겨서 참 고마웠습니다. 소소한 다툼이 있다가도 곧 친구들과 사이좋게 지내는 모습을 언제나 제게 보여 주었습니다. 교과 실력과 달리, 아이들이 보여 준 예쁜 성품은 부모님의 오랜 시간의 올바른 양육 없이는 키우기 어려운 것이기에, 이처럼 잘 키워 주신 부모님께 깊이 감사드립니다.

처음 학교에 와서 낯설어 서로를 멀뚱멀뚱 쳐다보던 아이들이 이제는 서로 친해져서 쉬는 시간에는 옹기종기 모여 놉니다. 수업 시간에는 알아서 교과서도 펴고 열심히 하려고 하는 모습이 너무나 기특합니다. 이렇게 아이들이 성장할 수 있게 지원해 주셔서 감사합니다. 또 녹색 어머니, 학습준비지원팀, 안전지원팀 등의 활동에 언제나 애쓰시고, 열심히 참여해 주셔서 참 고맙습니다. 저는 제가 준 사랑보다 훨씬 저에게 사랑을 많이 주는 아이들 덕분에 정말 감사하며 한 학기를 보냈습니다.

다시 개학하는 날까지 우리 아이들 한 명 한 명이 모두 안전하고, 건강하고, 행복하게 지내다 만날 수 있기를 기대합니다. 무더위에 건강 조심하시고, 가정이 늘 건강하시고 행복하시길 기원합니다. 이번 한 학기, 진심으로 감사드립니다.

20○○. ○. ○.

담임 ○○○ 올림

그날 저녁 김 선생님은 학부모들로부터 여러 건의 문자 메시지를 받았다. 생각지도 않은 감사 문자 메시지가 김 선생님을 행복하게 했다.

선생님! 성적표와 방학 숙제, 정성 어린 편지 잘 보았습니다. 그동안 잘 지도해 주셔서 감사합니다. 여름 방학 가족들과 잘 보내시고요, 재충전하셔서 2학기 때도 우리 반 아이들 잘 부탁드리겠습니다. 건강하세요^^

– ○○○ 엄마 드림

존경하는 선생님께~

아이들이 초등학교에 입학하여 처음 맞이하는 방학에 장문의 편지까지 손수 써 주시니 감동이고 감사합니다. ○○는 학기 초 학교생활에 대한 걱정이 컸는데 너그러운 마음으로 아이들을 대해 주시는 선생님 덕분에 학교생활에 적응을 잘한 것 같습니다(실제 ○○는 ○○○ 선생님이 학교에서 제일 좋고 예쁜 분인 줄 안답니다. ^^). 한 학기동안 개구쟁이 아이들을 하나도 아닌 서른 명 가까이 지도하시느라 고생 많으셨습니다. 선생님께서도 가족과 함께 즐거운 방학, 힐링하는 방학 보내시기 바랍니다.

○○ 모 올림

선생님 안녕하세요^^ ○○ 엄마예요~ 선생님 덕분에 ○○가 적응 잘하고 학교에 다닐 수 있었던 것 같아요^^ ○○가 사소한 것까지 다 얘기해서 힘드신 건 아닌지 모르겠어요. 즐거운 방학 보내시구요. 한 학기 동안 정말 고생 많으셨어요. 감사합니다^^

○○○ 엄마 드림

학부모들이 보낸 문자 메시지를 보며 김 선생님은 학부모는 부담스러울 때도 있지만 꼭 그렇게만 바라볼 것은 아니라는 생각이 들었다. 생각해 보면 학부모 중에는 대하기 껄끄러운 경우도 일부 있었지만 그보다 아이를 걱정하고 교사와 잘 지내기를 바라며 원만한 관계를 맺은 학부모들이 훨씬 많았기 때문이다. 학부모는 불가근불가원(不可近不可遠)이라 하지만 지레 겁먹고 부담을 갖기보다는 좀 더 열린 마음으로 협력하려고 노력해야겠다고 마음먹었다.

레시피 1. 부담스러운 우리 사이

1. 부담스러운 학부모

교사에게 학부모는 부담스럽다. 저경력 교사는 자신보다 나이가 많은 학부모를 상대하다 보면 행여 학부모가 자신을 경험이 없다고 무시하는 게 아닌가 싶어 부담이 된다. 한편, 고경력 교사는 혹시 나이가 많다고 나를 불편해하는 게 아닐까 싶어 부담이 된다. 저경력 교사의 눈으로 보기에 고경력 교사는 산전수전 공중전까지 다 소화하여 학부모를 상대하는 것도 편안하지 않을까 생각하지만, 경력의 고저를 막론하고 교사에게 학부모는 부담스럽기 마련이다.

요즘 학부모는 예전 학부모들과는 다르다. 교사의 교육 방침에 대해 교사보다 더 교육의 전문가가 되어 이야기하기도 하고, 교사가 자녀에 관한 사안을 처리하는 데서 잘못했다는 생각이 들면 바로 학교에 민원을 제기한다. 담임교사는 같은 반 학부모 모두가 알고 있는 유일한 사람이다. 그러다 보니 온·오프 라인 학부모 모임에서는 종종 교사의 일거수일투족이 어머니들의 입에 오르내린다. 교사의 입장에서는 이전에 비해 학교 교육에서의 주도권을 잃고 있다는 생각이 들어 씁쓸하다. 여기저기에서 들려오는 교권 실추에 대한 소식들은 더더욱 교사를 작아지게 한다.

2. 부담스러운 선생님

학부모에게도 교사는 부담스러운 존재다. 예전에 비해 학부모의 발언권이 세졌다 하더라도 교사는 내 아이를 1년 동안 맡아서 가르치는 사람이다. 교사에게 자녀 때문에 궁금하거나 섭섭한 점이 생겨도 직접 연락을 하여 말하는 것은 쉽지 않다. 혹시나 선생님에게 밉보이면 자녀에게 불이익이 가지 않을까 하는 염려도 있다. 이상한 교사에 관한 뉴스를 보면 내 아이도 저런 선생님을 만나면 어쩌나 하는 걱정이 앞서고, 2월이 되면 내년에 어떤 선생님을 만날까 신경이 쓰인다. 과거 학부모가 학생이었을 때 만난 선생님에 대한 기억이 부정적이라면 걱정은 더 커진다.

레시피 2. '상식적' 인 학부모

1. '이상한 학부모' 는 소수

잊을 만하면 사람들 입에 오르내리는 이상한 교사와 학부모에 대한 뉴스는 어제 오늘의 이야기가 아니다. 그리고 그렇게 '이상한 사람들' 은 분명히 학교에 실제로 존재한다. 하지만 정말 다행인 것은 그들은 소수라는 사실이다. 뉴스에 크게 보도되면 학교에 이상한 사람들이 정말 많은 것처럼 느껴지지만, 마음을 차분히 하고 생각해 보면 결코 그렇지 않다는 것을 알 수 있다.

교사의 뇌리에 있는 이상한 학부모는 사실 1년에 한 번 만날까 말까 한 매우 '드문' 학부모다. 드물게 생기는 일이므로 더 기억에 많이 남는 것일 뿐이다. 학급에 다른 학부모보다 좀 더 신경 쓰이는 학부모가 있을 수 있지만, 자녀가 무탈하게 학교를 다니는 한 교사와 학부모가 충돌할 확률은 거의 없다.

2. 상식적인 대부분의 학부모

자녀를 학교에 보내고 교사와 싸우려고 벼르는 학부모는 아무도 없다. 좋은 교사를 만났으면 하는 바람은 있지만(좋은 교사에 대한 기준은 학부모마다 다르다 하더라도) 교사에 대한 관심보다는 자녀가 잘 지냈으면 하는 바람이 훨씬 크다. 일부 학교에서는 학년 말에 담임 발표가 나면 담임교사에 대한 갖가지 정보들이 어머니들 사이에 활발하게 오간다. 그래도 결국 내 자녀가 잘 지냈으면 하는 마음에 담임교사가 어떤 사람인지 파악하는 것일 뿐 모든 관심의 우선은 자기 아이이다.

학부모는 담임교사와 잘 지내고 싶어 한다. 1년 동안 사랑하는 자녀를 맡겨 놓고 담임교사와 껄끄러운 사이로 지내기를 원하는 학부모는 없다. 아이가 선생님과 친구들에게 사랑받았으면 좋겠고, 이왕이면 자녀를 위해 교사에게 잘 보이고 싶은 마음까지 있다. 그래서 일반적인 학부모에게 자녀의 담임교사는 여전히 어렵고 조심스럽다.

대부분의 학부모가 '상식적' 인 보통 사람이라는 생각만 해도 학부모를 대하는 교사의 마음은 많이 편안해진다. '나를 아이의 선생님으로 대하고 있으니, 나도 아이의 교사로서 마땅히 할 일을 하면 되겠구나.' 라고 생각하면, 자연스럽게 학부모를 배려하면서 함께 대화할 수 있는 여유가 생긴다.

레시피 3. 학교에서 생기는 갈등은 당연한 것

1. 다양한 사람들이 모인 학교

대한민국에서 전 국민이 다 함께 편안히 의견을 개진할 수 있는 영역은 어디일까? 정치? 축구? 군대? 아니다. 정답은 '학교'다. 이는 대한민국 국민 모두가 학교생활에 대한 경험과 기억이 있는 까닭이다.

학교는 정말 다양한 사람들이 함께 모인 공동체다. 한창 자라고 있는, 어디로 튈지 모르는 아이들과 그들을 가르치는 다양한 연령과 경력을 가진 교사, 각기 다른 사회적 경제적 배경과 생각을 가진 학부모가 함께하는 곳이 학교다. 매일 얼굴을 보며 함께 생활하는 가족 안에서도 심심찮게 크고 작은 갈등이 일어나는데, 하물며 이렇게 다양한 사람들이 함께하는 곳에서 아무런 갈등이 없다면 오히려 이상한 일이다.

갈등을 좋아하는 사람은 없다. 누구나 갈등 없이 편안하게 생활하길 바라지만, 세상에 갈등이 없는 곳은 없다. 학교에서 일어나는 여러 갈등은 교사를 힘들게 하지만, 어디에나 누구에게나 갈등은 존재한다는 것을 기억하면 조금 더 수월하게 그것을 받아 넘길 수 있을 것이다.

2. 달라진 학교 문화, 새로운 문화를 만들어 가야 하는 우리

과거의 학교에서는 지금과 같이 교사와 학부모, 교사와 학생 간의 갈등은 흔치 않았다. 교사들은 교권이 흔들리면서부터 학교 구성원들 간의 갈등이 많아졌다고 생각한다. 맞는 말이다. 선생님의 그림자도 밟지 못하던 시절에 교사는 충분히 권위가 있었고 존경을 받았다. 감히 선생님께 요즘처럼 들이대는 것은 상상도 할 수 없었다. 지금은 그때와는 확연히 다르다. 학부모와 아이들은 거침없이 자신의 요구사항을 이야기하고 교사의 말이나 지도 방침에 때때로 제동을 건다.

하지만 이렇게 학부모나 아이들이 교사에게 자신의 의견을 표현하는 것이 잘못된 것일까? 그렇지 않다. 교사를 배려하지 않고 부적절한 표현 방법으로 자신의 주장을 펴는 것은 잘못된 것이지만 학부모와 아이들은 학교의 구성원으로서 자신의 의견을 교사에게 말할 권리가 있다. 학교 교육은 교사가 독점하는 것이 아니기 때문이다.

지금 학교 문화는 빠르게 변화하고 있다. 이전에는 교사가 자신의 교육 방침에 대해 장황하게 설명할 필요가 없었다. 아이와 학부모가 아무 말 없이 그것에 잘 따라 주었기 때문이다. 지금은 아무리 교사의 교육 방침이 바람직해도 아이와 학부모의 의견을 수용하지 않으면 그 자체만으로도 비난을 받을 수 있다.

학교가 아이와 학부모의 목소리를 들으려 하는 것은 분명히 바람직한 변화다. 이런 변화에 상대방에 대한 배려와 감사의 태도를 덧입힐 수 있다면 여러 곳에서 들리는 다양한 목소리는 우리 교육을 한층 더 풍성하게 만들어 줄 것이다. 교사와 학부모와 아이가 서로를 존중하는 가운데 교육에 대해 이야기하는 열린 문화가 우리가 새롭게 만들어 가야 하는 학교 문화다.

레시피 4. 교사와 학부모, 함께 가는 동반자

교사와 학부모는 아이를 사이에 두고 한 배를 탄 사람들이다. 교사와 학부모, 아이가 함께 탄 배의 선장은 누구일까? 교사는 이 배의 선장이 자신이 되길 원한다. 학교교육의 전문가이며 아이를 종합적으로 판단할 능력을 가졌다고 믿기 때문이다. 그러나 학부모는 이제 자신이 배의 선장이 되어도 좋겠다고 생각한다. 배울 만큼 배웠고 내 아이는 내가 더 잘 안다고 여기기 때문이다. 반면에, 아이는 특히 어린아이일수록 배의 선장이 되고 싶은 마음은 손톱만큼도 없다. 그냥 자신이 즐겁고 행복하게 지내길 원한다. 시간이 지나면 아이는 어느 순간 배의 선장이 되고 싶어진다. 결국 그 배에 평생 타고 있을 사람은 자기 자신뿐이기 때문이다.

교사와 학부모는 궁극적으로는 아이와 함께 탄 배의 선장이 될 수 없다. 배의 주인도, 배를 끝까지 탈 사람도 결국은 아이인 까닭이다. 대신 교사와 학부모는 항로를 잡아 주는 역할은 할 수 있다. 아이가 엉뚱한 곳으로 가려고 할 때 조언해 주고 바로잡아 줄 수 있다. 배의 항로를 알려 주는 두 주체인 교사와 학부모는 그래서 서로 협력해야 한다. 둘이 각자의 말이 맞다고 싸운다면 배는 제 갈 길을 못 찾고 헤맬 것이 분명하다. 사실 주도권을 잡은들 무엇 하겠는가? 결국 자신의 배도 아닌데 말이다.

처음 시작할 때 우리는 교사와 학부모의 이상적인 관계에 대해 알아보았다. 마무리하는 지금 그것을 다시 돌아보는 것은 새로운 의미가 될 것이다.

교사와 학부모의 이상적 관계

- 동반자(파트너십) 관계: 양자가 균형을 이루며 동등한 입장에서 교육을 든든하게 세우기 위해 함께 관심을 갖고 노력하는 파트너 관계다.
- 자녀의 성장 · 성숙을 위한 조력 관계: 학부모와 교사는 자녀의 잠재 능력을 발견해서 최대화하도록 바람직한 의사소통을 하며 서로 돕는 관계다.
- 상호 존중과 격려의 관계: 학부모는 자녀양육의 전문가로, 교사는 교육 전문가로 서

로 인정하며 상호 존중하고 때로는 격려해 주면서 용기와 힘을 북돋우는 관계다.

- 감사와 사랑의 관계: 학부모에게는 세상에 둘도 없이 귀한 자녀를 가르쳐 주는 교사에게 감사하는 마음이! 교사에게는 그렇게 귀한 학생들 한 명 한 명을 보살피는 사랑의 수고가! 이렇게 감사와 사랑의 관계 속에서 아이들은 행복하게 자랄 것이다.
- 미래 세대를 함께 가꾸는 관계: 기성세대인 교사와 학부모가 미래를 이끌어 갈 아이들을 사랑과 정성으로 잘 돌보아 기대와 희망을 걸 만한 다음세대를 함께 키우는 관계다.

레시피 5. 함께 가기 위한 노력

1. 아이의 성장을 믿고 기다리고 함께 지켜보기

교사는 아이들을 판단하는 일종의 직업병이 있다. 교사 경력이 어느 정도 되다 보면 아이와 오래 지내지 않아도 쉽게 판단을 내리는 경향이 있다. 그런 판단이 맞을 때도 있다. 하지만 대부분의 사람들은 아이에서 어른이 되어 가면서 생각과 행동이 깊어지고 여물어진다. 아이 때 다소 부적절한 행동을 했더라도 어른이 되어 가면서 좋은 방향으로 변화하고 바뀌는 경우도 많다. 우리가 아이의 성장을 믿고 섣부른 판단을 유보해야 하는 이유가 바로 이것이다.

학부모는 자녀에게 바라는 것이 많다. 아이가 태어났을 때는 "건강하게만 자라다오." 이 한 가지로 만족했다. 하지만, 건강하니까 예쁘면 좋겠고, 건강하고 예쁘니까 이왕이면 공부도 잘했으면 좋겠고, 건강하고 예쁘고 공부도 잘하니까 이왕이면 사회성도 있으면 좋겠다며 가지면 가질수록 바라는 게 더 많아진다. 그렇지만 아이가 사랑스러운 이유는 그냥 내 아이니까 사랑하는 것이지, 공부를 잘하고 의젓하게 행동하는 등 어떤 조건 때문에 자녀를 사랑하는 것은 아니다. 아이에게 부족한 점이 좀 있어도 괜찮다. 아이는 생각보다 잘 살아 나간다.

칼 로저스(C. Rogers)에 따르면, 인간은 자신을 좀 더 유능한 존재로 만들어 가고자 하는 '자아실현 경향성'이 있다. 그래서 교실에서 산만하며 정신이 없고 생각도 없어 보이는 장난꾸러기 남자아이들도 자라서 어른이 되면 어엿한 남편이 되고 아버지가 되고 한 가정의 가장이 된다. 예뻐지고 싶어서 거울만 쳐다보고 분명히 신경을 쓴 화장인데 촌스럽기 그지없으며 쉬는 시간이면 아이돌 이야기에 정신이 없는 여자아이들도 자라면 직장을 갖고 결혼도 하며 어머니도 된다. 공부를 못해서 걱정하던 아이들도 커서 건실한 시민으로서 제 역할을 하면서 잘 산다.

어른은 아이가 문제행동을 하면 당연히 바로잡아야 한다고 생각한다. 맞는 말이다. 하지만 훈육을 할 때 아이의 미래에 대한 믿음을 가지고 하는 훈육과 그렇지 않은 훈육은 분명히 차이가 있다. 아이는 아이이므로 당연히 실수를 한다. 다 자란 어른도 종종 하는 실수를 어떻게 아이가 안 할 수가 있을까? 아이의 현재가 아이의 미래를 100% 말해 주지는 않는다. 아이의 현재 모습을 가지고 섣부르게 판단하기보다는 미래를 기대하고 존중하며 기다려 주는 것이 아이의 긍정적인 발달을 위해 더 큰 도움이 된다.

2. 교사에게 감사를, 학부모에게 존중을

학교 공동체 안에 이뤄지는 활발한 의사소통은 바람직한 학교 문화다. 문제는 활발한 의사소통이 아니라 부적절한 태도로 이루어지는 의사소통이다. 이런 의사소통의 기저에는 서로에 대한 불신이 자리 잡고 있다.

높이 솟은 불신의 산을 허무는 것은 쉽지 않다. 결코 하루아침에 되지 않는다. 하지만 '우공이산(愚公移山)' 이라고 교사와 학부모가 우직하게 노력하다 보면 결코 불가능한 일은 아니다. 불신의 산을 허무는 가장 좋은 방법 중 하나는 서로를 믿고 존중하기로 '결정' 하는 것이다.

학부모가 생각하기에, '교사는 소중한 내 아이를 바른 길로 인도해 주는 감사한 선생님' 이다. 교사가 생각하기에, '학부모는 부족한 나를 교사로 믿고 귀한 아이를 맡겨 준 고마운 사람' 이다. 이런 마음으로 서로를 바라본다면 학부모는 교사를 감사한 마음으로 대하게 되고, 교사는 학부모를 존중하는 태도로 대하게 될 것이다. 마음이 생각을 바꾸고 생각이 행동을 바꾼다.

3. 변화는 나로부터

"내가 변해야 세상이 변한다."라고 하지만 이는 결코 쉽지 않다. 사람이 변하는 것 자체가 어려운 일인 데다가, 내가 변한다 해도 과연 세상이 변할지에 대한 확신이 부족하기 때문에 '변화를 시도하는 일'이 망설여진다.

교사와 학부모 사이의 관계도 마찬가지다. 교사와 학부모가 함께 나아가야 한다는 것에는 깊이 공감하지만, 변화를 시도하는 것은 어렵다. 교사는 학부모에게 친절하게 해 주다가도 행여나 학부모가 나를 만만하게 여기면 어쩌나 걱정이 된다. 학부모는 교사 앞에서는 웃지만 뒤에서는 어떤 말을 하는지 모르기 때문에 그저 조심하는 것이 상책이라 생각된다. 학부모와 학생들도 학교의 구성원으로서 자신들의 생각을 말할 권리가 있다는 것을 머리로는 이해하지만 그것이 실제로 이루어졌을 때는 왠지 모를 거부감 같은 것이 있다. 학부모에게 이전에 상처를 받은 적이 있다면 더더욱 그렇다.

학부모는 교사가 하는 대로 믿고 맡기다가 혹여 내 아이만 뒤처지는 게 아닐까 염려가 된다. 학교의 일에 이래저래 참견하는 다른 학부모를 과하다며 욕하다가도, 저렇게 하면 교사가 그 집 아이는 더 신경 써서 잘해 주지 않을까 하는 마음도 든다. 어릴 때 교사에게 상처를 받은 적이 있다면, 교사는 도무지 믿을 수 없는 월급쟁이 정도로밖에 생각되지 않는다. 요즘처럼 어려운 시대에 '교육 공무원'이라는 신분을 가진 것이 부러우면서도 그들이 제 역할을 하고 있는지는 잘 모르겠다.

하지만 우리가 매일 함께하는 아이들을 생각해 보자. 아이는 교사가 존재하는 이유이자 학부모가 세상을 살아가게 하는 힘의 원천이다. 교사와 학부모가 서로를 견제하기보다 먼저 그들 사이의 아이를 바라본다면, 변화를 시도하는 것은 어려워도 충분히 해 볼 만한 일이 될 것이다. 한 번에 열 걸음은 갈 수 없지만 처음 내딛는 한 걸음이 훗날 열 걸음, 백 걸음의 시작이 된다.

저자 소개

박미향(Park Mihyang)

서울교육대학교 졸업

서울대학교 사범대학원 교육학 석사(교육상담 전공)

전 서울시교육청 장학자료 집필(진로교육, 상담 및 생활지도 관련)

교사 대상 강의(진로교육, 상담 및 생활지도 영역)

2011년, 2013년 서울시교육청 컨설팅장학지원단

현 서울행림초등학교 교사

〈주요 저서〉

매직워드 77: 콕! 집은 교사의 한마디 교실을 바꾼다(공저, 학지사, 2014)

교사를 당황하게 하는 아이들(개정판, 공저, 학지사, 2013)

즐거운 초등진로 1, 2, 3단계(공저, 삼양미디어, 2012)

이정희(Lee Junghee)

서울교육대학교 졸업

연세대학교 교육대학원 교육학 석사(상담교육 전공)

전문상담교사(1급), 청소년상담사(2급), MBTI 일반 강사

전 서울시교육청 장학자료 집필(학교폭력 예방, 심성수련,
진로, 감정코칭, 상담 관련 프로그램 개발 관련)

교사 대상 강의(학급경영, 상담 및 생활지도 영역)

2013년 서울시교육청 학습연구년 교사

현 서울토성초등학교 교사

〈주요 저 · 역서〉

매직워드 77: 콕! 집은 교사의 한마디 교실을 바꾼다(공저, 학지사, 2014)

교사를 당황하게 하는 아이들(개정판, 공저, 학지사, 2013)

초등학교 진로와 직업 교과서 5/6단계(공저, 미래엔, 2013)

초등상담사례집: 교실 밖의 아이들(공저, 즐거운상상, 2008)

상담으로 풀어가는 교실 이야기(공저, 교육과학사, 2005)

교사를 위한 상담기술(2판, 공역, 시그마프레스, 2011)

김민정(Kim Minjung)
서울교육대학교 졸업
이화여자대학교 교육대학원 교육학 석사(교육심리 전공)
전 서울시교육청 장학자료 집필(진로교육, 상담 및 생활지도 관련)
교사 대상 강의(진로교육, 상담 및 생활지도 영역)
현 서울신기초등학교 교사

〈주요 저서〉
2009년 개정 초등 실과 교과서(공저, 두산동아, 2014)
매직워드 77: 콕! 집은 교사의 한마디 교실을 바꾼다(공저, 학지사, 2014)
교사를 당황하게 하는 아이들(개정판, 공저, 학지사, 2013)
즐거운 초등진로 1, 2, 3단계(공저, 삼양미디어, 2012)

한영진(Han Youngjin)
서울교육대학교 졸업
공주대학교 대학원 교육학 석사(교육심리 전공)
숙명여자대학교 대학원 문학 박사(아동복지학 전공)
전 초등학교 교사 40년 정년퇴직
학부 및 대학원 강의(숙명여자대학교, 이화여자대학교, 단국대학교 등)
각종 장학자료 집필(상담 및 생활지도 관련)
교사 및 학부모 대상 강의(상담 및 생활지도 영역)
현 건양사이버대학교 외래 강사(집단상담), 손자 돌보기, 그림동화 공부

〈주요 저서〉
감사2중주(미래엔, 2016)
상처받은 아이의 닫힌 마음을 열고 자존감을 높이는 스위치 대화의 힘(에듀니티, 2014)
통통 튀는 학부모와 당황한 교사(학지사, 2014)
매직워드 77: 콕! 집은 교사의 한마디 교실을 바꾼다(공저, 학지사, 2014)
교사를 당황하게 하는 아이들(개정판, 공저, 학지사, 2013)

별별 학부모 대응 레시피

Response Recipe for Different Kinds of Parents

2017년 1월 20일 1판 1쇄 발행
2024년 9월 25일 1판 4쇄 발행

지은이 • 박미향 · 이정희 · 김민정 · 한영진

펴낸이 • 김 진 환
펴낸곳 • (주) 학지사
04031 서울특별시 마포구 양화로 15길 20 마인드월드빌딩 5층
대표전화 • 02) 330-5114 팩스 • 02) 324-2345
등록번호 • 제313-2006-000265호
홈페이지 • http://www.hakjisa.co.kr
인스타그램 • https://www.instagram.com/hakjisabook

ISBN 978-89-997-1118-3 03370

정가 18,000원